地方治理的 LOGIC 逻辑

THE LOGIC OF LOCAL GOVERNANCE

杨雪冬 ● 著

社会科学文献出版社
SOCIAL SCIENCES ACADEMIC PRESS (CHINA)

献给我的故乡和家人

序　言

每一个研究当代中国政治的中国学者都生活在当下，都深深地卷入当代中国的政治实践，以不同的角色，在不同的岗位和领域中亲身参与当代中国政治的运行、变动乃至变革。这也正是当代中国学者相较于国外中国问题研究者或者其他理论工作者具有的先天优势，当然这也可能是我们的天然劣势，因为苏东坡曾经说道："不识庐山真面目，只缘身在此山中。"有的时候，面对现实问题、体制的规训，我们也会进行严格的自我审查，将许多问题转化为应当，把复杂的原因简单地归结为国情民意。

我们都知道，当代中国研究已经成为国际社会的热点领域。曾经担任过澳大利亚总理的"中国通"陆克文曾经专门撰文谈及西方汉学要转向中国研究，尤其是当代中国研究。据我所知，在过去二十几年中，欧美主要的汉学研究阵地都是针对中国崛起带来的知识挑战，进行了组织重构、研究资源的重新配置。以哈佛大学为例，在过去十几年中，托尼·塞奇领导的中国研究中心虽然位于肯尼迪政府学院框架里，但由于密切关注和深入参与当代中国的发展，并建立了高级官员培养项目，无论是资金还是人员活动都在快速增长，其影响力在某种程度上正在超越大家熟知的费正清研究中心。之所以如此，除了因为中国快速发展带来的国际影响力的提升以及研究资金的大量投入外，更重要的是当代中国的发展带来的知识体系和理论框架的挑战。当代中国以及当代中国观照下的传统中国，都是值得探险的学术富矿。

当然，对于我们这一代研究者来说，当代中国政治研究除了有知识挑战的乐趣外，还有信仰的意义。我们生于斯长于斯，亲历着这个国家发生的深刻变化，享受着改革发展带来的巨大的物质成果，并且承受着与前辈人迥异的压力，前辈积累的经验无法回答我们内心的疑问。这个国家为什么会发展，发展的方向是什么，当下的状况为何，这些问题无时无刻不出现在我们的生活和研究中。尤其是当我们与国外学者交流的时候，他们用威权主义、集权主义、民主转型等带有明确价值指向的概念来描绘、分析我们自己生活的制度的时候，我总有一种特殊的感觉，一种被俯视的感觉。因此，我们对当代中国的研究，也是在回答我们内心的疑问，应对外部的质疑，寻找未来的方向。

对于中国学者来说，对当代中国政治的研究是通过田野调查、理论生产和实践参与三种基本方式实现的。我们通过这三种方式体验到政治运行中的生活逻辑、理论逻辑和实践逻辑，并从不同层次方向趋近中国这个复杂变化巨型的政治体，得出不同的图景，这些图景重叠交织在一起，使得研究的发现不断趋近现实，理论的命题更能揭示规律。

田野调查是一种获得常识，激发思维活力的过程。尽管它来自人类学、社会学，但已经被包括政治学在内的社会科学诸学科所认可并采用。社会学家郑也夫曾经说，汉语"田野"的概念精妙。"野"对峙于"文""文献"；"田"以其象形，道出边界性、局限性，拒绝泛滥无边、大而无当。但是政治学研究采取的田野调查受研究对象的层次性、规模差异以及体制性限制，所以作为研究方法主要被用于低层级的政治现象，比如村、乡镇、县，至于更高层级的政治，应用起来就有很大的困难。但是"田野精神"是非常重要的，那就是好奇、探险、想象力以及对研究对象的主体性尊重。

田野调查至少有三种功能。第一，通过田野调查我们能接触政治中鲜活的人。政治中的人不能简单地用"经济人"假设来框定，政治人的动机和激励因素更为复杂。在政治过程中，人的政治角色也是多样的，有决策者、政策执行者以及政策对象，而由于层级的变化，低层级的决策者也是政策执行者，高层级的政策执行者对于下级而言，也是决策者。这种多重角色的转化，往往会使本来清晰的行为逻辑更为复杂。在中国的制度背景下，还可以将政治行为者区分为改革者、保守者、"骑墙派"（"搭便车"

者)、极端者,党员领导干部、党员、政治积极分子、普通群众等。浙江人、福建人、上海人、东北人、四川人等这样的地域身份也会给政治行为打上鲜明的烙印。而对于田野调查者来说,如果听不懂带有地方口音的普通话,更难以进入调查对象的生活和话语语境之中。

第二,田野调查丰富了我们关于政治的常识。常识是我们生活的基本遵循,常识中蕴含人生智慧。尤其是对中国这样有着悠久政治传统,近代以来政治变动频繁的国家来说,政治常识不仅丰富,而且富有启发性。这些常识有不同的载体,有的是俗语顺口溜,有的是形象的比喻,还有的是酒桌上的段子。比如,"中央是恩人,省里是亲人,县里是好人,乡里是恶人,村里是仇人"讲的就是中国的政治信任差序格局,"党委说了算,政府算了说,人大说算了,政协算说了"揭示的是中国政治权力格局,"人多的会议不重要,重要的会议人不多;研究小事开大会,研究大事开小会;开会的人基本不干事,干事的人基本不开会"说的是我们决策方式的缺陷。还比如政策制订中的"翻烧饼"现象,政策执行中的"打排球"现象,信访中的"大闹大解决、小闹小解决、不闹不解决",政策执行中的"一把手"现象(老大难、老大难、老大重视就不难)以及干部选拔中的"无知少女"和"白骨精"(无党派,知识分子,少数民族,女性,白领,骨干,精英)等。最近都在谈的中国概念、中国判断不是从学者头脑中生出来的,不是用文字拼造出来的,而是来自生活和实践。从某种意义上说,这些政治常识是生活提供给我们的半成品的概念,如果再做学术精加工,很有可能变成解读中国现象非常好的概念,并具有很强的解释力和描述力。

第三,田野调查能激发我们的问题意识。列宁曾说:"理论是灰色的,而生活之树是常青的。"[1] 田野调查能让我们走出书斋和象牙塔,感受生动的生活,以现实的问题激发我们的思考。就我而言,曾经有连续10年的时间,每年都会有近两个月的田野调查。尽管自己出生在农村,成长在县城,但是对不同区域的调查,大大开阔了眼界,拓展了思维。比如"压力型体制"这个概念,就是20世纪90年代末期,我们在河南等地调研后形成的,现在已经得到了国内同行的肯定。变化的中国充满问题,中国的大尺度,

---

[1] 《列宁全集》第29卷,人民出版社,1985,第139页。

内部多样性，政治权力与社会力量、市场力量的互动关系，文本制度与实际制度运行的差异，后发现代化国家的赶超逻辑，执政党与国家的关系，政府层级关系，社会阶层关系，城市化的政治等，都是值得跟踪和研究、富有潜力的问题。

在我看来，研究当代中国政治有三种田野路径。第一种是家乡化研究，就是将自己的家乡作为研究的对象。我自己的博士论文就是采取的这种方法。这种方法虽然进入门槛低，获得资料容易，但是也会因为卷入个人的情感而限制客观的判断。第二种是参与式观察，比如利用蹲点、挂职等方式深入某个地方，参与某个政策活动，既有"内部人"的参与便利，也能作为第三者去观察分析。但是参与式观察会遇到学术伦理问题。第三种是跟踪观察。可以选择一个或者几个地方采取定期回访的方式，进行长期跟踪观察。我曾经与德国学者就新农村建设政策的执行采取过这种方式。但这种方式所需时间和资金较多。这三种路径并不是相互排斥的，而是可以相互组合和补充使用的。田野调查也需要资料收集，地方志、组织史资料、地方党政公开的文件等都应该是我们收集分析的重要资料。在收集和使用过程中也要有保密意识。

接下来我想谈谈理论生产。研究是一个理论定位和理论对话的过程。尽管我们作为研究者也许在许多问题上的认识并不如普通人乃至干部那么深刻，但是我们能针对这些问题进行理性的思考分析，在面对与自身有利益和情感冲突的问题时保持思考的冷静，避免极端的行为，也能对这些问题的原因进行一般性归纳，乃至得出规律性发现。这是研究者的天职，也是我们赖以谋生的基础。尽管当代中国变化快速，许多发现都受时空限制，带有很强的暂时性，但这不能成为我们放弃理论思考的理由。

理论的重要性无须多言，理论资料可谓浩如烟海。社会学家赖特·米尔斯曾经说过，"没有资料的理论是空洞的，没有理论的资料是盲目的"。这句话也道出了田野调查与理论研究之间的内在关系。我以为理论起码有三个重要的功能。

第一，理论提供了研究的起点。就社会科学各领域而言，都不是在一张白纸上开始的，哪怕是所谓的开创者、拓荒者都受到过某种理论的启发或刺激，任何一个研究者都应该清楚自己所依据的理论资源。我们的研究或者是对既有理论观点的进一步发展，或者是对其的质疑、否定乃至替代，或者是对其的补充和对话。对于刚刚开始研究工作的年轻人来说，一定要多读书，多涉猎，将理论建构的雄心建立在扎实的文献梳理上，不要一发现自己以前没有看到的现象就归纳出所谓的"模式"，也不要将理论创新等同于概念的"生造"。

第二，理论提供了研究的工具。这里的工具不是现在流行的量化、质化意义上的，而是强调理论是研究者认识和分析问题的基本依据。用亨廷顿很形象的比喻就是理论是我们旅行所需的"地图"。面对同样的问题，研究者之所以比普通人认识得更深刻些，就是因为使用了前人已经建立的，并且被实践印证的理论判断。不同的研究者面对同样的问题之所以有不同的解释和判断，也是因为使用的理论依据不同。当然，任何一种理论都有解释的边界，如果一味地强调其绝对性，那么必然导致研究过程中的"教条主义"，甚至"价值先行"或者"意识形态化"。

第三，理论提升了研究的层次。这样讲似乎有功利主义的色彩，但是哪个研究者不希望能提出新的理论发现，建构更有解释力的理论框架呢？彼得·伊文思（Peter Evans）曾经在《世界政治》杂志组织的一次关于比较政治研究的笔谈中提及，理论的价值在于帮助研究者确认所选择的问题是否具有研究的价值。因此，研究者应该关注理论热点、理论变化，并且应该积极地参与理论讨论、理论建构的过程。

必须承认，社会科学各学科的理论主要来自西方，即便是基于非西方社会发展的历史和经验产生的理论也主要是由西方学者提出来的。这是客观事实，并不可怕，可怕的是我们面对这些丰富多样、鱼龙混杂的理论时失去了判断力、辨析力和理论自觉性，只是它们的追随者、消费者和论证者。这些理论除了追求概括化、抽象化和普遍具有的"简单化"倾向外，还存在价值优越的"西方中心"、非此即彼的"二元论"色彩。将西方社会视为常态，把非西方社会视为非常态，进而认为后者的未来就是西方社会的现在。这样的假设或判断总是时隐时现，对于中国政治研究来说尤其如此。由此导致这些理论与非西方社会实践的脱节，并产生诸多的研究盲区。苏东国家的"突然"变革，中国没有马上"崩溃"，以及阿拉伯世界"茉莉花革命"的蔓延，都对现有的理论范式产生了深刻的冲击，显示出其傲慢、教条和脱离实际。近年来对于西方理论和制度多有反思的福山就曾经谈道，比较政治学还没有发展出一个完备的概念框架以对不同的威权政府进行分析，这与对民主政体的研究概念丰富形成了鲜明对比。黄宗智先生曾经总结自己的研究经历，认为在运用理论方面遇到过四个主要陷阱：不加批判的运用、意识形态的运用、西方中心主义和文化中心主义（包括中国中心主义）。

对于中国政治研究来说，认清西方理论存在的缺陷以及西方学者研究的局限性，并不意味着要创造出一套截然不同的理论体系和理论话语，在本土化研究中将中国独特的国情"绝对化"，毕竟理论的力量在于对话交流和说服，中国当代政治实践也是在开放的环境下，通过开放的方式进行的。正是在这个意义上，中国政治研究才具有理论创造乃至创新的价值。

我也注意到中国政治研究越来越重视历史，一些学者力图将历史制度主义的方法运用到研究中。孔德曾经说，"除非通过它的历史，否则任何概念都无法理解"。当代中国的许多政治现象都是历史产物，并且能在历史中找到类似。这也许是由于中国有着悠久的没有中断过的历史的原因吧。当代中国政治研究应该学习历史学的史料收集方法和运用方法，并且利用自己的理论优势，更深刻地挖掘史料背后的逻辑，进而弥补本学科重判断轻资料的不足。但是不能用理论去选择和裁剪史料，那样会进一步强化政治研究中的"意识形态化"或教条主义。福山在写作《政治秩序的起源：从前人类时代到法国大革命》一书时提醒自己说，"将理论放在历史之后，我认为是正确的分析方法。应从事实推论出理论，而不是相反。当然，没有预先的理论构思，完全坦白面对事实，这也是没有的事。有人认为这样做是客观实证，那是在自欺欺人。社会科学往往从高雅理论出发，再搜寻可确认该理论的实例，我希望这不是我的态度"[①]。

最后，我想谈谈实践参与对于当代中国政治研究的意义。由于身处体制之中，我们比国外学者更能深刻地感受这个体制的优点长处、弊端不足，更能理解政治实际运行中那些"不言自明"的隐形逻辑。当然，更重要的

---

① 弗朗西斯·福山：《政治秩序的起源：从前人类时代到法国大革命》，毛俊杰译，广西人民出版社，2012，第 24 页。

是，我们许多人还通过多种方式参与这个制度的实际运作。在某种意义上，我们应该运用自己的智慧，尽可能地使这个制度运行得更平稳、更有绩效、更能为大多数人带来福祉。这是中国学者应有的责任。

社会角色决定了实践参与的形式。作为普通人，日常生活就是实践。我个人的感受是，自从有了孩子之后，我对于这个体制的认识更为深刻全面了。从孩子出生前办理的一系列证明，到选择医院，再到出生后的登记户口、培养教育，我真切地看到了与普通人生活密切相关的政治是怎样运行的。对于普通人来说，政治并不是动人的口号、高大的形象、崛起的国力，而是如何更轻松地生活，如何保留对未来生活的期望。结合自己的生活经验，我曾经在一篇评论中这样写道："对于普通人来说，最大的尊严来自制度的尊重，最可靠的幸福是有制度保障的幸福。如果不断完善的制度给每个普通人带来的是找不到北的'迷宫'，却把'便门'出口的钥匙给了个别人，这样的制度化建设注定是失败的。"

作为研究者，参与政策过程也是一种实践。可以利用自己的专业知识撰写研究报告，参与政策设计或评估，有的学者还会参与到政策文件起草这种富有中国特色的政治决策活动之中。这种实践的基础是研究者的专业性训练。这些年国家大力推动智库建设，为研究者参与政策过程提供了更多的机会和条件，但也出现了许多人担忧的"折子研究"，为获得更多批示猜测领导意图偏好，甚至不惜违背客观现实。专业化是研究者的基本素质要求，也是获得尊重的前提。更为重要的是，如果没有扎实的基础研究，对策研究就会成为"无源之水，无本之木"。

我们中的一些人，也会成为某个组织、某个部门的管理者，成为制度的运用者。这种实践是极有考验性的。我们经常听到这样的议论，搞民主研究的一点都不民主，搞自由研究的一点都不包容。可见真正实现"知行合一"是多么难。尽管如此，作为一个研究中国政治的学者，如果担负了某种管理责任，还是应该尽其所能地运用所学来改善这个体制的运行。如果研究中国政治的人还对现实政治采取犬儒主义态度，那么我们真的应该好好反思一下我们的研究动机了。

总之，当代中国政治研究是值得我们去投入和奉献的，田野、理论和实践对于我们认识这个复杂的现象都不可或缺，生活的逻辑、理论的逻辑和实践的逻辑虽然有所差异，甚至相互冲突，但根本指向应该是一致的，那就是政治是改善我们生活、提升我们精神道德的活动。这也许就是"人是政治动物"这个判断所蕴含的价值目标。当代中国人应该通过自己的努力，获得自己合意的政治生活、政治制度、政治实践。

过去30多年来国际社会科学理论方法的系统引入、国内学者长期的田野调查和丰富的案例积累、社会科学资助资金的大规模投入以及中国学者的理论自信心自觉性的提升都为中国问题研究的深入提供了有利的条件。我们现在有条件和理由跳出社会科学的"西方中心"与"本土化"，理论概念的"普世性"与"中国特色"的二元思维，从中国的转型实践中总结概念、抽象出理论，然后对现有的理论模型、方法论工具进行验证反思，从而使中国的经验成为世界知识体系的重要组成部分，使根基于中国经验的理论总结得到世界知识体系的验证。

对于中国学者来说，要有清晰的中国问题意识，这首先意味着对中国社会发展前途的关怀。只有在这种关怀的引导下，才能把研究路径、方法和工具有效地统一起来，形成具有解释力的理论范式。而中国研究理论范式的构建，应该以三个目标为指引。首先，理论的总结必须能够准确地反映社会现实，起码要符合人们判断的"常识"。其次，理论的总结应该超越"常识"，能使人们了解到社会现象背后潜藏的关系、问题乃至规律。最后，理论的总结应该超越知识，能给人们提供改造现实可操作的路径与方法。所以，就中国现实社会政治问题研究来说，重新思考马克思关于哲学使命的判断依然富有深刻的意义。他说，"哲学家们只是用不同的方式解释世界，而问题在于改造世界"[①]。

[①] 《马克思恩格斯文集》第1卷，人民出版社，2009，第502页。

目录 CONTENTS

第一部分　发展与创新 / 1

 第一章　中国地方治理改革的历史过程（1978~2008年）/ 3

 第二章　中国地方政府创新的历史分析（2000~2010年）/ 25

 第三章　地方政府创新研究的基本理论问题 / 50

 第四章　技术创新与地方治理改革 / 76

 第五章　地方治理中的国际因素 / 101

第二部分　压力与动力 / 125

 第六章　现代化与市场化进程中的基层主体 / 127

 第七章　压力型体制：地方国家的基本运行机制 / 146

 第八章　市场经济、压力型体制与地方政治变化的逻辑 / 166

 第九章　以社会发展为导向的政企互动：基于晋江经验的研究 / 207

第三部分　个人与制度 / 227

 第十章　县级官员与"省管县"改革：基于能动者的研究路径 / 229

第十一章　从竞争性选拔到竞争性选举？
　　　　　　——对乡镇选举的初步分析 / 251
第十二章　分权、民主与地方政府公共责任 / 273
第十三章　地方人大监督权的有效实现：治理的视角 / 294

后　记 / 322

第一部分
发展与创新

第一章

中国地方治理改革的历史过程(1978～2008年)[①]

对于研究中国政治的学者来说,全面准确地描绘和分析中国地方政府过去30年的改革和变化,是一项痴人说梦的工作。[②] 然而,在中国改革开放30周年之际,当许多学科都在对中国各个领域的改革发展进行回顾的时候,笔者仍然愿意冒贻笑大方的风险,根据自己的知识积累和知识框架来对中国地方政府过去30年的改革和变化做一个梳理。目的不是系统地展示过去30年来各级地方政府在各个领域中的所作所为,而是试图归纳出发生在各级地方政府中的主要变化、推动这些变化的主要力量以及变化的路径与前景。

本章所讨论的地方政府指的是省级以下、乡镇以上的各级政府,但文章分析的重点是省级政府之外的各级地方政府,之所以如此,一是在于省级政府与中央政府关系紧密,行为带有明显的国家色彩;[③] 二是囿于笔者的知识,难以对其进行更深入的分析。即便如此,由于省级政府是中央政权

[①] 本章是作者为《地方的复兴:地方治理改革30年》(杨雪冬、赖海榕主编,社会科学文献出版社,2009)一书撰写的导论,部分内容曾经以"近30年中国地方政府的改革与变化:治理的视角"为题发表于《社会科学》2008年第12期。

[②] 〔美〕托尼·赛奇:《盲人摸象:中国地方政府分析》,《经济社会体制比较》2006年第4期,第96~104页。

[③] 关于省与中央的关系,请参考李芝兰对该问题的详细综述(《跨越零和:思考当代中国的中央地方关系》,《华中师范大学学报》2004年第6期)。无论如何看待二者的关系,一个无法摆脱的现实是,省级政府是与中央关系最直接、最密切,结构上最类似的地方政府。

在特定地域的最高代表,所以该地域的各级地方政府的行为变化也反映了省级政府的态度与决策。

一 选择治理视角的原因

改革开放以来,中国的政府治理变革在相对较短的时期内取得了巨大的成绩,为维系中国经济高增长率做出了贡献,[①] 而地方政府是政府治理变革的重要组成部分。

尽管对于治理有多种定义,但是有一个基本共识是,治理(governance)与政府(government)的根本区别是前者强调的是管理的过程,后者强调的是一种制度结构。治理涉及权力如何行使,谁具有影响力,谁具有决策权以及决策者如何负责的过程。因此,治理发生在不同的管理层次上,从全球到国家,再到地方以及社区。更重要的是,在治理过程中会由于问题和领域的不同牵涉多个主体,国家、私人部门以及公民社会不过是对众多主体的类别划分。[②] 这样一个包括多主体和多层次的分析框架有利于分析地方政府的实际运行。对于地方政府的职能、权力和运行原则,各国虽然都有系统完整的法律规定,但是地方政府的实际运行远远比法律文本表达得丰富、生动。在中国,法律文本、制度设计与实际运行的反差似乎更为明显。比如,宪法规定的地方政府层次为三个,(省、县、乡镇)实际表现为四个层次(省、地级市、县与县级市以及乡镇)甚至五个层次(还包括副省级)。更重要的是,在社会主义体制下,中国政府具有高度的综合性,不仅包括西方政治学意义上的广义政府,还包括党的系统内的各类制度。随着市场力量和社会力量的发展,地方政治的实际参与者也大大地增多了,私人企业、社会组织等成为制度变革的重要力量。[③] 此外,在地方政府管理过程中,除了正式制度外,非正式制度也发挥着作用。因此,用治理来代表地方政府能够更为方便,不仅可以把多种因素、特别是多主体考虑进来,

---

[①] OECD:《中国的治理挑战》,www.oecd.org/dataoecd/13/0/36052449.pdf。

[②] Tim Plumptre and John Graham, "Governance in the New Millennium: Challenges for Canada," *Institute On Governance* (2000).

[③] Barbara Krug and Hans Hendrischke., "Framing China: Transformation and Institutional Change," *Erim Report Series Research in Management* (2006).

更可以避免花太多篇幅来界定主体。

治理框架是对过去几十年来发展中国家面临的"缺乏治理能力"和发达国家"治理能力超负荷运行"经验的总结,[①] 具有很强的包容性和综合性。这不仅体现为治理概念在不同学科领域中得到广泛应用,[②] 更体现为国家—市场—公民社会"三位一体"的治理模式是一种可以适合多种社会情景的解释框架。这三者是现代社会治理必需的制度要素,它们之间的平衡和互补关系是实现良好治理或善治的制度基础。因此,"三位一体"的治理模式具有普遍意义,可以适用于不同的社会环境中。然而,三者的平衡关系会由于环境条件的不同发生变化,某个因素占据主导地位,以不平衡的关系来应对特定的问题,以保证治理的有效性。这样,治理模式就实现了普遍性与特殊性的统一,既避免了上述研究路径过于偏重某个方面,容易导致"中心论"的偏颇,也避开了被批评为"普世模式"而无法使用的尴尬。

在治理框架中,治理主体之间的关系、机制、手段、技术以及治理能力等要素,很适合用来分析和理解地方政府的实际运行。地方政府在履行法律赋予其责任以及完成上级交付其任务的时候,必须要面对各种关系,使用一定的机制,运用一定的手段、技术,并且要充分发挥自己的能力。而这些关系、机制、手段、技术、能力不是法律文本和制度设计能涵盖或规定的,必须在具体环境下进行选择和配置。更为重要的是,新的治理主体、治理机制、手段、技术等因素很难被纳入以法律制度主义或政治系统论为基础的传统政府分析框架中,但它们又是在地方政府运行中必要的组成要素,是分析地方政府在具体政策领域中的行为变化时必须考虑的因素。就中国地方政府而言,制度性变革主要来自中央决策,而其他变化主要是围绕治理机制、手段、技术以及治理能力展开的。利用治理框架有助于我们把发生在地方的这些微观或中观变化整合起来,并避免拘泥于琐碎变化。

[①] Jon Pierre, B. Guy Peters, *Governing Complex Societies* (New York: Palgrave Macmillan Press, 2005).

[②] K. van Kersbergen, F. van Waarden, "Governance as a bridge between disciplines: cross-disciplinary inspiration regarding shifts in governance and problems of governability, accountability and legitimacy," *European Journal of Political Research*. Vol. 43. No. 2, pp. 143 – 172.

二 地方政府治理主体地位的确定

无疑，各级地方政府是地方治理的首要主体，这样讲有两个根本原因。一是地方政府是国家在地方的代表，它们拥有一套完整的组织系统，并且垄断着暴力以及其他重要资源；二是地方政府是地方治理涉及的各种关系的聚集点。在中国，这些关系体现为党政关系、政府间关系、政企关系、政社关系等。地方治理改革实际上就是这些关系的调整，而地方政府在其中发挥着重要作用。

然而，在集中体制下，地方政府要成为地方治理的首要主体，必须获得相对独立于上级的决策与行动的自主性，即获得上级的授权。自主性的获得也意味着地方政府代表的辖区利益以及政府自身的利益得到了承认。对地方政府来说，自主性和自利性不过是一枚硬币的两面。没有自主性，自利性的合法追求就没有保障；没有自利性，自主性的发挥也没有激励。

从改革开始，下放权力就成为打破权力过度集中，提高地方、社会、企业自主性和活力一项重要措施。邓小平在1980年的讲话中，尖锐地提出党和国家领导制度的主要弊端就是权力过分集中。他说："权力过分集中，妨碍社会主义民主制度和党的民主集中制的实行，妨碍社会主义建设的发展，妨碍集体智慧的发挥，容易造成个人专断，破坏集体领导，也是在新的条件下产生官僚主义的一个重要原因。"[①]

要在法律上重新明确各级地方政府的地位和职权。1978年的宪法和1979年的《中华人民共和国地方各级人民代表大会和地方各级人民政府组织法》，对中央和地方各级政府所履行的职责给予了明确的界定。但是这两部法律还带有明显的"文化大革命"时期的痕迹，难以适应新的发展形式，因此在1982年被分别进行了修订。在1982年的宪法中，各级政府的职权、相互关系等被明确下来。1983年，中共中央、国务院发出了《关于实行政社分开，建立乡政府的通知》，在乡镇建立基层政府，从而使地方政府的层级延伸到乡镇。随后，《中华人民共和国地方各级人民代表大会和地方各级人民政府组织法》经过1995年和2004年两次修订，把各级政府的任期统一

---

① 《邓小平文选》第2卷，人民出版社，1994，第321页。

为每届5年。此外，对于自治地方，也有了更为明确的法律规定。1984年，《民族区域自治法》被通过，成为民族地方实行区域自治的基本法律。2001年该法较大幅度的修改，使自治权力得到了进一步完善。针对香港和澳门特别行政区的管理，1990年4月和1992年3月全国人大分别颁布了《香港特别行政区基本法》和《澳门特别行政区基本法》，使两个地方成为具有高度自治权的地方政府。

当然，我们这里讨论的是绝大多数的、非自治的地方政府。它们的自主权的加强主要是通过三个方面的放权实现的，即干部管理权的下放、财政收入关系的重新划分以及社会经济事务管理权的下放。在经济建设成为国家首要政治的背景下，财政收入关系的调整成为政府首先考虑的方面。1980年，在除三个直辖市之外的所有省和自治区实行财政"分灶吃饭"，1988年又在当时的37个省级地方政府和"计划单列市"实行了"财政包干制"。这种被称为"行政性分权"的财政改革按照行政隶属关系把国有企业的利润和企业所得税规定为所属政府预算的固定收入。这项改革使地方政府有了自己可以控制的收入来源，成为独立的利益主体，激发了它们增加政府收入的积极性，在激励机制上推动了政府行为重点向经济建设的转变。

1984年，干部分级管理的权限范围由下管两级改为下管一级，地方政府对于自己的直接下级干部有了更大的管理权。这不仅密切了直接上下级之间的关系，而且加强了地方政府对下级的控制。上级可以直接通过对下级领导干部的调动、提拔来贯彻自己的意志。相对于过去，地方政府在干部任用方面有了更大的自主权。

在财政、人事权力下放的同时，各级地方政府所承担的事权内容也大大增加了。当然，其中许多内容并非地方政府自主承担的，而是被要求完成的。比较典型的是关于九年制义务教育的负责权。1985年的《中共中央关于教育体制改革的决定》提出，义务教育由地方政府负责，分级投入。"乡财政收入应主要用于教育。"地方政府事权的增加在20世纪80年代主要有三大类：①中央下放的部分管理权，比如计划管理权、不定期的固定资产投资权和城乡建设权；②上级下放企业的管理权，尤其是把一些亏损企业下放给下级政府管理，不仅增加了后者的经济管理职能，而且也使其充分发挥解决下岗职工再就业等社会职能；③一些临时性任务。

在整个20世纪80年代的放权过程中，中央政府吸取了50年代和70年代的"行政性分权"导致的"一统就死、一放就乱"的教训，力图把赋予地方政府自主权与赋予社会、企业自主权区分开来，实行经济分权，剥离地方政府对企业和社会的控制权。① 但是财政分配采取的是包干体制，而且地方政府承担的责任快速增加，使得地方政府非但没有放松，反而加强了对本辖区内企业和社会组织的控制。这尤其体现在地方政府在经济生活的各个方面的干预权力越来越大，范围越来越广，领域越来越全。②

地方政府的自利性不仅复苏了，而且加强了。这集中体现在四个方面，一是地方政府以财政包干体制为制度条件，与中央和上级政府在财政收入分配以及其他任务分派方面形成了明显的讨价还价关系。实际上在计划体制时期，这种关系也已经存在了，但是财政分配关系的清晰化使它更为突出，并且其使用范围更广了。二是地方政府的"辖区"意识更为强烈。在集中体制下，上级任命的官员只要完成好上级交付的各种任务就可以了，但是在分权过程中，地方政府还必须负责本地的发展，为本地区争取更多的利益。"为官一任、造福一方"从20世纪80年代开始逐渐成为官员的口头禅，地方官员无论在自我决策还是执行上级命令中都有了更明显的辖区意识。为了本地发展，地方政府加强了对国有企业的影响和支持，要求本地银行为其提供信贷，司法系统为其提供必要的保护。有的地方政府为了增加财政收入，开始积极扶植乡镇企业、私营企业、外资企业等非国有或非公有制经济的发展，推动"体制外经济"的发展。还有的地方政府变通上级或中央政策，为本地发展提供有利的政策支持。③ 由于对本地发展目标的追求，地方政府的自主性得到了切实发挥。三是地方政府的地区利益、部门利益得到强化，并开始干扰和制约中央政令的贯彻。地方保护主义和诸侯经济在20世纪80年代中期成为经济发展的阻碍。④ 地方政府为了获得更多的财政收入，开始加强对预算外收入的征收，这推动了政府职能部门的"乱收费""乱罚款""乱摊派"现象的泛滥。而为了确保财政收入，地

---

① 吴敬琏：《当代中国经济改革：战略与实施》，上海远东出版社，1999。
② 楼继伟：《中国改革：波浪式前进》，中国发展出版社，2001。
③ 马龙龙：《论财政体制改革中的中央与地方政府关系问题》，《财政研究》1998年第5期。
④ 楼继伟：《中国改革：波浪式前进》，中国发展出版社，2001，第163页。

方政府对职能部门的行为也采取了放任态度,后者的部门利益也从而得到了强化。最后,在搞活经济的过程中,官员个人的利益意识也增强了。这一方面表现在一些官员开始"下海",从事各种形式的经济活动,成为专业或业余的"红顶商人";另一方面体现为一些官员开始使用掌握的公共权力为个人或小团体谋取利益。腐败现象逐渐盛行起来。利用公共权力谋取个人或部门利益的腐败是政府自利性最为极端的表现形式。

就政府内部关系来说,地方政府自利性的发展推动了政府内部利益的分化。这表现在两个方面。一是地方政府对本辖区利益的维护和发展。地方政府会由于过度强调辖区利益,抵制上级乃至中央的命令。二是地方政府各职能部门对本部门利益的维护。这种自利性由于"条条关系"获得了制度性支持,存在脱离,甚至牺牲所在辖区利益,谋求部门利益的强烈倾向。

显然,地方政府的自利性过强是中央政府不愿意看到的。[①] 这不仅影响到中央政令的贯彻,更加不利于在20世纪90年代初期确定的建设社会主义市场经济目标的实现。要限制自利性,必须通过制度来规范地方政府的自主性。中央主要采取了三种措施。

首先,规范地方政府财政收入的自主性。1994年开始实行的分税制改革正是这样的尝试,根据中央与地方的事权划分来建立各自的税收体系,并通过提高中央政府的财政收入来加强对地方经济行为的调控。

其次,实行地方党政主要官员的异地交流和回避制度,减少地方意识和利益对官员行为的影响。"异地为官"在中国政治中具有悠久的传统。进入20世纪90年代后,对主要官员的交流和回避措施日益制度化。1995年颁布的《党政领导干部选拔任用工作暂行条例》首次对此措施做出了明确规定。2002年,该条例正式颁布,把列入交流和回避的官员范围进一步扩大。"交流的重点是县级以上地方党委、政府的领导成员,纪委、人民法院、人民检察院和党委、政府部分工作部门的主要领导成员。""担任县(市)委书记、县(市)长职务以及县(市)纪检机关、组织部门、人民法院、人民检察院和公安部门主要领导职务的,一般不得在本人成长地任职。"

最后,对一些重要部门实行垂直管理,以减少地方政府对中央重要职

---

① 楼继伟:《中国改革:波浪式前进》,中国发展出版社,2001。

能和政令贯彻的抵制或干涉。垂直管理并不是中央部委直接管理分布在各级地方的下属部门,而是把后者的人事任命权以及财政经费(部分或全部)从其所在的地方收到上级部门,实行"条条管理"。在20世纪90年代,税收、工商、质量技术监督等部门先后实行垂直管理,后来银行、电信、电力以及公安、环保等部门也加入其中。

然而,对地方政府自主性的规范并不会遏制它们追求本地利益的冲动,因为它们所处的环境以及政府运行的动力机制已经发生了根本性的变化。市场经济的发展把所有的地方政府都卷入经济增长的竞争。全球化和城市化的进程为地方政府之间的竞争增添了新的目标、内容以及参照系。地方政府之间的竞争主要是围绕经济增长所需要的短缺资源——资本展开。在国家全面实施现代化赶超战略的过程中,上级政府对下级官员的考核更加重视,并且更加强调具有明显物质效果的"政绩"。比如,进入20世纪90年代后,中央设定了多种现代化目标或发展目标,比如义务教育、农业现代化、医疗等,然后把这些目标细化,下放给地方,并利用政治和经济激励来推动地方政府完成。此外,社会民众对于地方政府的要求在数量上不断增加、内容也在不断调整,并且成为官员考核的重要组成部分。

地方政府为了应对上述变化,更加重视本地的经济增长,经济工作成为政府运行的核心。这样,大规模、多形式的招商引资和到中央以及上级部门"跑资金""争项目"成为各地政府最主要的活动。为了彰显本地的发展成就,基础设施建设、城市建设、大项目建设等也成为许多地方官员最热衷的选择。在追求经济增长的过程中,地方政府的经济职能得到完善。这尤其体现在与投资有关的管制快速减少、相关部门工作效率提高、能力得到加强方面。地方政府成为资本流动的助推器以及相关规则的服从者和推广者。①

随着地方政府对经济活动的深刻卷入,政府自利性产生的消极后果也更加突出。这表现在两个方面。一是地方政府所维护的辖区利益与国家利益的冲突;二是政府的部门利益、个别官员的个人利益与民众利益、社会利益的冲突。因此,从20世纪90年代后期以来,出现了许多关于地方政府

---

① Yishai Blank, "Localism in the New Global Legal Order," *Harvard International Law Journal*. Vol 47(2006).

蒙骗中央、干扰中央政令的贯彻，地方政府为了眼前利益牺牲长远利益，部门利益、官员个人利益侵犯公共利益的极端事例。地方政府的过度自利性被视为政府改革深入的根本性障碍。

政府自利性消极后果的凸显也说明了地方政府自主性机制存在扭曲。这既体现为地方政府在一些领域内行政裁量权过大，缺乏必要的制约，更表现为它们在某些领域内缺乏应有的自主权，只能通过破坏现有规则来达到目标。从本质上说，地方政府自主性的扭曲说明了政府层级之间以及政府与社会之间还没有建立起一种良性的关系。地方政府的自主性应该以服务国家利益和公共利益为根本目标。因此，在维护地方政府自主性的同时，还要加强其对中央政府的服从，以及对当地民众利益的服务。

三　政府责任与治理机制

作为地方治理的首要主体，地方政府承担着协调辖区内各种关系，管理和发展辖区内社会经济文化事务的主要责任。对于地方政府的职权，1982年修改后的《中华人民共和国地方各级人民代表大会和地方各级人民政府组织法》做了更为明确的规定。一方面，将县级以上各级政府与乡镇政府的职权进行了区分；另一方面对县级以上各级政府的职责进一步具体化。根据《组织法》第57条，县级以上各级地方政府行使的职权有10项。它们可以分为三大类。第一类是执行本级人民代表大会及常务委员会的决定，上级国家行政机关的决定、命令、交办的事项；第二类是政府内部管理，包括发布决定、命令，领导所属工作部门、下级政府的工作，对工作人员进行任免、培训、考核和奖惩；第三类是对本地区居民所承担的责任。①

上述责任和职能，都有具体负责的部门，并配备相应的人员和财力。但是，在实际运行中，地方政府对于各项责任和职能的完成并不均衡，换言之，有的责任和职能会处于优先地位，并得到相应的人力、物力、财力的支持。这种不均衡的责任体系也导致了地方政府形成了一套能够有效动员资源向特别领域倾斜的治理机制。

地方政府责任的不均衡主要体现在三个方面：第一，在责任内容上，

---

① 具体责任请参考《中华人民共和国地方各级人民代表大会和地方各级人民政府组织法》。

加快当地经济增长、和保证当地社会稳定是各级地方政府必须完成的"压倒一切"的核心责任;第二,在责任取向上,对上级政府负责优先于对当地公众负责;第三,在具体的地方,地方领导人的偏好常常能改变地方政府在一定时期内的责任内容。

面对不均衡的责任,地方政府为了更好地实现那些获得优先地位的责任,逐渐形成了"泛政治化"的、压力型治理机制。[①] 这种机制可以被描述为:地方政府将某些重要任务明确为"政治任务",要求下级政府以及职能部门全力完成,并相应给予政治上的激励和惩罚(主要是职位上的变化)。比如,在地方政府责任体系中处于核心地位的经济发展从改革开放一开始就被确定为重要的"政治任务"。[②] 社会稳定的秩序是经济发展的必要条件,因此,当社会不稳定因素随着经济的发展而增多的时候,社会稳定也成为各级政府必须完成的"政治任务"。在实现社会稳定这个"政治任务"的基础上,不断增加新的具体任务,比如社会治安、信访事件、物价变动、安全生产、食品安全、环境保护等,都是各级政府必须承担起来的具有"高度政治性"的责任。[③]

除了经济发展和社会稳定这两个根本"政治任务"外,还有其他一些被提到"政治高度"的任务,比如计划生育控制。中央政府和各级地方政府还会根据不同时期的工作重点,来增加新的"政治任务"。

"泛政治化"的压力型机制的根本出发点是实现地方政府确定的优先任务。这具体表现为:①通过把某些任务变成"政治任务",提高了它们在各级政府所承担的诸多责任中的地位,突出了它们的重要程度;②当这些任

[①] 荣敬本、崔之元等:《从压力型体制向民主合作体制的转变》,中央编译出版社,1998。杨雪冬:《市场发育,社会生长与公共权力构建:以县为分析单位》,河南人民出版社,2002。

[②] 邓小平在改革开放之初将其称为"今后主要的政治"(《邓小平文选》第 2 卷,人民出版社,1983,第 150 页),江泽民在 1996 年提出"社会主义现代化建设是当前我们最大的政治"(《江泽民文选》第 1 卷,人民出版社,2006,第 515 页)。

[③] 《关于构建社会主义和谐社会若干重大问题的决定》,列举了一些影响社会和谐的主要问题:"城乡、区域、经济社会发展很不平衡,人口资源环境压力加大;就业、社会保障、收入分配、教育、医疗、住房、安全生产、社会治安等方面关系群众切身利益的问题比较突出;体制机制尚不完善,民主法制还不健全;一些社会成员诚信缺失、道德失范,一些领导干部的素质、能力和作风与新形势新任务的要求还不适应;一些领域的腐败现象仍然比较严重;敌对势力的渗透破坏活动危及国家安全和社会稳定"。

务转变成"政治任务"后,有关负责的政府或职能部门就会调整资源和人员的分配方案,把资源和人员向这些任务倾斜,以保障它们的实现;③当这些任务转变为"政治任务"后,来自下级或职能部门的抵触或不执行行为会得到一定程度的控制,以实现政令的统一。由于抵触或不执行会受到政治上的惩罚,有关负责人的"政治前途"将受到影响;④对于确定"政治任务"的上级政府,尤其是中央政府来说,这展现了它们对问题的高度重视,有利于维护和改善它们在社会公众中的形象。

当某项任务具有"政治性"后,那么就会采取特定的责任实现机制。这个机制包括两个主要部分:完成过程采取"一把手"工程方式;奖惩采取"一票否决"。① 所谓"一把手"工程指的是各级政府或职能部门的行政首长(俗称"一把手")要对上级确定的任务负首要责任,亲自参与和管理。"一把手"可以利用行政权力来调动资源和人力保证任务的完成。所谓"一票否决"指的是承担具体任务的单位和单位负责人在每年的各项评奖中,要根据该任务的完成情况来决定对其全年工作的最终评价。一旦没有完成这项具有高度"政治性"的任务,就无法参加全年各个方面的先进评选。当然,并不是所有实行"一票否决"奖惩方式的任务都是"一把手"工程。目前,一个特别值得重视的现象是,现在有越来越多的领域在考评时候实行"一票否决"。比如文物保护、安全生产、卫生考核、广告违法、节能减排。"一票否决"不仅用于政府内部,还运用于政府对企业、事业单位的评价。比如有的地方就规定,在环保方面,凡未达要求的企业将取消市级各类先进评选,企业负责人也不得参与劳动模范之类的评选。在"一把手"责任和"一票否决"机制的推动下,各级地方政府及政府部门在某些"政治性"任务上承担了"无限责任"。

毫无疑问,在一种快速变化的环境中,"泛政治化"的治理机制突出了政府要承担的主要责任,推动了一些重要问题和难题的有效解决,保证了政府责任的基本实现。这是改革开放以来,各级政府能够及时地回应社会经济发展需要的重要原因。尤其是当改革遇到各种形式的抵制的时候,把

---

① 据说"一票否决制"是借用的联合国安理会的表决方式。在联合国安理会,只要5个常任理事国有一个投了反对票,决议就无法通过,即所谓一票否决。

要解决的问题提高到"政治高度"及时有效地消除了抵制,确保了整个国家重要战略的推行以及这个大型国家转轨的有序进行。

因此,尽管许多地方官员对于"一票否决"的奖惩方式具有一定的不满,但是经过近 30 年的改革,这种督促责任完成的手段和方式并没有消失,反而有强化的趋势,成为各级地方政府以及政府职能部门贯彻命令,完成任务最"有效"的手段和方式,甚至被当作是实现执行力的一项制度。①

但是,通过层层施加压力来推动政府责任的实现毕竟不能成为一个国家治理的常态。更重要的是,这种"泛政治化"还带来多种负面影响,在实现下级对上级命令服从的同时,削弱了整个政府的公信力。

四 多元治理主体与治理空间

在地方治理变革过程中,我们看到除了地方政府外,资本、公民个人、公民组织等成为地方治理中的活跃分子,带来了地方治理主体数量的增加,关系的复杂化,地方治理的空间也产生着变化。这里所说的治理空间指的是治理关系运行所处的地理空间、社会空间以及公共空间。② 这里说的社会空间指的是社会关系集聚的地点,公共空间指的是个体行为者可以共享的空间。这三种空间并非相互隔离的,而是交织在一起的,这就需要地方政府来调整自身,来适应不同空间的需要。地方治理空间主要发生了以下几种变化。

第一,地方治理运行的地理空间不再局限于地方政府原来的行政辖区边界内,而是随着社会经济发展的需要进行了调整和扩展。在过去的 30 多年中,各层级地方政府的数量发生了较大变化,这意味着行政辖区边界也进行了调整。除了省级政府数量、市政府(包括地级、县级)数量增加了以外,县政府和乡镇政府随着"县改市"和"乡镇合并步伐"的加快,数量在逐年减少。而且行政层级越低,数量变化越大。对于绝大多数县级政府来说,行政边界并没有改变,但是行政从属关系和辖区内治理单位都发

---

① 评论员:《"一票否决"制度设计推进执行力的"良方"》,《江阴日报》2007 年 12 月 29 日。
② 关于"治理空间",作者这里借用了列菲伏尔关于空间的思想以及福柯关于"治理术"的思想。在本文中,这个概念被尝试用来描绘地方政府所处的空间位置以及所处的关系位置。

生了较大变化。在行政从属关系上，随着"市领导县"体制的建立，被市领导的县的数量从1978年的156个增加到2002年的1266个，被市代管的县则从1982年的0个，增加到2005年310个，平均每个市领导5.8个县。①进入21世纪后，由于一些县或县级市经济力量的壮大，为了扩大当地政府的自主权，浙江等省开始实行"省直管县"的改革尝试。② 对于县或县级市来说，辖区内的乡镇或者被大量合并，或者在城市化过程中被撤销，转为街道办事处。此外，城市化和工业化带来的另外三个变化也值得注意。一是城市边界的扩张造成的城市之间的对接，由此推动了这些相邻城市谋求跨边界的治理合作。比如长三角的城市合作，西安与咸阳之间的"西咸一体化"、河南郑州与开封之间的"郑汴一体化"。这些城市之间的治理合作打破了行政边界对经济发展的阻碍，为资本和其他资源的流动提供了更广的地理空间，并且实现了资源的共享。二是最近几年出现的城乡一体化。在中央政策的推动下，成都、重庆等城市开始探索把城市掌握的资源向辖区内的农村延伸的机制和制度，以改变长期存在的城乡分割、分治局面。尽管这方面的探索存在许多值得讨论的问题，但是方向是正确的。因为地方治理是整体治理，不是农村与城市分开的治理。三是环境问题日益突出，跨行政边界的污染事件频繁出现，迫使地方政府在相关领域开展治理合作。

地理空间的变化并没有破坏以地域为基础的地方认同，相反，地方治理越来越重视利用地域特征来塑造和加强地方认同。当然，地方认同的加强培养了当地居民对家乡的热爱，但是，对于地方治理主体来说，展现地域特征和本地文化，更重要的目的是获得更大范围的关注，以吸引投资，来加快本地发展。因此，地方认同的培养带有明显的经济色彩。这突出表现为以文化品牌宣传为基础的招商引资以及旅游业的发展。在现代化和城市化的进程中，一方面许多地方的传统文化在消失；另一方面，也是非常重要的是许多地方的传统文化被发掘出来，并成为这些地方发展的条件。

---

① 中华人民共和国民政部编：《中华人民共和国行政区划（1949～1997）》，中国社会出版社，1998；《中华人民共和国行政区划简册》（1999～2005），地图出版社。
② "我国试点推行省管县改革'市管县'走到尽头？"，http://news.xinhuanet.com/fortune/2007-06/11/content．

地方治理的地理空间的变化也涉及了文化空间的呈现。

第二，地方治理所处的社会空间被重构。在计划经济时代，社会关系是在单位和户籍所在地这样具体的、政府提供和控制的空间中展开的。在这些空间中，每个行为者的身份都是固定的，并且对这些空间有着强烈的依附关系。脱离它们，行为者不仅失去了归属，而且也会被整个社会拒绝。这些空间既为社会行为者提供了保护，也设定了边界。然而，市场化和城市化的发展，一方面赋予了社会个体财产权，推动了社会阶层的分化、社会流动性的增强，使一些社会个体有条件来摆脱传统的控制性空间，来建构自己的社会关系，形成自己的组织，寻找新的认同；另一方面也迫使一些社会个体离开原来生活的社区，或者搬迁到城市中的边缘地区，或者流动到城市里。因此，地方治理必须要适应这些不同群体对社会空间的需要。社会空间的重构主要是通过社区建设和基层民主两种方式进行的。社区建设与基层民主是重叠进行的，其基本的制度前提是社区是居民自治单位。在社区中，居民对社区的事务进行自我选举、自我决策、自我管理、自我监督，社区是基层民主运行的空间，基层民主则是社区运行的基本机制。社区建设首先是在20世纪90年代初期从城市开始的，进入21世纪后，社区建设概念也开始引入农村。城市社区建设的主要目的是为摆脱单位空间的社会个体、离开农村、进入城市的流动人口提供获得公共服务、形成新的认同的新空间。农村社区建设则适应了农村人口结构失衡、精英大量外出、公共服务缺乏的现实，力图为农村发展吸收更多的资源。基层民主通过赋权，满足了社会个体参与社会空间重构的需要。他们通过参加选举、参与决策以及管理，增强了对自己所处的社会空间的认同。由于社会的分层，社会空间中的个体也开始多元化，无论在利益要求和自身条件方面都呈现多样化，因此社会空间的重构不仅需要多元的社会个体进行自我调整，学会自我管理，也要求社会空间距离最近的地方政府调整自身与这些具有自治功能的空间之间的关系，有效地将其整合进地方治理框架中。

从20世纪90年代以来，在社会空间治理方面，有四种变化值得重视：①在城市化的过程中，有大量新的城市社区建立起来，而老的社区的居民结构也随着人口流动而更多样化；②政府主动推动社区选举和社区管理机制的改革，以更好地实现从对社区的直接控制转为间接控制；① ③随着商业性住宅小区的大规模兴建，业主、物业服务机构以及社区居民委员会成为这类社区内的基本关系，业主的自我管理与代表政府的社区居民委员会的管理之间的关系需要在现有体制框架内找到更有效的协调机制；② ④社区内的社会志愿者组织发展起来。这些组织成为社区服务的重要参与者和提供者。地方政府对于这些组织基本上持鼓励态度，并且在资金方面也给予了一定的支持。更重要的是，许多志愿者组织是居民自发组成的，对于培育居民对社区的认同具有重要作用。

第三，地方治理必须应对公共空间的增加与扩展。社会关系的多元化直接推动了公共空间的增加和扩展。有三类主要的公共空间。第一类是作为场所的公共空间，比如广场、公园、图书馆、博物馆等。第二类是作为公共资源的公共空间。与场所相比，这类公共空间的最大特点是可以对使用者进行清晰的分类，并区别他们的使用权。比如道路，按照使用权可以分为步行者、骑自行车者和汽车使用者。而作为公共空间的场所则很难区分出使用者的类别。第三类是作为交往方式的公共空间，比如舆论媒体、互联网络。新的通信和交往技术的发展，为这类公共空间的发展和衍生提供了基本条件。都市类报纸、社会问题类电视节目以及网络中的社群、博客等都是新兴的交往空间。这类空间可以是具体的，也可以是抽象的。与前两类空间相比，此类空间最突出的特点是突破了地域限制，使社会个体有了更广阔的实现个人自由的场所。虽然公共空间可能会有明确的提供者或管理者，但是都是可共享的，而且共享者相互之间可能都是陌生人。因此，公共空间的拓展既是公民社会发展的重要标志，也为地方治理增添了新的内容。公共空间的建设和维护机制、公共空间中多主体之间的关系等都与地方政府有着直接或间接的关系。地方政府在公共空间中扮演着多重角色，既是公共空间的提供者，也是其中的利益相关者，在更多情况下是公共空间中各种关系的规范者。多种角色使地方政府必须学习摆脱单一主体主导的思维和行为模式，学会运用市场机制，适合公民社会的要求。实

---

① 周红云：《通过治理创新构建和谐社区——中国城市社区建设的现状与未来》，载俞可平主编《和谐社会与政府创新》，社会科学文献出版社，2008年。
② 唐娟：《城市社区业主委员会发展研究》，重庆出版社，2005年。

际上，从20世纪80年代后期开始，一些地方政府已经开始将市场机制引入公共空间的建设，改变了政府是公共基础设施单一提供者的局面，加快了这类公共空间的建设。但是，政府对于公共交往空间的发展通常表现为反应迟缓、行为僵硬，这很容易成为这类新空间健康发展的阻碍，失去应有的规范和管制的机会。

治理主体的增加以及治理空间的多样化使得地方治理过程更为复杂，地方政府的"辖区主义"、"全能主义"的思维与行为模式受到了巨大挑战。就"辖区主义"而言，尽管地方政府之间的激烈竞争使它们必须把谋取本地的经济增长放在考虑的首位，但是市场经济的融合使他们也要学习如何与周边地区合作，来共同利用资源。就"全能主义"来说，地方政府在许多领域（无论是传统的管理领域，还是新兴的社会领域）都表现出"缺乏治理能力"或者"治理负担过重"。在这些领域中，地方政府或者要学会合作以争夺更多的治理资源，或者要学会放权和赋权，使社会实行自我管理。

五 地方治理创新与政府治理能力

改革创新作为过去30年整个国家治理变革的主题，也贯穿在各级地方的治理过程中。在20世纪80年代，随着权力的下放，中央大力鼓励地方政府进行改革创新，尤其是在率先进行的农村改革和企业改革方面进行创新。村民自治、企业承包经营责任制以及县级机构改革等是这个时期几个有代表性的改革。1980年肇始于广西宜山（今宜州市）屏南乡合寨村的村民自治经过1982年宪法的确认以及1988年村民委员会组织法的规范，最终成为农村治理的基本制度。围绕其进行的村民选举在20世纪90年代后期开始成为国内、国际各个方面关注的对象，并被看作中国政治民主化的突破口，具有向基层政府层次扩展的可能性。企业承包经营责任制赋予了企业一定的经营自主权，是改革政企关系的尝试，但并没有从根本上约束政府对企业的干预。但是企业承包制所强调的"层层负责、责任到人"原则被吸收进政府管理中，推动了政府内部责任机制建设。县级机构改革是从20世纪80年代中期开始的，1989年国务院确定了包括湖南华容、内蒙古卓资在内的9个县作为改革试点。此后，改革试点逐步增加，到1992年8月底，达到了350多个。① 县级机构改革的基本目标是"小机构、大服务",即一是减少政府冗员,二是适应经济发展的需要,提高政府的服务能力。在县级机构改革过程中,出现了多个成功模式。②

1988年,海南省建省,把政府建设的目标确定为"小政府、大社会",并且在政府机构设置、职能规定等方面进行了诸多改革尝试。③ 这个思路也被引用到经济特区政府改革以及1993年成立的上海浦东新区的政府建设中。"小政府、大社会"成为自20世纪80年代后期到20世纪90年代中期政府治理改革的基本理念。但必须注意的是,这个理念并非基于当前流行的"国家—公民社会"理论,而是来源于马克思的国家学说,是它在市场经济背景下的发挥。实际上,在整个20世纪90年代中期之前的政府治理改革都是从马克思主义经典作家那里寻找理论资源的。"小政府、大社会"为这个时期进行的下放权力、政社分开、基层民主建设、党政分开等改革提供了有力的支持。

20世纪80年代是探索全面改革时期,中央在不同领域都确定了改革试点,鼓励地方政府在这些领域进行尝试和创新,以为国家决策提供经验。而中央则以政治支持和特殊的政策来为改革试点提供保护,减少改革的阻力。然而,一旦这些保护和支持被撤除,一些改革试点就无法坚持下去。这尤其体现在按照"小政府、大社会"思路进行政府机构改革的地方,多年之后都出现了被撤掉的机构恢复,精减的人员膨胀等固有问题,而当年的改革者则由于触动了一些群体的利益引起争议,被撤销了职务。④ 然而,这些改革试点失败的根本原因不在于中央和上级的保护和支持,而在于改革的社会经济条件并不成熟,制度环境并不允许。

1993年建设市场经济体制的目标确立后,随着中国加入全球化步伐的加快,社会结构的深刻变化以及执政党执政理念的调整,地方治理改革有了新的背景,进入了新的阶段,呈现出以下几个特点。

第一,市场经济和公民社会的发展是治理创新的基本背景。如果按照

---

① 王秦丰:《关于县级机构改革的试点情况》,《理论视野》1993年第2期。
② 徐富俊:《当前县级机构改革的几种模式》,《理论前沿》1993年第4期。
③ 廖逊:《海南的"小政府、大社会"改革》,《海南大学学报》1998年第2期。
④ 郝思恭:《隰县改革何以夭折?》,《政府法制》2006年第4期。

狭义的定义来理解治理的话,那么20世纪90年代中期之前的改革是为国家、市场、公民社会的治理关系创造产生的条件,20世纪90年代中期后的改革则是为这组关系的成长而产生的条件。比较而言,由于市场经济的力量强于公民社会,并且是经济增长的机制,所以市场与国家的关系一直是地方治理创新的重点。各级地方政府在与市场经济发展的领域内积极推进改革,特别体现为减少行政审批,改善投资环境、公共服务市场化等。然而社会差距的拉大、环境的恶化等市场难以解决的问题也逐渐呈现出来,成为地方治理的新内容。公民社会虽然有所发展,但相对弱小,并且领域和地区的分布不平衡,但是在一些城市以及环境保护、社区服务等领域中已经开始发挥作用,并推动了相关治理问题的改善。

第二,地方政府作为治理改革的首要主体,具有更强的创新冲动。20世纪90年代中期以来,地方政府之间的竞争更加激烈,地方政府面临的治理问题也更加多样复杂,创新成为地方政府的必然选择。对于地方政府来说,治理领域的创新至少能够实现三个目标:一是可以解决当地社会经济发展中出现的问题,特别是危机;二是可以在与其他地方的发展竞争中获得优势,这尤其体现在经济管理领域;三是可以从上级以及中央争取到包括政治、资源在内的支持,从而也为地方官员的个人升迁提供有利条件。当然,并非所有的治理创新都能同时实现这三个目标。而且三个目标之间也可能存在矛盾。特别是在政治创新领域,问题的敏感性使得上级的回应往往是模糊的,因此需要地方政府的坚持和对整个制度环境的判断。

第三,地方治理创新领域进一步扩展。20世纪90年代中期以来,改革宏观政治体制的任务不再是改革和创新的重点,一些具体的制度改革由于受层次和范围的限制,成为改革的重点。典型的代表是基层民主的深化,比如村民选举、乡镇政府选举、县乡人大代表选举以及基层党内民主。另外,行政领域和公共服务领域的创新开始大量出现。尤其是2003年以来,随着服务型政府、和谐社会、以人为本等理念和改革目标的提出,相关领域出现了大量的改革创新,成为地方治理改革的重点,也把更多的公共管理部门牵涉进来。

第四,地方治理创新的手段更加多样。在地方治理改革中,除了制度创新外,机制创新、技术创新更加受到重视。这不仅由于制度改革是整体性的，需要自上而下的路径，更由于地方治理问题的多样化和具体化，必须依靠机制和技术的支持。20世纪90年代中期以来，政府绩效评价机制的建设、政府工作流程的改造、电子政务的推行等是机制创新和技术的代表。另外，地方政府的开放性也使得治理创新中的学习和移植因素更加突出。通过学习国内外其他地方的相关创新，缩短了创新的时间，降低了创新的成本。①

第五，在地方治理创新中创新者的作用更加突出。创新者从来都是治理创新的核心要素，他们的能力和命运直接关系到创新的成败。在地方治理改革中，地方官员作用的突出不仅在于政府依然掌握着主要的资源，更在于随着教育的系统化和培训的普遍化，他们的素质得到了提高，眼界更为开阔，个性更加鲜明。这样，一些官员出于不同原因，站到了改革的前列，成为追求稳定的官员文化中的不安定分子，官员中的"企业家"。而他们的政治命运又直接决定了创新的命运。

第六，地方治理创新为更多的制度创新提供了条件。从改革开放一开始，制度化就受到了高度重视，被认为是走出"人治"困境的出路。20世纪90年代中期以来，治理领域中的制度建设加速，决策者更加重视从地方改革中汲取经验，加以总结，然后转化为全国性的政策和制度。这种方法不仅表明了中央对地方治理创新的认可，更重要的是降低了中央决策的成本，提高了制度的实践性与可操作性。

过去10多年来，许多地方都尝试过在不同治理领域的创新，有成功的，也有失败的，但是在中国的制度背景下，这些治理改革与创新是沿着四个基本方向推进的：一是改善国家与社会的关系，明确国家权力来源于社会，实现国家权力服务于社会；二是改善国家与市场的关系，清晰界定国家与市场的职能，充分发挥各自的优势，减少市场失效与政府失效的恶性循环；三是改善政府内部的关系，分清职责，提高政府运行的整体效果；四是完善执政党与国家的关系。重点不再是党政分开，而是加强执政党的治理能力建设，发挥政党的核心领导作用。

---

① 杨雪冬：《制度移植与本土实践：以立法听证的演进为例》，《华中师范大学学报》2005年第6期。

在地方治理创新过程中，政府治理能力也在提高。这体现在以下三个方面。①地方政府的财政能力明显提高。这一方面得益于经济的持续增长；另一方面在于国家财政转移支付制度的完善。尤其对于承担着诸多职能的县乡两级政府来说，财政负担曾经使其中大部分长期处于"吃饭财政"状态，无法有效地履行应尽的职能。②地方政府的官员能力得到加强。公务员制度是推动官员能力提高的制度因素。随着社会文明程度提升而得到加强的法治意识、民主意识、责任意识等保证了官员能力的有效发挥。③地方政府掌握的治理技术、手段和方法更为丰富。不断健全的法律、先进的信息技术、新的调查分析方法等为地方政府了解问题、解决问题提供了重要支持。这些技术、手段和方法使得地方政府在面对快速发展的市场、私人资本、公民社会组织的时候依然具有相对优势。

然而，地方政府治理能力在整体提高的同时，也存在明显的地区性和领域性不均衡。一方面，不同地区的地方政府由于财政基础、官员素质、内部机制等原因，存在能力差距；另一方面，在不同的治理领域，政府的治理表现又有明显的不同。在一些新的治理领域，政府或者缺乏治理能力而无法治理或者治理方法不当而导致治理混乱，而在一些长期管制的领域，政府又表现为治理过度，干扰了这些领域的正常运行。2003年以来发生的多次公共危机集中体现了治理能力的不均衡。

六 结论："地方的复兴"

早在1956年，毛泽东在《论十大关系》一文中就提出要发挥中央与地方的两个积极性。1995年，江泽民在《正确处理社会主义现代化建设中的若干重大关系》一文中再次强调了发挥地方积极性的意义以及协调地区之间关系的重要性。这说明，在改革开放过程中，地方政府不仅已经成为具有高度自主性、自利性和能动性的治理主体，还对中央与地方的关系、地方之间的关系、国家与社会的关系、国家与国际社会的关系等都产生影响。

在地方这个层次上，尽管地方政府依然是治理的首要主体，但是我们可以清楚地看到新的治理主体的出现，新的治理关系的运行以及治理资源的丰富。因此，地方的复兴不仅是地方政府主体性的增强，更是地方治理的多元化。这些变化提高了集中体制的内部多样化，推动了整个国家的治理转型。

在某种意义上可以说，只有地方治理改革成功，才会有成功的国家治理转型。总结过去30年地方治理改革的经验，我们至少可以归纳出其产生的三个贡献：首先，地方治理改革丰富了国家治理转型的路径。自下而上的改革路径一直被认为是中国改革成功的经验之一，而地方治理改革恰恰体现了这种改革路径，并且随着中央与地方博弈关系的制度化，也使这种路径向"上下互动"的路径演变，降低了"自上而下"单向转型的风险；其次，许多地方的治理改革解决了当地面临的紧迫问题，提高了治理的效果，从而弥补了中国国家规模庞大、内部多样性造成的中央治理的局限性，从整体上提高了国家治理的合法性；最后，地方治理改革为国家层次的制度创新提供了经验基础和主体条件。成功的制度变革是需要设计的，但必须以实践经验为基础，并获得治理实践主体的承认和贯彻。地方治理承担了这个双重角色。

市场化、全球化、城市化、工业化等多重进程的推进，治理问题急剧增加和变化，对地方治理改革提出了严峻挑战。多年来，地方治理通过改革创新比较好地适应了新的环境与变化，保证了地方治理的有效性，避免了整体性治理危机的出现。但是，在未来的发展中，地方治理改革面临着深层次的障碍。

第一，在国家整体制度结构上，还没有形成健全稳定的国家、市场、公民社会的治理结构。在地方层次上尤其如此，所以地方治理的改革更多地体现为地方政府改革。政府占据绝对优势，限制了市场、公民社会的发展以及应有作用的充分发挥。此外，目前讨论非常激烈的一个问题是地方治理改革的具体措施与国家整体制度的冲突。这些措施虽然有利于提高整体制度的合法性，却得不到现有制度提供的法律支持，甚至处于"违法"的尴尬境地。是停止改革创新来维护现有的法律框架，还是修改或者不顾法律规定而积极鼓励地方改革，关于这个问题依然没有达成共识。

第二，地方政府自利性的畸形化，干扰了民主治理的发展。地方治理的根本目标是维护和提升公共利益，但是部门利益、个人利益的巩固，遏制着公共利益的实现。部门利益的典型表现是审批权和垄断经营权；个人利益的典型表现是权钱交易。因此才有所谓的公共利益"部门化"，"部门利益"法制化,部门利益"个人化""政令不出红墙""政策层层打折扣""部门相互争夺利益"等现象的出现。

第三,机制改革滞后,制约了地方治理的"精细化"。毫无疑问,地方治理改革需要宏观制度支持,但更需要合适的、可运行的机制建设,以保证地方民众能从治理中获益。但是目前地方治理中的机制还停留在计划经济时代形成的政府主导的动员模式中,既没有考虑到治理对象的需求,又缺乏对治理主体的有效激励,从而限制了地方治理的参与性、人性化水平的提高。

第四,部分官员的意识和能力还难以适应治理改革的深入。部分官员在意识和能力方面主要存在四个方面的不足。一是缺乏对公众的服务意识、责任意识。他们长期习惯于控制、管制,为公众服务意识淡薄;习惯于服从上级长官意志,对社会的要求不敏感、回应不积极,责任感淡漠。二是缺乏解决新问题的新方法。出于工作惯性,他们很容易用旧的方法手段,尤其是计划经济时代的方法手段来解决新问题,结果不仅没有解决问题,反而引发更多的问题。三是缺乏开拓新领域、发挥新作用的勇气和能力。一些官员或者囿于知识的限制,或者害怕出错,抱残守缺,过于求稳,结果贻误了改革和发展的时机。意识和能力的不足使我们经常看到,一些地方政府把好事情办坏,"懒政""庸政""恶政"等现象经常出现,破坏政府的形象,浪费了执政资源。四是错误理解改革创新,把它们作为标榜政绩、获得提升的条件,造成政策缺乏连续性,大量资源浪费。

作为国家治理变革的重要组成和重要力量,地方治理改革的深入推进应该按照两个原则进行。一是要服从国家治理变革的基本目标。经过30多年的改革,民主、法治、透明、责任、服务等已经被明确为国家治理变革的基本价值。地方治理改革必须遵循这些价值。二是要通过不断创新来推动国家治理的整体变革。通过创新,地方不仅可以有效地解决当地治理面临的各种新旧问题,而且能为国家治理的整体变革提供动力和制度经验。这是一个大国的渐进变革逻辑的必然和必需。

第二章

中国地方政府创新的历史分析(2000～2010年)[①]

在中国过去30多年的改革发展中,地方政府的角色既重要又充满争议。其重要性集中体现为其发展本地经济的冲动以及为此采取的创造性举措;对其的争议则来自地方权力扩张、利益强化而不断引发的与中央权力、社会权利的冲突。然而,无论如何评价地方政府的作用,一个基本判断是成立的,即地方政府作为中国改革发展过程中的活跃主体,其行为直接影响中国整体制度的运行和转变。

本章将从这个基本判断出发,依据2000年创办的中国地方政府创新奖第一届至第五届申请项目的资料,辅以问卷调查,[②] 进一步讨论最近10年来中国地方政府的改革创新行为,分析地方政府创新的类型、创新的形式、创新的动力、可持续性、影响力以及制度化前景等问题。通过这些分析,一方面力图更客观地描绘地方政府改革创新的状态;另一方面也尝试回答地方政府改革创新与整个体制改革转型之间的关系。

一 中国地方政府创新:现实还是幻觉?

在20世纪70年代,美国学者小乔治·W. 唐斯等人在一篇文章中就曾

[①] 本章主要内容曾经以"过去10年的中国地方政府改革:基于中国地方政府创新奖的评价"为题,发表在《公共管理学报》2011年第1期。

[②] 问卷调查包括:2008年1月,对第四届中国地方政府创新奖20个入围项目所在地的官员群众做的问卷(A)、对20个入围项目涉及的官员做的问卷(B);2010年1月,对第五届中国地方政府创新奖30个入围项目所在地的官员群众做的问卷(A)、对20个入围项目涉及的官员做的问卷(B)。

指出,"在过去的 10 年中,创新似乎成了社会科学领域最时髦的名词"。[1]随着企业竞争、国家竞争的激烈化,这个概念也被社会各界所接受。从 20 世纪 80 年代开始,政府改革与创新成为一个世界性现象,尽管各国的改革理由不同[2]。

对创新的系统研究开始于诺贝尔经济学奖得主约瑟夫·熊彼特。他在 1939 年出版的《商业循环》一书中通过区分"创新"与"创造",明确了"创新"在经济领域中的含义[3]。他认为"创新"是能够使"生产手段进行新的组合"的观念。研究政府创新或政治创新的学者基本上继承了约瑟夫·熊彼特的逻辑[4]。曾经负责美国地方政府创新奖项目的阿舒勒基于对美国政府创新的研究指出,创新就是"崭新的行为",是由两个要素组成的:新观念及其实践表现。[5]波斯比通过对美国重大政治创新的研究指出,创新由三个要素组成:大规模和可见性、摆脱了以前的习惯以及持续的影响。巴西政府创新项目主任彼得·斯宾克通过调查指出,对于政府官员来说,创新首先是能够取得成效的行动。[6]这些定义虽然着眼点不同,但是在两点上是共同的:一是创新必须要体现出"新";二是创新必须是一种实践,要产生影响。但是,必须强调的是,政府作为公共权力机构,其创新的目的不同于私营部门,应该是"创造公共价值",[7]或者维护和提升公共利益。[8]因此,政府创新由三个要素组成:行使公共权力的创新主体、创造性的实践活动以及服务于公共利益的创新结果。这三个要素也是衡量政府创新的

---

[1] Downs, George W., Jr. and Lawrence B., aConceptual Issues in the Study of Innovation, *Administrative Science Quarterly* (1976), pp. 700 – 714.
[2] Kamarck E. C., "Government Innovation around the World," *Working Paper* (2004).
[3] Schumpeter J A., *Business cycles*, (New York: McGraw-Hill, 1939).
[4] Roger S E., KIM J., "Diffusion of Innovations in Public Organizations," in Rogers E. ed., *Diffusion of Innovations* (New York: Free Press, 1983).
[5] Altshuler Alan A., Zegans Marc D., "Innovation and public management: Notes from thestate house and city hall," In Altshuler Alan A., Robert D., Behn, eds., *Innovation in American Government: Challenges, Opportunities, and Dilemmas* (Washington, D. C.: Brookings Institution Press, 1997), pp. 68 – 82.
[6] 〔巴〕彼得·斯宾克:《改革地方公共管理的权力路径:巴西的经验》,《经济社会体制比较》2003 年第 4 期,第 15 ~ 24 页。
[7] 〔美〕保罗·C. 莱特:《持续创新:打造自发创新的政府和非营利组织》,张秀琴译,中国人民大学出版社,2004。
[8] 俞可平:《论政府创新的若干基本问题》,《文史哲》2005 年第 4 期,第 138 ~ 146 页。

基本标准。

就中国政府而言，30余年来，改革一直是其不变的主题。"创新"作为政府变革的方式、手段乃至价值目标，是近十几年的事情。20世纪末，随着改革开放的不断深入，国家之间的竞争日益激烈，提高国家创新能力开始被决策者重视。但是对创新的理解还主要停留在科学技术层面。2002年，"创新"作为一种价值理念被提升到意识形态的高度。[①] 党的十六大报告总结了1989年以来13年的工作经验，提出"创新是一个民族进步的灵魂，是一个国家兴旺发达的不竭动力，也是一个政党永葆生机的源泉"。[②] 此后，政府创新得到了各级政府以及社会各界的积极回应。

那么，各级地方政府正在进行的形式多样、内容丰富、自我认定的"创新"是不是真正的政府创新呢？笔者曾经在一篇文章中批评了目前政府创新中存在形式化、口号化、"盆景化"等问题。[③] 一位在基层工作的干部根据自己的经验，提出了所谓的政府创新中存在的"伪创新""劣创新""恶创新"等现象。[④] 毫无疑问，这些现象是客观存在的。但这并不能证明中国并不存在真正意义的地方政府创新。理由有以下几点。

第一，中国社会经济发展取得的成就与地方政府的改革创新有着直接而密切的联系。以张五常为代表的一些经济学家证明了县域政府之间的竞争，是中国经济快速发展的重要因素。[⑤] 一些政治学者和公共管理学者通过案例研究或问卷研究发现，各级地方政府都存在创新的冲动，并采取了具体的措施。[⑥] 一些中国政府创新案例也得到国际方面的重视。伊莲·卡玛克在为联合国举办的第五届全球政府创新论坛提供的研究报告中，就提到了包括行政审批制度改革等在内的创新实践。显然，中国地方政府充满活力的创新已经成为公认的客观事实。

[①] 有研究表明，"创新"是在改革开放以后，第一次被写入党的报告中的新词。
[②] 《十六大以来党和国家重要文献选编》，人民出版社，2005，第11页。
[③] 杨雪冬：《简论中国地方政府创新研究的十大问题》，《公共管理学报》2008年第1期，第16~27页。
[④] 贾建友：《基层视角的县市政府创新》，http://www.zgxcfx.com/Article_Show.asp?ArticleID=8646。
[⑤] 张五常：《中国的经济制度》，中信出版社，2009。
[⑥] 以下两篇文章对中国地方政府创新研究现状进行了很出色的总结：《地方政府创新研究的热点主题与理论前瞻》《中国地方政府制度创新研究综述》。

第二，政府创新的重要性得到了中央到地方各级政府官员的认同。从制订"十一五"计划开始，推动行政管理创新就被明确为改革的目标。温家宝在2006年的一次讲话中说，"推进政府自身建设和管理创新，是行政管理体制改革的主要任务，也是经济体制改革和政治体制改革的重要内容"。[①] 2008年通过的"关于深化行政管理体制改革的意见"确立了2020年的行政改革目标，提出要发挥中央和地方两个积极性，"在中央的统一领导下，鼓励地方结合实际改革创新"。2009年以来，中央又提出要推动社会管理体制创新。[②] 地方各级政府在中央的号召和推动下，进行了许多有价值的探索，创新不仅成为社会各界推崇的价值理念，也是较为普遍的实践行动。

中国地方政府创新奖是在中国政府改革创新这个背景下创办的，举办了五届以后收集了1552个项目，涉及全国所有省区市（见表2－1）。这些项目在一定程度上反映了过去10年来中国地方政府进行的创新探索。

表2－1　历届中国地方政府创新奖数量（第一至第五届）

单位：个

时间	项目申请数量	项目入围数量	项目获优胜奖数量
第一届（2001～2002年）	320	20	10
第二届（2003～2004年）	245	18	10
第三届（2004～2006年）	283	25	10
第四届（2007～2008年）	337	20	10
第五届（2009～2010年）	238	30	10
合计	1423	113	50

中国地方政府创新奖采取自愿申报和推荐两种方式征集项目，而前者是主要方式。申报的标准有六个：组织性、自愿性、公益性、创造性、效益性和时效性。[③] 由于是自愿申报，所以对创新的确认采取的是主观认定法。这个方法也被美国、巴西、墨西哥、南非等国家的政府创新奖项目所

[①] 温家宝：《加强政府建设推进管理创新》，http：//news.xinhuanet.com/politics/2006-09/07/content_5062506.htm。

[②] 《中共中央关于制定国民经济和社会发展第十二个五年规划的建议》，http：//baike.baidu.com/view/4594386.htm。

[③] 具体内容参考《中国地方政府创新手册》。

采纳。为了最大限度地减少主观认定的随意性，申报标准中的"时效性"设置了时间门槛，必须实施一年以上的创新项目才能申请，这在一定程度上减少了将创新口号或目标等同于创新实践的现象。

对第四届和第五届入围项目的相关政府官员进行的调查显示，他们创新的"最初目的"是解决当时面临的问题（见表2-2），并自豪地将"具有独创性，不是机械模仿他人或照搬上级指示"列为自己参与或组织的项目的首要特征。

表 2-2 这个创新的最初目的是什么？

单位：次，%

项目	第四届 频次	第四届 百分比	第五届 频次	第五届 百分比
1. 解决当时面临的问题	285	72.9	307	79.5
2. 落实中央的有关精神	88	22.5	57	14.8
3. 加强本部门的权威	5	1.3	5	1.3
4. 向上级争取资金	2	0.5	4	1.0
5. 其他	8	2.0	5	1.3
合计	388	99.2	378	97.9
样本量	391		386	

被调查者对自己参与的创新项目的创新性或创造性的理解，受到所掌握的信息和知识的限制。我们难以通过主观调查来了解这些创新究竟是在全国范围，还是在本行政区域或行政系统内处于"率先实行或领先地位"。但是，半数以上的被调查者都认为自己参与的创新非直接向他人学习（见表2-3）。

表 2-3 贵单位的创新想法最初是由何而来？

单位：次，%

项目	第四届调查 频次	第四届调查 百分比	第五届调查 频次	第五届调查 百分比
1. 某位有见识的领导率先提出的	226	57.8	180	46.6

续表

项目	第四届调查 频次	第四届调查 百分比	第五届调查 频次	第五届调查 百分比
2. 学习其他地方的先进经验	51	13.0	48	12.4
3. 下级部门创造出来的	24	6.1	23	6
4. 上级部门选择本地作为试点	28	7.2	59	15.3
5. 由某学者提供创新想法	2	0.5	7	1.8
6. 本部门具体工作人员的创造	26	6.6	40	10.4
7. 其他	28	7.2	17	4.4
合计	385	98.5	374	96.9
样本量	391		386	

二 中国地方政府创新的分布

2003年11月在墨西哥城举行的第五届全球政府创新论坛提出了21世纪政府创新的七大目标：低成本政府、优质政府、专业政府、数字政府、规制政府、诚实政府和透明政府。中国地方政府创新奖总负责人俞可平教授提出中国政府创新的八个目标：民主政府、法治政府、责任政府、服务政府、效益政府、专业政府、透明政府、廉洁政府。这些目标虽然侧重于不同的领域，但都有两个取向：一个是提高政府的统治能力，以顺应社会经济变化的要求，增强政府的合法性；另一个是提升政府的治理能力，动员和利用社会资源，弥补政府统治的不足和缺陷。虽然提高政府统治能力一直是政府创新的核心目标，但近年来，如何利用社会资源，提升政府治理能力正在日益受到各国政府的重视。

中国的政府创新也是沿着这两个取向展开的。但是对来自不同行政层级、不同部门的创新进行分类是一件吃力不讨好的事情。中国地方政府创新奖对申请项目采取了"三分法"的标准：政治改革、行政改革和公共服务。但是这个标准在实际操作上难以贯彻始终，因为许多创新项目是跨领域的。何增科按照这个标准对前三届63个入围项目进行了分析，但是并没有对三种类别的改革给予明确界定,而是采取了罗列的方法。① 俞可平对过去五届113个入围项目的分析,放弃了这种"三分法",而采取的是更为细致的分类法,分出了16类。② 显然,即使作为中国地方政府创新项目的设计者和主要参与者,他们也没有找到一个可以将丰富多彩的创新项目进行明确分类的方法。

这其中的根本原因在于,中国地方政府创新奖将"政府"理解为广义的公共权力部门,而非狭义的行政权力机关,组织者将申报者定义为"地方党政机关或其他合法的群众组织、社会团体"。这样,中国的政府创新就成为比全球"公共管理革命"或"政府再造"运动③范围更大的政治行政改革,涉及所有行使公共权力的部门和机构。

在中国背景下,这些由各种公共权力部门或机构进行的创新,都可以被称为政府创新。①这些创新都是在中国制度变革和完善过程中出现的。这些创新针对的具体问题虽然涉及诸多领域,但是根本目的都是相同的,都是改善现有制度的运行状况,提高整个制度的活力。②由于党的领导和民主集中制是作为制度存在的前提,这些创新都涉及党委决策、上级支持或承认(公开的或默许的)、资源分配、各种关系的调整以及领导人的更换升迁。创新的产生、实施和评价是一个政治过程。③这些创新不仅具有制度创新意义,也带有很强的价值倡导性,比如民主、参与、法治、公开、透明等符合中国政治发展方向的价值,都是这些创新追求的目标,并在创新实践过程中体现出来。也正是由于其倡导性和方向性,这些创新不仅数量少,而且面临着诸多的阻力和困难,可持续性和制度化水平都需要提高。

尽管我们不能从领域角度对这些创新进行分类,但是可以按照部门、行政层级以及行政区域等标准来了解创新的空间分布状况。以下数据来自我们对948个申请项目、113个入围项目、50个获奖项目的统计(见表2-4)。

---

① 何增科:《政治合法性与中国地方政府创新:一项初步的经验性研究》,《云南行政学院学报》2007年第2期,第8~13页。
② 俞可平:《过去十年中国的政府创新:对114个中国地方政府创新奖入围项目的评析》,《中国公共政策分析》,中国社会科学出版社,2010。
③ DeLeon, L. and Denhardt, R. B. "The Political Theory of Reinvention," *Public Administration Review* (2000), pp. 89-97.

表2-4 过去五届申请项目、入围项目和获奖项目的部门分布

单位：个

部门	申请项目数量	入围项目	获奖项目
政　协	1	0	0
纪　委	12	1	0
人　大	34	7	1
其他（包括多部门参与、特殊部门、行政单位等）	57	3	5
群团组织	70	9	4
党　委	186	10	10
政　府	588	83	30
合　计	948	113	50

注：本统计只选择了948个申请项目作为样本进行分析。

按照部门统计，在948个申请项目中，来自政府部门（含政府）的有588个，占比为62%；在入围项目中，来自政府部门（含政府）的有83个，占比为73.5%；在获奖项目中，来自政府部门（含政府）的有30个，占比为60%。排在政府后面的是党委和群团组织。显然，即便是在中国这样的政治制度下，狭义的政府依然是创新的主体。

按照行政层级（包含行政级别）统计（见图2-1、图2-2），区县级和地市级是中国地方政府创新奖申请的主体，在948个项目中，分别有400个和405个。而在入围项目中，区县级机构则有55个，超过了地市级的48

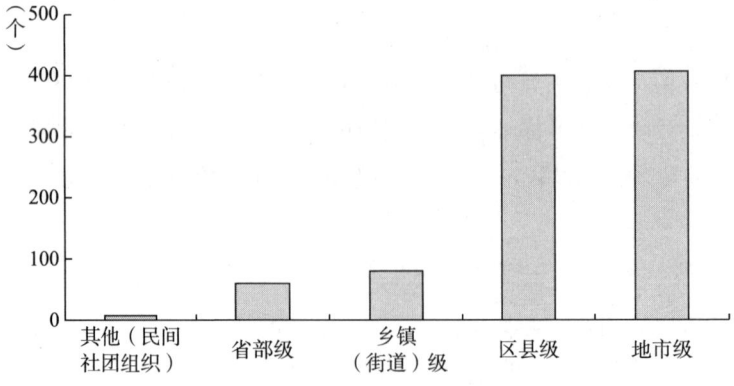

图2-1 五届申请项目所属层级

个。按照中国宪法，地方政府只有省、县、乡镇三级，而在实际政府层级中，则演变成省（副省级城市）、地、县、乡镇四级（或五级）。在这些层级中，县级和地级被认为是最有活力的，一方面它们最接近社会，面对着不断产生的各类问题；另一方面，它们掌握着较多的资源（包括人力、财力等），并享有一定的自主性。它们成为创新主体是必然的。

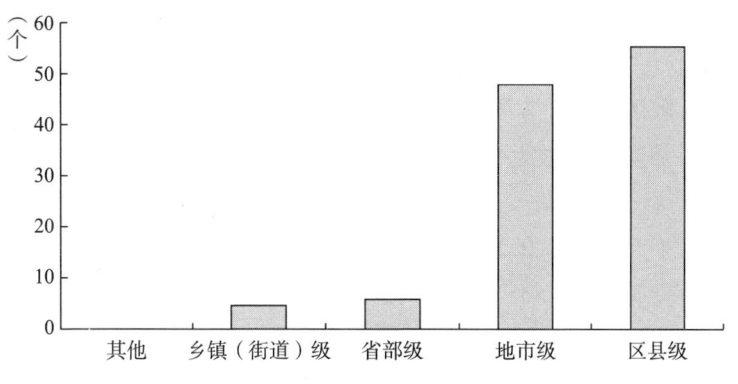

图 2-2　五届入围项目所属层级

在政府（狭义的）系统内，可以对创新部门进一步区分。根据对中国地方政府创新奖的观察，所谓的弱势部门更有创新的冲动。弱势部门包括两类：一类是拥有的法定权力没有得到充分实现的部门，人大常委会、环保部门等是典型代表；另一类是功能以服务而非管制为主的政府部门，民政部门、妇联、工会等是典型代表。这些部门的"弱势"是就整个政治体系而言的。"强势"部门拥有实质性的决策权、资源分配权以及行政审批权等权力。这种权力地位决定了它们是相对稳定的，缺乏足够的创新动力，即使有创新行为，也可能深受部门利益的局限。弱势部门通常并没有这种既得权力地位的束缚。当然，其中大部分会因为长期不受重视而放弃创新。即使没有作为，也是可以理解的，因为它们掌握的是"软权力""橡皮图章"，不是真正的"衙门"。

然而，弱势部门在创新上可以掌握"强势"，从而成为富有活力的部门，甚至取得制度性突破。有三个因素造成了这种"势"的转化：①这些部门本身拥有的制度性权力从"潜在"转化为"实在"。这些部门之所以"弱"并不是没有法律赋予的权力，而是这些权力在现行体制中被有意忽视或弱化了。一旦这些部门认真履行起自己的职能，就能从现有制度中获得明确的"合法性"。②这些部门所进行的创新往往弥补了现有制度运行的缺陷。这些部门沦为"弱势"反映了现行体制的缺陷。只有它们真正运行起来,才能实现政府的内部平衡性和整体性,也能解决长期被忽视的制度性问题。因此,这些部门的创新往往具有很强的制度意义。③这些部门的官员有作为的空间。这些部门由于长期的无所作为,不受重视,所以如果领导有意作为,那就很容易在短时间取得成绩。这些部门领导经常讲的是"有为才有位",反映了弱势部门的"后发优势"。

按照行政区域统计,我们发现,"经济越发达的地区,创新越多"这个常识性判断是有统计学上的依据的。在五届申请项目最多的10个省份中(见图2-3),来自经济发达的东部地区的省市有7个,浙江省以99个项目排名第一。中西部省市有3个,其中四川省有60个申请项目。在五届50个获奖项目中(见表2-5),浙江省以6个项目排名第一,四川省则以4个项目排名第三,排名第二的广东省有5个获奖项目,但全部来自深圳特区。此外,厦门特区、海南特区共有2个项目获得创新奖。

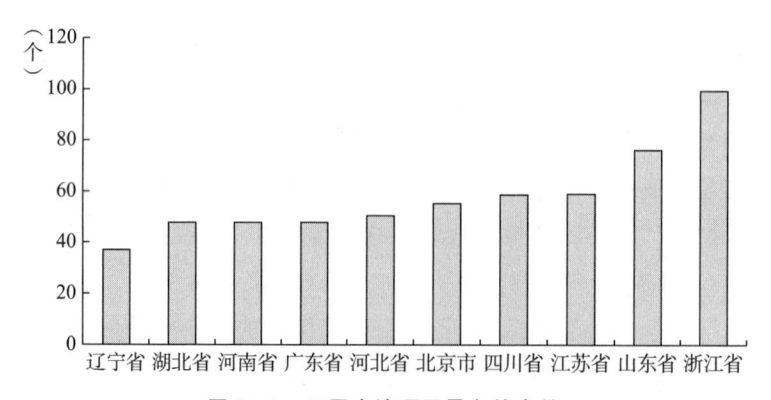

图 2-3 五届申请项目最多的省份

进一步分析发现,虽然政府创新需要一定的物质条件,但是当地官员的素质和能力、当地的社会文化环境等因素也影响政府创新。就中国地方政府创新奖申报而言,地方政府的信息通畅和灵敏度也是政府创新的重要条件。申请项目多、获奖多的省市对这个奖项的了解程度更高,也更为关注。以浙江省为例,从2009年开始,借鉴中国地方政府创新奖的做法,省委宣传部等机构联合举办"党政工作创新典范"评选。在首届获奖项目中,就有曾经获得中国地方政府创新奖的项目。

表 2-5 五届获奖项目地区分布

单位：个

省份	第一届（2001~2002年）	第二届（2003~2004年）	第三届（2005~2006年）	第四届（2007~2008年）	第五届（2009~2010年）	小计
安徽省	0	1	0	0	0	1
贵州省	1	0	0	0	0	1
黑龙江省	0	0	0	1	0	1
湖南省	0	0	1	0	0	1
吉林省	0	1	0	0	0	1
辽宁省	0	0	0	0	1	1
内蒙古自治区	0	0	0	0	1	1
陕西省	0	0	0	0	1	1
天津市	0	0	1	0	0	1
新疆维吾尔自治区	0	0	0	0	1	1
重庆市	0	0	1	0	0	1
北京市	0	0	1	0	1	2
海南省	1	1	0	0	0	2
湖北省	1	0	0	1	0	2
上海市	1	0	0	1	0	2
福建省	0	0	2	0	1	3
广西壮族自治区	1	1	1	0	0	3
河北省	1	1	1	0	0	3
江苏省	1	0	0	1	1	3
山东省	0	1	0	2	1	4
四川省	1	1	1	1	0	4
广东省	1	1	1	1	1	5
浙江省	1	2	0	2	1	6
合计	10	10	10	10	10	50

与企业创新类似，政府创新也具有集聚效应。同一行政区域或者行政系统内的组织在创新过程中，存在相互竞争、模仿和超越的关系，从而使

创新形成规模。这种集聚效应的形成有两个主要因素。①上级的引导或推动。上级对某方面的创新重视，会推动下级部门在这个方面进行积极探索，并且相互竞争。比如，在五届中国地方政府创新奖评选中，四川省有11个项目入围，其中有多个是关于民主选举的。这与四川省委2001年以来对基层民主改革的重视有直接的关系。②某个部门的创新对本行政领域其他部门或者本系统内其他部门的带动。某个机构的创新得到上级或社会认可后，会在本行政区域或系统内部产生示范效应。比如，在五届中国地方政府创新奖评选中，深圳共有5个项目获得优胜奖，但这些项目来自不同的部门。再比如，在五届中国地方政府创新奖获奖项目中，共有7个来自民政系统，是获奖最多的政府系统。这个结果与民政部对创新的重视有直接关系。

但是，政府创新之间的竞争关系，很容易被权力关系所破坏，尤其是当这些创新受到上级或外部重视，成为上级推广表彰的取舍对象时，权力的强弱往往成为体制内部评价创新优劣的决定性因素。在中国地方政府创新奖评选过程中，就曾经遇到过上级政府为了确保自己申报项目的获奖，而要求下级政府退出评选的事件。而在一些创新的推广过程中，个别领导也会为了提高自己所树典型的地位，而干预创新典范的挑选。

显然，在研究政府创新的类型时，不仅要重视创新的形式，更需要重视创新的实质，尤其是其对现有权力关系的影响以及后者对创新的态度和评价标准。

三 中国地方政府创新的类型

政府创新有着多种类型，本节将从过程的角度来讨论这个问题，其主要原因是创新是一个实践过程，具有一定的时间跨度。现有文献对于这个问题已经有所讨论。墨尔划分了两种创新：采纳型的，即一项创新能马上被政府采用；渐进积累型的，即经过一段时间的积累，一项创新才被彻底采用。波斯比根据对美国联邦政府政策创新的8个案例的分析，借用医学术语区分了两种类型的创新：急性和慢性。前者指的是应急性创新，后者指的是渐进的累积性创新。另一位美国学者沃克在对美国州政府在1870~1966年88项创新的研究中虽然没有明确对这些创新进行分类，但实际上按照采纳的现有顺序把它们划分为两类：一类是创造型创新，即自己独立实行的创新;另一类是借鉴型创新,即通过对其他州学习而采纳的新措施。他在后来的研究中进一步证实,政府创新是一种累积性的行为,需要"站在别人的肩膀上",通过学习和"创造性模仿",实现政府的持续创新。Olivia Golden 将政府创新区分为"政策规划型"和"探索型"两种。第一种创新是经过精心规划和设计的,对问题有预见性;第二种创新是按照组织的自然发展而进行的有益探索。伯林斯通过对哈佛大学肯尼迪学院组织的美国政府创新奖 217 个案例,加拿大公共管理研究所举办的加拿大公共管理创新奖 33 个案例的研究证明了这种分类的合理性,并进一步指出,有的创新是这两种类型的结合。

国内学者对于政府创新的研究起步较晚,但也从创新过程的角度进行了分类尝试。韩福国将创新区分为:问题型、制度型、超前型、政绩型。但可惜没有对它们进行更准确的界定。[①] 陈雪莲从创新的启动方式角度区分了两类创新:一是在实用主义原则下为了解决危机、应对问题而推出改革;二是学习和实践其他地区的先进经验和科学理念。[②] 吴建南等则在研究中发现,地方政府在创新的过程中,往往通过"结合""组合""联系",实现多项工作、任务、程序的协同运作,解决了以往"单打一"所不能解决的问题。它们认为这是创新的实质所在,也符合熊彼特在提出创新这一概念时,将创新定义为一种"新组合"的逻辑。[③] 他们的研究隐含创新可以分为单一型和组合型的认识。上述这些研究虽然侧重点不同,但是使用的案例都来自中国地方政府创新奖获奖项目。这也说明,即便是研究创新过程,也会因为视角的不同,得出不同的结论。[④]

笔者对政府采纳技术创新的研究区分了三种类型的创新:①适应型,指的是随着社会经济的发展,一些技术被其他社会组织采用,政府部门也

[①] 韩福国、瞿林伟:《创新持续力与中国地方政府改革:基于多个案例样本的关联命题分析》,《香港社会科学学报》2009 年第 37 期,第 131~154 页。
[②] 陈雪莲、杨雪冬:《地方政府与公共管理创新:经验与趋势》,吉林大学出版社,2009,第 45~55 页。
[③] 吴建南、马亮、杨宇谦:《中国地方政府创新的动因、特征与绩效——基于"中国地方政府创新奖"的多案例文本分析》,《管理世界》2007 年第 8 期,第 43~51 页。
[④] 一些地方官员在讲话中也对政府创新进行了分类,比如分为"行政放权式、用活政策式、公共服务式"(甘肃天水市统战部长李美华在全市主要领导干部研讨班暨市委五届十一次全委扩大会议的发言,http://www.tianshui.com.cn/news/tianshui/2010111412451676276.htm)。

必须采用，以适应周围的环境；②应用型，指的是政府在运行中遇到一些需要某些技术手段支持才能解决的问题，而外部又有成熟的技术条件，从而得以利用；③学习型，指的是某个政府部门借鉴其他政府部门或私人部门利用某项技术解决具体问题的经验，并利用到自己运行中。①

上述研究基本上都是从过程角度来研究政府创新类型的，并使用了实证研究的方法，因此所归纳的类型都能获得现实案例的支持。这些分类对于理解中国地方政府创新很有启发意义。但是，从过程角度来理解中国地方政府创新，必须考虑以下四个基本前提：①中国是一个集中体制，制度的创制全由中央掌握，但地方和下级享有一定的自主性。这是中国地方政府进行创新的基本制度前提。②上级建立了一套自上而下的垂直学习机制，地方和下级可以定期相互之间，甚至到国外进行学习交流。这种制度化的学习机制成为创新产生和扩散的重要渠道。③各级官员对于创新的理解，影响着他们对创新的选择和判断。④网络化、信息化的发展，为创新提供了更丰富的信息来源、更有力的知识支持。这也决定了任何政府的创新都不是在"信息孤岛"或知识空白处进行的，总会通过各种渠道和其他创新联系在一起。

这些前提决定了中国地方政府创新在形式上肯定不是"完全不同于"现有制度框架的"全新"创造，而是对这个框架的改善、纠正、发展和添加；肯定不是"完全不同于"其他同行进行的探索创造，而是在相互之间学习交流过程中的改进或创造。

对第四届和第五届中国地方政府创新奖入围项目涉及的地方官员进行的调查显示，有超过10%的被调查者认为自己的创新项目是"学习其他地方的先进经验"（第四届的比例为13%，第五届为12.4%）。而被调查者都表示，为了实施创新，外出考察过一次或多次。尽管社会各界强烈批评个别政府官员借考察学习之名公费旅游，但是有组织的学习考察的确为一些有创新意识的政府部门提供了获得更多信息，发现自身优势，明确创新突破口的条件。

---

① 杨雪冬：《技术创新与地方治理改革》，载《公共管理评论》第1卷，清华大学出版社，2004。

从对"政府创新"评价标准的回答中（详见表 2-6），我们也可以看到地方官员并没有把"全新""独创"作为唯一的标准，反而"须有助于提高公民的政治参与，增加政治透明度，扩大公民发言权"、"须具有明显的社会效益并能得到证明"显得颇为重要。

表 2-6 政府创新的评价标准

单位：%

时间	须具有独创性，不是机械模仿他人或照搬上级指示	须有助于提高公民的政治参与，增加政治透明度，扩大公民发言权	须具有明显的社会效益并能得到证明	须具有重大意义或重要影响	参与各方普遍受益并给予广泛支持，因此可持续性较强	须具有适度的示范效应和推广意义，可被其他类似机构所仿效	合计
第四届排在第一位的比例	22.8	34.2	22.6	7.4	8.4	4.7	100
第五届排在第一的比例	29.9	27.7	21.9	8.0	10.2	2.4	100

对五届 113 个入围项目的分析表明，60 个项目属于原创型创新，57 个项目属于学习型创新，4 个项目属于这两种类型的结合。原创型创新指的是该项目的全部内容或者部分内容在国内具有首创性；学习型创新指的是该项目是在学习其他地方类似项目的基础上，根据自身的条件进行的再创造。4 个兼具两种特点的创新是：第二届入围项目福建省厦门市思明区"公共部门绩效评估"，第三届入围项目浙江省绍兴市"政府办公室导入 ISO9000 质量管理体系"，以及第五届获奖的两个项目福建省厦门市政府"市民健康信息系统"建设和山东省青岛市市委市政府"多样化民考官"机制。这 4 个项目的学习性体现在对有关技术手段的利用上，原创性则体现为它们根据需要解决的问题，对这些技术手段进行创造性的应用，并为其他地方的相关项目提供了富有价值的经验。

对这 113 个项目进一步分析发现，有 88 个项目属于"落实型"创新，比例高达 77.9%。原创型和学习型创新中的许多项目都可被纳入这个类别。对第四届和第五届入围项目相关官员的调查显示，"落实中央的有关精神"列在"创新的最初目的"第二位（比例分别为 22.5% 和 14.8%）。"落实型"创新通常有两种形式：一种是对中央提倡的某种目标或某项政策意图的回应。比如建设"服务型政府"、发展"党内民主"等目标提出后，各地都在这个方面做了很多有价值的探索。另一种是对中央或上级具体要求的实现。改革试点进行的创新是这方面的典型代表。比较而言，第一种落实型创新更具有探索性，不仅没有现成的模式可循，甚至在许多情况下也没有来自中央或上级明确的赞同态度和具体支持。对第四届和第五届创新奖入围项目相关官员的调查显示，在最希望获得的"外部支持"中，"领导（上级部门）的认可"排在第一位；影响创新项目从观念到实际运行间隔时间的因素，排在第一位的也是"上级批示认可"；而对"哪些结果证明创新是成功的？"的回答，排在第一位的是"得到上级认可"。

按照制度创新、机制创新和技术创新三分法来对五届中国地方政府创新奖的113个入围项目进行分析，可以进一步说明地方政府创新是对现有制度框架的完善。制度创新指的是建立了一套新的制度或者现有制度有了突破性发展或改进；机制创新指的是建立了新的流程、程序或环节，改善了资源的动员、配置和利用效率；技术创新则是采用了新的技术手段或工具。在113个入围项目中，38个项目属于制度创新，112个项目涉及机制创新、43个项目涉及技术创新。在38个制度创新中都包含机制创新的内容，在112个机制创新中，有43个项目也包含了技术创新的内容。制度创新、机制创新和技术创新三项内容都包括的项目有7个（见表2-7）。进一步说，制度创新都涉及机制创新；没有单纯的技术创新，它总是制度创新或机制创新的伴生物。

表2-7 三合一（制度创新、机制创新和技术创新）式的创新项目

项目名称	制度创新	机制创新	技术创新
广西南宁市政府采购制度（第一届）	采购制度	工作流程	信息平台
广东省深圳市行政审批制度改革（第二届）	行政审批制度	相关部门的审批程序改革	信息技术
吉林省梨树县委村民委员会"海选"（第二届）	村委会选举	投票程序	秘密划票间
河北省迁安市新型农村合作医疗制度（第三届）	农村合作医疗制度	报销流程	信息技术

续表

项目名称	制度创新	机制创新	技术创新
重庆市黔江区委区政府：农村卫生管理体制创新（第五届）	农村卫生管理制度	医院管理机制	信息技术
福建省厦门市政府市民健康信息系统建设（第五届）	城市卫生管理制度	跨医院信息共享机制	信息技术
上海市浦东新区综治委办公室预防和减少犯罪机制创新（第五届）	非政府组织	政府对非政府组织的资金投入机制和监管机制	信息技术

上述从过程角度对中国地方政府创新进行的类型学研究表明，中国地方政府并没有将创新理解为简单地"求新"，而是很重视学习；它们的"制度创制权"虽然有限，并且需要得到中央和上级的认可和支持，但是在机制、技术方面依然有着很大的创新空间。

四 中国地方政府创新的动力和可持续性

地方政府创新的动力问题已经引起了社会的关注。对于这个问题，有两种判断：一种认为，因为官员的选拔任用是由上级决定的，所以地方政府在回应社会要求上创新动力不足；另一种认为各种新问题的不断涌现，迫使地方政府必须在更多的领域中进行创新。这两种判断实际上对于创新动力采取了不同的理解。前者认为地方政府创新的动力来自体制内（特别是干部选拔评价制度），创新是制度诱发型；后者认为地方政府创新的动力来自社会的变化，创新是社会"倒逼"的或推动的。

由于目前地方政府进行的创新都是以项目的形式分布在不同层级、不同部门，没有形成联动性和系统性，所以对上述两种创新的整体性的判断还需要具体化。进一步来说，这种具体化应该从讨论作为创新者的地方官员的动力入手，因为这些官员是创新的决策者和执行者，他们的行为动机和行为方式直接决定了创新项目的发展情况。

现有文献对于创新者的研究借助的是"企业家"概念，认为政府官员也可以被称为政治企业家或公共企业家。尽管政府官员在行为上通常缺乏冒险精神，重视遵守规则，但是一些富有创新精神的官员在集体行动无法实现的情况下，也会打破陈规，以提高制度的活力。一些学者还采用狭义的概念，认为公共企业家在行为上类似企业家，将成本—收益作为行为标准，并且用企业管理方法来改造政府。新公共管理运动倡导的就是这种形式的政府创新。

在中国，"人治"传统依然根深蒂固，"一把手"享有很大的权力行使空间，所以创新者对于政府创新的影响非常明显。多个个案研究均显示，个别官员的创新精神和能力是创新项目成功的关键，他们的调离也是创新项目中止或者蜕变的决定性因素。Kenneth W. Foster 对烟台"服务承诺制"的研究也显示，具有企业家精神的地方官员在提出和推动创新性政策中发挥了很大的作用。

对第四届、第五届中国地方政府创新奖入围项目涉及官员的调查显示，有一半左右的被调查者认为创新想法是"某位有见识的领导率先提出的"（第四届是 57.8%，第五届是 46.6%）。对于"如果其他地方要采纳你们的创新措施，你们觉得他们最需要具备的前提条件是什么？"这个问题的回答，选择"有决策能力的领导班子"排在第一位。

领导者进行创新的动力可以分为三种：结构性动力、个人化动力以及事件性动力。结构性动力来自现行体制，主要是官员的评价考核和提拔任用制度；个人化动力指的是官员个体的职业操守、价值追求和事业规划；事件性动力指的是官员所面对的问题，尤其是最紧迫的问题。这些问题往往是通过突发事件的形式展现出来的。[①]

对于每个创新者来说，这三种动力是同时存在的，但在具体的创新中，产生的作用以及体现的方式是有差异的。在对五届中国地方政府创新奖入围项目分析的过程中，由于无法得到该创新项目是否与创新者的提拔有直接关系的资料，所以难以评价结构性动力究竟发挥了怎样的作用。但是，鉴于这些入围项目都曾经在本行政区域或行政系统内部得到奖励（表现为作为先进经验介绍或者推广，接受一定数量的外部参观学习者），并且其实

[①] 陈雪莲对申请第四届创新奖的 154 个案例（这些案例发生在 2003 年之后）的分析表明，创新主要有两种启动方式，一是在实用主义原则下为了解决危机、应对问题而推出改革；二是学习和实践其他地区的先进经验和科学理念。综观中国地方政府的创新动因，第一种形式下启动的创新居多，为解决财政危机、管理绩效危机、信任危机以及化解社会矛盾而推出创新措施的比例为 61.7%，这一方面说明中国地方政府有解决矛盾和危机的灵活空间，另一方面也表明现有的行政格局经常面临冲击和挑战。

施也符合中央倡导的改革创新理念，所以，结构性动力起码对创新者的选择起到了规范和引导作用。

在对五届入围项目的分析中，个人化动力和事件性动力所产生的影响相对明显。个人化动力的存在可以从创新想法大部分是"某位有见识的领导率先提出的"这个回答中得到印证。一般认为，官员个体对政绩的追求是其进行创新的主要动力，但是对第四届和第五届入围项目相关官员的调查，并没有足够的证据支持这个判断。在回答"哪些结果证明本项创新是成功的？"这个问题时，排在前两位的选择分别是"得到上级支持""群众积极拥护"，而"项目主要负责人因此升迁"则排在后面。显然，创新者直接从创新中获得"提拔"的收益并不明显。

调查发现，事件性动力所发挥的作用最为明显。在对于创新的最初目的的回答中，高居首位的是"解决当时面临的问题"。对113个入围项目的分析也表明，这些创新的启动多数与当地发生的具体事件或者危机有着直接联系。但有意思的是，被调查者虽然认为创新的首要目的是"解决当时面临的问题"，但是在回答"哪些结果证明本项创新是成功的？"这个问题时，将"解决了当地实际问题"排在了"得到上级支持""群众积极拥护"这两个选项之后。这种目的与结果的分离，一方面说明了被调查者是从更广泛的意义上来评价创新结果的，另一方面也表明了事件性动力的持续时间是有限的，通常只是在创新启动时候发挥作用，并不能贯穿在创新过程始终。因此，在三个动力中，个人化动力和结构性动力发挥作用的持续性更持久。

既然个人化动力和结构性动力的影响持续得更长，那么它们就与创新的可持续性有着直接关系。这就回到了人们非常关注的创新可持续问题。有学者认为中国地方政府创新奖的获奖项目中，许多都在半途中断了，缺乏可持续性。[1] 其衡量可持续性的标准是该创新并没有在当地或创新部门中坚持下去。毫无疑问，这是衡量可持续性的直接标准。但是，创新的扩散性也是衡量创新的标准，并且在某种意义上比前一个标准更重要，因为只有被更多地方或部门所接受，创新的影响力才会得到更充分的发挥，并可

---

[1] 彭淑：《地方政府制度创新是"民主秀"？》，《南方人物周刊》2010年第41期，第44~46页。

能带来社会和技术变革。在中国整体制度变革，地方和部门情况多样的情况下，扩散性程度更能说明创新的制度化潜力或者应用可能性。

对五届113个入围项目持续状态的研究发现，106个项目在本地持续下来，86个项目通过扩散性持续下来，只有3个项目没有持续性（见图2－4）。这三个项目分别是：广东省深圳市大鹏镇"三轮两票"选举镇长；海南省海口市龙华区"外来工之家"；四川省遂宁市市中区步云乡"直选乡长"。两个选举创新没有持续下去主要是没有获得宪法等法规的支持，"外来工之家"则由于当地城市重新规划失去了场地条件。

有意思的是，对第四届和第五届入围项目涉及官员的调查显示，他们绝大部分并不认为主要负责人离开会导致创新项目的停止，因为这些创新获得了当地群众的支持。这种判断显然也会与常规看法不同。当然，由于这个调查是中国地方政府创新组委会所做的，所以回答的客观性需要进一步衡量。尽管如此，如果我们将创新的扩散性考虑进去，就会对地方政府创新的持续性更为乐观一些。

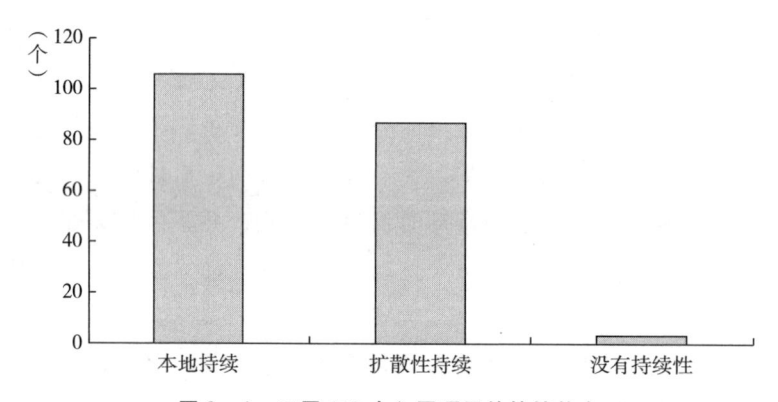

图2－4 五届113个入围项目的持续状态

五　中国地方政府创新的影响力

地方政府创新是以具体项目的形式实现的，但是其影响力则是多方面的。这是由政府权力的公共性决定的。一项创新的产生和实现会对当地乃至更大范围的政治、经济、社会、文化价值产生影响。其影响的程度和侧重点会因创新的不同而各异。尽管如此，从总体上说，地方政府创新要有利于改善政府与社会之间的关系，提高政权的合法性。这一点已经被许多国家的政府创新所证明。对于中国这样一个快速变革的社会来说,这一点体现得更为明显。

中国的改革经验让人们对地方政府创新的影响力有了很高的期望。一方面,地方和基层被认为富有首创精神,能够通过自发创新激发制度活力,填补制度空白;另一方面,中国政策采用的"试点—推广"方式给地方创新提供了条件和渠道,有利于地方政府创新的扩散和制度化。中国地方政府创新奖的创办,在一定程度上反映了这种期望。

一些实证研究也证明了地方政府创新具有积极的影响。何增科对地方政府创新奖前三届63个入围项目的研究发现,这些创新项目有益于增强政治合法性。进一步来说,它们主要是在当地范围内增强了本级政权的政治合法性,如果不能在更大的地域范围乃至全国范围内加以推广,那么它的功效只能局限在当地的范围内。① 吴建南等人的研究发现,地方政府创新如果成功,主要原因是实现了"多方共赢"。② 这也说明,成功的创新能够为相关利益主体带来利益。

对第四届、第五届中国地方政府创新奖50个入围项目所在地的民众、官员的调查显示,他们在评价政府创新的标准中,选择比例最高的两个标准是"须有助于提高公民的政治参与,增加政治透明度,扩大公民发言权"和"须具有明显的社会效益并能得到证明"。对这些项目涉及的官员的调查显示,他们在评价自己参与的创新项目的最大意义时,前两位的选择是"提高了管理绩效"和"鼓励了公共参与,提高了群众认可度"。

进一步分析发现,在上述两种选择中,无论是官员还是民众更倾向于创新的经济后果。在对"政府创新首要解决什么问题"的回答中,选择"提高效率"被列在首位。这个结果与他们在"评价政府的标准"时,优先选择"发展经济,提高人民生活水平"形成了有效呼应。有研究发现,制度创新只有既能保证提高效率,又被现存的掌权者所接受时,才能够被采纳。③ 在

---

① 何增科:《政治合法性与中国地方政府创新:一项初步的经验性研究》,《云南行政学院学报》2007年第2期,第8~13页。
② 〔美〕巴瑞·诺顿:《中国发展实践的不同特点和可借鉴的特征》,庞娟译,《国外理论动态》2010年第4期,第29~39页。
③ 〔美〕弗朗西斯·福山:《国家构建:21世纪的国家治理与世界秩序》,黄胜强、许铭原译,中国社会科学出版社,2007。

五届 113 个项目中，有 92 个项目涉及行政管理和公共服务创新。在这些项目中，有 23 个项目直接或间接是"资本取向"（见图 2-5），即为了吸引外部投资，发展当地经济。而"民众取向"的创新，都与民众的生活水平的提高、生活状况的改善有着直接关系。这也说明了，人们虽然期待政府创新能够产生积极的政治后果，比如提高公民参与，增加政治透明度，扩大公民发言权，但是在评价政府改革的实际后果时，他们更倾向于其产生的经济影响，或者物质效果。

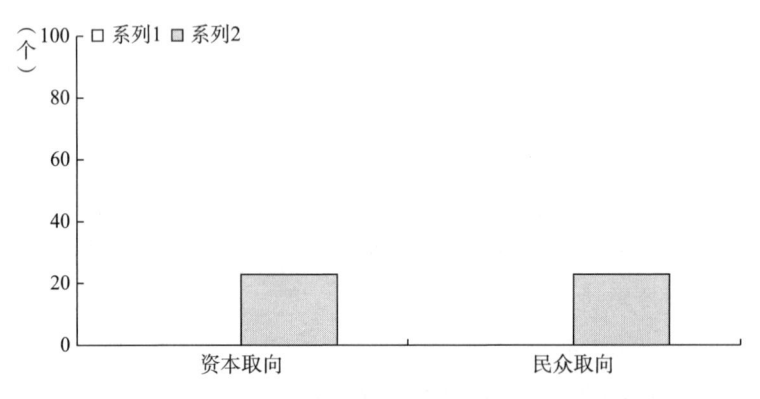

图 2-5　行政管理和公共服务领域创新的取向分布

毫无疑问，地方政府创新在一般意义上改善了政府与社会的关系，提高了政府运行的绩效。但是由于创新是具体政府部门通过具体项目的形式完成的，所以在政府与社会关系改善的过程中，所涉及的两个关系也是值得讨论的。一个关系是地方政府与上级或中央政府的关系；另一个是创新部门与所属层级政府或政府系统之间的关系，即与"条""块"的关系。

就第一个关系而言，地方政府创新并不必然会改善或者增进进行创新的政府与上级政府或者中央政府的关系，尤其是一些具有探索性、开拓性的创新所产生的影响是非常复杂且微妙的。案例研究与问卷调查均显示，来自上级的同意和支持是地方政府创新启动、发展和扩散的重要因素。这也意味着，上级的不明确表态或者反对也是导致创新中断或者遇挫的重要因素。在一些自主创新案例中，由于创新挑战了上级或者中央的法规政策，或者创新者忤逆了上级个别领导的要求，这些自主创新无法在体制内获得足够的支持。事实上，许多创新者都很具有个性化思想，不习惯唯书、唯上的原则。因此，这样的创新，即使是成功的，也往往不能改善创新政府与上级政府乃至中央政府的关系。而当这样的创新是对社会要求的直接回应，并获得社会广泛好评时，上级的反对或者不表态，反而会削弱其权威甚至合法性。

当创新是由具体部门实施的时候，这些部门就必须处理和"条""块"的关系。在"条"关系中，它要接受本系统上级的业务领导；在"块"关系中，它要接受所处行政区域党委政府的政治领导。对第四届、第五届地方政府创新奖入围项目相关官员的调查显示，他们认为导致创新容易中断或停止的第一因素是"改革创新过程中影响到执行部门的利益"，由此可见"条"的影响力。由于多数部门的经费来源于地方财政，人事上受地方党委控制，所以"块"更容易影响部门创新。即便是"条"系统内部对于某些创新有具体的要求，也会在落实过程中受制于地方的支持。作为"块"的地方政府也对"条"颇有微词。这在一些地方政府调整职能、撤并部门的创新中最为明显。由于"条"不希望自己的机构在地方和基层被取消，所以一些部门撤并后在获得"条"分配的资源时就遇到了麻烦。

鉴于上述关系的复杂性，在讨论地方政府创新对合法性的影响时就需要根据其影响的范围和层次进行区分。何增科的研究从创新的扩散范围讨论了政府创新对合法性的影响。但是，合法性并不会简单地从下级传递给上级，从局面扩散到整体。换句话说，在中国这个多层级、多部门体制下，各个层级、各个部门所获得的合法性的加总，并不等于整个体制的合法性。在一些情况下，单个的创新在提升了创新者或部门的合法性的时候，也在削弱着上级以及其他部门的合法性。

也许正是由于这种原因，地方官员普遍认为，推动政府创新最有效的两种方式首先是"上下互动，中央与基层的合作"，其次是"自上而下，由中央到基层"。这两种选择也是处理上述两种关系的思路。前者强调的是互动性的协调改革，后者强调的是执行式的垂直改革。但是二者都体现了对创新需要整体制度支持的期望。而在现实中，尽管前一种方式更为合理，但是后一种方式更容易实现。

六 结论与讨论

政府作为公共权力的行使者，其行为影响到社会生活的各个领域。而随着社会生活的复杂化、相互依存度的提高以及不确定性的增强、不安全因素的增多，政府的角色和作用变得日益突出。福山在讨论21世纪国家治理变革的时候指出，20世纪政治的一个非常鲜明的特征就是对国家职能和作用的争论。而"9·11"时代全球政治的首要问题不是谈论这种争论，而是如何重建国家的职能和作用。因为无论对于单个社会还是国际社会而言，国家的衰亡并不是通向理想国而是灾难的前兆。过去十年来，创新被各国政府所推崇就体现了这场国家职能重建运动。

中国也不例外。过去10年来，中国的国家制度发生了四个层面的重大变革：①国家建设从以经济建设为中心，向重视经济建设、社会建设、政治建设、文化建设和生态建设协调发展转变。社会主义现代化国家的建设目标从"富强民主文明"调整为"富强民主文明和谐"。②政党建设在理念和举措上从"革命党"向"执政党"转变。作为执政党，共产党正在探索新的方式、渠道来巩固执政地位，适应新的环境。③社会日益分化，重新组织化。旧的组织形式在衰败，新型的公民社会组织在成长，一些传统组织在复兴。当然，在这种变化过程中，基层社会也出现了组织真空或者黑恶势力的猖獗。④狭义的政府改革目标日益明确。"法治政府""民主政府""廉洁政府""服务型政府"等目标陆续被确定下来，并提出到2020年建立起比较完善的中国特色社会主义行政管理体制。实现政府职能向创造良好发展环境、提供优质公共服务、维护社会公平正义的根本转变；实现政府组织机构及人员编制向科学化、规范化、法制化的根本转变；实现行政运行机制和政府管理方式向规范有序、公开透明、便民高效的根本转变，建设人民满意的政府。

在这样的背景下，中国的地方政府创新形成了自己的政府特色和路径。对过去10年中国地方政府创新的研究表明，党政系统是地方政府创新的主体；地、县两级党政系统是最为活跃的层级；经济发达的东部地区的政府有更强的创新精神；创新的首要目的是解决遇到的问题，创新并不是脱离现有制度框架，而是对其的充实或改善；创新者是创新过程中最活跃的要素，来自上级的支持则是创新持续和发展的重要因素；创新的可持续性不仅体现为在当地的延续，还体现为在其他地方的回应；从总体上说，地方政府创新改善了政府与社会的关系，但是个别创新也会造成不同层级政府或者部门之间的矛盾，从而削弱总体的合法性。

本研究主要依据的是五届中国地方政府创新奖总共收集的申请项目和获奖项目，以及在第四届、第五届入围项目所在地进行的问卷调查，因此研究的视角受到了该奖的限定，研究的发现也有一定的局限性。尽管如此，由于掌握的创新案例具有较长的时间跨度和较广阔的空间分布，所以，这些研究发现也有较强的代表性。

在研究过程中，一些问题并没有得出明确的结论，以供进一步讨论。

第一，我们能够通过个案研究发现地方政府创新在创新所在地的可持续机制，但是还缺乏足够的资料来总结其向更大范围扩散的机制。

第二，现有的研究主要关注的是成功的创新（或者说持续了一段时间的创新），但是还没有对失败的创新进行更细致的分析研究。

第三，虽然创新者是创新过程中最为活跃的要素，但是还缺乏对创新者群体的研究。

第四，政府创新作为一种价值理念已经成为共识，但是对于创新产生的后果，尤其是其对相关层级政府、政府部门的影响还有待深入研究。

第三章

地方政府创新研究的基本理论问题[①]

2000年,中共中央编译局比较政治与经济研究中心、中央党校世界政党比较研究中心和北京大学中国政府创新研究中心联合设立了"中国地方政府创新奖"。这是中国学术界首个对中国政府改革进行系统全面评估的奖项。该奖每两年举办一届,目前已经举办了三届,共有800多个地方政府创新项目参选,30个项目获得优胜奖。申请项目分为政治改革、行政改革和公共服务三类,来自省级以下、乡镇以上所有地方层级,涉及广义政府的各个组成部分(党委、政府、人大、政协、群团组织等)。除西藏以外,所有省级行政区域都有项目申请。在63个获奖项目(包括入围奖和优胜奖)中有27个属于政治改革类创新项目(其中第一届11个,第二届6个,第三届10个),占比为43%,是这三类中占比最高的。行政改革类项目为16个(其中第一届为4个,第二届3个,第三届9个),约占总数的25%,有22个属于公共服务创新类项目(其中第一届5个,第二届10个,第三届7个),约占总数的35%。[②]

[①] 本章主要内容曾经以"简论中国地方政府创新研究的十大问题"为题发表在《公共管理学报》2008年第1期。
[②] 这些获奖项目的具体分布情况如下:在政治改革类项目中,各个子类的排序依次为:民主选举(共10项,内容包括党内民主选举、团内民主选举、妇联民主选举、人民民主选举);公民参与(共9项);政务公开(共7项);决策改革(共4项);权力监督(共3项);司法改革(共2项);立法改革、干部选拔(各1项)。在行政改革类创新项目中,各个子类项目数量的排序为:行政审批(4项);社区管理(3项);绩效管理、(转下页注)

尽管相对于各地蓬勃展开的改革创新来说，"中国地方政府创新奖"只收集了其中的一小部分，但是申请项目分布广泛、特征突出、内容翔实，因此具有一定的代表性，基本反映出了中国地方政府创新的现状、发展趋势以及存在的问题。中央编译局比较政治与经济研究中心的研究团队近年来对"中国地方政府创新奖"的申请项目和获奖项目进行了较为系统的研究。研究包括三项内容。首先是对每届获得优胜奖10个项目和若干获得提名奖的项目进行跟踪调查，主要研究这些创新的发起过程、取得成功的原因以及发展的前景。这些研究成果集中体现在已经出版的三册《中国地方政府创新奖获奖项目案例报告》中。其次，对某个项目进行专门研究。比如，对于四川省党内民主创新的研究。最后是对一些项目进行比较研究。目前这项工作刚刚展开。

在研究的过程中，我们整理出以下几个值得深入探讨的问题。通过分析和回答这些问题，我们可以在理论上对中国地方政府创新的特点、动因、支撑的因素以及面对的挑战有个更加全面系统的了解。这也有助于对中国地方政府创新进行理论化总结，以便为各地、各领域正在展开的创新提供理论支持。

一 什么是政府创新？中国地方政府创新的特点是什么？

对于创新的系统研究似乎是从约瑟夫·熊彼特开始的。他在1939年出版的《商业循环》一书中通过区分"创新"与"创造"，明确了"创新"在经济领域中的含义。他认为"创造"是观念或者概念，而"创新"是能够使"生产手段进行新的组合"的观念。[①] 政治学者在研究政治领域中的创新时也基本继承了约瑟夫·熊彼特的逻辑。墨尔把创新界定为"成功地引入一种新的可利用的手段或者可实现的目的"。如果说创造意味着产生新的东西的话，那创新就是利用新的东西。阿舒勒等人提出，创新就是"崭新

（接上页注②）行政成本、行政激励（各2项）；行政程序、行政责任、户政管理（各1项）。在公共服务类项目中，各个子类的排序依次为：扶贫济弱（共6项）；弱势群体维权（共4项）；公益事业（共3项）；社区服务（共2项）；电子政府、服务基层、公共安全、公共卫生、公共教育、社会保障、软环境建设、农村服务、服务政府（各1项）。本项统计由何增科教授整理。

① Joseph A. Schumpeter: *Business Cycles* (NY: McGraw-Hill, 1939).

的行为",是由两个要素组成的:新观念及其实践表现。① 巴西政府创新项目主任彼得·斯宾克通过调查指出,对于政府官员来说,创新首先是能够取得成效的行动。② 归纳这些定义,我们可以看到,所谓创新就是能够解决具体问题的新的手段、措施、方法以及制度。创新有两个要素,一是"崭新性";二是实践性。

所谓的政府创新就是政府部门进行的、以有效地解决社会经济政治等问题,完善自身运行,提高治理能力为目的的创造性活动。这些由不同层级政府部门在不同领域中完成的创新活动可以根据其性质分为制度创新和技术创新两类。制度创新指的是对现有制度进行改造或创立新的制度来因应社会经济发展的要求;技术创新指的是把科学技术手段应用到政府治理过程中或者对现有治理所使用的手段、措施、方法以及程序进行技术层面的改造。通常来说,制度创新的影响范围更广、难度更大。随着一套治理制度的稳定,制度创新出现的频率会逐步降低,技术创新则会成为政府创新的主要内容。但是,技术创新要产生实质性的影响,必须要推动制度的改革,以获得制度的保证。

与其他主体相比,政府创新有自己独特的目标。2003 年 11 月在墨西哥城举行的第五届全球政府创新论坛在宣言中提出了 21 世纪政府创新的七大目标:低成本政府、优质政府、专业政府、数字政府、规制政府、诚实政府和透明政府。中国地方政府创新奖总负责人俞可平教授提出中国政府创新的八个目标:民主政府、法治政府、责任政府、服务政府、效益政府、专业政府、透明政府、廉洁政府。③ 这些目标虽然侧重于不同的领域,但带有两个取向。一个取向是提高政府的统治能力,以顺应社会经济变化的要求,增强政府的合法性;另一个取向是提升政府的治理能力,动员和利用社会资源,以弥补政府统治的不足和缺陷。虽然提高政府统治能力一直是

---

① Alan A. Altshuler, Marc D. Zegans. 1997. "Innovation and public management: Notes from the state house and city hall," In Alan A. Altshuler, Robert D. Behn eds., *Innovation in American Government: Challenges, opportunities, and dilemmas*. (Washington, D. C.: Brookings Institution Press), pp. 68 – 82.
② 〔巴〕彼得·斯宾克:《改革地方公共管理的权利路径:巴西的经验》,《经济社会体制比较》2003 年第 4 期。
③ 俞可平等:《政府创新的理论与实践》,浙江人民出版社,2005。

政府创新的核心目标，但近年来，如何利用社会资源，提升政府治理能力正在日益受到各国政府的重视。

就中国来说，从改革开放以来，政府创新一直是各项改革中的重要内容。21世纪以来，随着决策者对创新重要性的强调以及对政府改革的重视，政府创新成为改革的重中之重。中国的各级政府在积极学习和借鉴其他国家经验的同时，也根据本国制度的特点以及本地的实际情况创造性开展了工作，有效地解决新老问题。中国政府创新已经成为全球政府创新的重要组成部分，其在某些领域的创新也引起了国际同行的重视。①

与其他国家相比，中国的政府创新有其特有的背景，因此也决定了地方政府创新有其自身的独特性。这个背景包括：国家规模大，管理层次多；长期的权力集中体制，政治权力干预社会的范围广、程度深；执政党与国家权力关系紧密，直接决定着整个制度的框架；公民社会正处于发育过程中，社会自身组织能力不足；整个社会正处于转轨过程中，社会变动迅速，各个层次都进行着变革；在全球范围内属于后发国家，具有一定的后发优势。

在这种背景下，中国地方政府创新具有以下六个突出特点。

第一，创新主体多、涉及领域广。多样化的创新主体包括各级地方政府以及广义的各个政府部门。在中国这个大国中，按照宪法，地方政府包括省、县、乡镇三级，但在实际的政治框架下，在省与县之间还有具有行政管辖职能的"地区级"，此外还有为了特殊目的专设的"亚层次级"市政府，比如"副省级"。由于共产党的执政党地位以及由此形成的特殊的执政方式，中国的政府包括了党、国家以及具有政治管理功能的社会组织（比如政协、工会、青年组织、妇女组织等）三个层次的内容，这使得中国的政府部门不仅多样，而且独特。创新主体的多样化也说明了政府治理领域的广泛性。当然，创新涉及领域广更主要缘于政治权力对社会经济事务的全面干预。有学者称中国改革前的国家是"全能国家"。改革开放以来，虽

---

① "中国地方政府创新奖"项目是福特基金会支持的全球创新联络小组的核心成员。其他成员还包括美国、巴西、墨西哥、南非等国的7个项目。从第五届全球政府创新论坛开始，中国项目都组织获奖项目参加。2006年10月，中国项目还举行了联络组年度会议。关于国际交流，请浏览中国政府创新网，www.chinainnovations.org。

然政治权力逐步退出了一些领域，但就创新领域而言，反而起到了拓宽的作用，使得政府创新分布在三个方向上，即退出现有的治理领域，改革依旧治理的领域，发展新的治理领域。

第二，政治创新与行政创新相结合。政治与行政是政府治理的两大形式。前者集中体现在政治权力的产生、分配和更替上；后者体现为政治权力在管理社会事务过程中的运用。中国正处于转轨过程中，政治改革和行政改革一直是整个改革事业的重要组成部分，在不同改革阶段被赋予了不同的任务。许多创新就是在改革过程中产生的。政治创新的根本目的是解决权力来源于民，行政创新则重点解决权力服务于民。近些年来，政治创新的代表是选举体制改革，比如村民选举、乡镇政府选举以及人大代表选举；行政创新的典型更多，尤其是在中国加入 WTO 以后，行政管制领域改革进展迅速。从近期和中期来看，行政创新的内容和数量肯定要多于政治创新；从长期来看，政治创新必然需要根本性的突破，以为行政创新提供宏观制度保障。

第三，制度创新与技术创新相结合。中国社会正处于转轨过程中，制度创新对于整个制度的调整和重建非常关键。随着科学技术的发展，尤其是众多技术手段在政府治理中的应用，技术创新的重要性也日益增强。在某些领域，比如社会管理领域，即使是细微的技术性调整都能起决定性作用。当然，技术创新必须得到制度保证才能发挥应有的作用。还必须注意的是，中国所拥有的后发优势在制度创新和技术创新中得到了突出的体现。通过对国外一些相关制度的学习和移植，可以缩短制度创新的时间，降低创新的成本。[1] 从某种意义上说，制度模仿与制度创新同样重要。技术创新的后发优势更为明显，典型代表就是网络在治理中的运用。中国地方政府在治理的基础设施、技术手段等方面已经大大缩小了与发达国家的差距。

第四，中央倡导与地方主动相结合。这是多层次集中体制变革的必然结果。一方面控制了主要资源的中央一直推动着改革；另一方面多层次的地方政府也希望通过创新来争取中央的支持，并在与其他政府的竞争中获

---

[1] 杨雪冬：《制度移植与本土实践：以立法听证的演进为例》，《华中师范大学学报》2005年第6期。

得优势。20世纪80年代以来,中央一直积极倡导和推动创新,这无疑给地方政府创新提供了有利的宏观环境。地方改革试点是中央推动创新的代表性手段。地方政府之间的竞争也在加剧。为了加快本地的发展,各地地方政府试图通过各种努力来获得竞争优势,这样既可以得到上级乃至中央的重视,获得包括政策、资金等在内的资源投入,也可以吸引社会资金的进入,从而形成"投资洼地"。当然,中央倡导的创新并非总能获得地方的主动回应,因为中央倡导的创新往往是原则性的,需要深入的理解;同时也常常是艰巨的,需要创新的勇气。另外,地方的主动创新也并非总能得到中央的正面回应,尤其是在某些政治领域的创新,因为其具有一定的敏感性和不可测性。但总的来说,中央并不会公开否定或批评地方创新,除非创新直接挑战了现有的法律或制度。这种默许和宽容成为除积极提倡之外的另一种推动地方创新的方式。

第五,社会要求与创新者相结合。在理论上,满足社会的要求是政府创新取得成功的关键,因为政府治理的根本目的是服务社会。在中国,相对于强大的国家和政府来说,社会还处于发育之中,其主动提出要求的能力有限,并且也缺乏足够的渠道把这些要求和意见输入到政府系统中。但这并不意味着社会对政府创新没有要求,而是说它的要求需要被发现并引导。这样,创新者的重要性就凸显出来。他们是社会潜在要求的发现者、汇集者以及回应者。他们不仅包括政府官员,还包括社会中的积极分子。就地方政府创新而言,作为创新者的地方官员发挥了关键作用。这些人出于各种原因,站到了改革的前列,成为追求稳定的官员文化中的不安定分子,官员中的"企业家"。而这些人的政治命运又直接决定了创新的命运。

第六,提高执政能力是创新的核心目标。在某种程度上说,这是中国政府创新的最有特色之处。中国的各级政府创新都是在执政党的领导和主导下进行的,创新不仅要符合社会发展的要求,也要实现提高党的执政能力的目的。2004年党的十六届四中全会通过的《关于加强党的执政能力建设的决定》明确提出了加强执政能力建设的主要内容,即驾驭社会主义市场经济的能力、发展社会主义民主政治的能力、建设社会主义先进文化的能力、构建社会主义和谐社会的能力、应对国际局势和处理国际事务的能力。对于地方政府创新来说,这些能力要求也同样适合于它们。

二 危机、发展与政府创新的形式

地方政府创新具有丰富多彩的形式。现有文献基本上是从被创新采纳的时间和过程角度来划分创新类型的。例如，墨尔划分了两种创新：采纳型的，即一项创新能马上被政府采用；渐进积累型的，即经过一段时间的积累，一项创新才被彻底采用。① 波斯比根据对美国联邦政府政策创新的 8 个案例的分析，借用医学术语区分了两种类型的创新：急性（acute type）和慢性（incubate type）。② 另一位美国学者沃克在对美国州政府在 1870～1966 年的 88 项创新的研究中虽然没有明确对这些创新进行分类，但实际上按照采纳的现有顺序把他们划分为两类：一类是创造型创新，即自己独立实行的创新；另一类是借鉴型创新，即通过对其他州学习而采纳的新措施。③ 笔者在研究中国政府创新中的技术创新时，根据政府对待创新的行为方式以及技术作为一种应用手段和工具的特点提出一个三分法的创新类型：①适应型，指的是随着社会经济的发展，一些技术被其他社会组织采用，政府部门也必须采用，以适应周围的环境；②应用型，指的是政府在运行中遇到一些需要某些技术手段支持才能解决问题，而外部又有成熟的技术条件，从而得以利用；③学习型，指的是某个政府部门借鉴其他政府部门或私人部门利用某项技术解决具体问题的经验，并运用到自己的运行中。④

要对形式多样的中国地方政府创新行为进行总结和归纳分类，必须考察创新的背景以及创新者的能动性，二者形成的情景—能动关系塑造出不同类别的创新。危机和发展是创新的两类基本背景，而危机又往往是许多重大创新产生的主要背景。回顾各国制度发展历史，"穷则思变""变则通"的例子俯拾即是。这其中的根本原因在于危机的发生挑战了现有制度，迫

---

① Lawrence B. Mohr, "Determinants of innovation in organization," *The American Political Science Review* (1969), pp. 111-126.
② Nelson W. Polsby, *Political innovation in America: The politics of policy initiation* (New Haven: Yale University Press, 1984).
③ Jack L. Walker, "The diffusion of innovation among the American states," *The American Political Science Review*, (1969), pp. 880-899.
④ 杨雪冬:《技术创新与地方治理改革》,《公共管理评论》第 2 辑。

使其必须做出调整和新的选择，以顺应社会的要求。中国的地方政府一方面履行着法定的管理职能；另一方面执行着上级的有关政策命令，要处理的事情烦琐多样，危机也无处不在。尤其是近年来，社会经济变化迅速，政府管理相对滞后，危机的发生更是频繁。除了重大灾难、事故、群体性事件等突发性危机外，重大腐败案件调查、重大决策失误、经济发展停滞、地方性事件引起全国关注等也成为地方政府经常面临的危机。危机通常引发地方人事变动，新任命的官员以及受到影响的官员为了解决眼前紧迫的问题，会寻求新的解决问题之道。这样，在地方政府创新中，就形成了"危机—人事变动—创新"这样一个标准格式。但是，当危机非常严重、复杂，超过了新任命官员的承受能力和判断能力，尤其受到上级重视的时候，这个标准格式就蜕化为"危机—人事变动—维持现状—创新"。对于地方官员来说，如果不能做出能马上取得效果的决策，那么维持现状是最优选择。在反腐败过程中，就经常出现这种情况。当地官员出于个人职位的安全，放慢甚至放弃了改革创新。

从长期来看，政府创新是社会经济发展的必然要求，地方发展是地方政府创新宏观而持久的背景。它从三个方面推动着政府创新。首先，地方发展不断产生新的问题，要求地方政府给予解决；其次，当地社会经济的发展产生了值得地方政府借鉴和学习的社会创新。这些创新也给当地政府施加了创新的压力；最后，地方发展为政府创新提供了必需的物质资源和人力资源，其中既有强有力的财政保障，也包括较高素质的政府官员以及当地民众。当然，各地发展水平并非总是与政府创新能力成正比。更重要的是，各地发展水平的不同造成了当地政府创新领域和重点的不同。根据中国地方政府创新奖所收集的案例，经济发达地区在行政改革和公共服务方面的创新数量更多，而经济不发达地区在政治选举方面的创新进展更快。

在危机和发展这两大背景下，作为创新者的地方官员可以有不同的选择，但也可以被归纳为主动创新和被动创新两大类。这样，我们就可以得到四类创新形式：①危机—主动型。这类创新带有很强的自发性，因为危机下的创新既缺乏可以借鉴的经验，也常常超出了现有制度的调整能力，必须依靠地方官员相机而动。这类创新的典型代表是四川遂宁市市中区在

1998年推行的乡镇政府领导"公推公选"改革。①②危机—被动型。这类创新被动主要是因为地方政府的创新举措是在上级的要求下做出的,具有"自上而下"的方向性。如果没有上级的要求,地方官员也许会放任危机的蔓延。因此,地方政府在这种情景下的行为创新程度很低,更多的是遵守上级指令或者是借鉴其他地方处理类似问题的经验;有的行为即使有创新性,也会由于压力的撤除而中断。③发展—主动型。这类创新具有较强的自觉性,是当地社会发展到一定程度上的结果,表明了当地政府能够回应社会的要求。发达地区在行政审批方面和社会福利保障方面的一些创新是这类创新的代表。④发展—被动型。这类创新的被动性主要是指创新是在当地社会公众的压力下被迫进行的。在一些地方,发展到一定程度,遭遇到"发展瓶颈",为了解决当地的需要而被迫进行改革。近年来,沿海地区针对外来工进行的一系列创新是这类创新的典型。这些被动创新因为有当地有利的社会条件的支持,所以很容易持续下来,甚至取得成功。

依据情景—能动这个中轴所做的分类虽然无法完全囊括所有的地方政府创新行为,但是我们可以清楚地看到,客观条件与主观因素的耦合是创新成功的关键。对于地方政府来说,随着社会经济的发展,主动创新的任务更加艰巨。如果缺乏主动性,必然会使一些机遇转化为危机。而在危机背景进行选择,失败的可能性更大。因此,地方政府要不断地增强自身的能力,提高创新的规划性和设计性。

三 能力、关系与创新的主体条件

按照创新的一般理论,创新主体就是具有"企业家精神"的人或群体。政府创新的主体则是各级政府官员个体以及官员群体。创新归根到底是人的"创造性"行为,因此创新主体的动机、能力、职位变化以及组成结构对于创新来说至关重要。

对进入哈佛大学主持的美国政府创新奖"半决赛"项目的统计发现,创新的启动主体包括政治家、部门领导、部门领导层以下的中层管理人员

---

① 杨雪冬、〔美〕托尼·赛奇:《从竞争性选拔到竞争性选举》,《经济社会体制比较》2004年第2期;赖海榕:《竞争性选举在四川省乡镇一级的发展》,《战略与管理》2003年第2期。

和线工作人员、社会团体、非营利组织、公民个人以及政府项目对象。[1] 而对中国地方政府创新奖过去三届获得"提名"资格的 63 个项目的统计显示，除了极少数创新项目的启动有社会团体和公民个人参与外，绝大多数项目的启动主体是各级政府官员，尤其是具体部门中的"一把手"及其决策团队（这个团队的组成成员通常包括负责实施的副职、负责调研和起草文件的工作人员等）。这显然是由中国政府的决策体制决定的。因此，要分析创新主体与创新的关系，就要重点研究创新主体进行创新和维持创新的主客观原因。

主观原因包括创新动机和创新能力两个内容。地方政府官员进行创新通常有两个动机。一个动机是解决面临的实际问题；另一个动机是实现自己的政治抱负。在目前的官员评价和升迁体制下，后一种动机很容易带上功利的色彩，即为了获得上级的关注而过度强调创新的形式，忽视了当地民众对创新的承受能力，使创新蜕变为"政绩工程"。官员的创新能力体现了官员的素质，可以分解为多种因素，但核心因素则是发现问题并解决问题的能力。通过对提名项目的研究，可以发现，进行创新的官员具有三个方面的突出素质：①能够及时了解当地民众的需要；②对国家政策的发展动向以及国外经验较为熟悉；③具有一定的动员资源（包括上级支持、社会支持）的能力。

客观原因指的是外部变化对创新主体的影响，主要包括官员个人的职位变化和官员个人在整个官员队伍中的关系。在某种意义上，职位的变化对于创新的影响是决定性的，尤其体现在创新启动和创新制度化两个阶段。通常来说，新到职的官员总想提出新的思路，采取新的举措，以显示自己的能力，并获得威信。但在这种情况下，也会出现两种错误的倾向。一种是由于对当地情况了解不够，采取的举措不切实际，最后不了了之；另一种是为了追求"新"，盲目或有意停止已经运行良好的机制、措施，重新开始新的工作，结果是，或者破坏了原来机制措施的稳定性，或者不过是重复"建设"，造成治理资源的严重浪费。然而，如果实行创新的官员个人的

---

[1] Stanford Borins, *Innovating with Integrity: How local heroes are transforming American government*, Washington, D.C., Georgetown University Press, 1998.

职位获得了升迁，那么创新就比较容易持续下去，并且获得制度化，甚至能够扩展到更多的地方。这其中的根本原因在于上级认同和支持是中国地方政府创新的主要合法性来源。

创新者与官员队伍的关系也制约着创新。中国是一个关系型社会，而在地方，关系更加紧密，对于创新者行为的影响也更深刻。通常来说，创新者要处理四对关系：①创新者与整个机构内部领导班子成员的关系。尽管在现行体制中，"一把手"在决策中拥有绝对的权力，但"民主集中"的决策方式也制约着他。要想使一个新的想法得到实践，必须获得领导班子其他成员的明确赞同和支持。而对于非"一把手"的创新者来说，则要学会争取第一领导和其他成员的支持，否则根本无法实行。②创新者与下级的关系。这里说的下级是创新的具体执行者，既可以是创新者所在机构的成员，也可以是比其所在机构层次低的机构。创新的关键因素是可操作性或实践性，因此作为具体执行者的下级在使创新取得效果的过程中非常重要，他们既可以通过各种方式扭曲新的制度、政策，也可以根据实际情况用更可行的方式实施它们。尽管创新者可以依靠一定的激励和惩罚手段来推动下级执行创新，但是在政府这个科层体制下，规避风险是各级官员的首要选择，因此这些手段并不一定能够发挥作用。更为重要的是，在地方政府中，创新者的流动性很强，这造成了下级预期的短期化和不稳定。即便是上级推动的创新也不一定能够得到下级的切实执行。这样，在创新过程中就经常出现"上动下不动"的困境。③创新者与上级的关系。对于几乎所有创新来说，上级的支持都是第一重要的，不仅可以为创新提供必需的物质资源，也能提供名义上的合法性确认。因此，处理好与上级的关系，使上级关注创新并支持创新非常重要。在地方政府创新中，有两种类型的上下级关系有利于创新。一种是创新者来自上级部门，这既先天地表明其推行的创新得到了上级的同意或承认，也有利于他争取上级的支持。另一种是创新者的前任领导上调到上级部门。作为后者的长期下属可以比较容易地获得前任领导的信任。当然，前任领导的更高权威也会威慑创新者，阻碍创新的推进。④创新者与同级部门的关系。相对于前几对关系，这是一种横向的跨部门关系。对于具体部门的创新来说，更为重要，因为这些创新需要得到相关的同级部门的支持和配合。实际上，我们发现相当数量的创新都是多部门合作的结果。目前,有两个突出问题影响着这对关系的协调。一个是部门之间的权责不清晰,难以在一些涉及跨部门关系的创新上得到理解和配合;另一个是部门利益的顽固性为一些创新设置了人为的障碍。在这样的情况下,同级部门之间关系的协调常常依靠上级的行政命令或者创新者对个人关系的运用。

过去举办的三届中国地方政府创新奖评选不仅在发现和推广创新项目方面取得了一定的成果,更重要的是发现并支持了地方政府中的创新者。这种支持是通过三种主要方式实现的。一种是获奖给创新者带来了精神鼓励。在许多获奖者看来,这是一个非常"纯洁"而公正的奖,完全不同于政府内部过于注重资历和关系的评奖以及社会上"商业色彩"过于强烈的评奖,代表了社会和学术的客观评价。① 第二种是获奖也使创新者的行为得到了上级部门和社会的重视。根据我们的统计,获奖后,有相当比例的创新者职务得到了升迁,创新所在地的新闻报道率和接受参观的人数也有了明显的提高。第三种是创新奖为分散在不同层次、不同部门的创新者提供了交流的平台,有利于他们相互了解学习,取得共识。②

四 集中体制、制度空间与创新的制度条件

创新的制度条件暗含这样的假定:现有体制有创新的可能性,制度的潜力还有待发掘;通过创新,可以更充分地发挥制度的潜力,解决社会经济发展过程中出现的新问题。

中国政府管理采取的是民主集中制,而集中性又更为突出。上级从资源分配、人事任免、重大事项的审批等几个方面控制着下级,以实现自己的命令与意志。按照常识,在这样一种高度集中的体制下,地方政府要进行创新是非常困难的,因为它们的首要职能是完成上级交付的各种任务,其任何脱离现有规定的行为都可能受到上级的批评甚至惩罚。然而,这只

---

① 第二届获奖项目代表、第三届全国选拔委员会委员杨军生在 2006 年 1 月 14 日第三届中国地方政府创新奖颁奖大会上的发言。
② 第二届提名奖获得项目负责人四川省雅安市委副书记张锦明在给组委会的信中说,"感谢中国地方政府创新奖,它使散见于全国各地的那些可能孤独的改革者得以定期相聚和交流,并且以此为平台从对方那里获得信心与力量"(《中国地方政府创新奖》宣传册)。

是现有体制的一个方面。除了集中和控制之外，现有体制也为创新保留一定的空间，并直接或间接支持地方政府的创新行为。

制度空间主要是由以下因素造成的。①国家规模大，地方层级多，多样性强，在客观上削弱了集中控制的力度。与此同时，我们必须承认中国的政府管理体制尽管在经历了军事化和计划性管理之后，具有了一定的现代性，但是长期管理农业社会的传统使得当代体制依然具有很强的粗放性，科层化程度低，这也降低了集中体制的控制性，为地方政府留下了自主行动的余地。②政府管理中的民主因素。尽管集中性压倒了民主性，但是现行体制依然保留着民主因素。从20世纪50年代开始，有效地发挥中央和地方两个积极性就成为国家管理的一个原则。而20世纪80年代以来实行的财政分权改革，尤其是1994年的分税制改革进一步规范了中央与地方的关系，为地方的自主行为提供了制度和财政资源的保障。20世纪90年代中期以来，中央把推动创新作为一个战略提了出来，这也为地方政府提供了意识形态保障。③地方政府之间竞争加剧。随着市场经济体制的逐步建立，各个地方的发展不能单纯地依靠中央和上级政府的计划和资源，必须发挥各自的优势来利用和争取各种发展所需的资源。地方政府除了要"跑步前进"争取国家资源外，还需要"四面出击"引进国内外资金、技术，更要动员辖区内的各种资源。而对于地方政府官员来说，本地的发展直接与个人的升迁有关。这样，政府间竞争就与官员间的竞争联系在一起，使地方政府间竞争找到了能动者的支撑，也带上了明显的个人色彩。④制度的大规模转型。中国的改革开放也是一场大规模制度转型。在这个过程中，既要改革和完善现有的制度，也要消除制约发展的旧制度，还要建立适应新情况的新制度。这样就形成了新旧制度在有限的时间内大规模高密度更替、交织的局面。新旧制度缺乏联结、新制度覆盖范围有限、新制度设计过于原则等都会产生一些可以自主行动的空间。地方政府可以在这些缺乏制度约束的空白领域中充分发挥主动性，以取得竞争中的领先。"上有政策、下有对策"不过是这种制度空白的极端表现。

制度空间的存在为地方政府创新提供的是体制内的支持，我们还应该注意到非正式制度给予创新提供的支持。这里讲的非正式制度主要包括两种。一种是以人际关系为主要形式的社会资本；另一种是在基层和地方实践中形成的好的、未被制度化的做法。对于一个创新者来说,其拥有的同学、战友、老上级等社会关系是其争取信任的"媒介",也有利于其动员社会资源。当然,社会资本并不是越多越有利于创新,过于密集的社会资本反而成为创新的制约,因为创新者必须考虑到各种社会关系所涉及的利益。至于第二种非正式制度常常能成为创新的"起点"和初始"模本"。它们属于微观层次上的创新,由于所处的低层次,所以并没有受到足够的重视。一旦这些微观创新受到更高层次创新者的关注,就会被总结、整理和提炼,成为可以适用于更大范围的政策、措施,从而成为制度化创新。在中国的地方政府创新中,许多成功的创新雏形都来源于这些微观创新,比如村民自治制度。

还应该从开放的角度来审视创新的制度条件。在全球化时代,任何国家的创新都不是孤立进行的,而是在与其他国家的交流中实现的。中国作为后发现代化国家,改革开放以来,经济社会领域的许多改革都明显借鉴了国外的先进经验。政府管理体制改革尽管有其独特性,也不例外。有大量的法律、政策的内容都来自对国外相关法律政策的移植或借鉴。就地方政府来说,由于许多创新并非体制性的,而是操作性的,因此更容易借鉴国外的有关经验。实际上,随着对外交往的深化,向国外学习有了更通畅的渠道,获得的信息也更全面准确,这大大减少或避免了教条式的照搬照抄。根据地方政府创新奖的统计,地方政府在公共服务方面的许多创新都借鉴了国外的经验,这使得中国的行政改革也成为世界性"新公共管理运动"的重要组成部分。[①] 制度移植或借鉴虽然有利于缩短制度设计的时间,降低制度设计的成本,但也可能增加制度调适成本。目前,有两个问题尤其值得重视。一个是创新与现有体制机制不配套,难以操作;另一个是创新超出了当地社会的理解水平和承受能力,遭到广泛的反对。

总的来说,宏观制度提供的空间、微观层面上的创新以及与国外的广泛交流为地方政府创新提供了有利的制度条件。但其中也潜藏着危险,或者是僵硬的旧体制扼杀创新的危险,或者是既有体制改造过程中出现制度扭曲的危险。要消除这些危险,就需要创新者更为娴熟地掌握宏观和微观

---

① 〔美〕伊莱恩·卡马克:《过去 20 年各国政府改革的经验与教训》,《经济社会体制比较》2005 年第 6 期,第 79~84 页。

制度的变化、国内与国家制度的调整，从中获得更多的机会和支持。

五 资源禀赋、经济发展与创新的物质条件

政府创新是需要物质基础的，而创新所在地的资源条件、经济结构、经济发展水平、获得资金的渠道等构成了该基础的主要内容。它们既可以成为政府创新的有力支持，因为创新是需要成本的，也可能成为创新的"瓶颈"，限制创新的出现。政府创新的领域选择、可持续程度也反映了当地的经济情况，并且能推动当地经济的发展。

根据中国地方政府创新奖收集的案例，我们可以梳理出政府创新与物质条件的四种主要关系。

第一种是经济发展水平对政府创新的影响。经济发展推动政治民主建设是比较政治学中的常识性命题。从长期来看，经济的发展必然要求政府治理做出相应的变革，以适应和保障经济的进一步发展。观察中国地方政府创新，我们可以清晰地看到这对关系，在过去三届获奖的 63 个项目中，来自东部经济发达地区的项目比例相对更高。对第三届获得提名的 25 个项目的统计分析显示，有 16 个项目来自东部地区（包括浙江省、江苏省、福建省、广东省、辽宁省、河北省、北京、上海市、天津市），比例是 64%，而来自浙江的有 4 个项目，占 16%。在东部地区的 16 个项目中，除了 2 个项目属于政治改革类以外，其余 14 个项目都属于行政改革类和公共服务类，占后两个类别总数（19 个）的 73%。以第三届入围项目为基础，再结合有关新闻媒体的报道，我们可以对经济发展水平与政府创新的关系得出这样一个有待进一步证明的假定：目前经济发展水平高的地区，当地政府更倾向于行政改革和公共服务领域方面的创新。其有以下几个可能的原因：①当地的经济发展对政府管理体制改革提出了更为迫切的要求，这尤其体现在行政效率上；②当地的经济能力能够支撑公共服务领域的改革，尤其是公共服务的均等化和服务水平的提高；③在经济发展情况良好的情况下，行政改革和公共服务改革相比政治领域的创新更为稳妥，官员面临的政治风险更低。

第二种是资源禀赋对政府创新的影响。国际学术界有许多文献研究资源禀赋与制度的关系，一个基本结论是：对一个地方的发展来说，制度优

势强于资源优势,资源不能自然地成为发展的条件,必须借助制度的保障。经常引用的正反例子是:资源贫乏的东亚地区在第二次世界大战后的快速发展和资源丰富的海湾国家在政治发展上的落后。在中国地方政府创新中,我们也有类似的发现:优越的资源禀赋并不能自发地转化为推动创新的有利条件。拥有丰富资源的地方,在资源没有开发利用之前,有着强烈地依靠资源实现本地发展的冲动,这直接表现为当地政府大张旗鼓地制定各种优惠政策招商引资。但是,随着资源开发带来的财政收入的增加,地方政府的改革动力开始减弱。这其中有三个基本原因:①资源开发带来的财政收入常常是超额的,完全能够满足地方政府的各项开支,甚至能够弥补工作上的失误,这样创新自然就被延后了;②资源开发引起了当地各种利益的集聚,形成了盘根错节的关系网络,尤其是政府官员和部门也被卷进来后,改革创新难以进行;③资源开发虽然拉大了当地的收入差距,但由于雇佣的劳动力基本都来自外地,所以当地政府与当地民众之间的矛盾有了缓冲带,资源开采中出现的灾难性事件也不容易扩散到当地社会中,成为社会危机。当然,丰富的资源并不一定都是"诅咒",如果对其赚取的超额收入能够有效规划,也能成为政府创新有力的物质支持。

  第三种是当地财政情况与政府创新的关系。财政收入稳定与否直接决定着政府的运转情况以及政府行为的范围。在中国,尽管市场经济的发展推动了政府间财政关系的清晰化,但由于财政转移支付制度不健全和基本公共品均等化程度低,所以各地方政府的运行深受财政收入状况的影响。一般来说,财政收入水平低,地方政府提供基本公共品和发展本地社会文化等事业的能力就弱,政府工作人员的收入也相对较少。"吃饭财政""拖欠工资"是财政收入不足的集中表现。财政收入对政府创新的影响是多维度的,可以归纳出三种关系:①财力不足引发或抑制创新。财力不足使得地方政府失去了解决问题的现成的经济手段,必须采取新的手段和措施来应付棘手的问题。财力不足引发的创新既可能是政治领域的,也可能是行政管理和公共服务领域的。前者的典型是在财政压力下四川省推行了乡镇领导的公推公选改革;后者的代表则包括财政不足的地方政府为改善投资环境而进行的行政审批制度改革以及通过引入市场机制来改善基本公共品的提供。财力不足也能抑制创新,因为它会削弱创新的物质基础。在那些财政长期困难的地方，尤其如此。一方面地方政府缺乏足够的资金谋划大事，另一方面官员工资收入难以兑现，也缺乏创新的动力。②财政富足对创新的支持或抑制。强有力的财政能够保证地方政府在行政管理，特别是公共品提供方面进行创新。财政富足的地方也会滋生不思进取的想法。③财政收入结构对创新的影响。现在的地方财政收入已经多元化了，除了传统的国有资产收入外，还有来自本地民间资本和外来资本（包括外地和国外资本）提供的税收，以及财政转移支付。尽管对于它们如何影响政府创新还缺乏比较系统的研究，但这些收入在整个财政收入中的比例在一定程度上影响着政府创新的领域和创新的动力。比如，本地民间资本或者外来投资是税收主要来源的地方也许更重视投资环境的建设；国有资本强大的地方也许更重视基本公共品的提供；以财政转移支付为主要财政来源的地方也许更重视贯彻上级指令。

第四种是经济分配情况对创新的影响。到目前为止，我们还没有掌握经济分配公平性与地方政府创新的清晰关系。主要原因有两点：一是地方的经济分配受国家政策的决定和影响；二是缺乏足够的数据来分析地方层面上的收入分配问题。但是，我们看到，在国家的推动下，地方政府正在通过改革和创新来缩小经济分配差距，减少不公平造成的消极影响。在中国地方创新奖的申报项目中，有相当比例的项目是与此有关的，比如最低生活保障制度、农村合作医疗制度等。另一方面，在那些经济收入差距大的地区，一些地方也在有意识地进行创新，来保护收入低的群体。例如，一些地方对外来工的保护；有的地方通过改革社会安全机制，来提高当地居民生活的安全性。

六 公民权利、社会参与和创新的社会环境

公民是政府创新的根本动力，也是创新最终服务的对象。通过创新，政府运行应该更加有效地体现主权在民原则、为民服务的宗旨。维护公民权利，扩大和加强社会参与也能为政府创新创造良好的社会环境，赢得社会的理解，获得社会的支持，从而克服创新中遇到的一些问题。这样，政府创新就能与社会建设形成良好的互相增强关系。中国地方政府创新奖把公民参与程度作为评价创新项目的六个指标之一，认为创新项目应该"有

助于提高公民的政治参与,增加政治透明度,使公民对地方事务拥有更大的发言权"。

在中国地方政府创新奖获奖项目中,我们发现了一些目前非常活跃的公民社会因素。它们包括:①环保领域中非政府组织的发展,不仅对地方政府的环保行为给予了有力的监督,也推动了政府在相应领域的改革;②在消费领域中公民自发发起的"维权"行动或组织,加快了政府在相关领域的改革;③地方新闻媒体"公共性"的增强,加大了对当地社会问题的关注和对政府部门的监督;④以网络为平台形成的新的"公共舆论"成为发表意见、动员行动的重要力量;⑤学术团体积极参与到地方政府改革中,通过提供咨询、参与决策、进行评估等方式有效地表达了"第三方"的力量;⑥个别具有"超强"公民意识的公民利用法律,保护自身以及群体的利益,迫使地方政府纠正错误行为,甚至在体制机制上进行创新;等等。

七 弱势部门、弱势群体与政府创新的突破口

政府的科层结构以及追求稳定和秩序的特性决定了政府创新的艰巨性。但是任何政府都没有达到整体一致性,部门之间权力的相对不平衡以及面临问题的差异性使得政府本身也存在分化,这就为寻找创新突破口提供了可能性。在中国地方政府中,弱势部门的创新和针对弱势群体的创新就是两个重要的突破口。

所谓弱势部门包括两类:一类是拥有的法定权力没有得到充分实现的部门,人大常委会、环保部门等是典型代表;另一类是功能以服务而非管制为主的政府部门,民政部门、妇联、工会等是典型代表。这些部门的"弱势"是就整个政治体系而言的。"强势"部门拥有实质性的决策权、资源分配权以及行政审批权等权力。这种权力地位决定了它们是相对稳定的,缺乏足够的创新动力,即使有创新行为,也可能深受部门利益的局限。弱势部门通常并没有这种既得权力地位的束缚。当然,其中大部分会因为长期不受重视而放弃创新。即使没有作为,也是可以理解的,因为它们掌握的是"软权力""橡皮图章",不是真正的"衙门"。

然而,弱势部门在创新上可以掌握"强势",从而成为富有活力的部门,甚至取得制度性突破。有三个因素造成了这种"势"的转化:①这些

部门本身拥有的制度性权力从"潜在"转化为"实在"。这些部门"弱"的原因并不是没有法律赋予的权力，而是这些权力在现行体制中被有意忽视或弱化了。一旦这些部门认真履行起自己的职能，就能从现有制度中获得明确的"合法性"。②这些部门所进行的创新往往弥补了现有制度运行的缺陷。这些部门沦为"弱势"反映了现行体制的缺陷。只有它们真正运行起来，才能实现政府的内部平衡性和整体性，也能解决长期被忽视的制度性问题。因此，这些部门的创新往往具有很强的制度意义。③这些部门的官员有作为的空间。这些部门由于长期的无所作为，不受重视，所以如果领导有意作为，那就很容易在短时间内取得成绩。这些部门领导经常讲的是"有为才有位"，这反映了弱势部门的"后发优势"。

至于弱势群体，这里主要指的是那些没有从改革过程中及时获得利益或者相对被剥夺的群体以及人权最容易受到侵犯的群体，农民、农民工、城市新增加的失业者、妇女、儿童等都属于这个群体。在过去相当长的时间内，这些群体的合法权益没有得到足够的重视和保护，因此成为改革过程中的"弱势"群体。以维护他们的权益为目标的政府创新与其他方面的创新相比有着独特的优势，因此近年来成为地方政府创新的重要内容。其优势集中体现在两点。①救助弱势群体具有道德意义。弱势群体需要救助是一个社会的道德底线，也是政府维护社会公平的基本内容。随着经济发展达到一定的水平，各级地方政府开始把救助弱势群体列入工作议程。这一方面得益于地方财政收入的增加；另一方面也是社会共识和要求使然。②救助弱势群体是一个政治责任感很强的事业。对于相关部门来说，从事这个方面的创新与政治改革方面的创新相对来说没有高度的风险性，但又能体现自身的责任意识，同时又能获得上级、同级以及社会等各个方面的赞同和支持。按照中国的政治心理，这是"积德行善"的事情，不能拖延和反对。正因为如此，这类创新成为政府创新的重要突破口。在第一届中国地方政府创新奖20个入围项目中，有5个涉及弱势群体保护，其中有2个获得优胜奖，占优胜奖项目总数的20%；在第二届18个入围项目中，有5个项目涉及弱势群体保护，其中3个获得优胜奖，占优胜奖项目的30%；到第三届，在25个入围项目中，有7个涉及弱势群体保护，其中4个获得优胜奖，占优胜奖项目的40%。（具体统计见表3-1）

表 3-1 过去三届有关弱势群体和弱势部门的创新项目情况统计

单位：%

时间	涉及弱势群体的项目	占当届总入围项目的比例	占当届10个优胜奖项目的比例	弱势部门主持的创新项目	占当届总入围项目的比例	占当届10个优胜奖项目的比例
第一届	优胜奖项目： 1. 河北省迁西县妇代会直接选举 2. 贵州省贵阳市人大常委会推行市民旁听制度 入围奖项目： 3. 浙江省衢州市"农技110" 4. 云南省金平县扶贫项目 5. 河南省社旗县"下访团"	25 （20个入围项目）	20	优胜奖项目： 1. 河北省迁西县妇代会直接选举 2. 贵州省贵阳市人大常委会推行市民旁听制 无	10	20
第二届	优胜奖项目： 1. 河北省石家庄市"少年儿童保护教育中心" 2. 海南省海口市龙华区"外来工之家" 3. 山东省青岛市"阳光救助"工程 入围奖项目： 4. 河北省迁西县"妇女维权" 5. 北京市延庆县"制止和预防家庭暴力"	27.8% （18个入围项目）	30	优胜奖项目： 1. 山东省青岛市民政局"阳光救助"工程 2. 河北省迁西县"妇女维权" 3. 北京市延庆县"制止和预防家庭暴力"	16.7	10
第三届	优胜奖项目： 1. 福建省泉州市总工会"外来工维权新模式" 2. 河北省迁安市"新型农村合作医疗制度" 3. 广西壮族自治区民政厅"五保村"建设 4. 湖南省妇联"农村妇女参与村级治理" 5. 福建省厦门市思明区嘉莲街道办事处"爱心超市"	28 （25个入围项目）	40	优胜奖项目： 1. 福建省泉州市总工会"外来工维权新模式" 2. 广西壮族自治区民政厅"五保村"建设 3. 湖南省妇联"农村妇女"参与村级治理	16	30

续表

时间	涉及弱势群体的项目	占当届总入围项目的比例	占当届10个优胜奖项目的比例	弱势部门主持的创新项目	占当届总入围项目的比例	占当届10个优胜奖项目的比例
第三届	入围奖项目： 6. 北京市大兴区"巾帼维权岗" 7. 浙江省长兴县"教育券制度"	28（25个入围项目）	40	入围奖项目： 4. 北京市大兴区"巾帼维权岗"	16	30
合计	17（三届入围项目） 9（三届获优胜奖项目）	27（三届共63个入围项目）	30（三届共30个优胜项目）	8（三届入围项目） 6（三届获优胜奖项目）	12.7	20

在某种意义上，弱势部门的存在说明了现有体制的内在潜力还有很大的发挥空间，政府创新就应该通过动员这些部门来挖掘体制内的潜力，以增强整个制度的适应能力；弱势群体的存在则为政府创新提供了明确的对象和领域，政府应该承担其救助这些群体的责任，这是任何政府都无法摆脱的责任。通过扶助这些群体，可以提高社会的公平性，并化解和减少社会矛盾，从而提高政府的合法性。因此，发挥弱势部门的潜力，扶助弱势群体不仅是创新的突破口，也是增强政府合法性的有效渠道。

八 技术变革与制度推进

技术是政府治理的要素之一，技术变革是政府治理现代化的重要推动力量。技术变革是通过两种渠道推动政府治理现代化的：一是政府采取技术变革的成果提高了公共权力行使的有效性和政府运行的效率；二是技术变革产生的社会影响传导到政府部门，迫使后者调整自己来适应社会的需要。对于政府来说，技术变革既可以带来治理手段的创新，也可能推动治理机制（组织和制度层次）的创新。

技术变革中的"后发优势"现象也同样存在于政府治理现代化中。中国各级地方政府正在享受着这种优势。过去的二十余年来，通信技术和信息技术的成果逐步被采用，以电话、传真机、复印机、网络为代表的现代化办公工具开始在地方政府普及，这在技术应用方面几乎与发达国家同步，并领先于许多发展中国家，这大大便利了地方政府采集、处理和发布信息，为政府内部各个层级、各部门之间以及政府与社会之间的信息沟通提供了通畅便捷的渠道。这些技术手段的应用有利于增强政府三个方面的治理能力。首先是政府内部信息的交流和整合能力，提高了政府内部的协调性与行动的一致性；其次是政府对社会需求的获知和回应能力，有利于政府及时了解民情，解决问题；最后是政府的透明度。如果说前两种是政府自身能力的话，那么透明度则是政府与社会共享的能力。借助现代信息技术，政府及时发布信息，便利了社会的了解和监督，提高了社会参与治理的能力，也增强了政府的信任水平。

根据中国地方政府创新奖掌握的案例，目前有四类借助技术手段进行的创新：①通过网络实现政府信息公开。各级政府都建立了自己的网站，用来公布政府信息，以方便社会公众了解；②通过网络实现政府与公众的互动，扩大公众的参与。典型代表是网站留言、聊天等功能的运用以及政府会议的网络直播等；③通过网络进行政府审批，以简化环节，并减少审批过程中的人为因素干扰，约束审批权力；④企业管理技术在政府中的运用，以规范政府运作环节和程序。典型代表是企业质量管理体系被应用到政府管理中。

目前，有三个因素限制着技术变革推动的政府创新：①采用和应用技术的成本有时候超过了地方政府的负担水平。比如有些地方政府没有足够的资金来普及网络办公，有的地方政府难以承担电话和网络费用。这样，先进的技术就成为这些不发达地区政府的财政负担；②相关政府部门的工作人员不熟悉新技术的使用，造成了一些先进技术设备的闲置；③现有体制机制限制了新技术的应用。新技术的应用适应的是社会的要求，但是体制机制的改革往往落后于社会发展和技术的进步，因此常常成为技术应用的"瓶颈"。典型代表是一些政府网站囿于保密体制以及领导个人的好恶失去了信息公开的功能。总的来说，技术变革必须得到制度创新的配合和支持，才能更有效地发挥应有的作用。

九 试点、学习与创新的扩散

创新不是一个行为，而是一个过程，而成功的创新是一个可以延伸的过程。对于政府创新来说，大部分创新都不是"原创型"，而是"学习型"的，因此，创新的过程实质上也是学习的过程。这其中有两个主要原因。一是政府创新是在现有体制内完成的，是对现有体制的完善和修正，而不是对现有体制的推翻和再造，这自然减弱了"原创性"；二是随着交往方式的变革，政府治理的开放性进一步加强。不仅在政府内部存在常规性的交流渠道和机制，而且作为现代组织的不同形态，政府部门与社会组织、企业组织之间也有相互学习的可能。

所谓创新的扩散就是一项创新被其他主体学习和采纳的过程。观察中国地方政府创新，可以区别出三种创新扩散形式：①体制型学习，指的是上级政府根据发展战略的要求，指定特定地方政府进行政策、机制、体制等方面改革的先行实验，然后进行总结并加以推广。各种改革试点、经济特区以及各类开发区的出现是这类创新的典型形式。由于上级对试点的宽容态度和给予的各个方面的支持，尤其是法律和制度的支持，所以试点创新成功的可能性大，也很容易在更大范围推广。但是在推广过程中，也可能因为上级采取的"一刀切"要求，使创新在一些地方失效；②自主型学习，指的是地方政府根据本地发展的需要，有意识、有目的地学习国内外相关经验做法，并加以调整以解决本地问题。目前，地方政府自主学习主要依靠两个渠道。一个是到其他地方，甚至国外进行学习"取经"；另一个是依托高校研究机构，总结其他地方的经验，然而提出创新建议。由于地方政府有意为之，所以学习更有针对性，成本也可能更经济。③无意识学习，指的是地方政府在解决当地问题时，把偶然获得的信息加以使用。这通常发生在现有的做法都无法使用的情况下，偶然获得的信息成为其揭开工作"死结"的窍门。在三类创新扩散形式中，体制型学习使用得最为频繁，这显然是在集中体制下，有作为的上级政府的推动带来的结果。但是自主型学习也在增长，这与地方政府创新意识的增强以及上级对创新的鼓励有直接的关系。

创新扩散有多种结果，比如有的创新被"发扬光大""推陈出新"，有的创新在推广过程中"中途夭折"，有的创新由于没有根据环境变化进行调整而出现"南橘北枳"的结果，有的创新则犯了"南辕北辙"的方向性错误，有的创新在采纳的过重只重视形式，不重视实质，而成为"邯郸学步",有的创新在本地受冷落,却在其他地方发展起来,出现"墙里开花墙外香"的结果。这些结果可以被归纳为创新扩散的三种命运,即成功地扩散到更大的范围;在扩散中失败;以及在扩散过程中出现变异,创新的部分内容被采纳,部分内容被抛弃。

在现有体制下,要实现政府创新的成功扩散,上级政府乃至中央政府的介入是非常重要的,这样就直接赋予了创新"合法性"。至于具体创新要在具体地方取得成功,则需要创新能够适应当地的环境,尤其要具有可操作性。然而,政府是一个规范的系统,即便地方政府管辖的地域、人口、自然条件等客观因素存在差别,但是政府内部结构是一致的,因此政府创新,尤其是制度性创新是很容易扩散开来的。这也是政府创新与企业创新、社会创新在扩散过程中的根本区别。

十 口号化、意识形态化、形象化与政府创新误区

尽管"创新"已经成为一个衡量政府形象的指标,但是我们必须注意到政府内在具有"反"创新的倾向。一方面,政府在本质上追求稳定,创新是非常态的行为,因此政府常常为了稳定而牺牲创新;另一方面,相对于民众,政府拥有信息优势,因此有可能为了政治需要夸大创新的价值和效果,以逃避民众对创新的批评和反对。

在中国地方政府中,我们也能发现这两种"反"创新的倾向以及更为具体的体现形式。比较而言,各级政府都努力进入创新者的行列,大张旗鼓地宣传创新、推动创新,避免被上级政府以及社会批评为"保守""不思进取"。这虽然掩盖了"反"创新的倾向,却进入了其他误区,创新行为反而具有反创新之"实"。

观察地方政府创新,有三个误区值得重视:①把创新"口号化"。一些地方政府为了突出自己的创新形象,把创新变成政治口号,要求所有部门都要进行所谓的"创新",使得这些部门不仅在各种会议文件上高喊与创新有关的口号,以回应上级要求,而且夸大自己工作的创新性,即便是常规工作也要换个说法来体现创新。这必然造成创新的"形式化"和围绕创新进行的浮夸。②把创新"意识形态化"。意识形态化就是把创新绝对化,认为"只有新的东西才是先进的、合理的",如果工作中没有新的东西,就说

明相关政府部门不能与时俱进、相关官员思想保守。这在一定程度上造成了地方政府运行中的"断裂"和政府行为的非连续性,因为新到任的官员为了体现自己的创新形象,会放弃前任的各种做法,即便是合理的做法。这种创新不仅会造成官员之间的矛盾,而且是对合法性资源的巨大浪费。③把创新"盆景化"。一些地方政府和官员为了树立形象,会用所有资源来树立创新典型。在丰富资源的支撑下,这些典型形象突出,光鲜照人。然而这样的典型由于是集中当地资源树立的,因此造成了当地发展的不平衡。而一旦树典型的领导离开,这些典型失去了支持,会很快败落下来,投入的大量资源被白白浪费掉。更重要的是,这些典型具有过强的特殊性,无法推广到更大范围内,因此只能是供参观和谈论的"盆景"。

在现行体制下,要避免陷入上述误区,应该从三个方面进行预防和解决。首先,中央决策者应该有意识地培养健康的创新环境,尤其是建设合理的创新激励和评价机制,因为许多地方政府创新的目的是得到上级的重视,带有明显的投机性。在这个健康的环境中,应该宽容和支持真正地为增进公共利益而努力的创新者,批评和减少那些口头的创新者以及以创新谋个人、部门利益的行为。其次,要提高地方官员的素质和能力,使他们有能力及时发现问题,并富有创造性地解决问题。最后,要建立起评价政府创新的社会机制。任何政府创新最终都要服务于社会利益,因此社会公众最有权力来评价它们的价值和意义。通过这些机制,可以使地方政府官员及时全面地了解到社会的需要,从而提高创新的针对性和可操作性,避免创新成为"形象工程""政绩工程"。

十一 结论:实现政府创新的制度化

在以上分析中的观点都是基于观察提出的,但是其中有的观点带有猜测性,需要进一步获得更多的观察资料和信息来加以调整和完善。然而,通过对过去三届中国地方政府创新奖申请项目和获奖项目的观察和初步分析,我们更加清晰地认识到,对于中国这个庞大体制的成功变革和转型来说,发生在不同地方、不同部门的政府创新对于解决现有体制存在的问题、发挥体制内在的潜力以及提高现有体制的适应性和有效性方面是非常必要的。几乎所有项目都在当地发挥了不同程度的积极作用,在解决当地社会出现的紧迫问题的同时，也增强了民众对当地政府的信任和支持，并对其他地方乃至全国都有启发意义。

地方政府创新研究具有强烈的现实取向。尽管我们还没有对中国地方政府创新给予系统的总结和分析，但是我们认为两个研究路向是值得尝试的。一个是"因素法"，即通过分析一定数量成功和失败的创新案例，从中归纳出具有共性的因素，然后在更大样本范围内进行验证，最后得出一些普遍性因素，以指导创新者，使其创新行为更具有可行性；另一个是"能动者法"，即分析创新者（个人或部门）的创新行为，总结他们成为创新者的原因以及取得成功或失败的条件，以发现更多的创新者。

通过对现有地方政府创新案例和创新者的分析，我们可以大致归纳出9个有利于创新成功的因素。它们是：有能力和远见的创新者、团结协作的创新团体（领导集体）、周密而可行的创新计划、有力的实施者、上级的认可和支持、相关部门或机构的配合和支持、当地民众的理解与参与、有利的舆论环境以及创新者职位的升迁。在现有体制下，创新者的作用和上级，尤其是中央的认可和支持最为关键。创新者是创新观念的实践者，也是各种因素的利用者和转化者；上级是官方合法性的授予者，也是体制内资源的提供者。因此，目前，既要发现、培养和鼓励更多的创新者涌现；也要使上级更全面地了解发生在地方基层各个角落的创新，通过制度化渠道将这些地方创新转化为政策措施、法律规定以及制度规范，使这些散落在各地的创新能够从"点"扩散到"面"，从局部推广到全国，从而有效地保留和发挥这些创新的价值。

第四章

技术创新与地方治理改革[①]

  利用技术提高治理水平，推动人类发展正在成为全球潮流。联合国发展署把"利用新技术用于人类发展"作为2001年人类发展报告的主题。在中国的地方治理改革中也出现了一大批富有效果的技术创新。新的技术方法和手段的使用在一定程度改进了制度的微观运行，并对整体制度结构的变革和绩效的提高产生了积极的影响。地方治理改革中的技术创新包含两个内容：直接利用物质技术达到治理改革目的的创新和利用物质技术调整制度程序的某些环节，间接提高治理绩效的创新。必须强调的是，这里讨论的技术创新是以治理为背景的，而不是一般经济学意义上的技术。从某种程度上说，这里所说的技术创新也许称其为"技术性创新"更合适。

  笔者在这里选取了三个地方治理改革中采用的技术创新案例，希望通过对它们的分析来进一步理解技术创新与治理改革的一般关系、其在中国地方层面上的表现以及中国地方治理改革面临的基本问题。三个案例分别是：村民选举中设立的秘密划票间；地方政府为减少受贿案件设立的"廉政账户"；地方政府的"政府上网"工程。其中，设立秘密划票间已经被写入1998年正式颁布的《村民委员会组织法》，成为全国性法律规定。"政府上网"工程正在全国范围内展开，各级地方政府都在积极建设自己的网站，把它作为办理一些公务的平台。比较而言，"廉政账户"并不是一个全国性

[①] 本章主要内容曾发表在《公共管理评论》2004年的第1辑。

的现象，只是在一些地方被采纳了，其合法性和效果也引起了很大的争议。三个案例分别体现了不同类型的技术创新，对地方治理产生了不同的影响。

秘密划票间是在国外专家的建议下设立的，属于学习型创新；"廉政账户"是利用银行系统的功能建立的，属于应用型创新；"政府上网"工程是伴随着网络在社会经济生活中的推广兴起的，属于适应型创新。

本章首先从理论层面上梳理技术与治理的关系、技术创新的理想类型和技术创新对治理效果的影响；然后具体研究三个案例，分析这些技术创新被采纳的原因、过程及已经产生的影响；最后总结中国地方治理创新的基本特点和潜在问题。

一 治理中的技术

从 20 世纪 90 年代以来，研究"治理"的文献不断涌现，但是对于治理的理解带有明显的结构—功能主义的色彩。学术界和实践领域的许多人都把治理看作可以有效地达致某种目的的网络，[①] 这种网络带有很大的包容性，能够把所有的相关利益者协调进来，达成有利于各方的共同目标。从这个意义上讲，治理不仅存在于各种性质的社会组织（公共组织、私人组织和正在兴起的非政府组织），而且存在于各种层次和不同管辖范围的组织中（从社区到地方政府，国家和国际组织，乃至全球性组织）。由于把治理理解为某种网络，所以许多定义实际上是描述性的，通过列举治理过程涉及的因素，形成的关系来勾画这种解决共同问题的新结构和过程。[②] 结构主义的理解和描述性的界定虽然有利于人们更生动地把握这个新概念所反映的新的社会政治现实，但也可能产生误导，使人们只重视治理的结构框架，忽视了治理的实际运行机制和依靠的技术手段；并且产生某种盲目的乐观，认为只要建立一套合理的结构，就能达成意想的结果，这有可能遮盖了治理变革的根本目的，即提高治理的绩效，改善相关利益者的福利。实际上，

[①] Thomas G. Weiss, "Governance, good governance and global governance: conceptual and actual challenges," *Third World Quarterly* (2000), pp. 795–814.

[②] Thomas G. Weiss 在其文章中列举的世界银行、联合国发展署、经合发组织、智力研究所（渥太华）、全球治理委员会、国际行政管理科学研究所、东京技术研究所等的定义都反映了这种倾向。

治理不仅力图描述一种更加网络化的政治形态，也指各种治理系统在复杂的环境下协调政策和解决问题的能力。[1] 进一步来说，治理不过是一个中性的概念，其能够有利于共同目标的达成，推动人类的发展，依赖于治理的质量。[2]

而就公共事务来说，由于涉及公共品的提供和集体行动的有效达成，所以提高治理水平更加重要。[3] 按照传统观念，政府作为公共权力的代表垄断公共事务的管理权，独立承担公共品的提供，并且依靠其最终的暴力垄断地位，能够有效地达成集体行动。但是20世纪90年代以来，从地方到全球的各治理层面出现了诸多的变化，政府作为管理公共事务的单一主体逐渐无法承担新出现的各种问题和任务，必须依靠私人部门、公民社会以及国际组织等来分担日益增强的压力。以治理的最积极实践者欧洲为例，现在已经形成了以欧盟为整体框架的治理格局，地方治理也成为各国关注的重点。彼得·约翰依据现有的地方治理实践和其他学者的研究建议，归纳了四项内容：制度改革、建立新的网络、提出新的政策、解决协调和责任困境。[4]

现有的治理研究在范围和深度上都达成了相当的水平，但由于结构主义的思维方式和描述性的研究取向，在一定程度上忽视了达成治理绩效所依靠的微观手段和措施。易言之，技术在治理变革中的地位和作用没有被充分地考虑。这里所说的技术是以治理为背景的，不仅包括通常意义上帮助人们利用资源，改善生存环境的物质手段，还包括在治理结构和过程中采取的借助某些物质工具的程序性设计以及某些程序问题的技术性处理，即技术性程序处理。它并不是直接改变程序，而是在维持现有程序的基础上改善程序的效果。因此，在治理改革过程中，既需要采取新的物质技术，

---

[1] J. Pierre, "Introduction: Understanding governance," in J. Pierre (ed), *Debating Governance* (Oxford: Oxford University Press, 2000).

[2] G. Shabbir Cheema, Linda Maguire, "Governance for human development: The role of external partners," *Public Administration and Development*, No. 21 (2001), pp. 201–209.

[3] 包括联合国发展署、世界银行、国际货币基金组织、非洲发展银行集团以及亚洲发展银行在内的许多国际组织在它们的各种关于"治理"的报告中，都特别强调要有效地使用公共权威或控制来管理一个国家的资源和事务，以改善居民的福利。

[4] Peter John, *Local Governance in Western Europe* (London: Sage Publications, 2001).

也需要采纳新的技术性程序处理。

在治理背景下,可以把技术创新与制度创新明确地区分开来。对于治理来说,技术创新能否提高治理的绩效存在成功和失败两种可能;而制度创新作为一种能带来规则发生根本性变化的创新,则必然提高治理的绩效。

关于技术在经济发展中的作用,现有的经济学文献已经对其有了充分的讨论。最有代表性的研究来自罗伯特·索罗。[1] 他在1956年提出的经济增长模型中证明:只有储蓄但没有技术进步的经济不可能实现永久增长,增长率存在上限,也许在某个较高的收入水平上经济出现停滞。在索罗模型中,实现持续经济增长的唯一途径是加入技术升级。在这个著名的新古典经济增长理论提出一年以后,他又利用统计研究证明了,美国经济增长有大约80%源于技术创新,仅20%左右源于资本积累。联合国2001年的人类发展报告则详细分析了技术对人类发展的影响。从1960年到1990年,技术进步为出生率下降做出了40%~50%的贡献。[2]

而在社会学和管理学领域,也有足够的文献分析了技术与组织创新的关系。莱克(Liker)等人在一篇文章中归纳了四种关于技术和工业组织关系的看法。[3] 第一种看法包括功能主义和技术决定论,认为技术决定了组织形态。不论组织环境如何,只要选择了合适的技术就能够达到预期的结果。[4] 第二种看法认为虽然技术能够决定组织的结构和功能,但是其采用的过程更重要。一项合理技术的采用还要依靠合理的实行过程。[5] 第三种看法认为技术的采用是由组织结构决定的。第四种看法认为技术能否影响组织是由社会经济环境决定的。从这些研究中我们可以发现,即便在主要是以

---

[1] Robert M. Solow, "A contribution to the theory of economic growth," *Quarterly Journal of Economics*, Vol. 70 (1956) pp. 65 – 94.

[2] 1UNDP, *Human Development Report* 2001: *Making New Technologies Work for Human Development* (New York: Oxford University Press, 2001).

[3] Jeffrey K. Liker, Carol J. Haddad and Jennifer Karlin, "Perspectives on technology and work organization," *American Review of Sociology*, No. 25 (1999), pp. 575 – 596.

[4] R. E. Walton, GI. Susman, "People policies for the new machines," *Harvard Business Review*, No. 2 (March-April 1987), pp. 98 – 106. S. Zuboff: *In the Age of the Smart Machine*: *The future of work and power* (New York: Basic Books, 1988).

[5] B. P. Bloomfied, R. Coombs, "Information technology, control and power: the centralization and decentralization debate revisited," *Journal of Management Studies*, Vol. 29 (1992), pp. 459 – 84.

利用技术实现目的的工业组织中，技术与组织之间的关系也不是单向影响的，而是双向互动的。从技术的角度来看，它对组织有两个基本影响：一是新技术的采用通常会要求传统的组织结构和程序进行必要的调整，有的时候甚至做大幅度改变以充分发挥新技术的作用；二是一项长期使用的技术也会通过塑造组织内部人员的工作方式，形成行为习惯，从而固化组织的某些运行方式。因此，放弃使用该项技术的同时也意味着要改变组织习惯，有时候会造成组织内部的抵制和震荡。

政府作为使用公共权力的组织，虽然在性质和运行方式上与工业组织有着重要区别，但是同样面临着如何更有效地利用技术的问题，只是利用技术的目的更加多重。不是简单地提高效率，实现利润的最大化，而是更有效地使用公共权力，协调国家与社会经济诸领域的关系，在维持社会正常运行的基本秩序的同时，改善公众的福利，扩展公众的参与，并制约公共权力的滥用。从政府发展的历史过程来看，技术在提高政府管理能力和扩展管理范围方面发挥了重要作用。正如诺斯所说，国家的局限性是由技术存量的局限性决定的。[1] 在现代国家的产生和发展过程中，有三种技术的作用最为突出：军事技术、工业技术和管理技术。技术的利用对于政府的地位和作用发挥来说是一把"双刃剑"。一方面，技术为国家影响的普及和深入提供了基础和手段（在这方面最突出的是运输和通信工具的发展）；另一方面技术也推动了社会、市场的发展，增强了其相对独立性，复杂化了它们与国家的多重互动关系，从而也挑战着国家的传统管理方式。[2]

近年来，随着信息技术的迅速发展，一些政治学者研究了其对政府和国家的影响。约翰·斯特里特分析了信息技术在过去50年中对英国国家管理能力、方式以及与社会的关系的影响，使国家变得更具有可塑性。[3] 如果

---

[1] 〔美〕道格拉斯·诺斯：《经济史中的结构与变迁》，陈郁等译，生活·读书·新知三联书店，1994。

[2] 关于技术对于统治方式的影响，布罗代尔在《15至18世纪的物质文明、经济和资本主义》（顾良等译，生活·读书·新知三联书店，1993）、吉登斯在《民族-国家与暴力》（胡宗泽等译，生活·读书·新知三联书店，1998）以及其他学者的著作中都有较为详细的论述。而历史学家杰弗里·巴勒克拉夫在《当代史导论》（张广勇等译，上海社会科学院出版社，1996）中有专门的一章分析了技术在现代政治发展中的影响。

[3] John Street, "The technological 'revolution' in government," in Lynton Robins, Bill Jones. Eds, *Half a Century of British Politics* (Manchester: Manchester University Press, 1998).

没有计算机技术的支持，英国现有的社会保障系统是无法建立的。鲍林斯通过对加拿大和美国的地方政府创新的研究归纳了五种类型的创新，而信息技术的利用就是其中之一。它可以被用于多种目的，例如改进服务质量、提高惩罚效果、向公民团体授权。而技术的受益者既包括普通公众，也包括特定的目标团体（如儿童、无家可归者等）。[1]

二 技术创新的类型和决定因素

对于创新的系统研究似乎是从约瑟夫·熊彼特开始的。他在1939年出版的《商业循环》一书中通过区分"创新"与"创造"，明确了"创新"在经济领域中的含义。他认为"创造"是观念或者概念，而"创新"是能够使"生产手段进行新的组合"的观念。因此，创新包括：引入新的产品，达到新的质量，使用新的生产手段，打开新市场，建立新的供应渠道以及建立新的生产组织等。[2] 采用新的技术或者改进现有的技术显然属于熊彼特所说的创新。研究技术史的学者墨克尔（Joel Mokyr）按照熊彼特的思路进一步强调创造与创新是互补关系。没有创造，创新最终会速度减慢，甚至停滞；没有创新，创造者就失去了关注的目标，并且缺乏追求新理念的经济动力。[3]

在美国，政治学者对于创新的研究是从20世纪60年代末开始的，以墨尔（Lawrence B. Mohr）、格雷（Virginia Gray）、沃克（Jack L. Walker）为代表的一批政治学者着重研究了在美国州和地方政府层次上政治创新的产生过程、条件以及扩散的模式。[4] 1984年，波斯比出版了《美国的政治创新》

---

[1] Stanford F. Borins, "Public sector innovation: the implications of new forms of organization and work," in Guy Peters, Donald J. Savoie (eds.), *Governance in a Changing Environment* (Montreal: MaGill-Queen's University Press, 1995).

[2] Joseph A. Schumpeter: *Business Cycles* (New York: McGraw-Hill, 1939).

[3] Joel Mokyr, *The Lever of Riches: Technological creativity and economic progress* (New York: Oxford University Press, 1990).

[4] Lawrence B. Mohr, "Determinants of innovation in organization," *The American Political Science Review*, Vol. 63, No. 1 (Mar. 1969), pp. 111 – 126. Virginia Gray, "Innovation in the states: A diffusion study," *The American Political Science Review*, Vol. 67, No. 4 (Dec. 1973), pp. 1174 – 1185. Jack L. Walker, "The diffusion of innovation among the American states," *The American Political Science Review*, Vol. 63, No. 3 (Sep. 1969), pp. 880 – 899. Jack L. Walker, "Comment: Problems in research on the diffusion of policy innovations," *The American Political Science Review*, Vol. 67, No. 4 (Dec. 1973), pp. 1186 – 1191.

一书，通过案例分析了创新在联邦层次上实现的条件和过程。[1] 1986 年，在福特基金会的支持下，哈佛大学肯尼迪学院成立了美国政府创新项目，开始对美国的州和地方政府的创新进行评估和奖励。此后，加拿大、巴西、智利、菲律宾等国都开始了类似的项目。尽管对于政府创新的能力和意愿存在各种怀疑的看法，但是通过改革来改善政府的运行绩效已经成为普遍的共识。[2]

政治学者在研究政治领域中的创新时也基本上继承了熊彼特的逻辑。墨尔把创新界定为"成功地引入一种新的可利用的手段或者可实现的目的"。如果说创造意味着产生新的东西的话，那创新就是利用新的东西。阿舒勒等人提出，创新就是"崭新的行为"，是有两个要素组成的：新观念及其实践表现。[3] 波斯比提出创新有三个要素组成：大规模和可见性；摆脱了以前的习惯以及持续的影响。这些定义虽然着眼点不同，但是在两点上是共同的：一是创新必须要体现出"新"。对于一个组织来说，创新就是采用非传统的东西，不管它是不是该组织创造的。对于政府来说，技术创新既可以是利用自己开发的技术，也可以是借用外部的技术。二是创新必须是一种实践，要产生影响。

对于技术创新来说，实践性更加重要。没有用途的技术是无法被利用的。因此，政府管理中的技术创新可以根据用途分为两类：一类是直接用来解决社会经济生活中的具体问题的新技术，另一类是在不改变现有制度结构的基本程序的前提下，对现有制度结构中的环节进行技术性调整，包括增加物质手段或改变实现工具等。这里采用的不一定是新技术，但起到了提高制度绩效，有效地解决社会经济问题的作用。尽管我们可以从理论

---

[1] Nelson W. Polsby, *Political innovation in America: The politics of policy initiation* (New Haven: Yale University Press, 1984).

[2] Alan A. Altshuler, "Public innovation and political incentives," Papers of American Government Program at John F. Kennedy School of Government, Harvard University, 1997.

[3] Alan A. Altshuler, Marc D. Zegans, "Innovation and public management: Notes from the state house and city hall," In Alan A. Altshuler, Robert D. Behn (eds.), *Innovation in American Government: Challenges, opportunities, and dilemmas* (Washington, D.C.: Brookings Institution Press, 1997), pp. 68 – 82.

上对这两类技术创新进行区分，但是在政府的实际管理中，由于政府行为的连续性和公共性，所以在很多情况下无法把二者清楚地区分开来，尤其是第一类技术的长期使用，可能造成具体对象的改变，从而引发制度本身的变化。

现有文献基本上是从被创新采纳的时间和过程角度来划分创新类型的。例如，墨尔划分了两种创新：采纳型的，即一项创新能马上被政府采用；渐进积累型的，即经过一段时间的积累，一项创新才被彻底采用。[①] 波斯比根据对美国联邦政府政策创新的八个案例的分析，借用医学术语区分了两种类型的创新：急性和慢性。另一位美国学者沃克在对美国州政府在1870—1966年88项创新的研究中，虽然没有明确对这些创新进行分类，但实际上按照采纳的现有顺序把它们划分为两类：一类是创造型创新，即自己独立实行的创新；另一类是借鉴型创新，即通过向其他州学习而采纳的新措施。

创新是一种能动行为，因此不能忽视能动者在一项创新采纳过程中的行为方式。上述对政府创新的类型划分虽然都在不同程度上考虑了政府的能动者地位，但似乎有两个不足：一是没有把其能动性突出出来；二是没有更细致地划分不同类型的政府行为。就政府采用的技术创新而言，笔者根据政府对待创新的行为方式以及技术作为一种应用手段和工具的特点提出了一个三分法的创新类型：①适应型，指的是随着社会经济的发展，一些技术被其他社会组织采用，政府部门也必须采用，以适应周围的环境；②应用型，指的是政府在运行中遇到一些需要某些技术手段支持才能解决的问题，而外部又有成熟的技术条件，从而得以利用；③学习型，指的是某个政府部门借鉴其他政府部门或私人部门利用某项技术解决具体问题的经验，并将其运用到自己的实际工作中。

政治运行需要创新，但是政治的常态又是以保守为基调的。这就决定了并不是任何一项创新都可以被政府采纳的。墨尔提出了一个简单的公式：创新＝动机＋资源。在通常情况下，创新与创新动机、克服创新障碍所需

---

① Lawrence B. Mohr, "Determinants of innovation in organization," *The American Political Science Review*, Vol. 63, No. 1, (March. 1969), pp. 111 – 126.

要的资源成正相关关系。[1] 波斯比在分析美国的政策创新时提出，创新来自三种力量的互动。它们分别是：社会集团的利益追求；专家和决策者的知识信念以及有关领导者具有的知识特长，即以前解决问题的方法。当然，从根本上来说，文化和政治制度决定了政策创新的实现。[2] 曾经担任哈佛大学"州与地方政府中心"主任的阿兰·阿舒勒在分析美国政府创新的时候指出，成功的创新有三个共同特点：解决了公众迫切关心的问题；适用于很大的范围；价值中立可以被各政治派别使用。[3] 墨克尔在分析经济发展中的技术创新时，归纳了三个创新条件：首先，要有一群具有独创性而且机智的创新者，他们不仅愿意而且能够为了实现创新挑战环境；其次，经济和社会制度必须为潜在的创新者提供合理的激励结构；最后，创新需要多样性和宽容的环境。[4]

相对于其他组织进行的技术创新以及政府的其他形式创新（如政策创新、组织创新），政府进行的技术创新在具有与之相通的共性的同时，也有自己的独特性。其成功进行不仅要考虑技术本身的特点，还要考虑政府本身的特点。就技术而言，它是非常具体的物质手段，同时其使用又需要一定的物质、资金投入和相应的知识训练。虽然技术是价值中立的，但是某些技术由于需要大量的人力、物力和财力的投入，占用政府预算的相当比例，所以在采纳的过程中也会引起政治争论，甚至在强大的反对中被放弃。就政府而言，其作为公共权力的代理者，任何行为都会对全体社会公众产生影响，因此在行动之前要慎重考虑。但是政府并不是一维的整体，具有不同层次，每个层次上又由不同的部门组成，部门内部还有不同特点的人员。这些层次、部门和人员都有自己的利益诉求。这样一来，政府实质上是一个多维的利益综合体。其任何一个行动在考虑社会本身接受程度的同

---

[1] Lawrence B. Mohr, "Determinants of innovation in organization," *The American Political Science Review*, Vol. 63, No. 1, (March. 1969), pp. 111 – 126.

[2] Nelson W., Polsby: *Political innovation in America: The politics of policy initiation* (New Haven: Yale University Press, 1984).

[3] Alan A. Altshuler, "Public innovation and political incentives," Papers of American Government Program at John F. Kennedy School of Government, Harvard University, Fall 1997.

[4] Joel Mokyr, *The Lever of Riches: Technological creativity and economic progress* (New York: Oxford University Press, 1990).

时，也要考虑内部的协调关系。如果从成本角度来分析，政府的创新必须要考虑四个方面的成本：创新者自己承担的私人成本（地位的稳定性和升迁的机会）；创新者所在部门和相关部门的成本（部门的预算开支和部门存在的合理性）；所属政府层次的政府成本（公众和上级政府的支持程度）；以及社会承担的成本（不同阶层从中获益的程度以及不同阶层之间关系的变化）。

基于对技术和政府本身特点的分析，笔者认为下列因素直接影响着政府管理中的技术创新的命运。①主要负责官员的创新意愿和能力。一般来说，他们的创新意愿越强烈，处理在创新过程中遇到的问题的能力越强，创新成功的可能性也越大；②问题的紧迫性。许多创新都是在危机中出现的。由于面临问题的紧迫性和既有解决手段的失灵，政府通常都要借助新的手段和措施；③政府支持技术使用的财政能力。许多现代技术尤其需要大量的财力投入。而发达国家在管理技术的利用上往往要领先于发展中国家；④更高层次政府以及其他部门的支持程度。如果能够得到更高层次政府的支持尤其是财政支持、其他政府部门的协助，那么技术被利用的可能性就更高；⑤技术被掌握和利用的难易程度。当然，技术越容易被掌握，其效果就越能快地体现出来，从而为创新是否持续提供根据；⑥创新的社会效果和社会的支持。取得合理的社会效果应该是任何一项政府创新的根本目的。而社会的支持不仅可以为创新提供合法性，而且可以吸收外部的知识，来弥补政府自身的不足。然而效果具有短期、中期和长期的区别。有的创新具有长期效果，但也可能因为短期效果不明显而被放弃。对一项具体的创新来说，这些因素作用的发挥可能会有不同的组合形式，有的甚至是决定性的。

衡量一个创新成功与否有多种标准，这依赖于创新的具体内容和目标。近些年来，随着越来越多的机构关注政府的运行绩效，大量的标准被制定出来以评价政府的行为结果。[1] 虽然有的一度很流行，但很快就失去了吸引

---

[1] Alan A. Altshuler, "Bureaucratic innovation, democratic accountability, and political incentive," In Alan A. Altshuler, Robert D. Behn (eds.), *Innovation in American Government: Challenges, opportunities, and dilemmas* (Washington, D. C.: Brookings Institution Press, 1997), pp. 38 – 67.

力，因为政府的行为有不同的目标，很难用统一的标准衡量。尽管如此，我们依然能够找到一个标准来把各种创新联系在一起，那就是创新的可持续性和制度化程度。对一项创新来说，这实际上是最关键的。如果无法持续并被制度化，那么创新只能停留在观念层面或者成为流产的措施。反之，如果能够持续并被制度化，那说明该创新基本上实现了创新者的目标并被社会所接受。

三 技术创新的实施：中国地方治理改革的三个案例

从某种意义上说，中国地方治理改革是和改革开放同步的。从20世纪70年代末期开始，中央逐渐授予地方政府更大的自主性，地方政府的自我利益被制度化了，地方为了取得本地的经济增长，提高财政收入，从各个方面力图调整与社会的关系，推动着市场的发展。当然，这种改革与治理的理想类型有着很大的距离。20世纪90年代以后，随着市场的完善，社会的分化以及中国的国际化步伐加快，大量新问题出现了，改革地方治理结构，提高治理效果的要求更加迫切。与此同时，一些新的观念和新的手段也通过各种方式出现了，为改革地方治理提供了依据。一些技术创新就是在这个过程中被地方政府采纳的。

1. 电子政务：适应型技术创新

20世纪90年代中期以来，随着电子网络的日益普及，建立电子政务或者电子政府成为各国政府改革的重点。在各国倡导的"信息高速公路"的五个应用领域中，电子政务被列在第一位。"电子政务"指的是政府利用电子网络来提供公共服务，处理公共事务的一系列活动。[①] 实际上，这些活动可以分为三个类别：一是政府机构及其工作人员从网络上获得信息，包括机构内部的工作信息和从机构外获得的业务信息；二是把政府机构的信息放到网络上，供社会了解和使用，即公开政务；三是在网络上与社会公众互动处理公共事务。

电子网络是20世纪60年代后期在美国产生的，最初应用于科学领域的

[①] 有人把电子政务的内容具体归纳为以下几种：①电子商务；②电子采购和招标；③电子福利支付；④电子邮递；⑤电子资料库；⑥电子化公文；⑦电子税务；⑧电子身份认证。

信息交换，1975 年以后被应用于军事领域。直到 1982 年 "互联网" 才真正出现。20 世纪 90 年代初，随着图解界面技术的广泛利用和商业利益的参与推动，网络迅速发展起来，成为一种新兴的信息集中和传播手段。[①] 在美国，上网人数从 1995 年的 2500 万增加 2000 年中期的 5500 万。网站数量从 1995 年的不足 2 万个增加到 2000 年的 1000 多万个。而且网页的数量以每天 200 万的速度增加。[②]

中国的互联网发展是从 1987 年开始起步的。1994 年在获得美国国家基金会的同意后连入 Internet。虽然起步晚于西方发达国家，但是发展迅速。据中国互联网络信息中心的统计，1997 年 10 月，中国共有上网计算机 29.9 万台，上网用户 62 万人，"CN" 下域名 4066 个。到 2002 年 7 月，中国上网用户人数达到了 3370 万（指平均每周使用网络 1 小时及以上的人），上网计算机有 1254 万台，而在 "CN" 下注册的域名数量有 127319 个，网站数量 6.有 277100 个。[③]

与国外的发展情况类似，中国的网络也是从科技教育领域起步，然后允许商业组织加入，在技术成熟的条件下，应用到政府管理活动中的。1997 年，中国公用计算机互联网实现了与中国其他三个互联网络即中国科技网、中国教育和科研计算机网、中国金桥信息网的互通。在完成了 "三金" 工程（金税工程、金关工程、金卡工程）的基础上，为了推动各级政府的网络建设，国务院把 1999 年确定为 "政府上网年"。到 2002 年 1 月，以 gov.cn 注册的域名达到 5864 个。[④] 2000 年的一个调查显示，在各级政府部门申请的域名中，部委级网站占 10%，省级占 26%，市级占 30%，县和县以下的占 34%。[⑤] 国家经贸委和信息产业部的调查显示，到 2001 年年底，全国有 70% 以上的地市级政府在网上设立了办事窗口。[⑥] 省级政府都有了自

[①] Castells M., *Internet Galaxy: Reflections on the Internet, Business and Society* (New York: Oxford University Press, 2001).
[②] Paul DiMaggio, Eszter Hargittai1, W. Russell Neuman, and John P. Robinson, "Social implications of the internet," *Annual Review of Sociology*, Vol. 27 (2001), pp. 307–336.
[③] http://www.cnnic.net.cn/develst/2002-1/.
[④] http://www.cnnic.net.cn/develst/2002-1/.
[⑤] 蒋荣蓉:《电子政府离我们有多远》, http://www.people.com, 2000 年 7 月 2 日。
[⑥] 《统计显示全国有七成地市级政府上网》,《北京晚报》2002 年 3 月 7 日。

己的网站，在最低行政层级的乡镇中有的也有了网站。对于地方政府来说，电子政务的建立是通过三种方式进行的。第一种方式是在职能部门内部自上而下纵向推动的。上级部门尤其是中央部门为了加强系统内部的信息收集和管理，要求省以及省以下的各级部门来建立网络，并成为该部门全国网络的组成部分。采用这个方式的部门基本上都属于"上级主管"部门，即上级部门在业务和人员上对下级部门有很强的控制权力，比如税收、公安、工商管理等行政系统。最早的电子政务系统——"金税工程"就是在全国税收系统内部建立起来的。通常来说，国家为了保证控制能力，特别重视这些负责资源汲取、秩序维护的部门的技术设备建设，因此，即使在地方层次上，这些部门也比其他部门在电子网络建设上起步更早。这种方式的特点是网络的专业化程度高，但是由于设计之初没有考虑与整个政府系统联网，所以造成了在技术标准等诸多方面无法兼容，影响了电子政务的整合。第二种方式是由一级政府在本地区范围内横向推动的。例如，"数字北京""数字福建"等计划都是由当地政府推动的。与第一种方式相比，这种以地方政府为中心的网络建设涉及更多的部门，因此也更容易形成一个地区性的兼容互动的政府网络。但是，这种方式受到了部门和政府层级财力和管理能力不平衡的限制。在现有的财政状况下，相当数量的政府部门、无法承担网络设备的购置费用，有的即使建立起来也无法维护。因此，即使在同一个行政区域中，各部门之间的网络也无法有效地整合起来。第三种方式是某一级地方政府自发建立本地政府网络。一些具有超前意识的地方领导人或者为了推进政府运行的效率，或者为了扩大本地的知名度，在上级政府以及同级其他政府还没有开展政府上网的时候，率先行动。比如广为宣传的广东省南海市就是在市委书记的推动下大力建设政府信息网络系统的。[1] 现在网络已经把市、镇区和行政村的行政事务联系起来，公文、请示和会议通知可以通过网络发布。一些政府事务可以通过网络办理，比如网上采购，网上土地招标等。[2] 这种自发建设的方式的最大优点是，主动性使地方政府更愿意通过网络来公布政府信息、办理政府事务。因此，

---

[1] 张旭东：《数字接管城市——广东南海的信息化路径》，http:∥www.sina.com.cn，2001 年 4 月 29 日。

[2] 有兴趣的朋友可以访问南海市政府网站 http:／www.nanhai.gov.cn。

在扩大政府活动的公开性、透明度方面能够取得相当的进展。[1] 而明显的不足是,广泛的宣传可能使真实的效果被扩大,无法满足公众的期望。[2]

从总体上说,地方政府的电子政务建设还处于起步阶段,因此其对地方治理效果的潜在影响还没有显示出来。但是从目前的运行情况来看,的确产生了一些积极的效果。这具体体现为:①加强了公众了解政府运行的能力。网络在公众和政府之间建立了互动的关系。[3] 网络的相互联系性在提高政府的整体形象的同时,也为公众便捷地获得多个相关政府部门的信息提供了可能;②提高了政府的透明度。在网络上公布各种政府文件实际上也是对政府的宣传;③在一定程度上提高了政府工作的效率。通过网络可以办理一些事务,节省了公众和政府的信息交换时间,也减少了一些程序。应该说,无论对于过去必须到政府部门办理各种事物的公众,还是习惯于在办公室里办公的官员来说,网络都有助于改变原来的行为方式以及思维方式。

虽然电子政务具有巨大的潜力,但目前还存在许多明显的不足。这体现为:①绝大部分的地方政府在电子政务建设中还远远没有发挥出电子网络的巨大功能,只是停留在信息发布、资料查询等单向活动方面,没有充分利用网络与公众形成双向互动;②由于相当数量的地方政府网络是上级政府动员或者追求"政绩"的产物,所以在建立之后缺乏持续的管理。网站的域名不规范,内容滞后,更新速度缓慢,有的根本无法打开;[4] ③网络管理技术,尤其是安全设备不完善。大部门政府网站目前没有设置防火墙,很容易被"黑客"侵入。更严重的是,这些网络的内部安全系统很不完善,

---

[1] 2002年6月,南海市的利用网络减少腐败的经验还在中央纪律检查委员会进行了展示,受到了好评。《广东南海"网络反腐"高手进中纪委传经,反响热烈》,《羊城晚报》2002年6月24日。

[2] 以南海为例,就有人对政府大力宣传网络建设提出了质疑:"现场会频频召开,参观团络绎不绝,南海正在做一场高科技秀。"张旭东:《数字接管城市——广东南海的信息化路径》,诉讼∥www.sina.com.cn,2001年4月29日。

[3] 比如在新疆乌鲁木齐市就出现过市长和副市长与市民在网络上讨论市政建设的事例。"市长市民'网议'市政",www.xinhua.org,2001年1月5日。

[4] 即使像北京这样具有独特优势的城市,政府网站的及格率(通过对网站建设综合评价、网站浏览功能和服务功能等14项指标的评估)在2000年也才有20%,到2001年提高到76%。《北京政府网站及格率76%》,《北京青年报》2001年12月8日。

一旦有熟悉网络或者掌握网络密码的内部人士为了报复或销毁某些记录而实行破坏，就会造成政府网络的混乱，甚至瘫痪；④网络建设存在严重的地区不平衡。这是中国经济现有经济发展结构的另一种表现形式。与西部地区、东北地区相比，东部发达地区（包括华北、华东、华南地区）的政府网络建设不仅起步早，技术先进，网站管理较为完善，而且网站数量更多。

　　作为一种技术，网络肯定有利于提高政府的管理能力，尤其能为公众与政府间的互动提供新的途径，甚至更有创造性的潜在空间。但是电子政务作为一种新的治理方式无法摆脱现有制度的影响和制约，并且在微观层面上受到地方独特性的影响。现有制度在管理上存在诸多弊端，尤其在向公众授权、透明性、公开性以及与公众互动方面深受官僚主义的侵害，因此即使有网络这种新技术的出现，一些政府机构或者官员也不愿意通过网络为公众提供更多更优质的信息和服务。而政府网络的落后减少了公众的访问次数，从而使公众失去了对这种新技术的兴趣，也失去了在网络上向政府提出自己诉求的主动性。由于不依靠访问量来获得投资，维持运行，因此政府网络陷入了与政府一样的垄断者心态，被人称为"电子衙门"化。这样在政府网络建设中就形成了一种恶性循环：政府不愿意—公众没兴趣—网络被搁置。而在微观层面上，地方政府的网络建设则明显受制于地方领导人的意愿、财政状况、网络取得的社会效果。这也是我们即使在经济发达地区也能看到网络技术先进、管理落后的政府网站，在经济不发达地区也能发现运行有效，深深影响公众日常生活的政府网站。

　　2. 廉政账户：应用型技术创新

　　20 世纪 90 年代以来，腐败成为中国政治生活中一个严重的问题。腐败案件的数量和造成了影响不断攀升。据统计，从 1993 年到 1997 年 3 月，有 2 万余名县处级以上的领导干部、1600 名地厅级以上领导干部被立案查处，1998 年一年就有 5357 名县处级、410 名地厅级、12 名省级（不含军队）干部被查处。从 1979 年到 1997 年 18 年间腐败案件以每年 22% 的速度增长。① 为了防止和减少腐败案件的发生，从中央到各级地方政

---

① 转引自何增科：《中国转型期的腐败与反腐败问题研究：一种制度分析》，《马克思主义与现实》1999 年第 5 期。

府制定了各种措施来防范腐败案件的出现,其中也包括一些技术手段。比如河北省邱县检察院设计的"反腐败"扑克,在 52 张牌分别画上了 52 种法律规定的职务犯罪。据说已经出售了 3 万多套。[①] 湖北省拍了电视专题片,让 6 位被判刑的官员承认错误,来警示他人。[②] 此外,还有所谓的反腐败台历等新的手段。当然,其中最有影响并被各地广泛采纳的一种措施可能就是"廉政账户"。这是本文分析的第二个技术创新案例。

"廉政账户"是由浙江省宁波市纪律检查委员会(简称宁波市纪委)在 2000 年年初发明的。它是指纪律检查委员会在银行开设的,用于官员存入接收到的、有行贿目的的货币以及各种有价证券存的专用账账户。2000 年 1 月 20 日,宁波市纪委下发了《关于设立党员干部廉洁自律专用账户的通知》,提出在工商银行设立账号为"581"的专用账户,各级党政机关、社会团体和企事业单位的党员干部可以把受到的无法退回的各种礼金,在规定时间存入该账户。接收者在填写"现金存款单"的时候可以不写本人的姓名和工作单位。该账户的"缴款回执"可以作为主动拒收贿赂的证明。上缴的资金由市党风廉政建设办公室管理,然后上缴市财政。之所以用"581"作为账户名称是取其"我不要"的谐音。

就宁波市来说,设立该账户与该市此前发生的"许运鸿"案和其他几起重大受贿案件有直接而且密切的联系。许运鸿在 1999 被查处之前任中央委员会候补委员、浙江省委常委、宁波市委书记等职。由于其案件涉及宁波市多个领导,不仅造成了宁波市委市政府机构领导人员的重组,政府运行的放慢,而且宁波市 20 世纪 90 年代在全国树立起来的良好形象也被遮上了阴影。"廉政账户"的创立在某种程度上体现了宁波市恢复自我形象的努力。

宁波市有关部门在设立该账户上考虑得更加实际。他们认为,"廉政账户"的建设为那些碍于情面或者其他原因无法拒绝接收贿赂的党员干部提供了自我纠正的条件。用宁波市纪委常委、市监察局副局长徐一闻的话说:"前几年,宁波连续发生了几起干部受贿案件,在社会上造成了很大的负面

[①] 齐文信:《扑克反腐败"前腐后继"》,http://www.duoweiweek.com/96/ChinaAffairs/7702.html。

[②] 电视片名为《痛悔——湖北省现身说纪说法警示教育》。

影响。在查案过程中，我们发现有些干部在接受钱物的时候，是想退掉的，但苦于没有渠道。确实现实当中有这么一些干部，他们在接受别人的钱物时，也拒绝过，但碍于平时双方太熟悉放不下面子，拿了钱后想上交给单位或者纪委，但又怕招来各方面的压力，在重重矛盾中滑向犯罪深渊。这类干部中的一部分，是完全有可能得到挽救的。从这样的客观实际出发，市纪委在坚持提倡当场、当面拒绝的前提下，建立一个压力小、环节少、又能解决问题的'581'廉政专户，为领导干部拒礼拒贿提供一条便捷的途径。"①

"廉政账户"设立后的3天内就收到了1万元存款。由于当时正是送礼高峰的春节期间，"581"在一个月内吸纳了37笔款项，共计15万元。到2001年，该账户共收到242.8万多元款额。随着全国反腐败行动的深入，"廉政账户"的创意也开始被浙江省其他地方以及全国其他省市所接受。浙江省的11个市、绝大部分的县（市、区）都陆续开设了这种廉政账户。2001年1月至4月，缴入各地廉政账户的礼金、礼卡等折合人民币347.7万余元。非常有意思的是，其他地方设立的"廉政账户"并没有都采用"581"这个名称。比如，江苏省的廉政账户是"510"（意思是"我要廉"）、湖北武汉的是"5981"（意思是"我就不要"）、福建厦门的是"870"（意思是"我清廉"）、辽宁鞍山是"安连"（意思是"俺廉"，即我廉洁）、新疆的是"539"（意思是"我上缴"）。②各地之所以有不同的名称，有两个原因。一是各地要突出本地的特点；二是为了记忆方便，各地使用的是各自的方言或发音。

各地"廉政账户"设立后，在吸纳存款方面都取得了很大的进展。比如厦门、武汉等城市每日收到款项都超过1万元。更值得注意的是，在政府严打腐败其间，存款增加得更快。以南昌的"廉政账户"为例，在2000年"胡长清案件"发生后，存款大幅度上升。2000年2月一个多月就入款6万余元，廉政办还经常有人接到询问专用账户账号的电话。这种情况在辽宁

---

① "'581'：引人关注的廉政新举"，见 Http://www.dflz.gov.cn。
② 有兴趣的读者可以访问下列链接：http://www.unn.com.cn/GB/channel286/692/2308/。从这里可以看到辽宁省的主要城市设立廉政账户的情况。http://www.dflz.gov.cn/topic.asp?TopicID=13。是宁波市政府网上关于全国各地廉政账户的情况。

省沈阳市发生"慕马"(原市长慕绥新,原副市长马向东)案件后也同样出现过。① 当然,也有一些例外。有的地方的"廉政账户"在设立之后,一直无人问津。比如浙江省长新县设立的"581"账户在设立后就没有接收过一笔款项。

"廉政账户"出现后很快成为社会各界广泛的现象。其作用、合法性、合理性等成为争论的热点。争论中出现了三种意见。第一种是正面肯定,主要来自地方纪检检查部门,尤其是作为首创者的宁波市纪检检查部门。他们认为从宁波市的情况来看,"廉政账户"取得了良好的效果。理由有三个:①账户上款项的不断增加实际上就是为国家挽回了经济损失;②有效地解决了收受礼金礼品这种消极腐败现象。浙江省纪委廉政建设室主任万晓捷认为,浙江省纪委最近两年开展的党风廉政建设问卷调查结果表明,收受礼金礼品行为在最严重的消极腐败现象中均居第二位。"581"的设立,正是为这些干部主动上交礼金提供了一条比较便捷又可以接受的途径,它有利于这部分干部卸掉思想包袱,也有利逐步形成一种主动拒礼的良好氛围,而且也为党员干部提供了一种较为宽松的廉洁自律渠道;③廉政账户的推广表明这种防止腐败的方式已经被制度化了,并且非常具有操作性。

第二种是建设性批评,主要侧重于考虑"廉政账户"规定中存在的漏洞及其存在的合法性问题。有三个问题非常突出:①从款项的上交时间上来很难确定接收贿赂的时间,所以会产生上交时间的滞后现象。有的犯罪嫌疑人并不是在接收钱物后很短的时间内上交"廉政账户",而是在即将或担心东窗事发的时候上交,实际的时间跨度足以构成犯罪。② ②由于很难确定受贿者接受款项的额度,助长了一些人的侥幸心理,他们会利用"廉政账户"的有关规定作为逃避法律制裁的借口。比如某人接受了 10 笔款项,但只上交了 2 笔,而检察机关正好掌握的是这 2 笔,那么就很容易让该嫌疑人逃脱制裁。③一些重大犯罪线索可能被迫放弃。按照"廉政账户"的规

---

① 在两个月内,辽宁省廉政账户存款及各级领导干部上交礼品和有价证券折算骤然增加 400 余万元,其中仅沈阳一市的领导干部主动上交的难以拒收和退回的各种现金及其他不合法收入就达 200 多万元。程刚:《慕马大案敲山震虎 辽宁廉政账户两月骤增 400 余万》,《中国青年报》,2001 年 10 月 13 日。

② 朱荣成:《警惕!"廉政账户"成了腐败的"挡箭牌"》,《人民日报》2001 年 9 月 26 日。

定,凡在案发前退出的贿赂都属于主动上交,不予追究。但是有的金额已经超过了法律规定的额度,构成了犯罪,并且很有可能是查获更大犯罪的线索。这样就使执法执纪机构陷入是否行动的尴尬。宁波市政府法制局副局长陈德良就认为,"581"从某种程度上使纪委处于一种尴尬境地。因为在宁波市2000年一年的廉政账户入账款项中,有24笔超过了1万元,刑法规定受贿金额1万元以上者均要以受贿罪论处,这本来是受贿线索,但又不能去查。①

第三种是完全持批评态度,认为"廉政账户"不仅不能减少腐败,而且会助长腐败。这种意见有三个理由:①"廉政账户"助长了某些领导干部的侥幸心理。他们认为,接受贿赂后只将部分非法存入账户,不仅可以维持与贿赂人的良好关系,起码不驳他们的面子,而且在"出事"后也有了"挡箭牌",甚至能蒙混过关;②降低了对党员干部的律己标准。部分领导干部认为可以把违规收入存入廉政账户,不用当"黑脸",这实际上降低了对自身廉洁自律要求的标准;③容易败坏社会风气。部分为谋取不当利益的人在向领导干部送礼后,即使礼金存入廉政账户,但因没有被当面拒绝,而认为投资"到位",不仅不会制止可能违法行为,反倒还会从某种程度上助长了这种风气。

尽管争议纷纷,但是"廉政账户"并没有被取消,相反还吸收了一些批评意见进行了改进。对于纪检检查工作者来说,在当前贿赂行为泛滥的情况下,这还是一种可以利用并且能够取得效果(在他们看来,起码能帮助国家挽回一定的经济损失)的手段。宁波市在2002年1月发出了《关于进一步规范"581"廉政专用账户管理的通知》,提出四项改进措施:①扩大了受理范围,可直接接受各种外币、各种购物消费卡、银行储蓄卡、信用证和有价证券的缴交;②增加了受理的银行网点。由于在实践中发现缴款人往往喜欢到比较偏僻、不显眼的网点办理,于是受理范围扩大到个宁波市的201个工商行网点;③规定了上交的时限。在接收后一个月内上交的,视同上交组织;一个月后的根据性质而定;④提倡上交人使用真实姓名并及时上报组织。而浙江省纪委、省监察厅在2001开设"581"廉洁自

---

① 《浙江省纪委:廉政账户决非反腐主渠道》,《文汇报》2001年6月19日。

律专用账户时也强调了两个提倡,即提倡党员干部将礼金和有价证券上交所在单位,通过"581"专用账户上交的,提倡签署本人真实姓名。并且特别强调,"廉政账户"只是反腐败的一个尝试,绝不是反腐败的主渠道,也不应该是拒礼拒贿的主渠道。[1]

显然,对于目前带有明显制度化特征的腐败问题,简单地利用一种技术是无法解决根本性问题的。而且在实际操作过程中,"廉政账户"的合法性还需要进一步确认。在目前的法律框架下,纪律检查委员会是否有权设立这样一个账户值得商榷。而且最高法院和最高检察院对于受贿者在案发前上交给"廉政账户"的款项是否被认定为贿金还没有出台司法解释。而在司法实践中,贿金的去路是否影响定罪量刑,最高检察院和法院也没有达成一致的意见。"廉政账户"的出现,在一定程度上增加了打击贿赂犯罪的艰巨性和复杂性。由于这种问题的存在,2002年5月,福建省纪委发出通知,要求全省各地、各单位全部撤销才设立一年多的廉政账户,并在月底前将该账户内的款项全额移交同级财政。[2]

3. 秘密划票间:学习型的技术创新

选举是现代政治运行的重要程序。选举各环节的设计虽然是技术意义的,但是能对实质结果产生重要的、甚至根本性影响。村民选举中采用的"秘密划票间"虽然看起来是一个细微的技术设计,但提高了选举的公正性,为"农民撑起了表达自己真实意愿的保护屏障"。[3] 而"秘密划票间"的设立则是对国外选举经验学习的结果。

中国人对于现代选举,尤其是选举的各个技术性环节并不熟悉。这在某种程度上反映了中国的民主政治建设还没有实现从理念层次向实践和生活层次的有效转变。早在20世纪初,孙中山先生在护国运动失败后,反思

---

[1] 《浙江省纪委:廉政账户决非反腐主渠道》,《文汇报》2001年6月19日。

[2] 廉政账户制度在福建省推广以来,全省各地部分干部群众对此提出异议,主要认为廉政账户容易被少数公职人员当作"挡箭牌",助长他们蒙混过关的侥幸心理;同时,也降低了党员干部的自律标准。针对这些意见,福建省纪委对廉政账户一年来的执行情况进行调研后认为,廉政账户对促进领导干部廉洁自律工作起到了一定的作用。但是,从目前情况来看,这种做法法纪依据不足,且确实存在一定的负面影响(《福建省纪委:全省全部撤销已经设立的廉政账户》,《人民日报》2002年5月28日,第1版)。

[3] 詹成付:《秘密划票间:真实意愿的可靠屏障》,《乡镇论坛》1998年8月。

自己提倡的"民权"运动就痛感中国人缺乏民主生活习惯的弊端。他认为中国政治现代化运动中所缺少的不是建国的方略或大纲，而是孔子所说的"亦有可观"的小道。他认为要搞"民权"，第一步就要知道如何开会，如何表决，决议后如何执行。他在《民权初步》的序言中写道："中国人受集会之厉禁，数百年于兹，合群之天性殆失，是以集会之原则，集会之条理，集会之习惯，集会之经验，皆阒然无有，以一盘散沙之民众，忽而登彼于民国主人之位，宜乎其手足无措，不知所从。所谓集会则乌合而已。是中国之国民，今日实未能行民权之第一步也。"①

在改革之前的集体化时期，中国的农村中就存在选举这种形式。当时的生产大队和小队的干部基本上都是通过选举产生的。当然，这个时期的选举过程是相当简单的。最典型的方法是"黄豆"投票法，即用黄豆代表选票，几个碗来代表不同的候选人，投票者依次把手中的黄豆放在不同的碗里，以表示对该候选人的支持。然后根据每个碗中黄豆的多少决定谁当选。应该说，在当时的条件下，这种简单的方法是能够运行起来的。有两个主要理由：一是在集体化时代，农村内部基本上是一个整体。财产的集体所有，分配的集体控制，没有利益分化。由于制度和交通通信发展程度的限制，村民生活在一个"熟人社会"中，相互非常了解，能够对很多问题达成共识，在投票中几乎不存在无法选择的情况；二是当时的物质生活水平必然要求采用简单经济的方法。黄豆这种农村日常生产生活中的东西很容易得到，几乎没有成本。公开投票更容易达成一致意见，减少投票的环节，因为在众人注视之下，个人更愿意服从多数的选择。

20世纪70年代末"家庭联产承包责任制"的实行对农村治理结构产生的一个重要影响就是农村中生产生活主体从集体转化成农户个体，收入差异的产生造成了内部利益的分化，而利用集体化时期形成的治理结构把不断增多的利益整合起来，达成有效的集体行动变得日益困难。因此，在20世纪80年代初期，以广西宜山、罗城为代表的一些农村开始尝试建立村民委员会，来替代已经瓦解的生产队体制。这种强调村民自我管理的制度很快在全国范围内发展起来。村民可以通过选举自己信任的人员组成村民委

---

① 详见《孙中山全集》。

员会来管理村内部的各种事务。当然,在最初的当选者中多数是曾经在集体化时代担任村干部的人。虽然采用选举,但是各地的方法存在很大的差别,而且在整个 80 年代也没有一个专门的法律来规范选举。"黄豆"投票法在许多地方依然实行。

1988 年,全国人大通过了由民政部负责起草的《村民委员会组织法》(试行)。但是在整部 21 条的法律中,只有一条涉及选举问题(第九条),但也是一带而过,只提出"村民委员会主任、副主任和委员,由村民直接选举产生"。由此可见,即使当时的中央官员也对于如何选举、选举必备的要件等细节性要素缺乏了解。正是在这个时期,主管农村选举的民政部开始与国外有关机构有了更广泛的联系。1989 年 7 月,民政部成立了基层政权研究会,很快获得了福特基金会的资助。亚洲基金会、国际共和党研究所、卡特中心、联合国开发署和欧盟都对村民自治提供了支持。民政部的一些官员以及地方官员开始陆续到国外,尤其是西方访问或者学习[1],亲身体验了西方发达的选举过程,包括"秘密投票箱"在内的一些选举技术也引起了他们的注意。[2] 同时,西方学者和选举观察团也参加进来。他们带来了西方的许多经验,丰富了中国官员对选举的认识。

在 1990 年中央下发了"19 号"文件后,各地开始积极推动农村选举。在选举的过程中,一些问题开始出现并且直接妨碍了选举的自由、公正地进行。其中的一个突出问题是选民在投票的过程中缺乏必要的保护措施,很容易被外在的意志所左右。这些外在力量主要有以下几种。①上级政府党委。长期以来乡镇党委政府决定着村干部的任命。即使在实行选举后,一些地方的党委政府或者出于保留自己的权力,或者出于维持对村的控制等不同原因不愿意把权力交给村民。它们会通过工作组监督选举或者私下做村民思想工作等方法影响村民的独立投票;②家族、宗族势力。20 世纪 80 年代以来,虽然国家对社会控制的放松,家族和宗族势力开始重现。在

---

[1] Kevin J. O'Brien, Lianjiang Li, "Accommodating 'democracy' in a one-party state: Introducing village elections in China," *The China Quarterly*, No. 162 (June 2000), pp. 465 – 489.
[2] 笔者曾同长期负责村民选举的民政部官员王振耀谈起农村选举的情况。他认为,中国的民主建设缺乏必要的技术设计,尤其是一些细节问题往往被忽视。但有的时候正是这种细节决定了结果。他承认,"秘密投票间"就来自西方的经验。

有的村庄，这些势力为了控制村庄的管理权，会在选举时通过各种方式强迫本族的成员投家族或宗族代表的票；③具有经济实力或者其他社会影响力的村内"能人"。这些人希望通过掌握村庄的管理权来增加自己的自由力量。他们通常使用的方法是"贿选"和"暴力威胁"。除了这些力量外，农村中家庭成员、邻里关系等因素也在某些情况可以成为左右投票的因素。这些力量的出现反映了村庄内部利益的多样化。

与之相对应的是个体村民自我表现利益意识的加强。他们希望能够通过选举来表达自己的诉求，实现自己的利益。经济生活的提高、各种现代媒体的进入、"普法教育"的开展使许多村民有了现代意识、法律意识，他们更愿意自由独立地行使自己的选择权。"秘密划票间"的引入正适应了村民的这种要求，并在很大程度上保护了他们的政治权利。

关于"秘密划票间"是在何时何地被采用的并没有确切的说法。但肯定是从国外借鉴来的。据民政部负责村民选举的官员张明亮介绍，"秘密划票间"是卡特中心建议设立的。[①] 在 1995—1996 年的村民委员会换届选举中，甘肃、四川、湖南、江苏、江西、安徽、宁夏、河南等省的许多县在选举大会的中心会场和分会场、投票站都设立了秘密划票室或搭建了秘密划票间。当然，由于没有统一的法律规定，各地的做法不同，有的地方甚至不设秘密划票间。

为了进一步规范村民选举，在 1998 年全国人大常委会第三次会议修订《村民委员会组织法》的时候，国务院在提交的报告中，特别提出要设立秘密划票处。因此新的《村民委员会组织法》第 14 条明确规定："选举实行无记名投票、公开计票的方法，选举结果应当当场公布。选举时，设立秘密写票处。"此外，新的法律还对村民选举进行了详细的规定，涉及选举的条款有 6 条之多（从第 11 条到第 16 条），对选举前的准备，如何选举，如何罢免都进行了明确规定，从而形成了一个较为严密的选举"过程圈"。"秘密划票间"的制度化为正在发展中的农村民主建设提供了必要的技术保障。一些民政部的官员甚至认为，它是检验一个村的选举是否自由公正的

---

① 《村民自治与村级直选·张明亮与网友交流录》，《人民日报》2000 年 4 月 20 日。

重要标准。① 密尔认为，关于投票方法的最重要问题就是秘密或公开的问题。而在选举人还处于社会少数支配多数的强权时期，秘密的无记名投票是最具有说服力的。而在现代民主政治中，投票就是一种公民教育方式，是政治社会化的必要因素。而"秘密划票间"的出现不仅可以在技术上保护村民的选举权，而且也有助于使尊重他人的选举权成为习惯。

三 结论：地方治理改革与技术创新的制度化

这里分析的三项创新虽然都是技术性的，但也有一定的区别。电子政务和廉政账户并没有成为程序性改革的一部分，而秘密划票间则已经是村民选举程序中重要一环。它的设立，为选民的自由投票提供了必要的物质保障。而从技术被采用的角度看，电子政务属于适应型创新，廉政账户属于应用型创新，秘密划票间属于学习型创新。由于类型的不同，决定三者成功的基本因素组合也不同。

从这里分析的案例来看，作为适应型创新的电子政务成功需要的因素是：政府对外部技术环境和社会经济要求的回应能力，这集中体现为主要官员的创新意愿和能力；把私人部门技术转化为公共部门技术的能力，集中体现为政府的财政能力；以及掌握技术的难易程度。作为应用型创新的廉政账户需要的因素是：问题的紧迫性；技术本身难易程度和合理性；技术应用的合法性，集中体现为上级政府的支持；作为学习型创新的秘密划票间则需要：成熟的外部经验；问题的紧迫性以及创新产生的良好社会效果。当然，对三类创新来说，另外两个共同因素也是关键的，即政府对技术使用的资源支持能力和上级权威的认同。这里分析的电子政务和秘密划票间虽然是地方治理改革的一部分，但其实行在很大程度上来自上级权威的推动。而各地财政能力的不同也对电子政务的技术水平产生了重要影响。即便是由地方倡议的廉政账户，在实行之后，宁波市也在积极寻求浙江省和中央有关机构的支持。

对于任何一项创新来说，其效果能否充分实现有赖于能否被维持下来并推广开来。这里分析的三个案例都在这方面取得了一定的结果。电子政

---

① 笔者于 2000 年同王振耀的讨论。

务正在陆续被各级地方政府采用；廉政账户从宁波推广到江西、江苏、黑龙江等地；秘密划票间被写入了《村民委员会组织法》，成为全国性的制度。对于一项创新来说，能够在产生后被维持下来并制度化是相当关键的。这样创新的效果才有可能被充分发挥出来，并对制度结构产生影响。

就中国的地方治理改革而言，"全能主义"的政治结构依然存在深刻的影响和制约，地方倡议的创新通常都必须得到上级或中央权威的认可（默认或者公开），只有这样才能为地方创新者提供心理上的安全感和继续创新的动力。然而，我们的研究也发现来自当地社会的要求和压力正在成为一种越来越强大的力量，迫使地方政府改革自己，甚至在某些情况下为了解决面对的问题而寻求变通的方法，来回避上级设置的某些过时的制度障碍。当然这增加了地方创新的成本。而且各地为了解决问题也在主动进行相互交流，借鉴学习，廉政账户的案例就生动说明了这点。从这个意义来说，中国地方还需要得到更多的自主空间、行动自由以及更广的信息渠道。而这涉及整个治理结构的改革，需要中央与地方、地方之间以及政府与社会之间形成更有效的支持性互动。

应该认识到，在地方治理改革中，技术始终是一个手段，建立良好的制度才是地方治理改革的根本目的。只有实现治理改革的制度化，才能最有效地发挥技术的作用。否则我们依然会看到政府网站的"衙门化"、廉政账户成为腐败分子推卸罪行的"借口"，或者选举中有意不设秘密划票间等现象的出现。而治理本身又是以参与和加强社会、个人的能力为最终目标的。如果脱离这些目标，治理就很容易陷入传统统治调整的恶性循环。

第五章

地方治理中的国际因素[①]

改革开放使得中国与世界的关系发生了历史性变化。[②] 在这个过程中，地方的国际化水平也在提升，[③] 通过人员流动、经济联系、信息传播等多种方式与世界不断扩大和加深联系，形成了开放的地方治理状态。来自国外的利益、制度和知识信息等多种因素通过各种渠道影响或者直接参与到中国地方治理过程中，并且成为推动地方治理创新产生和持续的重要变量。本章对地方治理创新概念作了狭义化处理，提出地方治理创新是指地方党政机构为了解决当地经济社会发展中的问题，而采取的具有治理取向的新机制、新方法、新手段。[④]

本章将在国内国际互动研究的基础上，借助合法化理论，分析国际因素在地方治理过程中实现"内化"（即被地方党政机构接受、承认乃至实

[①] 本章主要内容曾以"论国际因素的合法化机制"为题发表在《世界经济与政治》2014年第9期。

[②] 胡锦涛：《高举中国特色社会主义伟大旗帜为夺取全面建设小康社会新胜利而奋斗——在中国共产党十七次全国代表大会上的报告》，人民出版社，2007。

[③] 近年来，中国决定加快沿边开放，以深化对外开放的区域性。中国与14个国家毗邻，沿边139个县级行政区，国土面积约200万平方公里。汪洋：《构建开放型经济新体制》，载《〈中共中央关于全面深化改革若干重大问题的决定〉辅导读本》，人民出版社，2013，第45页。

[④] 关于治理的定义参见克里斯蒂纳·阿尔恩特、查尔斯·欧曼著，杨永恒译《政府治理指标》，清华大学出版社，2007；俞可平主编《国家治理评估——中国与世界》，中央编译出版社，2009。

践）的机制。在中国的制度背景下，国际因素的内化过程就是被赋予合法性的过程。中国在不断扩大和深化对外开放的同时，在制度上依然强调中国特色社会主义的特征，一些来自西方社会的国际因素被地方党政机构接受，必须通过获得合法性进行政治脱敏，脱掉西方色彩并增加可共享性。利益、制度、信息是国际因素的基本形式，[1] 跨国利益集团、国际制度、国际组织、非政府组织、知识群体等都是国际因素的具体体现。[2] 每种因素最终获得合法性是中央权威、地方政府以及社会力量共同作用的结果。

一 国内国际互动的双向合法化

　　国内政治与国际政治存在联系，这虽然是一个常识，但并未受到足够的理论重视。国际关系学者在这方面的探索为这个问题的理论化做出了突出的贡献。冷战后期，随着意识形态对抗的弱化、不同性质的国家间联系的发展，一些学者开始关注国内—国际互动问题。国际政治经济学（IPE）首先将其作为研究中的一个重要命题，[3] 之后，国际关系中的其他流派尤其是社会建构主义，不断深化对这个问题的研究。

　　彼得·古雷维奇指出国家的行为并非独立进行的，还受到国际体系的影响，国际体系从经济关系到军事压力都制约着从国内决策到政治形态等一系列国内行为。[4] 在他看来，国际关系与国内政治如此紧密地联系在一起，因此应该作为整体对其进行分析。在这篇开创性的文章中，古雷维奇提出四类影响国内行为的因素：国家体系、国际经济、观念和意识形态。为了更好地从动态角度分析国内—国际的互动关系，罗伯特·帕特南提出了一个"双层博弈"分析路向。在他看来，外交达成的协议要通过两个层次的博弈在国内发挥影响。第一个层次是各国代表之间的博

---

[1] Helen V. Milner, *Interests, Institutions, and Information: Domestic Politics and International Relations*, Princeton University Press, 1997.

[2] Thomas Risse Kappen, eds., *Bringing Transnational Relations Back in: Non-State Actors, Domestic Structure and International Institutions*, Cambridge: Cambridge University Press, 1995.

[3] Jeffry Frieden and Lisa Martin, "International Political Economy: Global and Domestic Interactions," in Ira Katznelson and Helen V. Milner, eds., *Political Science: The State of the Discipline*, New York: W. W. Norton, 2003.

[4] Peter Gourevitch, "The Second Image Reversed: The International Sources of Domestic Politics," *International Organization*, Vol. 32, No. 4, 1978, pp. 881–911.

弈，第二个层次是各国代表将外交达成的协议带回国内与国内民众讨论，以获得"确认"。这两个层次的博弈既可能是先后进行的，也可能是同步进行的。[1]

冷战结束后，特别是随着全球化进程的加速，各国之间的联系更加广泛、深入，国内政治与国际政治的边界被打破，成为不可分割的整体。[2] 更多的学者意识到，不清楚国内经济与世界经济之间的联系以及这些联系的变化，就难以理解国内政治。[3] 他们对于全球化带来的国际影响的方式和结果展开了热烈讨论。[4] 在杰弗里·弗里登（Jeffry Frieden）和莉萨·马丁（Lisa Martin）看来，国内—国际互动的核心问题是国内制度和利益对国际互动的影响以及国际制度、利益对于国内关系的影响。[5] 在方法论上，国内—国际互动研究不再将国家视为单一的理性行为体，而是可以分解的单位，进而讨论国内不同群体、制度受到的国际影响及其对于国家的国际行为的影响。[6]

国内—国际互动是在两个层次展开的。在国际层面上，国家作为整体与多元化的国际主体进行互动；在国内层面上，多样的国际因素与国内多元主体之间产生互动。这两个层面的互动过程都涉及合法性。合法性这一概念有着多种定义，但是基本可以归纳为"国家存在的正当性[7]，"正当性

---

[1] Robert D. Putnam, "Diplomacy and Domestic Politics: The Logic of Two-Level Games," *International Organization*, Vol. 42, No. 3, 1988, pp. 427–460.

[2] Peter J. Katzenstein, et al., "International Organization and the Study of World Politics," *International Organization*, Vol. 52, No. 3, 1998, p. 1670.

[3] Helen V. Milner and Robert O. Keohane, "Internationalization and Domestic Politics: AnIntroduction," in Helen V. Milner and Robert O. Keohane, eds., *Internationalization and Domestic Politics*, Cambridge University Press, 1996, p. 3.

[4] Xun Cao, "Global Networksand Domestic PolicyConvergence: A Network Explanation of Policy Changes," *World Politics*, Vol. 64, No. 3, 2012, pp. 375–425.

[5] Jeffry Frieden and Lisa Martin, "International Political Economy: Global and Domestic Interactions," in Ira Katznelson and Helen V. Milner, eds., *Political Science: The State of The Discipline*, p. 120.

[6] Helen Milner, "Rationalizing Politics: The Emerging Synthesis of International, American, and Comparative Politics," *International Organization*, Vol. 52, No. 4, 1998, p. 769；关于这些研究的进展，参见李巍、王勇《国际关系研究层次的回落》，《国际政治科学》2006年第3期，第112~142页。

[7] John H. Schaar, "Legitimacy in the Modern State," in William Connolly, eds., *Legitimacy and the State*, Oxford: Baisil Blackwell Publisher, 1984, p. 108.

不仅来自某种理念,还来自国家服从自己制定的规则,国家的法律和政策符合社会价值判断以及社会成员对国家行为的认同等具体行为。[1] 从广义上说,合法化对象并不局限为国家或者主权政府,还包括了各级地方政府、领导人、政策等不同的政治实体。[2] 在国际层面上,国家要通过服从国际规则、承认国际价值、参与国际行动、承担国际责任等多种方式获得国际社会的承认,而这些国际活动会影响国家与国内社会的关系,对国家在具体政策领域的合法性产生影响。

国际因素进入国内社会,被承认、接受乃至实践的过程,也是其获得合法性的过程。国家权威的允许或默认,社会其他主体的承认或赞同都是其合法性的来源。[3] 研究显示,许多国家,尤其是那些国际体系的新参与者以及综合实力较弱的国家,更愿意通过参与国际社会活动获得更多的认可和支持,因此其国内政治受到国际因素的影响更加明显。[4] 当然,国际因素也会对国家权威的合法性提出挑战。[5]

建构主义对于国际因素如何在国家内部取得合法地位进行了更为深入的探讨,主要分为两种分析路径。第一种是从合法化过程来分析国际因素借助怎样的机制,通过哪些环节来被国内社会尤其是国内权威接受的。乔·佩沃豪斯认为,国际组织可以通过施加压力、利用国家成为其成员后的承诺以及社会化过程三种机制对国内问题产生影响。[6] 安德鲁·考泰尔和詹姆斯·戴维斯把国际制度影响国内政治的过程分为三个阶段:第一阶段是国际制度在国内政治话语中出现;第二阶段是影响国家制度,比如根据国际制度对国内制度进行的修正;第三阶段是国家根据国际制度的要求对

---

[1] David Beetham, *The Legitimation of Power*, London: Macmillan, 1991, pp. 15 – 16.
[2] Lynn T. White, "Introduction—Dimensions of Legitimacy," in Lynn White, eds., *Legitimacy: Ambiguities of Political Success or Failure in East and Southeast Asia*, Singapore: World Scientific Publishing Co., 2005, p. 2.
[3] 苏长和:《世界中的中国与中国中的世界——多边国际制度对中国的影响》,载陈志敏、崔大伟主编《国际政治经济学与中国的全球化》,三联书店,2006,第121~139页。
[4] 田野:《国际制度对国内政治的影响机制:来自理性选择制度主义的解释》,《世界经济与政治》2011年第1期,第135~155页。
[5] 江忆恩:《中国参与国际体制的思考》,《世界经济与政治》1999年第7期,第4~10页。
[6] Jon C. Pevehouse, "Democracy from the Outside-In? International Organizations and Democratization," *International Organization*, Vol. 56, No. 3, 2002, pp. 515 – 549.

相关政策进行调整。① 第二种是从合法化所需的结构性要素来分析国际因素需要借助哪些因素才能取得合法性。托马斯·卡彭等人的研究发现，国家与社会的关系会对跨国行为体和跨国联盟的国内影响起到制约作用。② 玛莎·芬尼莫尔认为国际规范会通过国家的接受和承认进入国内，但要通过具体的实践才能实现内化。③ 安德鲁·考泰尔和詹姆斯·戴维斯在研究中指出，文化匹配程度、话语、国内利益集团以及社会化力量等因素会制约国际制度的国内影响程度。④

实际上，任何一种国际因素被对象国的政治权威和社会成员所接受，不仅需要国际因素自身或者其代理人（比如国际组织）寻找合适的渠道和方式，更是多种因素共同作用的结果，而国内因素和相关机制发挥的作用尤其值得深入探讨。这有助于在理论上解决国家决策的内部"黑箱"问题。对于那些长期被排斥在西方主导的国际体系之外和边缘的国家来说，国内社会政治关系对于国际因素的进入和接受起到制约乃至决定性作用。本章倾向于将上述两种分析路径结合在一起，通过对具体合法化机制的分析，展现出合法化过程与合法化要素的互动关系。

二 国际因素介入地方治理的合法性机制

在国内复杂多样的社会政治关系中，地方是重要的因素之一。地方既是国际社会中的活跃主体，⑤ 也是国际因素与国内其他因素产生互动关系的具体场所。虽然作为国家内部的次级单位，地方与国际因素的互动是在国家权威设置的意识形态和制度框架下进行的，但是在全球化条件下，随着国家的分权和解除管制，地方的自主性也在不断提高，这为国际因素进入地方治理过程提供了有利条件。

---

① Andrew P. Cortell and James W. Davis, "Understanding the Domestic Impact of International Norms: A Research Agenda," *International Studies Review*, Vol. 2, No. 1, 2000, pp. 65–87.
② Thomas Risse Kappen, eds., *Bringing Transnational Relations Back in: Non-State Actors, Domestic Structure and International Institutions*, 1995.
③ Martha Finnemore, *National Interests in International Society*, Ithaca: Cornell University Press, 1996.
④ Andrew P. Cortell and James W. Davis, "Understanding the Domestic Impact of International Norms: A Research Agenda," pp. 65–87.
⑤ 陈志敏：《次国家政府与对外事务》，长征出版社，2001。

地方的重要性日益受到重视。一些学者开始研究经济领域中地方与国际社会的互动以及地方如何在国家外交中发挥作用。① 但总体而言，国际关系研究的重点是"高政治"，主要的研究单位还是国家，并着重研究国际制度如何影响国家层面的制度、政策以及中国如何参与国际制度、规则的修改和制定。② 近年来兴起的地方治理创新研究虽然也看到了国际因素的影响，但基本上是将其作为创新发生的背景条件来处理的，并没有将其作为创新过程中的内在因素进行分析。这体现在两个方面：一是没有对国际因素进行分类，多以全球化、经济对外开放度、地方官员的开明态度等一般性描述加以概括；二是即便重视不同地区的开放度对于治理创新的影响，也没有进一步探讨哪些具体因素发挥了作用，它们的影响程度有何差别。③

国际因素介入地方治理，不单单是文化意义上的"本土化"过程，首先应是一个得到其他社会主体，尤其是政治权威同意、承认或者默许的合法化过程。来自外部的国际因素需要通过影响偏好、传授价值观、塑造利益、约束行为来获得主权国家的承认，④ 至于国际因素对于地方治理的介入，则有更复杂的机制。

中国的改革开放为国际因素介入地方治理提供了基本的前提：一方面，中国对于国际社会的开放度越来越大，这导致了大量国际制度、规则、价值等被中国接受并实践，⑤ 另一方面，中国参与国际活动更加主动、领域更加广泛、主体更加多样。⑥ 这两种变化与市场经济发展所推动的国家与社会关系的转变同步进行、相互影响，形成复杂的国内—国际相互转型。⑦ 这种

---

① 陈志敏：《沿海省份与中国外交政策》，载郝雨凡、林甦主编《中国外交决策：开放与多元的社会因素分析》，社会科学文献出版社，2006，第246~267页；陈志敏：《国际关系的次国家层面：地方政府与东亚合作》，载陈玉刚、袁建华主编《超越威斯特伐利亚》，时事出版社，2004，第243~266页。
② 关于中国的"国际社会化"研究，参见谢喆平《国际社会化》，载景跃进、张小劲、余逊达主编《理解中国政治——关键词的方法》，中国社会科学出版社，2011，第297~308页。
③ 相关文献参见俞可平主编《政府创新的中国经验：基于"中国地方政府创新奖"的研究》，中央编译出版社，2010。
④ Martha Finnemore, *National Interests in International Society*, 1996.
⑤ 江忆恩：《中国参与国际体制的思考》，载《世界经济与政治》1999年第7期，第4~10页。
⑥ 陈志敏、崔大伟主编《国际政治经济学与中国的全球化》，上海三联书店，2006。
⑦ 苏长和：《国内—国际相互转型的政治经济学——兼论中国国内变迁与国际体系的关系（1978~2007）》，《世界经济与政治》2007年第11期，第6~13页。

转变的国内-国际互动的场所不仅停留在国家层面,也扩展到地方和社会层面,让更多的主体参与进来。

在中国,国际因素的合法化首先要取得中央权威的承认。一方面,中国在社会政治制度和意识形态上坚持社会主义特征,① 这使得许多国际因素必须"去资本主义化""去西方化",通过这种政治脱敏,才能更容易进入中国的官方话语讨论、政策制定以及制度建设过程之中。另一方面,中国的体制具有很强的集中化特征,地方的对外交往受到上级尤其是中央较为严格的控制,使得进入地方治理过程中的国际因素是有限制的、有选择的。

因此,获得上级尤其是中央权威的同意、承认或默认无疑是国际因素介入地方治理合法化的首要机制。这种自上而下的合法化的垂直机制通常有三种形式:一是意识形态上禁令的解除;二是国家法律、政策的允许或提倡;三是中央领导人的肯定、重视或倡议。然而,国际因素是多样而具体的,并且由于国家对意识形态和其他领域管理原则和方式的调整以及领导人个人观念、行为的差别,当许多国际因素无法从国家层面直接找到合法性依据时,需要其他的合法性来源,而拥有较大自由裁量权的地方官员和话语权不断增强的社会群体是合法性的另外两个来源。

在中国现有体制下,地方的自主性主要是通过地方官员在本地决策以及执行上级政策中的决定性作用体现出来的。因此,如果国际因素能够获得地方官员的认可和支持,就容易直接参与到地方治理过程中。这是国际因素的地方合法化机制。主要官员的国际化素质(比如思想观念的开明程度、对国际因素的了解程度、认可程度以及对国际因素的判断能力等)会影响到地方决策过程的对外开放程度。② 他们会根据本地的实际情况,来为国际因素的介入创造条件。这种地方合法化机制主要体现在三个方面:一是领导人出于加快本地经济社会发展或者改善地方形象的考虑,对于国际因素持开放的态度;二是为了解决当地的实际问题或者应对危机,在内部

---

① 楚树龙:《世界与中国、中国与世界:过去 30 年,未来 30 年》,《现代国际关系》2008 年第 9 期,第 15~17 页。
② 杨雪冬:《过去 10 年的中国地方政府改革:基于中国地方政府创新奖的评价》,《公共管理学报》2011 年第 1 期,第 81~93 页。

资源不足的情况下,将国际因素纳入考虑范围并给予重视;三是对国家政策关于国际因素的规定给予地方化的理解,或者在具体执行过程中采取更为宽松的态度。地方合法化机制深受主要官员个人行为的影响,所以带有很强的不确定性。一些地方官员会出于个人原因,为国际因素的介入设置各种障碍,甚至不顾国家的意图和倡导。

随着对外部世界了解的深入,社会公众的国际化水平也在提高。他们对于国际因素的态度和行动成为国际因素合法化的另一种机制。从本质上说,获得社会公众的承认,更接近现代意义的合法化。但是社会是多元化的,因此社会的合法化是通过社会群体的行为实现的。这种社会合法化机制通常是通过三种方式发挥作用的:一是社会公众对于国际因素的态度、认知的普遍性变化,为国际因素的介入提供了观念和舆论的支持;二是具有更高国际化水平的社会群体或者社会组织成为某种国际因素的积极倡导者,通过他们的努力,说服其他社会成员及地方政府认可这种国际因素;三是社会公众的抗议行为也会成为某些国际因素公开介入地方治理过程的正当依据。在推动国际因素合法化的社会力量中,许多活跃的社会组织和社会舆论平台并不是本地产生的,而是来自其他地方的,并且能够形成有力的社会组织网络。随着互联网的发展,社会合法化机制的网络化特点更加明显。

比较而言,国家(垂直)的合法化机制在权威上要高于地方和社会的合法化机制。这也是许多地方治理创新积极寻求上级尤其是中央公开支持的重要原因。但在地方治理中,大量的问题都是政策执行层面上的,政治性较弱,所以地方和社会的合法化机制发挥作用的机会更多。而地方合法化机制直接由地方政府掌握,所以发挥作用的场合更多,并且也会积极寻求获得国家(垂直)合法化机制和社会合法化机制的支持,至少要减少后两者的制约。而社会合法化机制,也随着社会开放度的提高和公共参与的扩大,不断提高着影响力(见表5-1)。

在地方治理过程中,海外资本、国际制度和治理的知识可以视为利益、制度和知识这三种国际因素的典型代表。海外资本是各地方为追求经济增长而竞相追逐的对象,因为其除了会带来经济利益外,还是地方开放度的象征。海外资本投资在改革开放之初就获得了国家在意识形态上的初步认

表 5-1 三种合法化机制

合法化机制	表现形式
国家（垂直）合法化机制	意识形态包容
	制度和政策上的承认
	领导人的肯定或建议
地方合法化机制	官员的开放态度
	国际因素成为解决地方问题的资源
	政策执行的宽松或变通
社会合法化机制	被社会公众接受
	被特定社会群体或组织倡导
	通过社会抗议争取

可，并且逐渐得到了国家政策法律的保障，在地方实践中享受大量的政策优惠。只是由于国家转变经济增长方式的战略调整以及社会公众权利意识和生态意识的增强，其优越地位才受到质疑。

国际制度包括规则和组织两种形式，是中国与国际社会发生联系的重要渠道和平台，许多国际制度还具有资源集聚和提供的功能，可为地方发展提供智力、财政、国际舞台等支援。[1] 从中央到地方，对联合国体系下的各类国际组织给予很多的信任，[2] 而对大量国外非政府组织的态度和做法存在较大的差别，这种差别还体现在不同的政府部门之间。[3] 比较而言，非政府组织从社会公众那里获得的认同度更高。[4]

治理的知识是一个复杂的集合，既包括治理的理念，也包括治理的方法和技术以及不同的制度实现形式。总体而言，治理知识的重要性得到了国家、地方、社会的基本认同，并且这些知识越具有可模仿性和可操作性，

---

[1] 陈志敏：《全球多层治理中地方政府与国际组织的相互关系研究》，《国际观察》2008年第6期，第13~14页。

[2] 谢喆平：《中国与联合国教科文组织的关系演进：关于国际组织对会员国影响的一项经验研究》，教育科学出版社，2010。

[3] 朱健刚：《国际NGO与中国地方治理创新：以珠三角为例》，《开放时代》2007年第5期，第34~49页。

[4] Michael M. Gunter, Jr. and Ariane C. Rosen, "Two-Level Games of International Environmental NGOs in China," *William & Mary Policy Review*, Vol. 3, No. 1, 2012, pp. 270-294.

就越容易被广泛接受。但是中央权威对于其中的一些内容持谨慎甚至反对的态度。因此中央、地方和社会公众之间在治理理念上的接受程度和方式上有时会有差异。

任何一种国际因素要成功地介入地方治理并在其中发挥作用，不能只依赖一种合法化机制，必须依赖不同合法化机制的组合，这是由地方治理的多元主体特点决定的。针对三种形式的国际因素，本书提出了合法化机制的三种组合类型。

第一种是针对利益介入的"允许—回应"型。利益的介入主要依靠的是国家（垂直）合法化机制和地方合法化机制的组合。以国际资本为代表的利益必须获得权威的许可，才可以落地投资，而它们的利益诉求也主要由政府权威给予回应和解决。对于广大社会公众来说，他们受到外商投资的影响是多样的，并且一些群体受到的影响是负面的。

第二种是针对制度介入的"接受—实践—参与"型。制度的介入主要依靠的是国家（垂直）合法化机制、地方合法化机制以及社会合法化机制三者的协调。国际制度、国际规则以及其他国家构建的制度只有获得国家权威的同意，才可能在国内得到实践和运行。在地方层面的实践，需要符合当地的实际情况和需求，并且能得到本地组织化支持，或者能够为社会公众提供参与的机会和相关的利益，才能取得地方和社会的支持。[1]

第三种是针对信息介入的"共同学习"型。信息的介入主要依靠地方合法化机制和社会合法化机制的组合。来自国际社会的信息是水平传播的，虽然受国家权威的限制，但地方官员和社会公众有更大的自由度和自主性来了解和运用这些信息，并且这些信息会在地方实践和社会公众参与的过程中得到分享。有的还会进一步理论化，以与国家的意识形态或者制度形成更好地对接，并获得后者的确认，从而获得国家赋予的合法性。

三 对三个案例的比较研究

本章将通过三个案例来分析不同类型国际因素介入地方治理的过程，

---

[1] 马秋莎：《全球化、国际非政府组织与中国民间组织的发展》，《开放时代》2006 年第 2 期，第 119～138 页；朱健刚、景燕春：《国际慈善组织的嵌入：以狮子会为例》，《中山大学学报》2013 年第 4 期，第 118～132 页。

借以讨论三种合法化机制的具体运行方式及其相互关系。第一个案例讨论外商投资如何影响中国行政审批制度改革。第二个案例讨论立法听证作为一种国际立法惯例如何被写入《立法法》并在地方立法中进行实践。第三个案例讨论杭州市为什么能够较好地学习国际经验，推行"政府绩效评估"。

1. 外商投资与行政审批改革

对于中国来说，改革开放的目的之一，就是利用外国的资金、技术和管理经验来弥补本国相应资源的不足以实现更快的发展。[①] 国家在意识形态上率先解除了对招商引资的禁忌，并不断在吸引投资方面加大制度创新。1993年中纪委和监察部合署办公后，明确提出了"效能监察"，[②] 而对行政审批的监督成为效能监察的重点之一。

为了尽快加入WTO，中央政府更加积极主动地推动行政审批制度改革。1997年，中共十五大在谈到政府职能转变的时候，开始把"服务"作为改革的目标，各地加快了行政服务改革，陆续建立了各个层级的行政服务中心。加入WTO后，推动行政审批制度改革，成为国家的一个国际承诺。2003年《行政许可法》的通过，为地方政府在审批制度改革上发挥主动性提供了法律支持。[③] 随着改革开放的深入，尤其是中央与地方事权关系的调整，行政审批制度改革成为转变政府职能的突破口。中央提出要最大限度地取消和下放行政审批权。[④]

1993年《中共中央关于建设社会主义市场经济体制若干问题的决定》出台，中央与地方的分税制改革开始实施，地方之间在吸引外商投资方面的竞争开始出现。行政审批改革也随之成为地方政府之间在投资环境和政策优惠条件方面竞争的重要内容。国家的推动以及本地的发展需要相互作用，成为地方政府加快行政审批改革的重要动力。

以江苏省无锡市锡山区为例。2001年锡山区成立时，整个中国都在为加入世界贸易组织做准备。区政府抓的首要工作就是改善外商投资环境并

---

① 《邓小平文选》第2卷，人民出版社，1994，第91页。
② 何勇：《努力做好效能监察工作》，《中国监察》2000年第6期，第6~9页。
③ 朱维究：《行政许可法的实施与行政审批改革》，《国家行政学院学报》2004年第3期，第26~29页。
④ 李克强：《在地方政府职能转变和机构改革工作电视电话会议上的讲话》，《人民日报》2013年11月8日。

加快招商步伐。① 2002年2月，区政府出台的《关于鼓励加快发展开放型经济的若干意见》，与其说是一个加快发展开放型经济的文件，不如说是一个关于如何招商引资的文件。该文件详细规定了如何吸引外商投资，如何对招商工作给予奖励和惩罚。当然，对于乡镇来说，更重要的激励机制是把引进外资工作列为各镇"一把手"工程，作为考核工作和任用干部的重要依据。2002年9月，区政府又出台了约束政府各职能部门行为的文件——《关于进一步优化外商投资软环境的意见》，提出优化投资环境是全区各级各部门共同的目标和责任，并提出制定《关于对损害经济发展软环境行为实行责任追究的暂行规定》。为规范各个职能部门的行为，区政府要求区外经贸局和区监察局共同负责对职能部门的行为进行监督和考评。

为了与其他地区竞争，锡山区政府还不断调整和改进招商方式、手段，以突出自身的优势，吸引更多的投资。当地政府提出专业招商与全民招商相结合，形成"人人都是投资环境，人人都来招商引资"的局面，招商引资的重心也从主要吸引外资转向内资与外资并重。特别是2002年以来，当地政府把广东、福建、浙江的资本作为吸引的重点。② 为了进一步加强招商工作的组织，2006年锡山区撤销区招商中心，成立招商局，区招商局为区政府直属事业单位。各镇在招商办公室的基础上，成立招商分局（或招商部），由区招商局实行业务归口管理，招商分局负责人享受镇政府机关中层正职待遇。为了避免辖区内机构在招商工作中的恶性竞争，锡山区政府在组织招商活动时，对涉及的部门和镇在招商地点、产业重点等方面给予明确划分，并要求招商人员相互配合，优势互补。特别梳理了锡山开发区与各镇之间的关系，推动各方的合作。比如要求各方"联动招商"，共享招商收益分配。凡为开发区招商引资的镇和单位，经开发区确认后，除享受开发区各项优惠政策外，在统计考核、税费解缴、引资奖励等方面视同在本镇、本单位举办的三资企业。开发区在各镇的项目的统计口径可计算到镇。

---

① 关于无锡案例的详细分析，参见杨雪冬《市场经济、压力型体制与地方政治变化的逻辑：基于三个地方过去10年发展经历的分析》，载于白钢、史为民主编《中国公共政策分析（2010年卷）》，中国社会科学出版社，2010。

② 卢佳：《构筑锡山台资高低的实践与思考》，《锡山区工作研究》2005年第14期，第15~20页。

锡山区的经验是 21 世纪以来中国地方政府为吸引外商投资,加快审批制度改革,改善本地行政运行方式的缩影。许多地方将招商引资列为首要工作,成立招商局,制定招商激励制度,打造"招商、亲商、安商、富商"政府。① 一方面,各地政府通过建立经济开发区、产业园区等方式减少行政层级的约束,积极争取上级政府下放更多的审批项目,获得更大的审批权力;另一方面,各地政府创造性地制定本地政策,运用网络技术优化审批流程,② 创新招商方式,以给外商投资者提供法律之外的更多政策优惠和服务,赢得投资者的青睐。

　　由于对资本的需要,投资领域的审批效率无疑是政府各职能履行效率中提高最明显的。这种效率的提升主要来自三个方面:一是按照法律和上级政府颁布的政策法规采取的行政审批环节的减少,这是法定的行为;二是在法律、政策没有明确禁止的领域进行的地方性探索,比如合并审批事项和环节、联合审批、模拟审批等;三是对于重点投资采取领导人专人负责的方式,提供现场办公等"保姆式"服务为外资提供"绿色通道"。各地建立的行政服务中心成为推动各种形式的行政审批改革的组织化力量。③

　　外商投资的活动也从经济领域扩大到地方治理领域。它们主要通过三种形式参与地方治理:一是依据自己在促进当地经济增长中的地位,争取更好的投资环境和优惠政策;二是投资者或者投资企业的管理者以成为政府顾问、当选地方政协委员等方式,参与地方的决策过程;三是参与当地的社会生活,比如提供慈善捐款、参与社区建设等。外资的进入也把来源地的生活方式、文化习俗、社会组织等带到投资地,丰富了地方的国际化内容,也在一些大中城市产生了如何将大规模的外国人纳入地方管理,融入当地社会的新问题。④

　　由于投资的来源不同,接受地政府也在强化与资本来源国或地区的关

---

① 本刊记者:《招商、亲商、安商、富商——访阜阳市政府孙云飞市长》,《中国对外贸易》2006 年第 7 期,第 56~58 页。
② 包雅钧:《从天津市南开区"超时默许"机制看行政审批创新》,载俞可平主编《中国地方政府创新案例研究报告(2005~2006)》,北京大学出版社,2007,第 36~45 页。
③ 朱新力、黄玉寅:《"行政服务中心"模式的实践、正当性与时代出路》,《浙江社会科学》2013 年第 5 期,第 145~153 页。
④ 华峰:《国际化社区的出现与应对》,《学海》2013 年第 1 期,第 40~45 页。

系，形成了地区间的外部联系方向和重点的差异。比如广东、福建与台湾有着密切联系，山东、辽宁等省份因为韩资、日资企业众多而与韩国、日本有着密切联系。随着外资投资自由度的不断提升，各地都通过多种方式来扩大本地的国际联系网络，争取更多的外商投资。江苏在20世纪90年代末期，依据台资"西进北移"趋势，加强对台资的吸引，做到"月月有团去台湾"。进入21世纪后，其则将引资的战略重心转向"重攻日韩，拓展欧美"，不仅在日韩举办不同形式和规模的招商活动，并且在美国、英国、日本、德国、法国、新加坡等多个国家和地区派驻了招商代表。山东省建立了中日韩新的城市经贸合作交流机制，创立了"山东—韩国城市经贸合作联合委员会"，发挥山东驻日韩代表机构、"山东—日本经贸交流中心"和"山东—韩国经贸交流中心"的作用。①

当然，外商投资只是推动地方行政审批制度改革的力量之一，并且其影响力存在明显的地区差别。比较而言，东南部沿海地区的外商投资规模更大，外商投资对当地治理的影响也更大。但是随着一些外资向中西部转移，这对当地的治理必然会产生较大的影响。② 一些地方政府为了争取外商投资，也会放松环境、劳动力保护等方面的管制，偏袒外商投资，造成不同类型资本之间的不公平待遇、环境污染、劳动者权利保护缺失等问题，导致当地社会的抗议和反对；一些地方政府将招商引资作为"政绩工程"，形成地方之间、政府部门之间的恶性竞争，③ 这些也影响到地方治理的改进。

2. 立法听证的地方实践④

"听证会"是二战之后在西方国家开始广泛实行的立法环节，目标是让利益相关者通过听证会参与到立法和重大政策制定过程之中，提高法律政

---

① 查志强：《招商引资竞争激烈，浙江怎么办？——江苏、山东招商引资模式创新的启示》，《浙江经济》2006年第1期，第38~40页。
② 钟培武：《产业转移与中部地区招商引资模式转换分析》，《河南社会科学》2008年第6期，第156~159页。
③ 王洛忠、刘京发：《招商引资过程中地方政府行为失范及其治理》，《中国行政管理》2007年第2期，第72~75页。
④ 本部分主要依据杨雪冬的文章《制度移植与本土实践：以立法听证的演进为例》改写。参见杨雪冬《制度移植与本土实践：以立法听证的演进为例》，《华中师范大学学报》2005年第6期，第29~37页。

策制定的科学化和民主化。① 在中国,从 20 世纪 80 年代以来,如何提高决策的科学化、民主化就一直是政治体制改革的重点之一。② 进入 20 世纪 90 年代以后,建立和完善决策科学化、民主化的机制和制度在党的重要文件以及历届国务院政府工作报告中被反复强调。1997 年,党的第十五次全国代表大会工作报告明确提出建设"社会主义法治国家","加强立法工作,提高立法质量"。国家治理理念的现代化无疑推动了一系列新的制度、机制的建立。而学习和借鉴国外先进的制度是建立这些新制度、新机制的重要途径。立法听证就是在这种大的制度改革背景下,作为一种提高立法和决策质量的手段或程序被引入中国的。

1993 年,深圳在全国率先实行了价格审价制度,这是中国听证制度的雏形。1996 年《中华人民共和国行政处罚法》通过,在第五章第三节专门规定了"听证程序"。1999 年 9 月 9 日,广东省人大常委会举行了《广东省建设工程招投标管理条例》听证会,这是听证首次在立法领域中的应用。随着听证制度被写入一些法律并在某些领域中得到实践,它也开始进入《立法法》起草者的视野,并最终被写入了 2000 年通过的《立法法》中,可以用于包括法律和行政法规等的制定过程。

在《立法法》通过之后,大部分省份和一些有立法权的市先后举行了各种听证会。2001 年 10 月,深圳市人大通过了《深圳市人民代表大会常务委员会听证条例》。这是第一个地方性的听证条例。此后,上海、浙江、安徽、江西、河南、四川、郑州、广州等地方的人大常委会也制定了本地的立法听证条例。但全国性的条例一直没有制定,在 2003 年全国人大会议上,有代表提出要尽快制定"听证法"。③

各地在制定不同法律效力的听证规则或条例的同时,也开始对新出台的法律举行听证。根据全国人大法工委的不完全调查,截至 2001 年 10 月底,先后有 20 个省、市举行立法听证活动 27 次,共听证了 28 个法规、规章草案。④

---

① 杨雪冬、陈家刚主编《立法听证与地方治理改革》,中央编译出版社,2004。
② 《邓小平文选》第 2 卷,人民出版社,1994。
③ 2005 年,重庆代表金烈提出制定立法听证法的议案,参见禹伟良《议案:尽快制定立法听证法》《人民日报》2003 年 3 月 9 日。
④ 陈斯喜、蔡定剑、吴国舫:《地方立法听证调查报告》,立法听证理论研讨会会议论文,重庆,2004 年 12 月 2~3 日。

2004年年底对北京、上海、天津、重庆、辽宁、山东等19个地方的调查显示，2001年11月以来，越来越多的地方人大常委会在地方性法规制定过程中，运用了听证会的方式，且听证会的次数呈逐年增长的趋势。①

包括立法听证在内的听证活动的举行符合中国政府改革所强调的民主、公开原则，因此得到了执政党的充分肯定，写入党的文件中并提倡大力推广。2002年，中国共产党第十六次代表大会的报告提出，要改革和完善决策机制，"建立与群众利益密切相关"的"社会听证制度"。2004年，《中共中央关于加强党的执政能力建设的决定》再次强调要实行"听证"等制度，扩大群众的参与度，提高决策的科学化和民主化水平。听证作为一种引进的制度在十年多的时间中得到了全面确认。

全国人大常委会，尤其是其法制工作委员会在推动听证规则制定上起到积极的作用，尽管全国人大常委会至今还没有在立法过程中采取过"听证"。法制工作委员会依靠其了解国外立法情况的信息优势以及对地方人大工作的影响力，主要通过三种方式来直接鼓励和帮助地方人大制定立法听证规则：①通过举行有国外立法专家参加的研讨会来介绍国外经验和做法；②通过举行工作交流会等为地方人大相互交流学习提供平台和机会；③起草《立法听证规则（示范稿）》为各地人大提供蓝本。②

除了这三种直接方式外，全国人大所具有的权威性也使得"听证"开始被各地方人大所接受。在中国的政治运行中，上级政府通过法律、政策提出的任何新的观点、意见都会在下级政府得到实践的可能。而且，在高扬创新旗帜的背景下，听证这样一个技术性制度实行起来并不会带来太多的风险，地方人大也乐意尝试。这正是2000年后许多地方都把举行听证列入年度工作计划的重要原因。

一些地方人大常委会中有创新意识的官员在听证制度的实践中发挥了重要作用。在笔者2003年、2004年组织的关于立法听证的研讨会中，甘肃省人大、山西省人大、贵阳市人大等派人参加，并且在会议结束后，积极

---

① 武增：《地方立法听证的有关情况》，立法听证理论研讨会论文，重庆，2004年12月2～3日。
② 曾在全国人大工作，后转到中国政法大学任教的蔡定剑和全国人大法工委的陈斯喜等人组织制定了《立法听证规则（示范稿）》。

推动本地人大举行听证会或者制定听证条例。一些人大官员还针对立法听证过程中存在的问题，提出了改进的建议。①

一些国际非政府组织，如福特基金会、美国全国民主研究所等也加入到推动听证在中国发展的行列中。在它们的支持和帮助下，2000年之后，不同规模的国际研讨会得以举行。国内一些研究机构和法学、政治学学者也开始关注听证制度研究，举行研讨会和培训，参与一些地方立法听证条例的论证和制定，并且形成一定数量的研究成果。例如，2000年12月，北京大学人民代表大会与议会研究中心举办了国外议会立法听证报告会，较为系统地介绍了美国和欧洲国家举行立法听证会的程序。中央编译局比较政治与经济研究中心在2003年到2005年分别举行了多次研讨会，邀请美国、德国的学者和议会成员参会，介绍立法听证会的举办经验。立法机关之外的力量的参与加快了听证知识的传播和普及，有利于听证程序的规范化。

2000年以来，各地人大陆续举行了一些听证活动，特别是对社会公众非常关注的法律法规的听证，比如2004年北京市人大对《北京市实施〈中华人民共和国道路交通安全法〉办法（征求意见稿）》举行的听证，使得听证逐渐成为社会关注的热点。许多媒体也把听证作为新闻焦点进行了大量且深入的报道。随着听证次数的增加以及社会关注的加强，如何提高听证质量，实现听证目的，加快听证与现有立法制度的耦合，成为完善这项移植来的制度的重点。

各地人大为了尽快适应听证这种新的制度，提高社会公众对听证的熟悉程度，采取了各种措施，主要有以下几个。①在每年的立法计划中，根据所要制定或修改的法律法规的情况，尽量安排一次或若干次听证。有的地方人大还提出，今后制定新的法律法规都要采取听证。②对于每次听证都精心准备。尽管法制委员会通常是听证的组织者，但实际上每次听证基本上都动员人大常委会各个部门的力量，以保障听证各个环节严密，取得好的效果。③积极发挥新闻媒体的作用。一方面，通过媒体发布消息，提高公众的参与度；另一方面利用媒体宣传听证过程，公布听证法案，增强立法过程的公开化。必须强调的是，媒体的宣传对于听证的推广和听证知

---

① 李高协：《关于推行简易立法听证方式的思考》，《人大研究》2004年第7期，第14~15页。

识的普及发挥了重要作用。而网络这种新兴媒体对听证的介入则扩大了听证过程的空间,使听证会场之外的公众也可以就听证主题发表意见,有利于收集更全面的意见、建议;④利用各种机会相互学习。除了参加由全国人大法工委以及一些研究机构举行的研讨会外,还利用相互之间的工作往来、各地人大常委会举办的杂志来了解彼此的做法,借鉴好的经验。

一项制度只有运行起来,其如何有效地发挥作用所遇到的问题才会显现出来。尽管听证是一个技术性很强的制度,与既有的制度环境没有根本性的不适合或矛盾,但依然在实践过程中遇到了一些问题,并且在各地的实践效果差异明显。造成这种情况,主要有两个方面的原因:一是听证会的组织者对听证会的重视程度和工作的可持续性;二是当地公众对听证会的参与程度和参与效果。①

这些问题的存在制约了听证这个新兴制度效力的发挥,削弱了立法者以及社会公众对其认同。虽然它已经被写入了党的文件,获得了意识形态上的合法性,写入了中央和地方的法律,获得了法律上的合法性,但是立法者和社会公众似乎都不满意听证现有的效果。对于一些立法者以及听证的实际操作者来说,经历了几次听证后,当初的热情被疑惑和怀疑取代。对于公众来说,他们对于听证这种民主立法的程序寄予了很高的期望,而媒体的一些宣传进一步提高了这种期望。而一旦发现听证无法达到自己的期望时,就马上陷入失望,甚至产生不满。

3. 绩效评估在杭州的实践

绩效管理是20世纪70-80年代在西方国家兴起的新公共管理运动的重要内容。在中国的出现几乎与西方国家同步。有学者认为,中国的绩效管理改革受到西方国家的相关理论和实践的启发,属于外援输入型的,也有的学者认为这是中国古代官员考核、现代干部考核的进一步发展,还有学者认为它是西方理论与中国实践的综合。② 从地方政府进行的绩效评估实践来看,国外的理论和实践作为一种知识供给无疑发挥了重要作用。之所以

---

① 杨雪冬:《中国地方立法听证中的参与困境》,《立法听证与地方治理改革》,中央编译出版社,2004。
② 高小平、盛明科、刘杰:《中国绩效管理的实践与理论》,《中国社会科学》2011年第6期,第4~14页。

这样讲，一是因为中国在市场经济建设过程中推进的政府改革与西方的新公共管理运动有着诸多的相通之处，为知识的共享提供了基本前提；二是西方的公共管理理论通过以公共管理硕士（MPA）教育为代表的系统培训方式直接影响到各级官员的思维和判断。①

绩效评估在中国没有统一的模式，不同的地方以及政府部门都根据自己的实际情况进行了探索，并形成了一些有代表性的模式。② 以公民为导向的"综合考评"为主要内容的"杭州模式"就是其中之一。这项改革可以追溯到1992年后开始的目标管理责任制。尽管这种制度考核的主要内容是经济增长，采取的是自上而下的评价方法，但是在完善的过程中，"基本上参照了当时国际流行的'目标管理'（MBO）方式，在做法上有一定的变通"③。

进入21世纪后，浙江省委希望杭州"在全省现代化建设中发挥龙头作用"，杭州也面临着浙江省内城市以及长三角其他城市快速发展产生的竞争压力，当时的市领导提出了一系列发展战略，要落实这些战略，就需要改变对整个干部队伍的激励和评价方式。为此，从2000年开始，杭州市开始对市直单位进行"满意评选"，评选主体分为四类：市党代会代表、市人大代表和政协委员；企业；市民；市直机关。根据满意度对市直单位进行奖励和惩罚。这种评估方式突破了由上级部门采取的自上而下的内部评估模式，扩大了评估主体和评估的开放度、参与度，使社会公众直接参与到对党政部门的评价过程中。"满意评选"对于改变机关的工作作风起到了明显的效果。为了进一步完善这项工作，2003年，杭州市委委托浙江大学的专家学者开展课题研究，最终形成了《2003年度市直单位满意度单位不满意单位评选办法（征求意见稿）》，提高了满意度调查过程以及调查结果使用的合理性。④

---

① 中国 MPA 教育的培养方式和教学内容具有"输入式"特点，即以吸引、吸收和消化西方发达国家 MPA 教育经验为主。参见沈勇、程文浩：《中国 MPA 教育：十年总结与未来展望》，《清华大学教育研究》2009 年第 3 期，第 59~65 页。
② 高小平、盛明科、刘杰：《中国绩效管理的实践与理论》，《中国社会科学》2011 年第 6 期，第 4~14 页。
③ 伍彬主编《综合考评与绩效管理：杭州的实践与探索》，人民出版社，2012。
④ 具体修改内容参见伍彬主编《综合考评与绩效管理：杭州的实践与探索》，人民出版社，2012，第 39~41 页。

2003年10月，中共十六届三中全会提出了"科学发展观"，围绕如何树立正确的政绩观，实现全面、协调、可持续的发展，各地开始在干部考核制度方面进行更多的探索，绩效考评作为考核的方式之一引起了中央决策者的重视，并写入了有关文件。[①] 杭州的经验引起了中组部的兴趣，中组部不仅到杭州调研，而且邀请杭州市相关部门到中组部介绍基本做法。这既肯定了杭州市的探索，也激励了其进一步创新。

针对目标责任制与"满意评选"双轨并行产生的问题，杭州市提出将二者整合起来，形成综合考核评价体系。2005年3月，杭州市委与浙江大学联合成立专题课题组，通过调研讨论，提出将目标考核、领导考评和社会评价结合起来的综合考评方法，并出台了《中共杭州市委杭州市人民政府关于对市直单位实行综合考核评价办法的意见》。为了更好地执行新的综合考评办法，2006年，杭州市将原来的目标办、满意办、效能办整合为"综合考评委员会办公室"，专门负责市直单位以及区（县）综合考评工作。这是国内首个专门负责党政机关绩效考评的职能部门。

在实践的过程中，杭州市的综合考评形成了"3+1"模式，即以社会评价、目标考核、领导考评为主体，辅以创新创优为补充的评价体系。其中社会评价占50分，目标考核占45分，领导考评占5分，创新创优占3分。在社会评价中，不断调整参与者结构，提高参与者的代表性，比如2007年增加了非杭州市户籍的外来工，2010年增加了农村居民代表比例。在每年发出的1.5万份社会评价表中，市民代表始终保持在1万份。这种社会评价表起到了民意发现的功能，并对相关部门的工作起到直接的监督作用。这些社会评价意见从2008年开始以《市直单位社会评价意见报告》的形式向社会公布。社会的持续参与，提升了这项工作的社会影响力。

在杭州市绩效评估改革中，来自浙江大学等机构的公共管理专家学者是重要的参与者。这个群体的参与主要有三种方式。一是一些学者作为学术顾问、专家直接参与到各个阶段的改革和考评过程中。从2006年开始，为了增强被考评部门的创新意识和能力，综合考评增设了创新项目，由专

[①] 参见周志忍：《我国政府绩效管理研究的回顾与反思》，《公共行政评论》2009年第1期，第34~57页。

家进行评价。参与综合考评的专家不仅有来自浙江省内的,还有来自北京、上海的学术机构的;二是杭州市考评办主动与国内研究机构合作,通过设立课题、举办研讨会等方式来研究杭州市的经验做法,既可以改进工作,也能扩大宣传。2007年7月,杭州市考评办与浙江大学、经济合作与发展组织(OECD)亚洲公共治理中心联合举办了绩效评估和政府创新国际研讨会,在介绍杭州经验的同时,也获得国际学者的评论和建议;三是通过研究杭州案例,进行理论分析和探讨。笔者从主题、篇名和全文三个方面统计了清华学术期刊网(CNKI)上发表的"杭州综合考评"相关的文献,发现杭州案例在逐渐吸引着更多人的注意。这些研究既扩大了杭州经验的影响,也成为杭州市考评办改进工作的参考(见表5-2)。

表5-2 关于杭州综合考评的文章数量

单位:篇数

检索词/年度	2013	2012	2011	2010	2009	2008	2007	2006	2005	2003	2000
主题	13	11	12	16	13	7	7	8	8	2	2
篇名	12	7	8	10	11	4	4	8	7	2	2
全文	95	109	100	124	113	125	95	72	62	43	31

数据来源:2014年2月23日对CNKI的检索。

对知识群体的开放,固然和杭州市的人文传统、党委政府提出的"以民主促民生"战略、"开放式决策"的举措等有着密切关系[1],也得益于考评办整个团队的开放性和学习性。考评办的主要领导任职稳定,具有很高的专业素质和学习动力,整个团队的主要工作人员受过良好的高等教育,并且多人在浙江大学接受过公共管理方面的培训。因此,他们有愿望和能力将学习到的知识与本地的实际较好地结合起来,形成一套具有理论基础和实践效果的绩效考评体系。2011年美国罗格斯大学公共事务和管理学院院长、前美国公共管理学会主席马克·霍尔泽(Marc Holzer)一行访问了杭州市考评办,了解了杭州市的绩效考核后,称赞其具有"世界水平"。同

---

[1] 孙颖:《知识界参与城市治理的杭州实践》(未刊稿)。

年,杭州市被国务院确定为政府绩效管理试点。

4. 比较与讨论

这里讨论的三个案例分别涉及海外资本、制度、知识三种不同类型的国际因素。它们进入地方治理的合法化机制和依托的具体载体是不同的(见表5-3)。比较而言,资本、制度更需要首先获得国家的同意才能成为地方治理过程中的要素。资本的具体载体是企业,除了要得到东道国政府的允许,也需要获得母国以及推动投资自由化的国际组织(如世界贸易组织)的支持。一项新的制度形式尤其需要首先成为国家层面的制度规定,然后才可能在地方实践。承担立法听证制度、规则的全国和地方人大法工委成为推广该制度最活跃的主体,而国际组织也通过听证这种新的制度形式获得了参与的机会。知识的传播相对自由,主要依靠的是知识群体。高等教育的普及,浙江大学学者对本地决策的积极参与为相关专业知识的进入提供了有利的条件。在实践中,制度与知识有着密切的联系,甚至有许多重合之处,但是一种知识要在地方治理中发挥更大的作用,还需要找到具体的制度载体。

在三个案例中,国际因素的影响力在很大程度上由地方政府的需要决定。地方政府将经济增长作为中心工作,通过主动加快行政审批改革,以获得更多的外商投资。地方政府为了提高各个部门的运行效率,解决面临的各类紧迫问题,也会重视绩效评估。而立法听证之所以受到普遍的冷遇,除了与主导该工作的人大法工委的影响力、地方人大工作重心的转移等有关外,还在于它产生的决策科学化、民主化的效果在很大程度上是间接的或者短期无法展现的。如果对地方政府做进一步分析,会发现地方领导人的态度和决定直接影响到国际因素的介入和发挥更大作用。

三个案例分别涉及政府、人大和党委三个系统,从一定程度上反映了它们各自在地方治理中的地位。党委与政府作为中国政治实际运作中最重要的两个系统,在创新方面也是最活跃的。而人大系统作为法定的最高权力机关,也在利用有利的机会和条件,来展示自己的存在。虽然这是三个不同的系统,但是它们的创新行为,最终都要从党的决定中寻求明确的支持,以解决意识形态合法性问题,其次才是国家具体的法律政策给予的制度规定。

表 5-3 三个案例的合法化机制

案例类型	国际因素类型	国际因素的具体载体（能动者）	国家合法化机制	地方合法化机制	社会合法化机制	合法化类型	地方治理创新点
行政审批改革	资本	私人企业、WTO	国家加入WTO和加快政府改革的需要	与招商引资、加快经济发展这项中心工作联系在一起	社会公众获得了审批减少、行政效率提高的溢出效应	国家允许—地方探索实践—社会接受	地方为了改善投资环境，推动本地经济发展进行创新
立法听证	制度	全国和地方人大、国际组织和知识群体	提高决策、立法科学化民主化的需要	作为展示本地决策科学化、民主化的例证	相关利益群体的关注和参与	国家接受—地方实践—社会参与	地方为了回应上级的要求进行创新
绩效考评	知识	科研机构和相关专家学者	中央的决定对地方实践的间接肯定，上级部门确定为试点给予的直接肯定	作为改进本地党政机关绩效的方法	社会公众的参与和从解决问题中获益	相关各方共同学习，知识群体发挥的倡导作用	地方为了解决本地实际问题进行创新

四 结论

随着中国对外开放水平的提高，以开放促改革，实现国家治理体系和能力的现代化已经成为整个国家发展的重要战略。这在观念意义上进一步解决了国际因素参与国内治理变革的合法性问题，并为国际因素进入更多治理领域提供了可能性。然而，由于地方在整个政治行政体系中所处的次级地位，缺乏对外联系的独立性，所以国际因素进入和参与地方治理依然需要获得国家赋予的合法性。这也决定了在三种合法化机制中，国家合法化机制在权威性上明显高于地方合法化机制和社会合法化机制。

尽管如此，在具体的案例中，国际因素不能单纯依靠国家的合法化机制进入地方治理，还需要依靠地方合法化机制和社会合法化机制。在改革开放的过程中，地方政府的自主性和社会的自主性都在提升，它们会更加主动地接触国际因素，这增加了国际因素进入地方治理的空间和选择，打破了国际因素自上而下进入地方的单一模式。同时，国际因素在开放水平不断提高的地方治理过程中，也有了发挥更大主动性的空间，这尤其体现在国际资本通过各种方式影响地方决策、大量新知识的广泛传播以及各类国际组织活跃在相关治理领域等方面。在许多情况下，国家合法化机制是对这些行为的确认，带有仪式性，而国际因素的进入方式及其影响主要取决于地方合法化机制和社会合法化机制。

　　国际因素在参与地方治理的具体领域时，也会面临三种合法化机制之间的矛盾乃至冲突，这是因为国家、地方与社会在判断和对待国际因素时所持的视角和考虑的利益等存在差异。在发生矛盾或冲突的情况下，国家、地方依靠掌握的公共权力和公共资源通常能取得优势，决定国际因素是否进入和发挥影响的空间、程度，但也会因为与社会诉求的差异，影响社会对公共权威（国家和地方层面上）的认同和支持，进而削弱自身的合法性，而国际因素也会成为个别社会群体挑战国家和地方政府的诱发因素，甚至支持因素。

　　在分析国内－国际互动过程中引入地方因素，有助于解决国家决策的"黑箱"效应，在地方层面更为具体、形象地展示相关利益主体之间的互动关系，丰富了对于国内与国际互动复杂性的认识。中国作为一个内部多层次、多样性的大国，在全面参与国际社会的过程中，地方政府、社会力量将会在许多领域中更加活跃，这不仅深化了国内社会与国际社会之间的联系，而且为国家—社会关系的转变增加了新的变量和选择。而如何分析和解释国家与国内社会、国际社会的三元互动关系，还需要进一步的研究。

第二部分
压力与动力

第六章

现代化与市场化进程中的基层主体[①]

1978年以后的中国农村进入了一个剧烈变动的时期。在这一时期里,由国家实行的各种改革措施从实质上讲是现代化和市场化在20世纪对中国农村最广泛、最深入的渗透和改变。以工业化为核心的现代化带来了乡村企业的崛起和繁荣,开始改变以农业为生产和生活内容的广大农村;市场化最突出的作用是把个体农户从原有的以生产队为单位的计划体制中解放出来,使其成为真正的市场主体。曾经由行政权力控制的单一化的农村出现了利益的分化和主体的多元化。乡、村两级管理组织、乡村企业、个体农户、家族以及个体农户之间形成的新型组织或联合等各种角色共同组成了20世纪80年代以来中国农村变迁的力量。

一 中国农村的现代化和市场化:宏观描述

20世纪70年代末在全国范围内开始的现代化和市场化是由国家发动的,有目的的。尽管这种冲击在最初也造成了农村中思想的矛盾和不理解,但是一则由于强有力的、有效率的政治和行政机制的存在,二则由于20世纪90年代以来的现代化和市场带来了农民利益的增长,所以中国农村普遍接受并顺应了这两股潮流。同时,自改革开放以来,中国农村的现代化和

[①] 本章曾以"利益的分化与保护:现代化与市场化进程中的中原农村"为题发表在《中国社会科学季刊》。

市场化已经融入了整个世界的现代化与市场化的广阔图景之中，成为其组成部分，深受世界的影响。

1. 现代化：强度、示范和压力

20世纪70年代末开始的农村现代化并没有沿着农业现代化这条路前进，相反它的核心内容是农村的工业化，是对传统农业社会的冲击和破坏。乡村企业的异军突起使相当一部分人能够离开土地，从事工业、商业等其他活动，这实际上是农村中分工的扩展。新的分工不仅冲击着以农业为特征的农村经济结构，而且挑战着建立在这种经济结构之上的各种组织制度。乡村两级管理体制现在面对的不再是单一农业的、缺乏流动性的农村社会，而是一个流动频率增强，并日益走向城镇化的农村。农村的工业化和城镇化趋势对乡、村两级组织来说，意味着面对越来越多的新问题，必须调整自身，增加新的职能。

马克思曾经说过："工业较发达的国家向工业较不发达的国家所显示的，只是后者未来的景象。"① 在现代化进程中，这种示范效应无处不在。对中国农村来说，现代化的示范效应从源头来看，不仅来自国外先进国家，还来自国内经济发达的地区；从内容来看，不仅有制度性的东西，还有非制度性因素，是一种全方位的影响。这种示范效应既有激励的一面，也带来了压力和阻力。

赶超和模仿集中体现了积极和消极两种作用。对乡（镇）这最后一级政治来说，赶超先进或发达地区成了其工作的核心。乡级政治中的所有机构的工作都围绕着这一核心进行。这样的结果固然能够推动现代化进程，却把整个政治中的各机构的独立性和专有职能削弱了。同时，赶超的时间压力，使政府推动经济发展的担子加重了，也使政府与民众之间的关系缺少了弹性和回旋余地。

模仿学习发达地区的先进经验和技术对于农村中的各级组织、乡村企业，以及个体农户来说是一种节省成本的方法。但是，随之而来的也有生活方式、消费方式的超前实现以及享乐主义的盛行。对于农村现代化来说，这种模仿和学习一方面不利于适应本地区社会正常变迁的价值范式的形成，

---

① 《马克思恩格斯文集》第5卷，人民出版社，2009，第8页。

另一方面也造成了组织、团体和个人行为的短期化、逐利化以及行为的失范越轨。

2. 市场化：风险、转型期和产权

在计划体制下的农村中，市场一直存在。这些市场基本上是孤立封闭的地域性交易场所，交易的半径很小，交易手段简单，市场主体在活动范围和频率上非常有限。同时，由于国家并没有在农村中建立起城市那种全面的社会福利体制，所以农民实际上一直在与市场打交道。这是农民与国有大中型企业工人在对待市场化时态度相异的根本原因。

中国农村的市场化从本质上讲就是把有着市场经验和技艺的个体农户变成真正的完全的市场主体，并创造包括乡村企业在内的新的市场主体；把农村中的各种经济活动转变成符合供求规律的市场活动。市场化进程首先开始于农村家庭承包责任制。以后的各项农业改革，如粮棉油等价格的放开，各种农用资料供应的市场化等，更加确立了个体农户的市场主体地位，使其成为以土地为主要资本的生产经营者。

市场是一种风险机制。成为市场主体的个体农户必然要承担这种风险。对于缺乏市场经验和准确完整的信息的个体农户来说，由于没有必要的社会保障网络，所以很难承受市场波动的冲击。但是，对于无论从事何种生产的个体农户来说，他们也有自己的最后保障——土地。土地的存在，使个体农户比工人更坦然地面对市场的波动和严酷。

目前整个中国的市场化实际上是从计划到市场的转型。计划体制下经济活动主体的单一化，使得中国的市场化也成了造就新的、多样化市场主体的过程。在农村中，个体农户成为市场主体是身份的转变；而乡村企业的出现则与农村中的"能人"密不可分。因为这些"能人"有能力获得并有效配置各种生产资源，生产出适应市场的产品，从而赚取利润，所以才使得乡村企业能够存活下来并日益壮大。

在转型过程中，存在的最突出问题是市场规则的不完整造成的市场运行的"非市场化"。具体体现为：一是权力的"商品化"，即某些个人将政治权力占为己有，进行所谓的"投资"活动。二是政治权力对产权的侵犯。巧立名目的"三乱"就是对产权赤裸裸的侵犯。如果说前者是个人对权力的滥用，那么后者则是机构对权力的滥用。在农村市场化进程中，这两种形式的权力滥用都普遍存在。这不仅阻碍了市场主体的正常成长和市场正规化的实现，而且也会破坏政治权力与乡村企业、个体农户以及村级组织等之间的合作关系。

3. 农村现代化和市场化进程中的各种力量

在目前中国农村的现代化与市场化进程中，乡级政治、村民自治委员会、乡村企业、个体农户以及其他类型组织是最基本的活动主体。从静态和理论角度来讲，乡级政治代表政治权力，维护和保证现代化和市场化的进程；村民自治委员会是以村为聚居单位的农户和乡村企业的保护组织；乡村企业、个体农户是农村市场的根本主体；家族以及其他可能出现的新型组织是个体农户在新情况下保护自己的可能性选择。它们彼此间形成了互相依存、相互支持的关系，共同支撑着农村社会的变迁。但中国农村的现代化和市场化进程是相当剧烈的。在这一进程中，这些活动主体的旧有关系和力量均势局面肯定要被打破，必定会出现角色的重新定位以及博弈地位的变动。这些活动主体的行为如何规范化，博弈关系如何确定成了决定当代中国农村能否顺利变迁的重要因素。

二 压力型体制下的乡级政治

中国目前的体制在运行方式上是压力型的。各层级政治组织都是在上级的指标、命令、任务的压迫与推动下运行的。在各层级政治组织中，乡（镇）是最基层的单位，是政治权力的终端，代表政治社会直接与农村中的广大民众打交道。这样，它一方面必须完成上面各层级的指令和要求，另一方面也要处理好政治权力与民间社会的关系，提高和保护本地域利益。在现代化和市场化进程中，这两种角色并不总是一致，时时发生冲突，同乡级政治也要有自己的利益倾向，这更加剧了乡级政治运行中的矛盾。

1. 指标体系和"一票否决"

在中国政治中，上层对下层的控制与管理是通过定指标、任务实现的。与原来一统到底的计划相比，现在是每一层级都成为实际的"计划者"，拥有对下一层级规定任务的权力。从中央制订的宏观计划开始，逐级下达，每经过一个层级，这些宏观指标和任务就会被具体化和微观化。从省经市到县，再到乡。等到达乡这一级时，指标和任务已被规定得细致入微。乡的任务是把这些指标进一步具体落实到各个行政村,再到村民组。这样,就形成了一个中央—省—市—县—乡—行政村—村民组,逐级分配的指标体系。

对于乡(镇)来说,上一层级布置下的各种任务,如兴办教育、水利、修路架桥、计划生育、植树造林等都是通过这种指标体系完成的。乡试图把这些指标向下转移,但是由于村级组织是自治机构,并不是整个行政体系中的正式机构,村各级干部是村民选出的,而非乡任命的,而且并不享受行政官员的各种待遇,也不存在升迁调动问题,所以乡对村的控制是一种"松约束"。相反,由于乡处在整个政治和行政体制的末端,是各种指令和任务的会合点和最终实现者,所以它承受的是整个体制自上而下的指标压力。

这些指标体系在层层下达的过程中,都存在不同程度的放大现象。指标评价方法的不严格不规范,造成了许多指标的可谈判化,失去必要的硬约束作用,从而使乡级工作在一定程度上成为"数字游戏"。

但是,在这些指标体系中,以"一票否决"为评价方法的几种指标体系是绝对不可以谈判的。它们包括:计划生育、粮食征购、税费征收、经济发展、社会治安等。其中,计划生育和粮食、税费征收在中国农村中是两项最棘手的指标。最根本的原因是,在目前农村中,这些指标与许多农户的短期目标是直接冲突的。正因为如此,这两项工作成了乡级工作的重心,每年乡里在这些工作中投入的人力、物力和时间、精力最多。在完成这些指标时,存在两个突出问题:一是由于与广大农户面对面的直接接触,所以个人工作方法的不当会直接损害乡级政治与农村社会之间的关系;二是这类指标突出了相应职能部门的地位,在制度不完善的情况下,为其权力的扩张和滥用提供了机会。

2. 职能扩大和集资、摊款

20 世纪 80 年代以来,乡政府的职能不断扩大。造成这种现象的原因主要有三点:首先,政府推动的改革方式使政府成为改革主体和经济发展的直接推动者;其次,以乡村企业为核心的工业化快速进行,带来了诸多新问题,如环境保护、公共设施的提供等;最后,人口的增长和人口流动性的增强,带来了政府管理的困难,如计划生育、社会治安等。在现代化和市场化进程中，对素有"为官一任，造福一方"以及政府干预传统的中原农村乡镇来说，政府职能的扩张是必然的。

目前乡镇的主要任务可以概括为"多抓票子、少生孩子、不出乱子、多建房子"，即对本地区经济发展、计划生育、社会治安、公共设施和公共服务等方面的概括，除此以外，还要完成上级政府和职能部门下派的各项任务，如植树造林、农田水利建设、卫生防疫等；解决农村中的各种矛盾和冲突。处在政治权力与民间社会的交接面上，使这些职能更为烦琐。

职能的扩张既是现代化和市场化过程中产生诸多新问题的客观要求，也是目前压力体制的必然结果。有人形象地把乡的处境比喻成"处于热锅"之中，上级不断下任务，加温加压，要求在短时期内取得最大的经济成就、最明显的发展结果。

职能的扩张必然要求有相应的财力支持和保障，这必然造成职能扩张与财政支持的矛盾。就目前乡级财政而言，它是县财政的派出机构，与乡级政府只是一种工作上的被指导与指导关系。乡财政所长由县财政局任命。这样虽然加强了国家财政体系的统一性和集中化管理，但也带来了一些负面影响。乡级财政为了减轻自己的任务负担，宁愿把每年的财政收入增长率保持在自己允许的比例之内，不理会乡政府对增加财政收入的要求。而乡级财政府则希望提高财政收入，一方面显示自己的工作成绩，另一方面用更多的收入来完成乡的各项工作。目前，乡的职能扩张与财政支持之间的矛盾主要集中在两点：一是行政人员的增多；二是各种基建的增长。此外，在官方预算表中有一些并不能体现出来，这些包括镇（乡）领导的汽车、电话等开支、吃喝费用、部门的自发福利等，其中每年各种吃喝费用相当可观，这部分经费只能从财政收入之外的渠道得到。

由于乡级财政无法提供足够的资金来支持职能的扩大，所以乡级政府为了弥补资金缺口，转而直接向乡村企业和农户求助。现在盛行的集资与摊款就是乡级政府在财政体制之外，直接向乡村企业、个体农户征收财款，用来完成没有财政支持的职能的行为。

政府向企业和个人的集资和摊款都是以修桥、铺路、办教育这类公益事业为名义，这符合中国传统和民众心理，因而能够获得合法性和民众的认同与支持。在集资和摊款过程中，乡村企业的负担较重。

尽管这些集资和摊款有着正当的名义，但是一方面集资款被挪用、滥用和侵占以及账目不清等先例的存在，使得许多农户和企业对这类集资摊款产生了怀疑和不信任；另一方面在征收过程中也存在工作方法过于简单粗暴的问题，所以整个集资和摊款过程并不太顺利，在有些村里甚至出现缓交、抗交或拒交的现象。

毫无疑问，当地征收和使用集资摊款对于乡级政府由于职能扩张产生的财政缺口是必要而有益的补充。但是各种制度建设的缺乏，使得集资和摊款有变成一种纯粹的榨取行为的可能。可能的结果有两个。一个是体制外机构和人员的继续衍生和膨胀，这在一些事业单位中已经初露端倪。这些部门把征收的费用自行挪用，用在改善本部门福利以及少数人利益上。另一个是以合法名义进行的集资摊款成为对农户和乡村企业财产和财富的掠夺。集资款和挪用、滥用、被侵占从本质上来说正是对这种可能性结果的一种间接反映。而集资过程中一些强制性手段，如以停水、停电、孩子不许上学相威胁，本身就是对农户权利和企业产权的严重侵犯。

此外，集资摊款的目的并不是推进农业现代化，这对于农业人口占绝大多数的乡镇来说，无益于把政府推向了农民的对立面，是一种换了头脸的"工业赶超方式"。

3. 改革收益和行政人员收益

改革是一个收益增长的过程；而成功的改革应该实现改革参与者收益的共同增长。中国改革的理论指导和最终目标是"共同富裕"，即改革收益的普遍增长。在收益增长过程中，作为改革措施的执行者的行政人员无疑扮演着举足轻重的角色。可以说，他们能否在改革收益增长过程中得到一个合理的位置，直接决定了改革的成效。

改革以来，行政人员的实际收入增长不大，同其他行业相比甚至有所下降。而在整个行政系列中，处于县乡级的行政人员处境更为困难。首先，由于财政问题，大部分县的行政人员工资不能按期发，而且有的地方甚至不能全发。其次，他们与更高层级的行政人员相比，几乎没有福利和奖金可言。在县乡两级，创收性的公司基本上不存在。最后，县乡级行政人员不仅家庭负担重，而且承担了许多经济义务，如干部帮带扶贫。

在县乡级，现代化的模仿负效应也极为明显。一方面因为作为最底层，可供模仿的对象多。汽车、手机、各种消费对于处于农村基层的行政人员来说极有诱惑力，成了他们中的一些人追求的目标；另一方面乡村企业的崛起，不仅为一些农民提供了显示自己财富的基础，而且也刺激了基层干部的攀比。有着悠久的"官本位"历史的行政官员并不想在这方面输给那些刚刚从田地走出来的乡村企业家们。

经济收入的困顿与消费上的模仿和攀比之间的矛盾困扰着各级行政人员。如果说高层级行政人员可以通过各种途径间接地获得收入的补偿与心理的满足的话，那么乡级行政人员必然会直接向乡村企业和农户伸手。这是缺乏制度规范、道德示范和约束，以及制度补偿情况下的必然现象。乡级政治的独特地位，使行乡级政治与民间社会之间的矛盾变得更加直接具体。

4. 乡级人大存在的意义

在现代化和市场化的压力下，乡级人大完全卷入了一切为了经济发展的压力体制中，失去了其基本的功能。正是由于这些情况的存在，作为一种代表民意、沟通民众与政治的正式机构，乡级人大存在的意义一直受到许多人的怀疑。怀疑的主要理由有两个。一是乡级人大在经济增长中没有什么作用，甚至在一些较落后地区成为财政负担和"包袱"。这种认识把民主"实用化"了。二是乡级人大的监督职能没得到较充分的实现，无法代表民意行事，是一种"橡皮图章"。这种认识表面上是对人大能力的不信任，但在深层上则是对政府公正廉洁的怀疑。

这些怀疑的理由是有一定道理的。实际上，我们无论是在理论上还是实践中都陷入了一种"范式的盲区"：把民主中的权力制约精神直接或隐含地等同于"三权分立"；把人大和政府、党委对立起来。在目前的情况下，应该保持各方的互相支持，在强调人大存在的重要性的同时，要大力加强行政部门的自身廉政建设以及党委决议实现的合法形式，使那些本不应由人大监督的工作在本部门首先完成。从长远来看，乡级人大力量的加强必须依靠代表范围的转变，代表能力的提高以及代表身后千百万选民身份的转变和对自身权益的真正关注。

三 "政府化"的村民组织

村民组织处于乡（镇）政治与个体农户之间，是代表民间社会与政治社会交往与互动的正式组织。1983年政社分离以来，宪法和其他有关法律规定村民委员会是村民自治性组织，是居住在一定地域的农户调节团体内部矛盾、保护共同利益的组织。从这点来讲，村民组织直接代表着本地农户的共同利益。但是在现代化和市场化进程中，村民组织存在"悬空"的倾向，成为一种"政府化"组织，这在很大程度上脱离了民间社会受制于政治权力。对于许多村民组织来说，如何在村与以乡（镇）为代表的政治社会之间求得一种平衡成为非常棘手的问题。

1. 村与乡（镇）的关系

《中华人民共和国宪法》（1982年）第111条规定，"村民委员会是基层群众性自治组织"。其职能是："办理本居住地区的公共事务和公益事业，调解民间纠纷，协助维护社会治安，并且向人民政府反映群众的意见、要求和提出建议。"1987年通过的《中华人民共和国村民委员会组织法（试行）》则更加具体地规定，"村民委员会是村民自我管理、自我教育、自我服务的基层群众性自治组织"。它与乡（镇）政府的关系是："乡、民族乡、镇的人民政府对村民委员会的工作给予指导、支持和帮助。村民委员会协助乡、民族乡、镇的人民政府开展工作"（第三条）。从法律条款来看，村民委员会与乡（镇）政府之间不是行政性质的隶属关系。前者不是后者的一级派出机构，而是两类不同性质组织之间的互相支持的关系。[①]

在实际运行中，村与乡（镇）的关系远不如法律规定的那样明确，村民组织带有明显的"政府"化倾向，即村民组织事实上成了乡（镇）政治在农村中的进一步延伸，具有与乡（镇）政府基本对应的职能，并受政治权力牢牢控制。村民组织"政府化"倾向主要体现在两点：一是村民组织在关系上成了乡（镇）政府的隶属下级。虽然按法律规定村民组织由村民大会选举产生，但实际上由于受到乡级政治的干预和控制，许多选举变成了任命。在一般情况下，村民委员人选是由乡（镇）推荐和村民大会各自分组推荐之间协调产生。事实上，在协调过程中，乡（镇）扮演了决定性角色。在有些情况下，乡（镇）党委甚至发文直接任命村民委员会成员。

[①] 在1998年的《中华人民共和国村民委员会组织法》（修订草案）中的第三条中特别强调乡镇"不得干预依法属于村民自治范围内的事项"。

固然在目前条件，乡（镇）推荐村民委员，参与选举有其优点，但是长期存在的结果很可能是村民选举积极性的减弱，村民委员会与村民脱离，日益归附于政治权力。二是村民委员会在职能上不是完成"自我管理、自我教育、自我服务"，而是担负乡（镇）下派的任务，成为村级"政府"。每年计划生育、收粮收款等既让乡（镇）棘手，也让村民委员会疲于奔命。

村民组织"政府化"倾向的出现有着多种原因，但最根本的原因则是政治权力长时期对民间社会的渗透和控制。在现代化和市场化压力下，处于压力体制末端的乡级政治为了完成任务必然会进一步加强这种控制。

村民组织的"政府化"倾向虽然在目前情况下有着积极的一面，这种倾向本身却有着难以克服的矛盾，即村民组织功能的"政府化"与村民组织人员的"非政府化"之间的矛盾。对于村民委员会成员来说，他们目前做的许多工作与个体村民的即时利益存在冲突。彼此间关系的直接性和乡土性，使得他们很容易受到报复性伤害。这类事件在农村中屡屡出现。同时，村民委员会成员并不被纳入国家行政序列，既不享受各种社会保障，更不存在升迁调动。他们的生活需要自己保障。虽然有少量工资，但村里工作占去他们大部分时间和精力。也没有政治前途而言。这样的结果必然会挫伤村民委员们工作的积极性和主动性。

从动态上看，村民组织的"政府化"存在破坏村内部和谐以及权威树立的可能性；村民组织人员的"非政府化"则可能削弱对村民委员会参与的积极性与热情。这对矛盾的存在具有破坏民间社会和政治社会之间一度比较和谐关系的危险。

2. 村职能的扩张及其障碍

村职能的扩张是现代化和市场化压力与乡职能扩张趋势辐射的共同结果。村由集体化时代的生产直接组织者（当时称生产队）转变成现在面对一定地域内的居民生产生活的综合性管理者。村民委员会虽然脱离了对生产生活事无巨细的组织和管理，但承担起许多国家原来承担的任务，如修路办校等。这些职能的出现突出了村民组织的管理地位，同时也使村民组织和个体农户以及新兴的私人企业之间出现了矛盾。

这种矛盾实际上是村的共同利益与个体农户、私人企业的自我利益之间的矛盾。村职能的扩张并不总是与其经济基础的扩大相伴随。实际上，从实行"包干到户"以来,村的经济基础,即集体经济在许多农村受到了严重削弱。生产资料分到各户,土地承包期固定下来,村拥有的只是如土地、树林之类的固定资产。这些资产的不可流动性和较低的经营性,使得许多村的经济日益萎缩。没有集体经济的支持,村职能的实现只能从个体农户和新兴的私人企业那里直接获取资源。在资源获取过程中,有两个制约因素:一是个人和企业的不情愿;二是村对资源的滥用。这两个因素造成了双方矛盾的紧张。

据我们了解,有一个普遍性的事实是:一个村的集体经济办得越好,村的职能完成得也越好,村与个体农户、私人企业之间的关系也越好协调。这里的关键在于,村的集体经济实力强,替个体农户和私人企业承担了许多他们应完成的负担,更好地实现了村的保护功能。

3. 领导人和村的凝聚力

一些西方学者认为,20世纪以来中国一系列的变动造成了农村中传统士绅的消失,从而削弱了村的自治能力,加强了政治权力对村的控制。实际上,任何社会在现代化和市场化进程中都会出现传统权威资源的破坏和重新分配。士绅的消失是必然的。因为在一个日益开放和流动的农村社会中,传统权威赖以存在的基础被冲垮了。尽管如此,在农村中,村级领袖的存在是十分必要的。

根据我们的调查,支书和村主任的权威来源有三种。第一种是个人威信。这种威信主要建立在能力和道德品质上。在这一类人中有相当数量是有十多年经验的老支书和村主任。第二种是经济实力。这是农村改革以来出现的新现象。一些私人企业主成为村干部。在一些百姓眼中,这些人有经济实力,因而能够控制住同村的其他私人企业,并且发展本村的公共事业。第三种是官方的支持。这一类人虽然在各方面并不突出,但由于工作听话、勤勤恳恳,所以能够得到支持。在这三类人中,前两类所占比例相对较小,第三类占比最大。虽然随着市场化的逐渐展开,以经济实力衡量一个人的能力越来越被大众接受,但是在农村中,个人威信,特别是道德品质依然是村民们评价村领导的主要标准。人们更愿意选一个一心为公,带领大家共同致富的"带头人"。这样的领导对于整个村的农户和企业来说既是一种依靠,也是一种保护。他们一方面可以协调村内的各种矛盾,保持整个村庄内部的和谐；另一方面也可以在执行乡（镇）下派的任务时，把握好"度"，尽量减少村庄利益的损失，同时顺利完成上面下派的任务。

4. 村的转变

我们前面分析了村职能发挥的两个决定因素：集体经济和村领导。这是就目前村的现状而言的。那么，随着现代化和市场化的进程，村将向什么方向转变呢？

实际上，"政社分开"之后村管理职能的增加，已经标志着村民组织对村内生产生活直接管控力的减弱。随着个体农户和企业的发展，村民组织会越来越向纯管理性机构。尽管农业人口流动性的增强以及村工业的发展会削弱以土地为基础形成的各种村内关系和村存在的条件，但并不能从根本上取消村的存在。

村由于管理着以土地为核心的集体财产，所以村在今后的工业化过程中将成为一个重要的参与者。土地、水、电等资源对于任何一个企业来说都是必不可少的资本。通过对这些资源的管理，村能够积极参与许多企业的建设，成为企业的股东。这样就为村的未来提供了另外一种选择：村向企业的转变。

村向企业的转变首先出现在集体经济强大的村。从目前条件来看，没有强大的集体经济，就无法使村的利益与企业和个人的利益在方向和范围上实现重合，就会造成村与个人、企业之间矛盾的出现。因为，在村不能提供一种利益增长机制，或者个人、企业能够得到更有效的利益增长机会时，个人和企业往往会试图脱离村的束缚，追求自己的利益。集体经济的强大，实际上为这些个人和企业提供了利益增长机制和风险减损机制，这肯定会减少三者之间的利益冲突。

四 能人经济和乡村企业

笔者这里用乡村企业来取代乡镇企业，因为乡镇企业在语义上更多地指代由乡、镇或村建立的集体企业，并不能准确地把由农民个人建立和经营的企业包容进去。这里乡村企业指的是所有建立在乡和村之中的企业，可以是集体的，也可以是私营的，但共同的特征是以农村为活动场所，以农民为生产主体。

乡村企业的崛起是中国经济改革的奇迹，经过十几年的发展，已经成为国民经济的重要支柱之一，在扩大农民就业机会，提高农民收入，推动农村城镇化进程等方面发挥了巨大作用。乡村企业的出现和发展是各种因素共同作用的结果。这些因素既有历史前提又有制度支持和市场条件，但最直接的因素是企业的创办者。这些企业创办者绝大多数是农村中的能人。他们凭借自己的才能在农村中冒着风险创办企业、经营企业，充分体现了"企业家精神"，影响了以农业生产为主的农村生活。但是，乡村企业家在取得经济上的成就之后，并没有获得开放的发展道路。现存体制的一些约束无法使他们正常地转变身份，获得更高层次的价值实现。而乡村企业的发展则受到行政区域分割和乡土情结的严重限制，难以获得进一步扩大规模的条件。

1. 重新界定"能人"

从某种程度上讲，没有能人就没有乡村企业的出现和发展。能人是一种模糊的称谓，在农民的眼中，能人就是有本领的人，是掌握着除种地以外其他才能的人。原国务院农村发展研究中心发展研究所在 20 世纪 80 年代对 10 个省乡镇企业的抽样调查表明，在样本企业中，主要创办人的原社会身份如下：农村社区组织各级干部占 55%，农民占 21%，在职或退休的国营企业干部、职工占 7%，银行、信用社、供销社或其他政府行政、事业单位的业务人员占 2%，县和县以上机关的干部占 1%。在这些创办人的经历中，参过军的占 11%，做过买卖的占 5.8%，到过本省省城的占 31.3%，到过外省省城的占 33.2%。而我们在河南省某镇的调查也显示，在 302 家注册企业中，除 9 家镇办企业的领导人是通过承包任命的外，村办和个体企业的领导人几乎都是企业的创办者。这些人一般分为两种：一种是有相似的工作经验和管理经验；一种是有很强的关系网，能够获得资金，土地以及各方面的支持。

因而，农村中的能人可以被视为一种能够获得资源（资金、土地、原料）并成功地经营资源、制度利润的人。他们与普通村民的最大区别有两点：一是能人与控制着各种资源的政治社会有着密切联系，能够获得支持；二是他们敢冒风险，并能够把风险转化成收益。

2. 乡村企业的优势和影响

相对于大中型国有企业，乡村企业的优势集中体现在四点。第一，对市场极高的灵敏度和反应速度；第二，经营方式的灵活性。乡村企业的产生完全是市场运行的结果。它们从市场中获得原料，产品也完全投入市场，不存在政府计划。由于从一开始，乡村企业就完全以市场为导向，所以它们的生存就紧紧地与市场联系起来，市场的任何波动都会影响乡村企业的经营状况。同时，乡村企业强烈的市场化特征，使它们的经营机制异常灵活，它们可以利用各种制度漏洞来求得自己的生存。另外，乡村企业中厂长或经理的绝对权威，使得整个企业更能摆脱各种束缚，把企业利润放在首位；第三，乡村企业的历史负担轻。没有离退休职工，使得企业成本大大降低；第四，小型化更加有利于乡村企业经营的灵活。

乡村企业的影响是地域性的，覆盖面是乡或村，辐射范围大部分没有超越行政边界。造成这种特征的原因有三点。一是乡村企业的发展规模和水平。现在新密市绝大部分乡村企业的规模都比较小，职工基本上来自本村或本乡，只有少量是外地的。二是乡村企业越来越与本社区的利益密切联系起来，成了本社区福利提高的重要力量。正是这个原因，乡（镇）政治力量开始限制乡村企业的向外扩展。三是乡村企业有着浓厚的"乡土情结"，并不愿意离开熟悉的地方转移到陌生的环境中去。

乡村企业影响的地域性使它们与农户、村民组织以及乡级政治紧密地连在一起。对于后三者来说，乡村企业比农业能够提供更多的货币收入。农户可以借助乡村企业提高收入，甚至应付各种摊款集资；村民组织和乡级政治则可以从乡村企业那里获得完成各项公共事业和自身运转更充足的资金。因此，农户、村民组织以及乡级政治都希望乡村企业能够经营良好。但是，各自地位的不同决定了三者与乡村企业关系的不同。农户、村民组织基本上不能限制乡村企业，而乡级政治则有能力控制乡村企业。尽管对于乡级政治来说，乡村企业的存在和繁荣非常重要，但是在乡级政治不断扩张的情况下，时常会以摊款等形式直接侵犯企业产权，破坏企业发展的潜力。

3. 能人的归属和乡村企业的前途

取得经济成就的能人都不会满足于经济收入的提高和生活水平的改善，他们有着更大范围的追求：政治地位、精神需要等。但是对他们来说，这种更大范围的追求是充满障碍和痛苦的。因为对于农村出生的能人来说，现存的政治社会对他们来说基本上是关闭的。大部分无法通过正式程序，实现自己的政治目标。从乡村企业家到政府官员这条路是走不通的。但在现实中国有企业的厂长经理成为政府官员又对他们产生了刺激。他们内心中常常把国有企业厂长经理与自己进行比照，把国有企业的效益与乡村企业的效益进行比较。面对这样的现实，一些能人常常产生心理上的挫折感。这样的结果产生了两个极端：一是一些能人尽量避开政治社会；二是一些能人利用金钱通过各种非法手段介入政治社会，力图获得政治权力的庇护。

另外，乡村企业的能人由于职业、收入以及联系面的变化，在思维观念和行为方式上处在脱离农村走向城市的过程中。这种转变在年轻的能人身上体现得尤为突出。但是他们的活动范围并未从农村转向城市，整个农村的思维观念、价值取向以及行为方式并未改变。在一些村民眼里，一些能人在收入增加后暴露的一些问题，如生活腐化、行为专横以及发家时采取的不正当手段等，更加重了这对矛盾。

能人们的思维和行为方式的城市化倾向并没有使他们被城市愉快地接纳。长期的城乡对立造成了城市对农村根深蒂固的偏见。尽管这些能人有城市化倾向，但并没有完全脱离农村的特征。因为这点，城市也把这些能人视为异己。从"农民企业家"这一称谓上就可以看出城市的心态。

政治社会的关闭、传统农村的压力以及城市的排斥，并没有为这些有着经济成就的能人们提供一条更加自由通畅的能升到更高层治的渠道。在高层次需求不能实现的条件下，经济收入的增加反而会成为能人堕落的引线和支持。

乡村企业的前途也并不十分光明。这样讲的原因有以下几个。第一，市场必然会对一些小规模、管理水平低的企业带来沉重打击。第二，国家政策的限制。一方面，国家在资金信贷方面并没有把乡村企业列为优惠重点，限制了乡村企业进一步扩大规模；另一方面，环境措施的加剧，必然使污染严重的乡村企业走向破产。第三，乡级政治的限制。一方面，乡村企业很难超出行政边界，扩展到其他乡镇或者外县外省；另一方面，过重的摊款会挫伤乡村企业的积极性和发展后劲。第四，乡村企业领导人能力的缺陷以及目光的短浅也会限制乡村企业的发展。可以说，有许多乡村企业的厂长经理只能够经营作坊式乡村企业，并带有强烈的"家长制"意识，把企业看作自己的私有财产，不愿进行经营体制的改革，这势必限制企业规模扩大。

乡村企业的前途最终决定于国家政策、乡级政治以及企业能人这三个因素。如果国家政策能够减轻意识形态色彩，支持和宽容乡村企业；乡级政治放松对乡村企业的控制，减轻企业的繁重负担；企业能人能够提高能力，掌握现代管理方法，那么，乡村企业才能在其地域性逐渐减弱的同时，获得发展和新生。

五 农户：自由和不安全

农户是整个农村最基本的生产生活单位。实行联产承包责任制后，农户由原来生产队中单纯的生产者变成独立生产经营的市场主体，获得了高度的自由。与这种高度自由相伴而来的则是市场风险产生的不安全感。以个体农户现有的生产规模、经济实力、经营能力很难承受市场波动带来的巨大冲击，而缺乏必要的社会保障网络更加重了个体农户的不安全感。同时，农户自我利益意识的不断提高也与压力体制下不断扩张的乡级政治、村民组织在利益分配上产生了矛盾。个体农户不仅要面对市场风险，还要应付各种摊款集资。在这两种压力下，他们也面临新的选择。

1. 农户的自由和依靠

农户自由的获得是从农业经营体制的改革开始的。20世纪70年代末开始的"家庭联产承包责任制"实际上包括两种形式：一种是"包产到户"，另一种是"包干到户"。前一种虽然增加了农户的生产自由，但由于生产队作为完整的经济核算单位的存在，农户并没有获得完整的经济核算自由。"包干到户"则使情况发生了根本性转变。"包干到户"，承包农户"包"的是它所承包的耕地所负担的应完成的政府统一派购任务（1985年改为"合同定购"任务），以及它应向集体组织交纳的"村提留"和"乡统筹"款项。实行"包干到户"后，在农业经营方面，集体组织已经不是经济核算单位了，而农户则成为独立的生产经营单位。

陈锡文认为，在实行"包干到户"后，农户自由体现在三方面：农业生产要素配置的"自由"；农村劳动力流动和对农业剩余劳动时间支配的"自由"；以及投资方向选择的"自由"。[①] 这些自由归根结底是农户成为独

---

① 陈锡文：《中国农村改革：回顾和展望》，天津人民出版社，1993，第72～73页。

立的市场主体，可以根据市场情况来配置自己拥有的资源。

农户的自由带来了两大变化：一是农业经营效益的提高；二是农民流动性的增强。这两大变化使更多的农民离开土地，进入乡村企业和城市，迅速成为在市场上流动的丰富劳动力资源。这些来自农村的劳动力在中国目前的市场状况下已经从心理上接受了市场规律，在行动上顺应了市场规律。从这一点上讲，中国目前最为丰富的农村劳动力已经完全进入市场，并接受市场的调节。

出现这种现象，原因大致有两个：一是农民从中华人民共和国成立以来，一直没有受到计划体制的优待和庇护。他们在整个体制中一直处于比较自由的状态下。而农村改革把农民的自由进一步加大，使之完全进入了市场。二是土地的存在为农民在市场竞争中的行为提供了最后的依靠。尽管现在一些农村土地锐减，但一般来说，绝大多数农民都保留着自己的"口粮田"。相对于城市居民而言，土地的存在不仅可以生产自己所需的粮食和其他生活资料，而且还可以提供住房这类城市中的短缺商品。从这个意义来说，土地的存在保证了农民基本的生活必需，提供了减缓市场波动冲击的一个基本的"保险阀"。

2. 农户经济的脆弱性

目前，大部分农户收入主要来源于两方面：一是农业收入；二是经商或做工收入。这两种收入在日益市场化的农村中都并不稳定，受到市场波动的制约和影响。就经营土地的农业收入（包括粮食和经济作物）而论，目前随着化肥、农药、种子等农业资料价格的上升，生产成本也逐年提高，大大降低了土地的经营利润。而且大部分土地仍采用粗放经营、靠天吃饭的模式。对于许多农户来说，种地的目的只能实现粮食的自给，并不能创造多余的收入。而经商做工的收入直接由市场决定，也颇为不稳。

在竞争日益激烈的市场中，农户经济遇到的最大障碍有两个：一是农户信息资源的不充分、不完整，使其作为独立的市场主体并不能对市场变动做出迅速准确的反应，造成经营盲目和资源浪费。二是农户缺少一套完整的社会保障系统，天灾人祸的突然到来通常都会严重削弱甚至冲垮农户经济。

农户经济不仅要直接面对市场压力，而且必须应付村组织、乡级政治职能扩张导致的摊款和集资等活动。从农户本身来讲，作为独立的利益主体，他们正在学会用成本/收益的标准来看待这些活动。在诸如修路、办学等摊款集资活动中，农户都表示，并不是不愿出钱，而是害怕这些钱被挪用滥用。

现在的实际情况是，尽管中央一再强调要减轻农民负担，但各种摊款集资越来越重。陈锡文认为，目前的"村提留"和"乡统筹"实际上为这种现象提供了潜在的制度支持。就经济实质而言，"村提留"款由三部分组成，一是地租，二是生产的共同费用，三是公积金和公益金。但地租的概念一直没使用，因此，在名义上，"村提留"只包括后两项。"乡统筹"实际上是基层政府的附加税，用于教育、卫生、计划生育和民兵训练等行政和事业性开支。但附加税的概念也没有使用。村集体经济组织是农村土地的所有者，乡政府是政府序列中的最基层单位。因此，"地主"收租，政府收税是名正言顺的事，但基于理论和观念上的原因，用"提留"和"统筹"代替"租""税"。结果造成了收款的依据、比例不清。① 乡村可以根据开支的需要来向农民收款，不受什么预算的约束，农民也无法通过正常渠道了解这些款项的使用情况，致使农民实际经济负担不断加重，加剧了农户与村组织、乡级政治的矛盾。

3. 个体农户的前途

在现代化和市场化进程中，农户发展的选择有两个：一是农业经营的专业化；二是脱离传统的农业生活，进入工业化。从目前情况来看，第二种可能性更加明显。乡村企业的发展为这种可能性的实现提供了有力的支持。而农业经营的专业化则困难重重。农业经营成本的提高以及比较收益的降低，使得农户并没有把更多的精力投入到土地上。在年轻一代人中，外出做工、经商成了大部分的选择。

但是，在目前的条件下，如此庞大规模的农民不可能完全被乡村企业和城市吸收，而且农民的流动也受到各种限制。土地作为广大农民的最后依靠依然与农户的前途紧紧地连在一起，大部分农民不可能在短时期内离开这最后一根稻草。

---

① 陈锡文：《中国农村改革：回顾和展望》，天津人民出版社，1993，第72~73页。

六　结论：利益的契合与保护

在经历着现代化和市场化进程的农村中，乡级政治、村民组织、乡村企业以及个体农户构成了最基本的活动主体，四者之间的互动是整个中原农村发展的核心。在压力型体制下，乡级政治所进行的活动的目的本质上就是实现以工业化为核心的现代化。为达到这个目的，它需要从乡村企业和个体农户那里获得工业化所需的必要资源，这必然导致双方矛盾的出现。而一些乡级领导为取得政绩采取的大规模摊款集资以及这些款项的滥用、挪用、侵占时时激化双方的矛盾，造成乡村企业、个体农户与乡级政治的背离。从目前的情况来看，乡级人大完全受制于压力体制，为完成指标体系，失去了应有的职能。同时，乡级政治也时时表现出保护者的特征，对乡村企业和个体农户提供不同形式的保护。但是，这些保护对日益具有独立利益意识的乡村企业、个体农户来说，往往被无规范的摊款集资等行为抵消。

村民组织的"政府化"使其不能很好地实现对村办企业以及个体农户的保护与管理。这种"政府化"倾向随着乡级政治施加压力的增加日益显著，存在失去本村利益保护者的可能。

乡村企业和个体农户在改革以来自我利益意识逐渐增强。面对乡级政治和村民组织，它们中间出现了保护自己利益的迹象。而且随着经济实力的提高，这种自我利益意识将更加明显。

总之，现在农村的矛盾实际上是各个利益主体之间的矛盾，进一步来讲，是政治社会与民间社会之间的矛盾。这种矛盾只能通过政治社会的日益规范化、民间社会的日益强大才能解决。但是在中国如此迅猛的现代化和市场化进程中，矛盾的解决将花费时间和代价。

第七章

压力型体制：地方国家的基本运行机制[①]

作为现代化进程中的后来者，中国从近代以来一直就承受着强烈的现代化和市场化冲击。1949年之前，冲击的发动者是西方国家，其实质是以船坚炮利为支持的殖民式冲击。这种外部冲击产生的影响既是经济、社会、文化意义上的，更是政治意义上的。1949年后，市场力量的扩展被计划体制终止了，但是现代化产生的"赶超"压力并没有消失，反而在意识形态的策动下增强了。战争期间形成的以夺取和巩固政权为目的的动员体制被用来发展经济、解决社会问题。虽然这种体制在发挥民众参与的积极性、用短时间解决大问题方面取得了一定的效果，但是破坏了政府运行的有序性，并且用意识形态的划一扼杀了社会的不同诉求。"赶超"沦为不讲实际的盲动。

1978年以后，现代化与市场化的压力再次同时出现。与上次不同的是，现代化和市场化是由国家发动的，交织在一起，相互增进，产生的压力不仅涉及诸多领域，而且渗透在地方各个层次上。但是这些压力是在既定制度框架内产生的。更重要的是，在这个基本前提下，现代化与市场化产生的压力也以更加多样化的形式表现出来。这在县这个层次上体现得更加生动。

[①] 本章节选自笔者的博士论文第四章（《社会生长、市场发育与公共权力构建：以县为微观分析单位》，2002年由河南人民出版社出版）。核心观点来自《从压力型体制向民主合作体制的转变》一书（荣敬本等著，中央编译出版社，1998）。笔者撰写了其中的一节。"地方国家"是从国家构建角度谈地方制度建设的学术概念。

一　压力的类别

1. 来自上级的压力

有许多人用"上面千条线，下面一根针"来形容乡镇政权的处境。这句话也同样适用于县政权。20世纪以来，国家一直努力通过建立现代化的设施来实现自身的现代化，采取的是自上而下的方式，而下级政权承受的要求常常超过其能力。在计划体制下，下级承担的任务和完成任务所需的资源都是由上级分配的，任务与资源之间在大多数时间中是对称的。即便是只给任务，不给资源，由于意识形态强大的说服力和控制体制的严密性，下级也很少会违背或"变通"命令。而动员体制的存在使下级不必考虑完成任务的成本，因为可以通过行政命令动员群众来无偿地完成任务。因此，在计划体制下，下级对上级的任务和命令更多的是无条件地服从。

1978年之后，来自上级的压力在内容和运行方式上发生了很大的变化。这有两个根本原因。一是在实现领导人的平稳过渡和取得政治稳定之后，中央以改革为动力的、以经济建设为中心的全面现代化进程开始了；二是有意识地开放，使中国正式成为世界现代化图景的组成部分。中国现代化的方式从传统的通过寻求替代性选择来"赶超"先发国家转向有选择地、逐步深入地向先发国家学习。这意味着整个国家开始全面接受世界现代化潮流的挑战。

首先，上级压力的变化体现为中央工作重点的转移。"急风暴雨"式的阶级斗争和大规模的群众运动被以经济建设为中心的社会主义现代化建设取代，实现"四个现代化"成为国家的根本战略和任务。这种转变很快被贯彻到地方各级，并成为评价其工作成绩的重要标准。1979年2月7日，涞源县县委召开全县三级干部会议，学习了中共十一届三中全会公报，开始实现工作重点的转移。林业和矿业成为推动经济增长的首要选择。1984年全县出现了群众性的找矿、采矿热，但很快国家就参与进来。一些由集体开采的矿井转变为县营，县政府先后投资建立了一些选矿厂、碎矿厂和冶炼厂，并成立了矿产总公司统一管理。在20世纪80年代中期被定为国家和省贫困县之后，其发展经济的任务变得更加紧迫。但在整个20世纪80年代，上级并没有给涞源县提出更多的发展要求，1984年河北省政府还免除了涞源县的粮食和油料征购任务。

1992年后，随着市场经济合法性的确立和全国各地经济发展的加快，出于对本地区经济发展整体水平的考虑，上级的要求不仅增加了，而且更加具体了，不仅要求涞源县尽快脱贫，还对国民生产总值、财政收入、人均收入的增长幅度提出了要求。这些具体要求的提出是市场经济发展的必然结果。因为计划体制下采用的评价方法难以准确地反映市场体制下的社会分工和经济活动的复杂程度，国家逐渐放弃了以"工农业总产值"为首要指标的统计方法，代之以"国民生产总值"为首要指标的方法。而财政收入也随着地方财政独立地位的提高得到了普遍的重视，被作为考察地方政府经济成就的"硬指标"。①

其次，上级压力涉及领域的改变和增加，导致了县级承受的压力总量的增加。1978年后，国家职能开始有意识地向社会经济方面调整，以更快速地推进整个国家的现代化进程。这直接推动了国家在相关领域活动内容和频率的增加。与过去相比，虽然国家对社会经济的渗透程度变化不大，但是涉及的领域更加具体，采用的措施和方法更加系统，更有计划性。统计管理的变化和计划生育工作的执行是典型的例子。1978年，统计与计划分开，成立了独立的统计局。1983年《统计法》颁布后，又先后成立了农村经济调查队，在乡镇设立了统计站，设置专业统计人员。村设立了统计小组，企业主管部门设立了统计科室。统计分为月、季、半年和年终四个时段，统计工作稳定化和常规化了。统计内容在1978年增加了民政、计划生育两个项目。一些传统项目由于相关领域的变化和新的活动方式的增加，也更加丰富了。比如，工农业总产值被社会总产值、国民收入、国民生产总值取代，财政金融部分增加了保险项目，新增了主要经济统计指标来对县内情况进行分类。

中国的计划生育是从1963年开始的，但是一直到20世纪70年代末都没有提出严格的生育指标要求。20世纪80年代以后，随着现代化发展要求的加强，庞大人口与有限资源之间紧张的关系所产生的制约作用引起了国

---

① 在笔者的调查中发现，地方首长都非常重视财政收入。他们这样做有两个重要理由：一是财政收入是无法"掺水"的；二是财政收入的多少直接决定了该地方各项工作执行的顺利程度。在"吃饭财政"状态下，尤其如此。

家的高度重视。国家开始严格执行计划生育政策。1983 年，计划生育办公室改名为计划生育委员会，该项工作有了进入政府序列的常设管理机构。1989 年，河北省制定了《河北省计划生育条例》，而涞源县也制定了相应的实施办法。其中不仅要求乡镇、行政村以及包括机关、企事业在内的各种单位建立计划生育管理组织，而且规定了严格的奖惩措施。计划生育管理的制度化并没有减轻工作的难度。对于县级政府来说，其管辖的绝大多数人口生活在农村，不仅有深厚的"多子多福"传统，而且与城市居民相比，居住分散，受国家控制较弱（因为城市居民不仅享受着更多的国家福利，而且大多有工作单位）。这些因素无疑使计划生育成为县级政府"近十几年一项非常艰巨的工作"。

再次，随着财政体制改革的深入，上级的政策要求与完成这些要求所需要的资源之间的不对称更加明显。上级为了实现自己的政策目标，制定了全局性的政策，要求各级贯彻执行。但其中的一些政策所提出的只是预期的目标，而没有附以必需的资源，完成目标所需的资源都必须由下级财政来提供。在一些情况下，这些政策目标的出台会打乱下级资源利用的格局，产生资源的紧张，影响既有的正常运行秩序。而且由于财政的困难，下级也会在执行上打"折扣"，造成全局性政策在局部的扭曲，妨碍政策效力的充分发挥。

工资体制改革最能说明这个问题。在 20 世纪 80 年代，干部工资有五次较大幅度的调整。其中 1985 年干部职务工资制改为结构工资制，全县月增资总额为 4.4 万元。1989 年的普调工资使财政每月增加 11.3 万元。进入 20 世纪 90 年代后，由于财政供养人员的增加，财政支出项目的增多，工资增长带来的压力也越来越明显。[①] 全县行政干部的工资出现了迟发、少发现象，致使工资改革政策结果无法充分表现出来，影响了行政干部工资收入的增加。

最后，虽然来自上级的压力增大了，但是上级与下级之间在任务完成上也出现了"可谈判空间"。"可谈判空间"首先是在财政税收领域中出现的。20 世纪 70 年代末，从中央到地方各级财政出现了巨额赤字，为了调动

[①] 例如，在 1996 年，由于普调工资、公安干警实行警衔补贴等增支因素，"人头费"支出增加 350 万元。

地方增收节支的积极性和保证中央财政收入，从 1980 年起，中国的财政体制由单一制转向承包制。首先采用的是"分灶吃饭"体制，1988 年又实行了"财政包干"体制。这实际上是一种粗放的管理体制，谋求的是总量平衡的结果，而不重视实现平衡的手段，把总量层层分解到承包者身上。这样产生了两个直接结果：一是作为承包者的下级可以根据以往的信息，推测上级提出的承包标的，然后根据自己的情况在一定幅度内与上级谈判；二是这种类似于 18 世纪法国"包税制"的方法会引发下级"自我中心"意识与行为的增强，破坏市场经济的一体化。

在其他领域也存在"可谈判空间"，只不过发挥作用的是个人。下级的领导请求上级减轻任务（或者改变任务完成的方式或者争取有关方面的政策性优惠）时通常采取的是两种方式：一种是通过与上级某些首长的特殊关系，请求后者从中通融；另一种是根据自己即将调任的职位的稀缺程度对上级提出要求。① 对于下级领导来说，这样做的直接好处有两个：一是减轻自己工作的压力；二是可以为自己在本管辖的范围争得威信，获得自己下级的理解和支持（即使没有获得"可谈判空间"）。1995 年从保定市委调任涞源县县长的周仲明就在工资上争得了"可谈判空间"。他从上级争取到的资金不仅解决了已经拖欠几个月的工资，而且还落实了几项应发的项目，暂时缓解了工资问题产生的压力。

2. 来自同级的压力

对于个案研究的对象县来说，同级指的是本地区（行政管辖意义上的）和其他地区的县。同级产生的压力可以分为两种。一种是对资源和市场的竞争。企业管辖权的下放把企业与当地政府紧密地联系在一起，为了保证本地的财政收入和就业水平，当地政府会使用行政命令来为企业争取生产资料和产品市场。20 世纪 80 年代出现的"诸侯经济"是各级地方竞争的极端表现。涞源县虽然没有卷入各种生产资料"大战"，但是也必须为当地的产品销售寻求出路。本县有些产品大量积压，而本地市场被外地同类产品占领，因此国营和合作商业部门要"大力组织推销，占领当地市场，并打

---

① 这里的稀缺程度包括两个方面内容：一是在该职位上完成任务的难度；另一个是对于该职位的争夺程度。通常，难度越高，候选人数越少，表明该职位的稀缺程度越低，被委任的对象也越有理由向委任者提出附加的条件或要求。

入外地市场"。另一种压力来自对方的发展速度和水平。尤其当双方发展基础类似，经济起飞时条件相同（甚至对方情况更差）的时候，这种压力更加强烈。当然，由于行政区划的不同，这种压力产生的结果也有差别。一般来说，隶属于同一地区的县产生的压力更大。因为这种压力往往会通过上级的重视转化成从上到下的政治压力，与下级党政首长的个人发展联系在一起。从20世纪80年代一直到90年代中期，涞源县的主要竞争对手是同为山区的阜平县。由于发展水平的落后，二者在许多领域争夺的是倒数第一、倒数第二。20世纪90年代中期后，由于自身经济实力的增强，涞源县把自己的对手定位为更发达的县市。涞源县主要经济指标占全市的1/40，国民生产总值年均增长35%。

同级的竞争在一定程度上推动了各地社会经济的发展。这具体体现为：①密切了政府与企业之间的关系，形成了一种"合作主义"机制，政府为企业服务的意识得到了强化；②出于改善投资环境或者出于显示政绩的原因，各地的基础设施建设发展迅速；③相互之间形成一种学习关系，有利于一些制度创新的扩散。① 但是在市场不完善、行政控制依然强大的转轨期间，同级的竞争在方式和结果上都有严重扭曲的迹象。这体现为：①用行政命令参与竞争，建立封闭的市场结构，用"地方保护主义"阻碍资源的自由流动；②用政府投资代替企业投资，或者政府代替企业的投资决策，不仅干扰了企业的正常运行，而且造成了投资的巨大浪费；③相互学习中的"格雷欣"现象，② 造成政策使用上的有意扭曲。在很多情况下，相互学习到的只是追求眼前或短期收益，忽视具有长远影响的方法和措施。而且是照搬模仿，缺乏对本地实际情况和长远发展的考虑。由于相互差异巨大，学习还可能蜕化为不顾客观现实的盲目冒进或者强调客观条件的不思进取。

3. 来自民众的压力

1978年以来，民众对国家的压力呈不断增强的趋势。信访工作重要性的逐渐提高集中体现了这点。1977年6月涞源县建立了县委信访科，开始

---

① 有的学者把中国改革时期的地方竞争类比为西欧中世纪期间各王国之间的竞争。
② 所谓"格雷欣"现象或定律来自货币领域，指的是在货币流通中劣币对良币的驱逐。

处理"文化大革命"期间遗留下的问题，后来充实为落实政策办公室。到1982年9月其共处理各类问题11589个，涉及56322人。就全国情况来看，经过各级努力，上访的数量在20世纪80年代初期出现明显的减少迹象。① 这种结果的出现有两个主要原因：一是对"文化大革命"遗留问题的有效解决；二是改革开放政策在短时间内取得的明显经济效果。进入20世纪90年代后，信访数量开始迅速增加。以涞源县为例，县人大常委会接到的来信来访数量在1987~1989年度为286件，1990~1992年度达到了641件，1993~1997年度增长到2325件。与20世纪80年代初期相比，信访的来源、内容以及采取的方式发生了很大的变化。信访者主要来自农村，反映的是村、乡干部的腐败问题。② 20世纪90年代中期后，一些企业工人也加入上访行列，主要反映的是本企业的管理和工资发放问题。总之，腐败问题成了信访的主要内容。而且由于解决机制存在的问题，一些信访事件向有行动，甚至集体行动的上访转化，社会影响扩大化了。③ 因此，信访工作得到了各级政府的高度重视，被列为考评的重要内容之一。必须看到的是，对于县级政府来说，来自农村的信访问题远远多于来自企业的问题。其中的根本原因是其主要管辖范围是农村，而农村又处于快速的现代化和市场化进程中，新旧问题同时迸发出来，对现有体制产生强大的压力。

　　信访工作的变化反映了快速变革的社会经济与调整相对缓慢的政治体系之间的紧张关系。④ 一方面，随着经济体制的变革和社会经济结构的变化，整体社会出现了分化，社会自我意识和行动能力增强了，开始维护自我利益，并对公共权力行使的正当性和合理性提出了疑问。另一方面，国家在农村的改革实质上是国家管辖边界的收缩，国家对村的直接控制被村

---

① 全国的情况也呈现了这种趋势。参见刁成杰《人民信访史略（1949~1995）》，北京经济学院出版社，1996。
② 陕西省民政厅的一份文件指出，在全省农村中存在三大问题："干部作风简单粗暴、甚至有的以权谋私、腐败现象蔓延；村级财务管理混乱，重大村务由村干部甚至极少数人说了算，不向村民群众公开；乡、村统筹中提留随意摊派、加码、农民负担较重的现象。"参见陕西省民政厅《争取领导重视，发挥职能作用，把推行村务公开作为民政工作的重点来抓》。
③ 近些年来，防止和杜绝集体上访，尤其是到北京上访成了各级政府工作的重点。每到重要节日，各地都会抽调一些人到重要交通枢纽进行盘查。
④ 一位长期在基层工作的县级领导认为，20世纪90年代以来，农村各种问题进入了高发期，因此，信访数量的增加和严重性的增强是这种发展的必然结果。

民自治所替代，但是由于国家对社会的要求并没有改变，反而在内容和强度上增加了，而村民自治作为一种制度出于社会政治的原因停留在形式上，① 无法充当国家与社会之间的有效中介。因此，一个制度上的负效应是由村级组织的涣散造成的，这大大增加了制度运行的成本。国家不仅难以顾及农村社会的要求，而且为了减轻自己的压力，存在把村"行政化"的严重倾向，村在实质上沦为行政体系中的一个层级。②

4. 来自市场的压力

20世纪80年代，政府与市场的关系是相对简单的。为了搞活经济，推动经济发展，政府开始有目的地改革计划体制，从制度上为市场的发展拓展空间。首先得到恢复的是市场的基础形式——集市。商品交换有了固定的地点和时间，越来越多的个人参与到这项活动中，这不仅加快了商品的流通，而且增加了商品的品种，扩展了交换的范围，提高了竞争程度，丰富了城乡居民的物质生活。

中国市场的发展是通过渐进式的"双轨制"实现的。一方面，计划强度和范围的减弱，创造了更多跨地区的生产要素市场；另一方面，由于计划体制的根深蒂固和各方面配套改革的不系统，市场一直处于不健全状态。从20世纪80年代末开始，市场深化与市场不完善产生的双重压力日益明显起来。这些压力产生了三个直接结果。

第一，在"放权让利"形成的分权式资源再分配—利益满足体制下，地方政府的功能增加了，而且职能调整成为必然趋势。地方政府不仅充当了投资者和企业管理者的角色，还积极营造投资环境，争取更多的外来资金。这些活动虽然暂时在局部缓解了市场不健全和企业本身对市场的不适应，但是扭曲了市场关系，直接造成了地区割据的"诸侯经济"和政府对经济运行的过度干预。除了新增的经济职能外，地方政府还必须应对人口流动、环境污染等问题。

---

① 村民自治发展的程度主要由两个因素决定：一是代表国家的各级政府对其重视程度和"放权"程度；二是家族、宗派势力的强弱。前者规范着村民自治制度形式的完整性和有序性；后者决定村民自治的实质运行。
② 目前一些地方实行的"村财乡管"不仅说明了村级组织涣散的程度，而且反映了乡镇为了确保村的正常秩序而对村直接管理的加强。

第二，政府拉动型消费市场。这在贫困地区表现得尤其显著，由于广大农村人民生活水平不高，政府和政府工作人员的家庭成为当地市场的主要购买力，但这种购买力是由财政状况决定的。一旦财政状况恶化，行政开支无法兑现，就会导致当地市场的萧条。这种景象在20世纪90年代中期的涞源县就出现过。当时行政单位工资拖欠数月，并且无法发足，以至于春节期间的市场也非常冷清。政府拉动型消费市场产生的另外两个弊端分别是市场规模的有限和对产权的侵犯。前者是由消费群体数量和购买力的水平决定的，后者则是由于餐饮、娱乐等消费产业对公款消费的不正常依赖，体现为"打白条"和拖欠付款。①

第三，企业经营状况的恶化和利润滑坡。在计划体制下是没有企业的，有的是执行计划的生产单位。因此，随着计划体制的削弱和市场的发展，这些生产单位在经营机制上变得越来越难以适应新的环境。产品积压、利润下滑成为困扰国有企业的普遍问题，这直接导致了政府财政状况的恶化。为了改善财政状况，政府加强了对所属企业经营的干预，通过更换企业领导人、制订生产计划、追加投资、购买原料和推销产品等手段力图推动企业的发展。行政干预的结果大多事与愿违，适应市场的企业经营机制没有建立起来，政府与企业之间的"父子"关系在某种程度上强化了，这实际上削弱了这些企业的竞争力，加快了其陷入困境的步伐。在涞源县，1992年在全县13家全民工业企业中有4家处于亏损状态；13家县办集体工业企业中7家亏损，而总利润为-12.3万元。到20世纪90年代中期时，能够维持正常经营，并能够创造利润的企业只剩下数家水泥厂，大部分企业处于停产或半停产状态。不仅县级财政受到了威胁，而且还带来了下岗等一系列社会经济问题。

二　压力型体制的运行

压力型体制是1978年后中国发展的历史背景和转轨的制度环境下的必然产物。一方面，中国在世界现代化和市场化序列中的后发地位，决定了

---

① 这似乎是一个悖论性的现象。为什么在不能完全收回欠款的情况下，依然不断有新的消费性企业开张呢？其中有两个主要原因：一是该行业的高利润保证了一些企业在拖欠条件下依然能够维持；二是一些企业利用与某些政府部门领导的个人关系，能够获得收回欠款的优先权和明确的承诺。当然，这样做的社会代价是不公平的竞争和某些官员变相侵吞公款。

政府始终处于一种压力环境中，并且必然在社会经济发展中充当首要推动者并且广泛干预社会经济；另一方面，"放权"式改革虽然承认了地方的利益，为地方政府的主动行为提供了激励，但是由于集中体制基本框架的存在，地方政府难以自主行为，必须执行来自上级的各种指令。这样，地方政府不仅要处理与新兴市场以及分化的社会之间的关系，还要继续用各种手段从上级那里争取政策上的优惠以及资金、项目等资源。在自我利益的推动下，地方政府之间的竞争变得非常激烈。

所谓的压力型体制指的是在中国政治体系中，地方国家（体现为当地党委政府）为了加快本地社会经济发展，完成上级下达的各项命令任务而构建的一套把行政命令与物质刺激结合起来的机制组合。其由三个部分组成。①数量化的任务分解机制。体现为在制定了社会经济发展目标和接到上级任务后，党委政府把它们进行量化分解，通过签订责任书的形式层层下派到下级组织以及个人，要求其在规定的时间内完成。②各部门共同参与的问题解决机制。有两种表现方式。一种是各部门的工作要围绕党委政府的工作计划和工作重点进行安排，这是纳入下级工作计划的常规方式；另一种是各部门抽调人员或者整个部门一起行动完成来自上级的临时性任务或工作。③物质化的多层次评价体系。对于完成指标任务的组织和个人，除了采用授予称号这样传统的精神鼓励的方式外，还增加了包括升级、提资、提拔、奖金等物质奖励。在惩罚上一些重要任务实行的是"一票否决"制，即一旦某项任务没有达标，就视其全年工作成绩为零，不能获得任何先进称号和奖励。"多层次"体现为评价主体不仅包括党委系统的组织部门、政府系统的人事部门、本部门的组织人事部门，还增加了纪律检查委员会、部门内部的下级干部和普通工作人员等。

在压力型体制的运行过程中，由于减压机制的存在，压力并不总是越来越大。一类减压机制是对于压力的施加者——上级来说的，过度的压力不仅不能取得预期的效果，而且还会引发下级和民众的抵触和反抗，因此当一些命令由于困难巨大无法推进的时候，上级通常会采取不了了之的态度，既不取消自己的命令，也不强制下级执行，把问题"挂起来"。[①] 另一

---

① 这似乎有些像西方总统制国家中的"口袋否决"。

类减压机制主要是由下级控制的,笔者把它称为"减压阀",有两种表现形式:①关系;②统计方法和手段。前者是非正式制度;后者则是制度的非正式化。关系在任务分解和评价两个部分中都有体现。在任务分解时,下级尽量利用各种关系与上级讨价还价,述说工作的难度,以求降低要求,获得上级更多的报酬承诺。在评价过程中,关系和统计方法及手段都发挥了作用。一方面通过关系,尽量向上级说情,突出成绩,隐藏失误;另一方面利用统计工作的漏洞,在统计数字上做文章。以至于民间顺口溜说:"干部出数字,数字出干部"。①

从本质上讲,压力型体制是在现代化和市场化压力下出现的,是以赶超为目标的传统动员体制的延伸,是中国制度转轨过程中的产物,可以被视为制度变迁中的过渡形态。它将经济上的承包责任制引入政治生活,用物质刺激来驱动政治过程,使各种组织和个人为了获得更多的物质满足去争资源、争名次,争个人升迁。

虽然脱胎于中华人民共和国成立后形成的动员体制,②但是压力型体制已经在一些重要方面与后者区别开来。这些区别主要体现为以下几点。①在宏观背景上,动员体制所依赖的国家控制和配置一切资源的"总体性"社会出现了变动,市场化的推进、社会的分化以及自主性的提升提供了新的替代性资源以及配置方式。强制性命令权力、行政性强制控制的意义下降,上级无法通过简单的、无成本的命令来实现自己的意志,以责任书体现的任务分解方式有利于划分上下级之间的责任,为上级的行为提供更合理的依据;而物质刺激则表明交换关系在政治体系中合法化了,原来单纯的行政命令关系带上了经济色彩。②在行为主体上,动员体制下的各级政府以及各种组织没有取得合法的独立地位,不能公开追求自己的利益。而在压力型体制下,这些主体的独立利益得到了制度化认可,因此它们的行为带有更明显的主动性。③压力型体制下的"讨价还价"关系更加明显,下级调整自身的能力似乎更强,因为它们必须学会处理与社会以及市场的关系。

---

① 关于这个问题请参考章后所附的文章《"数字升官"现象揭秘》。
② 中国的动员体制有两个突出特征:一是群众的参与;二是发动运动。因此组织化动员成为社会的基本运作方式。参见孙立平、晋军等《动员与参与:第三部门募捐机制个案研究》,浙江人民出版社,1999。

压力型体制的时空存在方式有三个基本特征。①在时间上,压力型体制是在20世纪90年代明显化的。笔者通过对中国东部、中部以及西部几个县(包括县级市、区)的比较研究发现,① 在1992年后的党代会和人代会文件中,都出现了"加温加压""驱动发展""跳跃发展""超常发展"等字眼。这一方面反映了在邓小平南方谈话后,全国经济发展的加速,另一方面也说明了地方危机意识的明显增强。②在空间分布上,压力型体制是一个全国性的体制,不论是经济发达的东部还是经济欠发达的西部都可以看到它运行的迹象。③压力型体制在空间存在上还有不平衡特点。这种不平衡性体现为两点。一是在处于经济起飞阶段的地区,压力型体制的表现更加明显。因为这类地区的发展任务更加紧迫,行政力量的干预程度也较强。我们有理由预见在西部大开发中,压力型体制将发挥很大作用;二是在地方政治中,县级压力型体制表现得更加突出。这与县在整个体制中所处的地位有着密切关系。一方面县作为最完善的基础政治体系承担着来自上级的各种命令任务;另一方面这些任务是在与社会、市场的直接接触中完成的,必须采取具体行动。

压力型体制的运行对于推动地方社会经济的发展起到了积极作用。第一,动员和发挥了组织与个人的积极性和创造性。在政治经济奖励的激励下,"一票否决"制的驱动下,各个组织和个人为了保住和提高自己的收益,纷纷想点子,找路子,引资金,上项目。第二,强化了政府的"企业家"角色。在压力型体制下,各级政府的行为类似于企业家,它们不仅要为本地的发展去选项目,引资金并决定资金的投向,而且还要密切与本地企业的关系,帮助其争取原料和资金,推销产品。政府的这些行为在一定程度上弥补了市场的缺陷,密切了政府与市场之间的关系。第三,由于政府的参与和支持,一些大型项目得以上马,一些适合本地情况的农业技术得到推广,对于经济发展中规模效应的提高起到了一定作用。比如从20世纪90年代中期开始,涞源县先后推广了脱毒马铃薯、速生核桃、错季蔬菜等种植技术,推动了农业结构的调整。北京的碧溪集团、沈宏矿业公司等大企业分别投资于旅游业和矿产业。第四,在政府投资的推动下,以交通

---

① 包括江苏省的锡山市、河南省的新密市、河北省的涞源县、易县以及陕西省咸阳市秦都区。

通信为代表的基础设施建设以及城市化进程发展迅速。涞源县县政府先后投资修建了108、207国道，对县城的主要街道进行了拓宽和绿化改造，并且在1999年通过"省级卫生县城"的达标验收。通过在主要乡镇建立通信模块局和移动通信基站，全县固定电话装机容量达到1.8万门，移动电话达到1900多部。第五，当地人民的生活水平有了显著提高。农民人均收入在1999年达到1369元，贫困人口也大幅度减少。

在发挥积极作用的同时，内在的缺陷也使压力型体制产生了以下几个深刻的矛盾。

第一，指标任务与客观条件脱离的矛盾。指标任务脱离现实有两个主要原因。一是制定者为了学习先进者而简单地采取了对方的标准；二是指标任务在分解过程中，某些领导盲目追求政绩效果，层层加码，人为提高了完成的标准。指标任务与客观条件的脱离不仅给任务接受者施加了过度的压力，而且也为后者采用非制度的手段减轻压力提供了诱因。

第二，职能扩展过快与财政能力有限之间的矛盾。职能扩展不仅体现在职能的增加上，还体现在完成职能的速度上。由于强调"超常规"发展，一些任务项目的完成时限常常被人为缩短，这样必然要求在短时间内筹措到更多的资源，对财力有限的财政产生巨大压力。原来的财政支出计划被打乱，需要长期投资的项目被中断，资金投向了一些可以在短期取得明显效果（不论是经济效益还是政治效益）的项目。

第三，部门利益的扩张与"整体性"政府建设之间的矛盾。在压力型体制下，部门利益得到了承认和强化，① 这推动了一些职能部门把所行使的权力和控制的资源的"部门化"。职能部门办企业、建"小金库"，挪用管理的资金来提高本部门福利、"乱罚款、乱收费"等行为都体现了这种"部门化"。某些"部门化"行为实际上已经构成了部门腐败。在某种程度上，这种腐败比个人腐败造成的危害更严重，因为它为了维护某个小群体的利益而牺牲了社会的整体利益，培养了与社会利益对立的团体力量。部门利益的明确化还造成了部门之间的分化，并成为社会分化的一个重要因素，

---

① 以下三个因素推动了这种变化：①部门"自主权"的扩大；②统一制度规范体系的部分解体，部门制定规则权力的增加；③资源占有和使用的部门化。笔者在这里借用了李路路、李汉林对于单位分化的观点。

对于国家工作人员来说，不同的部门意味着不同的收入、福利、关系资源、社会地位等，因此部门有所谓的"好坏"之分。在县的范围内，"好部门"包括两类：一类是有裁判权的部门，如公安局、法院；另一类是有收费权的部门，如交通局、工商局、国税局、地税局。

部门利益的扩张和部门之间的分化影响了"整体性"政府建设的推进。所谓的"整体性"政府有两个标准：一是政令从上向下能够有效贯彻；二是各部门之间既职责明确又相互协调合作。压力型体制虽然在一定程度上有利于政令的贯彻（这尤其体现在各部门共同参与解决某个单一问题上），但是就总体来说阻碍了"整体性"政府建设的推进。这集中表现在四个方面。首先，某些部门为了维护既得利益消极抵制上级命令，尤其是以打破部门垄断为目标的改革措施，不仅提高了改革措施制定和实施的成本，而且造成了某些改革的不到位；或者用部门命令抵制本级政府的命令，设立一些不适应本地情况的收费项目。其次，某些部门主动利用现有制度的缺陷来强化自身利益，推动了收费项目的畸形增长。在对职能部门的管理上，实行的是领导分工制，部门的许多收费项目是经分管领导批准的。但是由于这些领导分管的部门多，无法对每个项目进行深入的审查，而且分管造成的"本位意识"也使领导很少会否决部门的要求，从而在制度上为收费项目的增加开了口子。再次，过于强调部门利益，导致了职能部门之间，职能部门与乡镇之间关系的不协调，工作的不配合。对同一地域和同一行业拥有不同形式管理权的职能部门为了争夺利益，竞相插手，导致了多重关卡、多重收费。而在解决问题上，相互扯皮，相互指责，推卸责任，甚至公开对抗也时有发生。职能部门与乡镇的矛盾也多由收费问题引发。职能部门实行条条管理，在乡镇设置由自己管理的基层所站，各种收费由自己支配。而乡镇认为这些基层所站只知道收费，不知道服务，应该由自己管理。最后，20世纪60年代以来市场经济发达国家的实践和学术界的研究达成这样的共识：政府、公安司法、文化、教育、医疗卫生、社会保障六大领域的主要作用在于提高全民族的整体素质和加强社会保障，所追求的是重要的人文价值，而非经济价值。而各部门现有的逐利冲动和制度的缺陷破坏了整个社会人文价值的重建。

第四，各部门参与的工作方式与正常职能有效行使之间的矛盾。从20

世纪 90 年代中期开始，一些与市场经济秩序建立有直接关系的部门（例如税务、工商）逐渐实行了上级统管，即这些部门的人事权由上级系统决定，以保持这些部门工作的独立性。这样做的主要目的是减少当地政府对这些部门的干预。上级统管虽然限制了这些部门人员的无序增长，但并没有从实质上提高其独立地位，因为在党的关系上，它们要受当地党委的领导；部门的主要领导也来自当地，其工作的完成也需要当地政府的支持和配合。配合当地政府的工作挤占了这些部门的许多工作时间，影响了其正常工作的深入展开。一位曾在乡镇工商所工作过的人这样说道："50% 的时间是收费，30%～40% 的时间帮助地方政府收取各种集资、捐款和应付地方政府安排的各种事务，余下极少的时间用于各项监管工作。"

第五，"加压驱动"与干部收益普遍提高和保护之间的矛盾。虽然在干部队伍中存在非常严重的人浮于事、"混岗"等问题，但这并不说明广大干部的工作轻松。因为这是既有制度下产生的两种问题。实际上，在压力型体制下，干部所承受的压力有不断增大的趋势。这样讲有四个主要原因：①来自上级的指标任务在标准上不断提高，分类上越来越细；②干部考核频率越来越高，内容越来越具体，惩罚措施也在不断落实；③在完成任务的过程中，来自民众的压力也在不断增加，除了采用集体行动公开抵制外，越来越多的人学会使用法律手段来维护自己的权利，限制了干部行为的自由度；④工资拖欠、收入偏低等因素加重了家庭负担。行政人员工资收入的相对下降是 20 世纪 90 年代以来中国社会结构变化的一个重要特征。即便在干部队伍内部，县、乡镇干部的工资收入远远低于同一级别的城市干部。因此，对他们来说，压力的增加与制度内收益的提高并不协调。这在某种程度上为一些干部以权谋私提供了道德上的借口。虽然这种现象只是少数，但是反映的是制度性问题，而且更重要的是，收益的相对下降已经成为干部队伍道德约束减弱的一个重要因素，利用控制的公共资源提高收入得到了许多人的默认。①

---

① 白居易曾经在《策林·使官吏清廉》中指出，臣闻为国者，皆患吏之贪，而不知去贪之道也；皆欲吏之清，而不知致清之由也。臣以为去贪致清者，在乎厚其禄，均其俸而已。盖所谓渴马守水，饿犬护肉；则虽日用刑罚，不能惩贪而劝清必矣。在中国目前的情况下，即便不能做到厚其禄，起码也应该做到均其俸。

第六，政府干预与社会、市场正常发育之间的矛盾。政府的"企业家"角色虽然在推动经济起飞、加快经济扩张性增长方面起到了关键性作用，但是其也诱发了腐败，不利于社会、市场的正常发育和壮大。这表现为：①一些官员为了突出政绩，不顾客观条件限制乱铺摊子，大上项目，只重数量，不重质量，只重形式，不重内容，造成一些项目或者不适应市场需求，很快倒闭停工，或者后续资金短缺，形成"半拉子"工程，造成资源的巨大浪费；②由政府开发的项目，进行的建设工程招标缺乏公开性、竞争性和监督，为少数官员"寻租"提供了机会，既造成了工程质量的下降，也破坏了社会的竞争环境；③政府的过多干预不利于国有企业经营机制的转换，削弱了其竞争力；④20世纪90年代出现的"逼民致富"现象，虽然在一定程度上推广了某些农业技术，但是由于脱离实际，实行"一刀切"，不仅破坏了农业生产的正常秩序，而且激化了农民与政府的矛盾。总的来说，如果政府不转化自己在经济发展中的角色——从"企业家"转变为"裁判员"，那么就很难为社会和市场的发展提供更大的空间。

三　结论：理性化的矛盾

压力型体制的运行生动反映出，从地方层级向地方国家转变的过程是一个复合的理性化过程。中央的"放权让利"和建设社会主义市场经济体制决定的实行不仅确认了既有利益格局中各种显性隐性的利益主体的制度地位，而且为制度外的利益主体（来自社会和市场）的生长提供了空间。雨后春笋般的利益主体为了维护和增加自己的收益，也在不断根据制度环境的变化调整着自己，实现自己自身的理性化。一方面，它们把实现利益的最大化作为自己公开的目标；另一方面，实现这个目标的手段和工具也在不断丰富。在转轨的制度环境下，这通常意味着有更多非制度行为的出现。

对于中国的制度化建设来说，利益主体的理性化推动了集中体制的松动和整体性社会的转变，把许多隐藏的问题和矛盾暴露出来，为制度重构提供了更加客观的背景。但是，这个由多种主体参与的复合理性化过程也产生了多种与理性化相互冲突的矛盾，使许多代表更大范围利益的决定陷入集体行动的困境。而且制度转轨造成的制度空位也为局部或个体利益的畸形最大化提供了条件,诱发了更多破坏制度规则的行为。这些问题的出现都影响到中国制度化建设的顺利推进。

在地方国家构建中,理性化的矛盾表现在四个层次:中央—地方,地方—地方,部门—部门/乡镇,组织—个人。就目前情况来说,第一个层次的制度化建设进展较快,而后三个层次的制度化建设则相对滞后,尤其是省级以下的各级政府之间的分权关系依然模糊,过多的直接控制限制了更低层次政府对本地社会的负责性的增强。虽然通过制度化建设解决现有矛盾已经成为社会的主流认识,但是对于地方国家来说,不仅要为各主体公开追求自我利益设定合理的制度框架,还要减少达成集体行动的成本。最重要的是,要通过民主的扩大改革现有的负责机制,把单向的对上负责转变成对上负责与对本地民众负责相结合的双重负责。

附录:"数字升官"现象揭秘

20世纪50年代"大跃进"期间,一句"人有多大胆,地有多高产",造就了一个荒诞时代。但时至今日,一些地方和部门的领导们不吸取教训,依旧好大喜功。"挤水分"竟成为国家统计局的日常工作,是因为"吹而优则仕"造成"数据升官,升官数据"的恶性循环。

真实和准确是统计的灵魂和生命。但近年来,一些地方和一些部门虚报、瞒报现象十分严重,伪造、篡改统计数据的行为时有发生,弄虚作假、虚报浮夸的歪风悄然滋长并蔓延开来。

山东省有关部门提供的1994年村及村以下工业产值是4878亿元,比1993年增长94%,可谓"突飞猛进"。可细查之下,发现各地、市上报的数据,竟有1707亿元是虚报的,"水分"高达35%。

1993年底,河南省安阳县预计乡镇企业总产值有40亿元左右,当县乡镇企业局领导打听到林州市达到50亿元后,决心不能"丢了面子",定下了超不过林州市也不能差得太远的"统计基调"。有关领导立即召开了乡镇企业统计员紧急会议,要求每位统计员按照领导提出的"重点方向"挖掘"产值潜力",众人"齐心合力",当场就在会上修改起统计数据来,一次会议就把乡镇企业总产值凭空拔高到48.485亿元。事后查明,该年安阳县乡镇企业总产值只有35.68亿元,"水分"高达27%。该县上报126个千万元村,实际只有86个;上报20个亿元乡,有8个压根儿就在爪哇国里。更加严重的是,当有关部门进行查处时,该县有关领导反而谩骂、诬蔑、恫吓举报人,完全丧失了政府官员应有的责任感。最后县长被撤职。

"真实的谎言"如此肆无忌惮,逼得国家统计局做起了"挤水分"的日常功课。1993年,国家统计局在地方各级统计局已经做过自查工作的基础上,从乡镇及村以下工业产值中仍然挤出了3700亿元的"水分",占当年乡镇工业总产值的16%;1994年,国家统计局又挤出乡镇工业产值"水分"7000亿元。

然而,要彻底挤干"水分",还须找出浮夸风的根源所在。20世纪50年代"大跃进"期间,一句"人有多大胆,地有多高产",造就了一个荒诞时代。时至今日,一些地方和部门的领导仍不吸取历史教训,好大喜功。有的地方明确规定,凡是乡镇企业产值超亿元的乡镇党委书记和乡镇长可提为副县级,或当场宣布为县委常委。这样一来,便形成了"数据升官、官升数据""数字出干部、干部出数字"的恶性循环。

河南省信阳市就有过被指标牵着鼻子走的荒谬现象。该市1993年的工业产值和销售产值是预先定好的,到了1994年初正式统计前夕,市统计局局长在审查有关报表时发现,离"目标"尚差近亿元。心急如焚的局长便找来负责工业统计的下属,以评估为由,对1993年12月份的工业统计月报做了大刀阔斧的改动,大笔一挥,凭空吹出6000万元工业产值和9500万元工业销售产值。为了让这些"新数据"和基层报表相一致,局长大人又和市计委、经委主任等人赶往医化局、轻纺局、机电建材局,要求三家单位"积极配合",更改原来的报表数字,以便和市统计局的最后数据"找齐"。

触目惊心的"以数谋私"现象引起了社会强烈愤慨。在1995年3月召开的八届全国人大三次会议期间,许多人大代表曾经拍案而起,对浮夸风进行了严厉的谴责。全国人大常委会副委员长陈慕华则在《统计法》颁布十周年的纪念会上深刻地指出:在统计上弄虚作假的行为削弱了政府权威,助长了地方保护主义和极端利己主义,这也是一种消极腐败行为!

糊涂账背后

1978年,国家统计局和国家计委正式分家,作为中国官方统计的最高权威，它负责社会经济、国情国力等基本状况的调查统计，同时兼管统计业的管理工作。但是，历史遗留下来的种种弊病仍然拖了中国统计业的后腿，官方统计困窘重重。

中华人民共和国成立以来，"报山表海"问题一直困扰着统计部门和全社会，国务院多次指示清理统计报表均未能奏效。1991年，国家统计局组织8个部委、10个省市清理统计报表，发现各级业务主管部门共制发非法报表806张，占发报表总数的36%。国家统计局估算全国每年要为重复性调查付出近亿元的冤枉钱。为了满足上级领导对水稻面积的"关心"，福建省南平地区万安乡一次就接到了七个部门发来的同样的报表。

某乡有位颇有魄力的乡长，再难的事也不畏惧，唯独方方面面来索要统计数字时，却愁得半死。原来，该乡的统计员是由一位乡干部家属担任的，属于照顾性质。无奈这位原本属于家庭妇女阵营的统计员大字不识几个，统计数据搞成了一笔糊涂账，连乡长都看不懂。乡长只频频拍着自己的脑袋，凭印象估摸出一个个大概数，一次次地上报。

《统计法》颁布后，全国一些省市先后出台了相应的地方性法规，不约而同地增加了经济处罚的法律手段，然而，对于那些财大气粗的违法者而言，罚款根本触不动他们。北京曾经对肯德基公司的统计违法行为处以两万元的罚款，事后发现，这两万元只是公司老板几个月的工资，纯属牛身上拔根毛，对方根本就不在乎。利用手中的权力实施打击报复就更令人齿寒。江西东乡县邮电局曾经因拒报固定资产投资报表，被统计局查处。紧跟着，邮电局就要让统计局"尝尝倒霉的滋味"，掐断了统计局领导电话竟达半年之久。

给"吹而优则仕"亮红牌

1995年6月28日，国家统计局局长张塞在八届人大常委会第十四次会议上作《关于统计工作情况的报告》。张塞毫不讳言地列举了统计业面临的种种危机，提出解决危机的根本出路在于健全法制，对12年前颁布的《统计法》动一次"大手术"，进行全面修订。

1996年5月15日，八届全国人大常委会第十九次会议通过了对《统计法修正案》的表决，会场响起一阵热烈的掌声，中国统计业有了新的"行动指南"。国家统计局局长张塞日前又在传媒上"说法"：当前一些地方和单位弄虚作假盛行，非法调查泛滥，已到了非治不可的地步，必须"打假扫非"，维护统计工作的权威性。"打假"就是要严厉打击在统计数据上弄虚作假、虚报浮夸的违法犯罪行为，使非法干预统计工作者警醒，"吹而优则仕者戒"。"扫非"即依法扫除非法统计调查、非法公布甚至出卖统计信息和统计资料。对于查出的各种统计违法行为，不管涉及何人，都将依法追究。

张塞说，如果说过去的统计法制不够健全，对违法者缺乏应有的制裁手段，现在所谓的"软法""豆腐法"问题已经解决，关键是要解决"软人""豆腐人"问题。

(《光明日报》2000年4月18日)

第八章

市场经济、压力型体制与地方政治变化的逻辑

"压力型体制"是荣敬本教授领导的课题组在1998年提出的一个概念,[①] 用来说明当时中国地方政治运行是依靠自上而下的压力推动的。该概念提出后,获得了国内学者较高的认同,被认为是一个准确而生动的描绘地方政治运行基本机制的概念,并被用于对基层政权、地方政治运行的研究和分析中。[②] 作为一个学术概念,压力型体制并非研究者凭空造出来的,而是他们对20世纪90年代末期地方政府用"加压驱动"的方式完成各项任务这个现实的总结和抽象。在1998~2008年,中国的社会经济变化巨大,尤其是市场经济体制进一步完善,那么地方政治是否也随之产生了变化呢?作为其基本运行机制的压力型体制是终结了呢?还是依然具有生命力?甚至扩散到政府管理的更多领域中?更具体来说,市场经济的发展和完善是否推动了地方政治的转变,是否影响到了压力型体制的运行和存在?本章根据对当初调研的三个地方(陕西省X市、河南省Z市和江苏省W市Y区)的回访,探讨上述问题。[③]

[①] 荣敬本等:《从压力型体制向民主合作体制的转变》,中央编译出版社,1998;荣敬本等:《再论从压力型体制向民主合作体制的转变》,中央编译出版社,2001。
[②] 1999~2007年,在博士学位论文和硕士学位论文中引用文献有776篇;在中国期刊、重要报纸和重要会议数据库中,关键词索引有137篇。
[③] 从2007年6月开始,笔者作为荣敬本课题组的主要成员对10年前的三个调查地——陕西省X市、河南省Z市和江苏省W市Y区进行了回访。除了访问了当年采访过的官员、相关的党委和政府部门外,还查阅了10年来的档案资料,对三个地方过去10年的变化有了更为全面的了解。

本章分为四个部分：第一部分将从文献的角度对市场经济发展与政治转变的关系进行梳理，并提出本章关于中国地方政治转型的基本假设；第二部分将从历史的角度分析压力型体制作为地方政治运行的基本机制是如何形成的；第三部分是本章的主要部分，将从实证的角度分别讨论压力型体制在三个案例地的应用和发展。第四部分是总结。

一 市场经济与政治转变的基本关系

现代社会科学产生以来，市场经济与政治转变的关系就一直是各个学科关注的重要命题之一。虽然在一般意义上，不同的理论都承认市场经济的建立和发展会带来政治的转变，在如何产生变化和产生怎样的变化上却存在争论。

现实市场经济中最活跃的要素是资本，资本不但渗透并控制着市场经济运行的各个环节，决定着市场经济运行的基本方式，而且不断革新着自己的形态，组织成社会阶层，并形成整体的社会阶级，以社会经济力量的形式影响着社会政治的变化。同时，就政治转变来说，尽管其内容丰富，但是国家是其中的核心制度。它不但垄断着暴力工具，而且是各种社会政治力量相互作用所依托的制度平台。国家行为的调整以及国家机器控制权的改变会对市场经济的发展产生反作用。因此，从狭义上说，讨论市场经济与政治转变的关系，实际上就是在讨论资本发展与国家改变的关系。在本章的分析中，采取的就是这种狭义的理解。

关于市场经济与政治转变的关系，有三个经典理论。第一个理论是亚当·斯密的"守夜人"理论。他认为，市场经济是一种可以自我调节的体系，随着它的发展和完善，国家只承担基本的公共职能，不能干预市场的运行。该理论为划分市场与国家的界限提供了指导。第二个理论是马克思关于资本主义国家性质的理论。在马克思看来，国家是阶级统治的工具，在资本主义社会中，国家不仅是资产阶级的工具，而且是"总资本家"，为资本的运行创造着有利的条件。马克思还认为，国家相对于统治阶级具有一定的"自主性"，可以在一定的领域和时间中起到"公共利益"代表的作用。第三个理论是马克斯·韦伯关于国家理性化的理论。韦伯认为，市场经济的发展一方面推动了世界的"除魅化"和世俗化，另一方面也推动了社会经济生活的理性化。国家也相应实现着理性化。在他看来，国家的理性化集中表现为现代法律的制定以及政府的科层化管理。国家的理性化既是对市场经济的回应，也为其提供了明确的、可预期的规则。

上述理论虽然有很大的差异，但是都认为，国家要顺应市场经济发展的要求，并进行相应的调整。此后，尽管关于市场经济与政治转变的关系、政治如何转变、转变的目标是什么的问题存在各种争论，但都没有推翻这个基本认识。

20世纪90年代，随着苏东社会主义国家的解体和剧变以及世界范围内计划经济体制向市场经济体制的转变，对于市场经济与政治转变的讨论也热烈起来。中国也处于从计划经济向市场经济转变的潮流中。虽然其以"渐进式"改革而异于其他国家，但是依然给许多"转型"理论者提供了巨大的想象空间，认为市场经济的发展必然推动中国成为一个"自由民主"国家。姑且不论这种关于政治转变结果的理论猜想正确与否，市场经济如何推动政治转变以及政治转变又怎样影响市场经济体制的建立这个双重过程更值得研究。通过分析这个双重过程，不仅可以了解资本与国家在中国这种社会背景下互动的关系，也能够丰富和深化对市场经济与政治发展关系的认识。

在中国，市场经济的建立和发展是在国家的推动和主导下进行的。这是我们分析市场化进程中中国政治转变必须明确的历史前提和理论前提。同时，随着市场经济的壮大与完善，国家也在相应做着调整和改变。因此，在中国，市场经济与政治转变在发生的时序上不是先后因果关系，而是政治的初步转变在前，市场经济的发展在与政治的深入转变互动中随后进行的关系。这种关系更接近卡尔·波拉尼所说的市场经济发展与国家调整的双重转变。

在市场经济的发展中，资本包括国家资本和私人资本（本章主要指两类私人资本，即外国直接投资 FDI 和国内民间资本。在文章中，资本主要指的是私人资本）。私人资本从国家那里获得合法性后，很快发展成为中国经济增长中最活跃的力量。对于中国这个把经济增长作为合法性来源之一的国家来说，[1] 资本不仅是经济运行必需的稀缺资源，而且具有高度的流动

---

[1] 马宝成：《有效性：现代政治合法性的政绩基础》，《天津社会科学》2002年第5期；倪星：《政府合法性基础的现代转型与政绩追求》，《中山大学学报》（社会科学版）2006年第4期。

性。所以，国家要保持经济的增长，获得持续的财政收入，完成基本的公共管理职能，就必须争取到资本的投资和再投资。这样，争夺资本就成为国家行为调整的重要力量。

笔者并不认为，资本力量的强大已经改变了国家的阶级属性，并导致政治出现了根本性转变。相反，政治的转变是一个渐进的、长期的过程。即使在体制和制度上发生了断裂式的彻底更替，但是整个政治系统的运转也具有强烈的"路径依赖性"，国家作为一种制度综合体依然在许多方面延续着原有的制度惯性和方式。[①] 在中国，资本力量的强大虽然从根本上改变了经济生活的运行方式，但是政治生活并非像某些"转型论者"设想的那样发生"西方式"的变化，依然在总体上延续着原来的方式。其根本原因在于资本的目标与国家的目标通过"经济增长"实行了耦合，从而使国家行为服从了资本的意志，资本的扩张也迎合了国家的需要。这样，国家就可以利用资本来实现自己设定的社会经济发展目标；资本也可以利用国家的力量来为自己的扩张和发展提供制度支持。

笔者认为，在政治生活按照惯性运转的同时，资本的发展和强大也影响着国家运行的方式与手段，从而推动着政治生活的改变，并且成为市场经济发展过程中对国家运行影响最直接、最有效的力量。在地方政治层面上，这种影响更为明显。因此，要理解地方政治转变的过程，必须分析资本对地方国家的影响以及地方国家做出的相应变化。

在地方政治层面上，资本与国家的互动关系是在四个条件下运行的。首先，经济增长是国家发展的总体目标。对于各级地方政府来说，要服从这个目标，就需要为资本的发展创造良好的条件。其次，资本是稀缺资源，对于地方政府来说更为稀缺。这种稀缺不仅表现为资本总量不足，还表现为地方政府掌握的国有资本数量有限。地方政府所面对的是大量的流动性很强的私人资本。再次，私人资本的流动性导致了地方政府的激烈竞争。相对于流动的资本，为了赢得投资，地方政府必须积极调整自己的行为。这是资本全球化在中国这个大国内的一种表现形式。最后，在地方政治中，

[①] Janos Kornai., "What the Change of System From Socialism to Capitalism Does and Does Not Mean," *Journal of Economic Perspectives*, 2000, Vol. 14, No. 1: 27–42.

社会力量发展缓慢，对国家和资本还无法产生有效的制约。但是对改善生活状况的强烈渴望使社会中的许多成员认同了经济增长目标，对国家和资本给予了高度的期望，从而也服从了国家与资本的行为。这一方面使资本与国家成为当地社会经济发展的主导力量，另一方面也加强了资本与国家互动的合法性。这样，资本与国家的互动关系成为地方政治转变中的核心关系。

在资本与国家互动的过程中，地方国家行为的变化有两种形式。①发挥制度的既有优势。政治动员模式和行政命令手段得到了强化。②学习新的运行方式和管理手段。资本就成为主要的学习对象。这两种变化的共同目的是，争取更多的资本流入本地，实现本地经济的高速增长。在国家总体目标的引导下，在资本流动的压力下，地方国家行为的这两种变化并非独立进行的，而是混合在一起的，相互推动和促进。第一种变化支持着地方政府能够快速适应资本的要求，并为其发展创造条件；而第二种变化则为政府提供了新的激励机制和解决问题的新手段，尤其体现为政府行为的"企业家化"（见图8-1）。

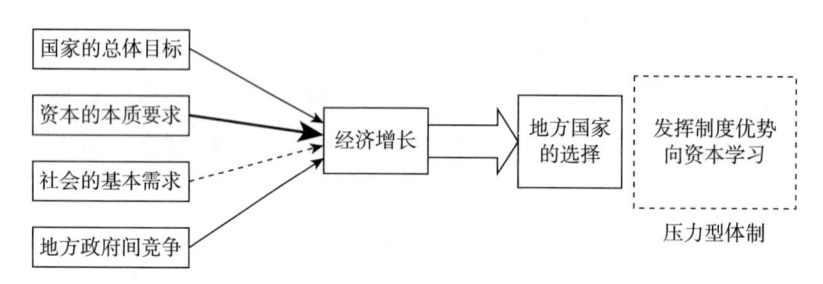

图8-1　压力型体制的形成过程

压力型体制就是这两种国家行为变化的制度结果。这里的"压力"指的是在全球性经济增长竞争和国内地方政府之间政绩竞争条件下各级政府所面临的发展或增长压力。所谓的压力型体制指的是，地方国家为了实现经济赶超和其他发展，采取任务数量化分解和高度物质化奖惩相结合的一套管理手段和方式。为了完成任务与指标，地方各级政治组织（以党委政府为核心）把任务和指标层层量化分解，落实到下级组织以及个人，令其在规定时间内完成，然后根据完成情况给予政治和经济方面的奖惩。由于主要任务和指标的评价方式是"一票否决制"（一旦某项任务未达标，即视其全年成绩为零,取消奖励资格),所以各级组织实际上是在"零和博弈"式的评价体系的压迫下运行的①(见图8-2)。

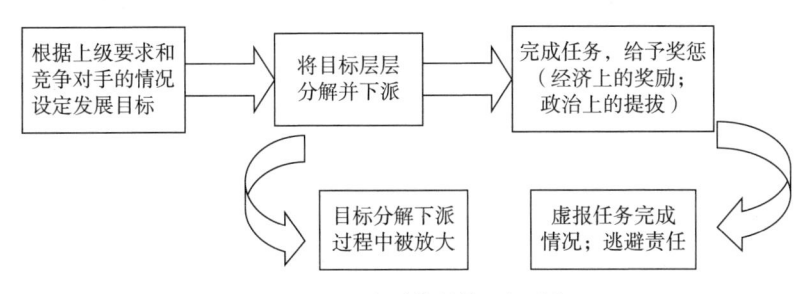

图8-2 压力型体制的运行过程

笔者认为,只要经济增长是国家的总体目标和社会的基本要求、地方政府之间存在激烈的政绩竞争,那么无论是对于资本还是地方国家来说,就都需要这种体制的存在,并为其扩展到更多领域中创造条件。本章在接下来的部分中,将从历史和现实的角度来分析它的变化。

二 路径依赖与压力型体制的形成

中国的渐进改革决定了政治转变带有强烈的"路径依赖"特征。旧的体制、机制在快速变革中没有被完全抛弃,核心的部分保留下来,并进行调整,以适应新的环境。更为重要的是,在新的环境下,它们还充分发挥出既有优势。压力型体制就是政治动员—命令体制在经济增长这个新背景下的变身。

1978年12月,邓小平在中央工作会议闭幕会上就提出,在新的历史时期,要把党的工作重心转移到经济建设上来。②

对于已经长时期习惯于搞政治运动的各级地方政府来说,从政治动员机器转变为经济增长机器,似乎是一件难以完成的艰巨任务。但令人惊奇的是,这种转变在20世纪80年代中期就基本完成了。1984年,在总结过去几年经济改革经验的基础上,中共中央做出的《关于经济体制改革的决

---

① 关于"压力型体制"的定义,请参考《从压力型体制向民主合作体制的转变》(中央编译出版社,1998);杨雪冬《社会生长、市场发育与公共权力构建:以县为微观分析单位》(河南人民出版社,2002)的第四章、第八章。

② 《邓小平文选》第2卷,人民出版社,1994,第150页。

定》就体现了整个国家在运行目标上实现了彻底的转变。"是否有利于发展社会生产力"成为检验一切改革得失成败的最主要标准。

在国家整体目标转变的背景下,各级地方政府也进行着相应的调整,以把注意力集中到经济建设方面。调整主要采取了两种方式。

第一种方式是地方干部的结构和管理方式的变化。制度是依靠人运行的。通过干部的"四化"建设和党员重新登记运动,实现了地方官员的更替,一大批年轻、有知识、懂专业的官员被选拔出来替代了年龄大的"革命干部"或者在"文化大革命"期间犯过错误的干部。① "四化"标准对"专业化"的强调,特别是经济发展的要求,使得相当数量的年轻官员是理工科专业毕业,从而形成改革开放后的第一批"技术官员"。这些官员的最大优势是有知识、懂技术,提高了政府管理的理性化水平。正如韦伯所说,"官僚化的行政系统意味着基本上是通过知识来支配"。② 由于了解工业生产和企业管理,所以技术官员很容易就把企业管理的方式转移到政府管理领域。这种管理方式的改变,利弊皆有。利处是政府内部分工更为明确,任务分配更为具体;弊端是为政府"过度企业化"提供了条件。压力型体制中采取的任务分解承包的方式在很大程度上就来自对企业承包"一包就灵"的迷信。另外,官员的上下级关系得到了加强。1984年,干部分级管理的权限范围由下管两级改为下管一级,地方政府对于自己的直接下级干部有了更大的管理权。这不仅密切了直接上下级之间的关系,而且加强了上级对直接下级的控制。上级可以直接通过对下级领导干部的调动、提拔来贯彻自己的意志,而下级对上级的服从也强化了。

第二种方式是向地方下放权力。特别值得强调的是,下放权力的过程也是调整和增加各级政府职能的过程。在这个双重过程中,随着国家发展目标的增加和发展速度的加快,地方政府所承担的责任与自身的能力之间的不对称性逐渐加重,为压力型体制的形成提供了制度前提。改革一开始,邓小平就提出党和国家领导制度的主要弊端就是权力过分集中,因此要下放权力。③ 在中央-地方关系上,首先就要使地方政府成为具有自身利益的

---

① 胡耀邦做的题为《全面开创社会主义现代化建设的新局面》的报告。
② 韦伯:《韦伯作品集》(II),广西师范大学出版社,2004,第320页。
③ 《邓小平文选》第2卷,人民出版社,1994,第321页。

主体。这种改变是从中央与地方的财政"分家"开始的。1980年，在除3个直辖市之外的所有省和自治区实行财政"分灶吃饭"，1988年又在当时的37个省级地方政府和"计划单列市"实行了"财政包干制"。这种被称为"行政性分权"的财政改革按照行政隶属关系把国有企业的利润和企业所得税规定为所属政府预算的固定收入。这项改革使地方政府有了自己可以控制的收入来源，成为独立的利益主体，激发了它们增加政府收入的积极性，在激励机制上推动了政府责任重点向经济建设的转变。

在经济增长成为地方政府各项工作中心的同时，市场的力量也在不断增强，各种形式的非国有资本成为地方政府必须依靠的力量。在地方政治中，国家与社会的关系随之开始发生根本性改变。地方国家不仅要服从中央权威的行政命令，还必须学习处理与新生长出来且日益强大的资本的关系。

在非国有经济成分发展的同时，许多地方政府依然热衷于自己办企业。除了继续经营原有的地方国有企业外，它们还从上级政府那里接受了管理权下放的企业，并且通过各种方式建立自己的企业。遗憾的是，这种政企不分的模式很快在私人资本的冲击下显露弊端。国有企业的效益滑坡，不但成为地方政府的财政包袱，而且为官员腐败提供了条件。显然，对于地方政府来说，非国有经济成为其实现经济增长的主要依靠。

国家对于资本的态度也在悄悄地改变。从拐弯抹角地承认到公开地肯定和支持其发展。1984年通过的《中共中央关于经济体制改革的决定》只是提到"个体经济"，并且为了把它与"资本主义私有制"区别开来，特别强调了它是与社会主义公有制相联系的，是"社会主义经济必要的有益补充，是从属于社会主义经济的"。1987年，党的十三大报告公开提到了"私营经济"，肯定了它的发展有利于促进生产、活跃市场、扩大就业，并提出要制定有关政策和法律保护它们的合法利益。然而，总的来说，在整个20世纪80年代，国家并没有完全肯定资本在制度意义上的独立地位，只好从传统意识形态中拿出商品经济、所有制的多样性等概念来论证其存在的合法性。同时，国家也开始担心资本对政府机构和官员产生的消极影响，要求政府官员要在商品经济中正确运用权力，抵制资产阶级和其他剥削阶级腐朽思想的侵蚀。

随着开放步伐的加快,外资在中国经济中的作用也更为突出。[1] 尽管国家对于外国投资在地区和领域等方面有着各种限制,但是外资由于资金庞大、可以享受政策优惠,并能带来国家发展所需要的新观念、新技术以及新的管理方法等,因此受到热切盼望经济增长的地方政府的欢迎。对外资的竞争逐渐成为地方政府间竞争的重要内容,并引发了地方政府在政策优惠程度、投资环境等多方面的竞争。

1992年可以被视为国家与资本关系发生根本性转变的一年。邓小平到南方视察,发表了关于经济发展战略和目标的重要谈话。他鼓励各地政府在改革开放中要胆子更大一些,敢于实验,抓住时机发展经济。"发展才是硬道理"。更重要的是,他通过为市场正名的方式,使资本在中国经济发展中的地位正式合法化。1993年《中共中央关于建设社会主义市场经济体制若干问题的决定》把他的讲话精神转化为制度规定。这个文件提出,就全国来说,公有制在国民经济中应占主体地位,但有的地方、有的产业可以有所差别,一般小型国有企业可以实行改制。国家要为各种所有制经济平等参与市场竞争创造条件,对各类企业一视同仁。对于各级地方政府来说,这个文件不仅肯定了一些地方政府大力发展私营经济的举动,更重要的是启动了政府职能按照市场经济发展的要求进行的改革。

在这个文件出台后,各地政府加快了对所管国有、集体企业的改制。这一方面减轻了自己的财政负担,另一方面则为本地资本的发展创造了条件。[2] 到20世纪90年代中期,大部分地方的县级以下政府财政收入的主要来源已经不再是国有和集体经济,而是蓬勃发展的私营经济。所有制结构的改变,使得地方政府对于经济增长的关注从强调产值、产量转向关注税收,而这也符合国家财政体制改革的方向。增加财政收入成为地方政府的首要任务。增加财政收入不仅意味着地方政府可以在上缴之后多保留财政

---

[1] 吴敬琏:《当代中国经济改革》,远东出版社,1999,第79页。
[2] 张维迎等认为,地方经济的民营化与地方政府之间在经济发展中的竞争有密切联系(张维迎、栗树和:《地区间竞争与中国国有企业的民营化》,《经济研究》1998年第12期,第13~22页)。中国社会科学院经济研究所微观室2000年的调查结果显示,在20世纪90年代中国公有企业的产权重组中,有超过60%是由政府主体发起的(中国社会科学院经济研究所微观室:《20世纪90年代中国公有企业的民营化演变》,社会科学文献出版社,2005,第24~25页)。

盈余，也可以积累起来，维持本地政府的运行，进行其他方面的建设。

在发展经济的新形势下，革命战争时期形成的、计划体制时期巩固的动员—命令模式的优势得到了充分发挥。邓小平曾经谈道："社会主义国家有个最大的优越性就是干一件事情，一下决心，一做出决议，就立即执行，不受牵扯。"[①]这样可以集中力量办大事。以行政命令的形式下达经济增长的指标、用政治动员的方式来动员资源、集中政府部门和官员的注意力就成为这个模式在新形势下的两种基本运行方式。压力型体制就这样形成了。与其说它是一种新的政府运行体制，不如说是动员—命令体制在市场经济发展条件下的变体。它的基本运行方式就是用政治的手段来推动经济的增长以及其他工作的完成。

虽然继承了原有体制的优势，但压力型体制的出现也得到现有体制的支持。首先，中国的政府体制依然是高度集中的。在政府各个层级之间的关系上，下级要服从上级，地方要服从中央。更重要的是，政府依然采用集中的方式控制着大量资源，包括中央政府在内的上级政府控制下级发展所需要的许多资源。除了资金外，上级对下级的行为有批准和认可权，即合法性的赋予权。其次，在政府各个职能部门内部，实行的是党委领导下的首长负责，行政首长具有掌握部门资源的实际权力。因此，使他们对某些任务给予重视，并且亲力亲为必然会带动部门资源的调整。再次，党管干部原则使上级政府很容易借助党的组织体系来把某些重要任务提升为"政治性"工作。最后，地方和部门利益的强化也迫使上级部门不断强化压力，以保证政令的推行。

在压力型体制下，上级政府，特别是中央政府和各级党委为了完成某些重要任务，就会将它们确定为"政治任务"，要求下级政府以及职能部门全力完成，并相应给予政治上和经济上的激励和惩罚。在政府要完成的任务中，经济建设在改革开放之后被确定为政治路线，成为"最大的政治"，而其他任务则由于其重要性也先后被提升到政治任务的高度。它们包括为实现社会稳定这个"政治任务"而开展的社会治安、信访事件、物价变动、安全生产、食品安全、环境保护等，都是各级政府必须承担起来的具有

[①] 《邓小平文选》第3卷，人民出版社，1993，第240页。

"高度政治性"的责任。① 除了经济发展和社会稳定这两个根本"政治任务"外,还有其他一些被提到"政治高度"的任务,比如计划生育控制。中央政府和各级地方政府还会根据不同时期的工作重点,来增加新的"政治任务"。

当某项任务具有"政治性"后,那么就会采取特定的责任实现机制。这个机制包括两个主要部分:完成过程采取"一把手"工程方式;奖惩采取"一票否决"的方式。② 所谓"一把手"工程指的是各级政府或职能部门的行政首长(俗称"一把手")要对上级确定的任务负首要责任,亲自参与和管理。"一把手"可以利用行政权力来调动资源和人力保证任务的完成。所谓"一票否决"指的是承担具体任务的单位和单位负责人在每年的各项评奖中,要根据该任务的完成情况来决定他全年工作的最终评价。一旦没有完成这项具有高度"政治性"的任务,就无法参加全年各个方面的先进评选。当然,并不是所有实行"一票否决"奖惩方式的任务都是"一把手"工程。但是,越来越多的政府责任在考评时候实行"一票否决"。比如文物保护、安全生产、卫生考核、广告违法、节能减排。"一票否决"不仅用于政府内部,还运用于政府对企业、事业单位的评价。比如有的地方就规定,在环保方面,凡未达要求的企业将取消市级各类先进评选,企业负责人也不得评劳模之类的荣誉称号。在"一把手"责任和"一票否决"机制推动下,各级地方政府及政府部门在某些"政治性"任务上承担了"无限责任"。

在压力型体制下,重要任务的"政治化"可以达到四个基本目的:①把某些任务变成"政治任务",提高了它们在各级政府所承担的诸多责任中的地位,突出了它们的重要程度。②当这些任务转变成"政治任务"后,有关负责的政府或职能部门就会调整资源和人员的分配方案,把资源和人

---

① 在《关于构建社会主义和谐社会若干重大问题的决定》中,列举了一些影响社会和谐的主要问题:"城乡、区域、经济社会发展很不平衡,人口资源环境压力加大;就业、社会保障、收入分配、教育、医疗、住房、安全生产、社会治安等方面关系群众切身利益的问题比较突出;体制机制尚不完善,民主法制还不健全;一些社会成员诚信缺失、道德失范,一些领导干部的素质、能力和作风与新形势新任务的要求还不适应;一些领域的腐败现象仍然比较严重;敌对势力的渗透破坏活动危及国家安全和社会稳定。"
② 据说"一票否决制"是借用联合国安理会的表决方式。在联合国安理会,只要5个常任理事国有一个投了反对票,决议就无法通过,即所谓"一票否决"。

员向这些任务倾斜，以保障它们的实现。③当这些任务转变为"政治任务"后，来自下级或职能部门的抵触或不执行行为会得到一定程度的控制，以实现政令的统一。因为抵触或不执行会受到政治上的惩罚，有关负责人的"政治前途"将受到影响。④对于确定"政治任务"的上级政府，尤其是中央政府来说，这展现了它们对问题的高度重视，有利于维护和改善它们在社会公众中的形象，提高合法性。

三 市场经济的发展与压力型体制的扩散：对三个案例的分析

这里选择的三个案例：陕西省 X 市、河南省 Z 市和江苏省 W 市 Y 区是笔者在 10 年前曾经调查过的地方。虽然对这些地方情况熟悉并容易进行历史比较是选择它们的重要的原因，但是三个地方也有典型分析的价值。陕西省 X 市、江苏省 W 市 Y 区以及河南省 Z 市虽然分别位于西部、东部以及中部地区，在经济发展水平上存在明显的差异，但是具有一个根本性的共同点：都是所处区域中经济发展非常快速的地方，工业化、城市化以及全球化水平在过去十年中取得了显著成绩。在过去十年中，依靠工业化的支撑，三个地方的经济增长速度都高于所属省份以及全国的平均水平。快速的城市化使本地与周围大中城市紧密联系在一起。X 市正在实现与西安市的城市一体化，Y 区也借助 W 市的城市扩展加入与上海市的对接中。此外，经济的发展，特别是对外来投资和产品出口的高度重视，使得三个地方也加入了经济全球化进程之中。在这方面，处于东部经济发达地区的 Y 区相比较而言经济全球化程度更高。那里不仅有大量的台湾投资，而且有多家全球 500 强企业，生产原料和产品都与国际市场紧密联系。这些特点，使得这三个地方有可能面临比其他地方更复杂的压力环境。

（一）资本转移与压力型体制：以 X 市为例

1999 年，曾经担任 X 市 Q 区区委书记的 Z 由于工作出色被任命为该市市委副书记兼常务副市长。① 职务的调整也使他能够把在 Q 区工作积累的经验应用到整个 X 市范围。事实证明了这点。2002 年，Z 被任命为该市市长，2005 年又担任了市委书记。职务的提升使 Z 能够把自己的想法有效地转化

---

① 荣敬本等：《再论从压力型体制向民主合作体制的转变》，中央编译出版社，2001。

为当地政府的决定和政策。

早在 Q 区工作的时候，Z 就提出要建设"政策洼地"，使其他地方的资金流动到本地区。私营经济的发展以及外来投资的进入使得 Q 区的经济增长在整个 X 市一直处于领先的地位。到 X 市工作后，Z 就一直积极推动全市的招商工作。2002 年年底，从常务副市长转任市长后，Z 就在 2003 年年初的政府工作报告中提出，招商引资是经济发展的"加速器"，要"大力开展全民招商活动"，积极实施全民招商战略和叩门招商战略。这种观点体现在 X 市委的文件中。[①]

把招商引资工作提高到如此高的地位，有两个根本原因。一是当地经济发展的需要。X 市的经济长期以来一直由国有大中型企业支撑，但是进入 20 世纪 90 年代后，国有企业效益滑坡，有相当一批被破产拍卖，生存下来的企业效益也并不理想。国有企业已经无法满足当地政府对经济快速增长的要求。当时的市委书记在讲话中就提出，"在建设欠账很多、财力十分有限的情况下，要加快发展，根本出路是招商引资"[②]。二是出于当地决策者对全国经济发展情况的判断。在他们看来，西部大开发以及全国产业结构的调整，必然使大量的资本从东部向西部流动。X 市利用其区位和资源优势，一定要抓住这个机会来争取更多的投资。X 市紧邻西安市，交通便利，文化教育发达，有丰富的农业和能源资源，是资本进入西部必经之地。

为了推动招商引资工作，X 市政府采取了以下几种措施。

第一，为了确保招商引资在政府各项工作中的核心地位，市委市政府的主要文件反复强调其重要性（见表 8-1），并且根据党和国家战略的调整来论证其合法性。2003 年以来，"招商引资"都会以不同的表述形式在每年的政府工作报告和市委全会文件中出现。为了避免一些官员对其提出质疑，当地决策者还把这项工作与贯彻中央精神紧密地联系起来，并提出要用中央精神来指导该工作。比如，在"科学发展观"提出之后，当地政府就提出要走"科学招商"之路。[③]

---

① 宋洪武在中共 X 市委三届八次全体（扩大）会议上的讲话。
② 宋洪武在中共 X 市委三届八次全体（扩大）会议上的讲话。
③ 《X 市 2006 年政府工作报告》，2006 年 3 月 23 日。

表 8-1　X 市主要文件中关于"招商引资"工作的表述

时间	当地领导	文件名称	表述内容
2003 年 3 月	市长 Y	X 市 2003 年政府工作报告	大力开展全民招商活动。招商引资是经济发展"加速器"
2004 年 3 月	市委书记	在中国共产党 X 市第四次代表大会上的报告	坚定不移地把招商引资作为加快发展的第一要务
2005 年 12 月	市委书记	在市委四届四次全体（扩大）会议上的讲话	全市各级要"不管东西南北风，扭住招商不放松"
2006 年 3 月	代市长	X 市 2006 年政府工作报告	继续把招商引资作为加快发展的第一要务，走科学招商之路
2007 年 3 月	市长	X 市 2007 年政府工作报告	全力做好招商引资工作

在 Q 区工作期间，Z 就认为当地之所以发展落后，重要的原因是受传统文化影响过深，缺乏商业意识、创新意识，因此大力推动"解放思想"运动。1996 年 Q 区就开始全民招商活动。[①] 2003 年招商工作一开始，X 市就提出，市民要开展给外地亲朋写一封信、打一个电话的"一信一电"活动，增强全民参与意识，并且在《X 市日报》开设"招商引资大家谈"专栏，在市民中围绕"为什么招商引资是 X 市发展第一要务""X 市招商引资的突破口在哪里""我为招商引资做什么"等专题开展讨论，提出要树立"人人都是投资环境""环境也是生产力""你发财我发展"的新观念。

第二，改善投资环境，营造"政策洼地"，形成与周边地区竞争的优势，吸引更多的投资。招商引资包括两个内容：一是把辖区之外的资本吸引来，二是减少本地资本的流出。X 市在招商引资上有明确的辖区意识。前任市委书记曾经要求各级干部要"树立'市外即是外'的理念"，只要是辖区外的资本，都要加以吸引。要在 X 市形成"尊商、重商、亲商、安商"的风气。针对外资的分布，X 市不断调整招商的重点对象。2003 年提出要把招商的对象放在国内外大企业、大公司、大财团上，"盯住外商集中的重点地区和重点城市"。2005 年，招商对象更加具体，提出要把台资企业作为主要对象，建设"第三大台资企业聚集区"。2007 年，提出在确保台资企业

[①] 杨雪冬：《地域、个人与制度创新》，载荣敬本等《再论从压力型体制向民主合作体制的转变》，中央编译出版社，2001 年。

继续进入的同时，把重点地区扩大到香港、长三角、珠三角等。X市在学习外地经验的基础上，结合本地情况提出了叩门招商、网上招商、以商招商、专业招商、产业链招商、以企招商、中介招商等多种招商手段。2004年，全市派出200多个招商小分队到全国各地，东部沿海的每个城市都有。政府要求所有驻外机构都要加挂招商的牌子，即使是本地企业的驻外办事处也不例外。

X市认识到，吸引来投资只是招商引资的第一步，接下来还要为其投资的企业创造好的经营环境。良好的经营环境首要的就是减少政府对企业运行的不必要干扰，降低它们与政府打交道的成本。从2004年开始，X市政府开始加大投资环境治理的力度，在全市实行20个平静工作日制度。要求涉及企业检查的政府部门，将无严格时间限定的检查一律放在每月的后十天。X市2007年的政府工作报告明确提出，优化投资环境是一个长期任务。投资环境是加快发展的生命线。要创造良好的政策环境、法治环境、人文环境和工作生活环境。为了落实任务，把改善投资环境列入各县市区年度经济社会发展考核指标体系。

X市在招商引资中，提出要大力发展本地的非公有制经济，稳定本地资本。这与一些地方在招商过程中只重视吸引辖区外的投资，特别是国外投资，忽视对本地资本发展支持的行为形成了鲜明对比。[①] 2003年年底，X市委三届九次全会决议提出要"努力实现非公有制经济发展的新突破"，非公有制经济被确定为"立市经济、主体经济和富民经济"。当年，市委市政府联合下发了《关于进一步加快非公有制经济发展的实施意见》。2004年第四次全市党代会提出了实行"民营崛起"战略。

第三，建立招商引资目标考核管理责任制，推动各级政府的工作。2003年，X市委和政府制定了《关于招商引资目标考核及奖励办法（试行）》，并且把该工作纳入全市目标责任制考核范围，作为六项主要经济考核指标中的一项（其他五项分别是国内生产总值、地方财政收入、农民人均纯收入、固定资产投资总额、非公经济税收）。

---

① 实际上，从20世纪90年代末以来，中央一直要求各地方政府给国内民间资本的发展创造好的环境。但是，出于各种原因（其中最重要的原因是上级政府对下级的招商引资考核只计算外来投资量），一些地方并没有给予足够的重视，依然把眼光放在吸引外来资本上。

招商引资任务是通过逐级签订目标责任制实现的，是一种政治承包形式。① 每年年初，市政府要确定招商引资目标，然后主要领导与 13 个县市区和 90 个部门签订招商引资目标责任书，后者又以同样的方式逐级签订目标责任书，分解任务，最终把责任分解到个人，做到"人人有责任，个个要招商"。当然，不同层级的领导以及不同部门所承担的责任是有区别的。比如市级领导每年要引进资金 1500 万元；经济部门正处级领导要引进资金 300 万元，副职要引进资金 150 万元；非经济部门处级领导要引进资金 150 万元。

为了避免一些政府部门把意向投资和实际投资混合统计，夸大任务完成情况，从 2004 年开始，X 市对招商引资的考核只使用"实际到位资金"一个指标，并且采取多种措施来监督任务的完成。在这些措施中，"一票否决"考核最为有效。Z 在一次讲话中就提及，"要加强招商引资工作的考核。今后，凡是招商引资任务完不成的单位，年终不能评优秀单位，完成招商引资任务的单位予以重奖，真正让那些完成任务的单位干部高高兴兴，让那些未完成任务的单位干部感到吃了亏，以此增强招商引资工作的动力和压力"。② 完成任务的奖励方式是：市委市政府授予荣誉称号，颁发奖牌证书，发给奖品奖金并与干部升降挂钩。在奖励中，奖金开支逐年提高。2000 年是 50 万元，2003 年提高到 195 万元，市级优秀单位的人均奖金也从 2000 年的 100 元提高到 2003 年的 400 元。其他区、县用于目标责任制考核和单项重点工作考核的奖金分别超过 500 万元。Q 区等年终考核奖金也都在 200 万元以上。③

目标责任制是当地政府实行"加压紧逼、跨越发展"战略的重要手段。当地决策者认为，X 市经济欠发达，要实现跨越式发展就必须采用"加压紧逼"的方式，使各级干部有压力、有动力。有意思的是，"加压紧逼"的工作方式并非 X 市本地的创造，而是从河南洛阳学来的经验。2005 年 4 月，X 市市委书记带领干部到河南洛阳专门考察"加压紧逼、跨越发展"情况。

---

① 杨雪冬：《地域、个人与制度创新》，载荣敬本等《再论从压力型体制向民主合作体制的转变》，中央编译出版社，2001。
② 《在市委四届四次全体（扩大）会议上的讲话》，2005 年 12 月 24 日。
③ 张生龙、郭相平：《目标管理责任制已成为 X 市各级抓落实的重要手段》，陕西人事人才信息网。

此后，X 市的一些县区也组织干部到河南考察，学习经验。比如 Q 区在学习后就提出要"加压紧逼、率先发展"。

第四，除了招商外，X 市还鼓励各个政府部门向上级争取资金。在《中共 X 市市委、X 市人民政府关于招商引资目标考核及奖励办法（试行）》中，把引进资金的范围界定为："①向上级主管部门及其他部门、单位争取的用于建设的无偿资金和应缴而免缴的资金（不含用于本单位经费和福利支出的资金）；②向上级争取的政策性定额外有偿建设资金。"从上级争取的资金可以直接用于地方政府的财政开支。除了正常的拨款外，要争取到额外的拨款就需要投入成本。人际交往就成了获得上级部门信任的重要因素。

尽管 X 市政府强力推动招商引资工作，但是并非采取简单的"重商主义"方式，即把本辖区与其他地方割裂开来，只重视发展本地产业，而是采取开放的"重商主义"态度，即通过参与市场经济的竞争，并努力用多种方式来开拓财政来源，提高本地经济实力。2006 年，当时的代理市长就提出要"逐步形成政府推动、企业参与、市场化运作的招商格局"。市场经济的发展要求当地政府用开放的方式来发展经济。

X 市政府的这种转变主要体现在两个方面。一是从政府扶持国有企业转向为私有资本的发展创造良好的投资环境。早在 20 世纪 90 年代末，当地政府就把经济发展的重心从依托国有企业转移到大力扶持民间资本，特别是吸引外来投资上。更重要的是，当地政府对投资环境的认识随着地方政府之间的竞争也在逐步深化，从最初停留在税收政策优惠、给企业直接让利的层次转移到建设全方位的投资环境。当地政府认识到，企业投资所看重的不仅是眼前的利益，更重要的是能否在当地长期地发展下去。而长期发展就需要当地政府能够提供良好的制度环境。除了改善对资本的投资环境外，当地政府对市民的开放度和透明度也大大提高了。比如撤掉全市机关大楼的围墙、废除门卫和传达室制度、把市委市政府的卫生间对外开放、让群众参加市政府常务会、公布市委领导的办公室电话和手机等。在这些举动的决定者 Z 看来，要减少腐败，提高政府效率，根本出路就是提高政府的透明度。

二是主动打破地区分割，寻求与西安市经济发展的接轨。"城市一体化"是 21 世纪以来一些地方政府积极推动的新现象，主要目的是打破城市之间的壁垒，实现资源共享、共同发展的规模效应。① 对于地方政府来说，推动城市一体化不仅要进一步提升自己在地区间竞争的优势，更重要的是承认自己与其他地区相比的劣势。这意味着要开放城市边界，为资本流动创造条件。显然，城市一体化的推动必然要求地方政府消除"诸侯经济""唯我最大的"的思维。2002年年底，西安市与X市两市人民政府签订了经济一体化协议书。相对于西安市来说，X市的城市化水平低，处于竞争弱势，但是腹地宽广，有资源优势，可以接受大规模的产业转移。因此，X市政府提出要主动与西安市对接，各个相关部门都要为此做出努力。

通过持续改善投资环境，X市在2004年被评为"中国魅力城市"，2005年又被评为"中国十佳宜居城市"、"浙商最佳投资城市"和"中国大陆最佳商业城市"。但是，把招商引资工作列为中心工作，并用"加压紧逼"的方式来推动也对政府运行产生了负面影响。

首先，招商引资影响非经济部门的正常运行。一方面这些非经济部门缺乏招商引资工作的必要人力和经验，投入的人力和精力过多，必然影响其职能的有效发挥；另一方面，也是更重要的，其由于掌握着具体的职权，很容易在招商引资过程中滥用职权。实际上，即使是与招商直接相关的经济部门，也受困于人员短缺，比如在经济发展局中真正从事工业管理的只有2人。其次，为了完成责任目标，一些部门和官员会采取各种方式来应付考核，使政府内部的信任度受到伤害。应付的方式包括虚报招商引资的数据、为考核不合格寻找借口。Q区主管经济工作的副区长在一份调研报告中提到，"年年招商多少亿，年年开工没几家。一级哄一级，大家作秀，应付考核"。而前区委书记在一次讲话中，指出虽然年年有考核，但是奖励容易落实，惩罚难以执行。一些干部"上有政策、下有对策，想设法变通处理"。最后，辖区内各区县之间很容易形成恶性竞争。地方政府之间的恶性竞争一直是改革开放以来存在的重要现象，并且对地方经济和国民经济造成了许多消极影响。在X市的招商引资中，我们可以看到不仅辖区内各县区之间存在恶性竞争，X市与所属县区，特别是市政府所在的Q区与W区

---

① 比如河南提出的"郑汴一体化"（郑州与开封的对接），上海周边地区提出以上海为中心的"长三角一体化"。

也存在恶性竞争。恶性竞争主要集中在招商条件和争夺税源两个方面。X 市市长在一次讲话中就警告有关县区"要坚决杜绝招商引资中相互拆台的做法，防止竞相杀价、无序竞争，损害整体利益的恶性竞争"。争夺税源直接导致了地方政府征税成本的增加，并且有可能是政府被实行垂直管理的税务部门要挟。在 X 市，Q 区和 W 区相邻，本来就一直竞争税源，但是 X 市在 Q 区设置了多个征税机构，比如市国税工业区局、国税涉外局、区国税局、市地税直属分局、市地税涉外分局、区地税局等 6 个部门。它们实行垂直管理，Q 区没有制约权，要完成每年的收入任务必须加大税收成本。仅 2004 年 Q 区用于税收部门的奖励、手续费、办公设施建设等费用就达到了 600 万元。

（二）资本结构调整与压力型体制：以 Y 区为例

Y 区的前身是 Y 市，隶属于 W 市，2001 年撤市建区。Y 市是"苏南模式"的代表之一。20 世纪 90 年代中期后，支撑苏南经济的乡镇企业开始实行改革，以应对外部市场不景气以及内部经营机制缺乏活力的挑战。企业所有权从乡镇政府和村集体转换为职工代表和私营企业主。外资和民间资本大量进入乡镇企业以及当地经济，当地经济与国际经济接轨的速度加快。"苏南模式"向"新苏南模式"转变。[①] 随着经济结构的改变，当地政府直接参与经济活动的"国家公司主义"[②] 行为也有很大的改变。但是，在苏南这个相对全国其他地区市场化、工业化、城市化和国际化水平更高的地区，政府是否摆脱了"压力型体制"的运行方式呢？

Y 区在撤市建区之后，政府的自主性和职能的完整性有所削弱，一些重要职能，比如城市规划、国土管理等上收到 W 市。但是，当地政府在争取投资和调整经济结构方面也进行了多方面努力。

第一，更加重视招商引资。对于 Y 区来说，发达的乡镇企业一度使其对吸引外来投资兴趣不大。但是乡镇企业在 20 世纪 90 年代中期以来效益的下降，特别是大规模转制，使得当地政府的财政来源发生了根本性变化，即从可以控制的、属地性的集体经济转为难以控制的、可流动的私人经济。

[①] 曹宝明、顾松年：《新苏南发展模式的演进历程与路径分析》，《中国农村经济》2006 年第 2 期，第 63~80 页。

[②] Andrew G. Walder.,"Local Governments as Industrial Firms：An Organization Analysis of China's Transitional Economy," *American Journal of Sociology*, 1995.

原来的集体经济尽管在经营上接近于市场模式，但是与当地政府以及居民有着密切的有机联系，缺乏流动性。私人资本虽然需要政府的支持，但是具有高度的流动性。因此，政府财政来源的变化使得Y区必须放下架子，参与到与其他地区争夺资本的竞争中。

在Y区没有撤市建区之前，与其他地区的竞争就已经展开了。当时主要依靠1992年建立的Y经济开发区。Y经济开发区建立一年后升格为省级开发区，2003年成为国家级开发区。在20世纪90年代，经济开发区比其他地方享有明显的特权，在税收、土地等方面可以给投资者提供更为优惠的条件，不仅是投资者最愿意选择的投资地点，也是各地方政府希望获得的经济特权。在整个苏南地区，几乎每个县市都建立起自己的经济开发区。即使有的开发区事先没有获得中央或者省级政府的授权，也要先建然后获得政府的确认。其中典型代表是昆山经济开发区。到21世纪初期，苏南已建成国家级开发区10家，省级开发区38家，比如苏州拥有4个国家级经济开发区和9个省级开发区。在建设初期，各个开发区面对的投资者是境外资本，争取投资的主要手段是税收和土地优惠，并且对投资产业几乎没有任何限制。土地优惠通行的做法是给投资提供免费配套完成后的用地或者建好厂房出租，因此被称为"以地招商"。外资逐渐成为当地经济发展的支柱。就Y区所在的W市而言，从1991年到2001年，外资占全社会固定资产投资的比重平均为31.7%，最高的一年达到40%（1996年）。

出于经济增长的需要，地方政府对于投资更加饥渴。而国家政策的进一步开放为在更大范围内接受外来投资提供了条件。在苏南地区，这一方面体现为开发区规模的不断扩大开发。以Y经济开发区为例，最初的规划面积为18.3平方公里，后来扩大到29.4平方公里。2002年，"东进北扩"扩大为100平方公里。对于455平方公里的Y区来说，这意味着将有近1/4的土地用作开发区。为了吸引更多的投资，经济开发区还进一步降低投资进入门槛，提出"内外资并举、大中小项目并举，二三产并举"的三并举引资方针。特别值得注意的是，1998年Y经济开发区就建起了私营工业园，吸引国内私营工业入驻，从而成为苏南地区私营工业最多的开发区。

另一方面则是当地政府把招商作为整个政府的主要工作，发动各级政府部门投入招商工作中。Y区建立以后，区政府抓的首要工作就是改善外商投资环境并且加快招商步伐。当时，整个中国都在为加入世界贸易组织做准备。中央政府提出要进一步深化改革，扩大开放。2002年2月区政府出台了《关于鼓励加快发展开放型经济的若干意见》。与其说这是一个加快发展开放型经济的文件，不如说是关于如何招商引资的文件。在这个有15条内容的文件中，详细规定了如何吸引外商投资，如何对招商工作给予奖励和惩罚。当然，对于乡镇来说，更重要的激励机制是把引进外资工作列为各镇"一把手"工程，作为考核工作和任用干部的重要依据。2002年9月，区政府又出台了约束政府各职能部门行为的文件《关于进一步优化外商投资软环境的意见》，指出优化投资环境是全区各级各部门共同的目标和责任，并提出要制定《关于对损害经济发展软环境行为实行责任追究的暂行规定》。为了规范各个职能部门的行为，要求区外经贸局和区监察局共同负责对职能部门行为的监督和考评。

为了与其他地区竞争，Y区政府还不断调整和改进招商方式、手段，以突出自身的优势，吸引更多的投资。当地政府提出要把专业招商与全民招商相结合，形成"人人都是投资环境，人人都来招商引资"的局面。招商引资的重心也从主要吸引外资转向内资与外资并重。特别是2002年以来，Y区政府把广东、福建、浙江的资本作为吸引的重点。而对外资，则把台资作为重点。2000年，台资项目3108个，实际利用资金22.96亿元，2004年项目达到4002个，实际利用资金31.17亿元。

在诸多招商手段中，最有代表性的是"招商月"活动，即每年安排一定的时间调动全区力量集中组织招商活动，以形成规模，并扩大声势。当地政府自豪地宣称，自己是江苏省第一个举办"招商月"活动的地方。这是招商方式的创新。在招商月期间，Y区政府会组织辖区内政府机构和企业共同参与活动，并根据不同招商队伍所拥有的条件，分派到不同地区，而吸引投资的条件包括土地、厂房、产权、产业等。

为了进一步加强招商工作的组织，2006年Y区撤销区招商中心，成立招商局，区招商局为区政府直属事业单位。各镇在招商办公室的基础上，成立招商分局（或招商部），由区招商局实行业务归口管理，招商分局负责人享受镇政府机关中层正职待遇。各镇要建立一支不少于3人的专业招商队伍。机关各部门和各镇辖区内重点村、厂须明确一名招商信息联络员。招商人员的职责有明确的规定,其活动有专门的财政经济保障。为了加强对他们的激励,除了给予一定的提成外,还要对有突出贡献的招商人员,在政治上予以关心,大胆培养使用,而连续两年未能完成招商任务的招商人员,应及时调整或直接予以辞退。①

为了避免辖区内机构在招商工作中恶性竞争,Y 区政府在组织招商活动时,对涉及的部门和镇在招商地点、产业重点等方面给予明确划分,并要求招商人员相互配合,优势互补。特别针对 Y 经济开发区与各镇之间的关系,推动双方的合作。比如要求双方"联动招商",共享招商收益分配。凡为经济开发区招商引资的镇和单位,在经济开发区确认后,除享受经济开发区各项优惠政策外,在统计考核、税费解缴、引资奖励等方面视同在本镇、本单位举办的三资企业。经济开发区引荐并在各镇举办的项目其统计口径可计算到镇。②

与 X 市相比,Y 区虽然也把招商引资作为政府部门的考核内容,但是更侧重于使用经济激励手段,而非行政命令手段。这一方面说明了该地区经济发展水平更高,另一方面也反映了招商引资工作对于当地政府来说并没有中西部地区那么艰巨。然而,在政府体制内过多地依靠经济激励手段使政府部门、乡镇在财政收入使用上有更大的自由度,必然会对财政纪律产生冲击,同时也会造成政府内部工作人员收入差距的拉大。从 2007 年开始,江苏省实行"阳光工资"制度,以缩小政府内部收入差距。

第二,推动民营经济的壮大。民营经济是随着集体企业效益的滑坡和大规模转制而发展起来的。早在 20 世纪 90 年代末期,W 市内的各区县政府就开始组织官员到私营经济发达的地区参观,学习当地发展经济的经验和做法。最初是零星的、小规模的,随着对苏南模式讨论的深入,开始大规模地组织官员去参观学习。2003 年,江苏省组织全省主要城市的领导到浙江省去学习当地的发展经验,时任 W 市市委书记的王荣在谈到江苏省与浙江省的差距时,认为根本原因在于思想的解放程度和创新的力度存在差异。要学习浙江大力发展民营经济。W 市民营经济规模、水平不够,必须采取

---

① 《关于加强全区招商队伍建设的意见》,Y 区发〔2006〕109 号。
② 《关于进一步优化外商投资软环境的意见》,Y 区发〔2002〕97 号;《关于规范工业集中区建设,加快推进开放型经济发展的意见》,Y 区发〔2004〕77 号。

措施推动超常规、跨越式发展。要加快城市化进程，在提高规划建设管理水平上取得突破。要进一步转变政府职能，在营造良好发展环境上取得突破。"① 2004 年，江苏省委、省政府发布了《关于进一步加快民营经济发展的若干意见》，提出要使全省经济形成国资、民资、外资"三足鼎立"，最大限度地发展非公有制经济。② W 市则做出了"促进民营经济更快发展的意见"，提出"要继续按照思想上放心、放胆，工作上放手、放开和政策上放款、放活的'六放'要求，把发展民营经济摆在全局的重要位置，进一步冲破思想束缚和体制性障碍，毫不动摇地继续鼓励、支持和引导民营经济发展，让一切劳动、知识、技术、管理和资本等创造财富的源泉充分涌流"。

从统计数据可以清楚地看到，私营企业在 Y 区的发展从 2001 年以来非常迅速。500 万元以上的私营企业数量在 2001 年已经达到了 225 家，占全区同规模企业的 68.9%，到 2006 年，在 589 家 1000 万元以上工业企业中，私营企业有 374 家，比例为 63.5%。实际上，除了这些纯粹的国内私人资本企业外，私人资本的力量还表现在股份合作企业、有限责任公司、外来投资企业中。私营资本在当地经济中发挥着巨大的作用。2001 年，500 万元以上私营企业贡献的利税是 29942 万元，2006 年贡献的利税达到了 100186 万元，占同规模全部企业贡献利税的 29.1%。③ 就全区的经济结构来说，私人资本已经取代集体资本和国有资本成为主导性力量。更为重要的是，随着本地私营企业的发展，当地政府除了要考虑外来资本的利益和要求，也要为本地资本的发展提供同等优惠的条件。

从 2004 年开始，在 W 市，发展民营经济被纳入政府考核指标。Y 区相应地做出了《关于促进民营经济更快发展的意见》，承诺给当地资本的发展提供"政治平等、政策公平"的保障。在相邻的江阴市的带动下，Y 区从 2004 年开始积极推动本地企业上市，以扩大资本规模和发展规模。政府承诺除了减免上市涉及的各种收费、简化相关审批手续外，特别提出可以给予财政和税收方面的优惠。④ 对于成功上市的企业，则给予一定的

---

① 《浙江归来话感受》，《扬子晚报》2003 年 12 月 27 日。
② 江苏省省委、省政府出台的《关于进一步加快民营经济发展的若干意见》。
③ Y 区历年统计报告。
④ 《关于扶持上市后备企业开展资本经营的意见》，Y 区发〔2004〕96 号。

奖励。① 经过几年努力，除了已经在2001年成功上市的红豆集团外，到2007年上半年已经有16家后备企业。而2007年区镇两级政府给企业上市兑现的补贴、奖励达到2891万元。

除了推动上市外，Y区还鼓励本地资本对外投资。在每年的招商活动中，专门列出"走出去"的内容，推动企业到苏北、东北、西部乃至国外投资，加快本地产业向其他地区的转移，以改善本地产业结构。2007年太湖蓝藻事件发生后，当地政府更加努力地推动产业转移，提出要通过经济、法律和必要的行政手段使"资源依赖型、劳动密集型、产品低效型"企业尽快离开辖区，要在2010年前实现这个目标。②

从Y区对待投资的态度和措施来看，显然，当地经济发展水平和资源条件已经使当地政府对资本的追求从"量"转向了"质"，并且在谋求更大规模资本输入的同时，也在推动资本的流出。

第三，改变土地利用方式，缓和资本扩张与地理空间的矛盾。工业化和城市化的发展必然要求改变土地的利用方式，为资本的扩张提供所需要的空间。各国的发展都涉及对以土地为基础的空间的改变和重塑。在空间的改变过程中，一种是以美国为代表的资本主导型改变，另一种是以法国为代表的国家主导型改变。但无论哪种力量主导，一个主要目的都是为资本的发展和控制提供空间条件。③ 在Y区，我们可以清晰地看到，从2001年到2005年，耕地面积逐年减少，2005年比2001年减少耕地547000亩，减小的比例为21%。2005年人均耕地0.59亩，2005年则下降到0.45亩。④在这种情况下，当地政府从2000年开始以来，积极致力于创造新的土地利用形式，缓和资本扩张对有限的土地资源产生的压力。

Y区采取了两种土地利用方式。一种是将工业企业集中，提高工业用地的使用效率；二是让农村居民集中居住，以增加可转化为工业用地的储量。当地政府把这两种方式形象地称为"工业向园区集中，农民向城镇集中"。

---

① 《关于扶持企业股改上市的若干政策意见》，Y区发〔2006〕139号。
② 《关于加快推进全区产业梯度转移的政策意见》，Y区发〔2007〕115号。
③ Marc Blecher, "Into Space: The Local Developmental State, Capitalist Transition, and the Political Economy of Urban Planning in Xinji," *Paper prepared for presentation at the Conference on Capitalism with Chinese Characteristics*, *Indiana University* 2006.
④ 朱同丹：《资源紧约束下苏南农村土地集约化利用对策研究》。

土地的集中利用是从 2001 年开始的。当时 W 市提出建设"特大城市"的规划，但是受到国家土地管理紧缩的限制，无法像以往那样获得足够的土地使用权。① 然而，要保持经济的高速增长，就必须为新进入的投资以及要扩大生产规模的既有投资提供空间。除了继续向上级争取建设用地指标外，唯一的选择就是推动土地的集中利用，以充分利用现有的土地资源。

当地工业企业向园区集中经历了三个阶段。第一个阶段从 2001 年到 2004 年。在 2001 年，就有一些乡镇开始启动工业集中区的建设，以缓解土地对工业发展的制约。2002 年，Y 区政府出台了《关于加快乡镇工业园区建设的意见》，提出建设乡镇工业园是今后经济工作的重点，要改变"村村点火，处处冒烟"的局面。为了规范全区各乡镇工业园区的建设，提出了"四化"标准（规模化、标准化、特色化、科技化），并设计了具体的指标。要求新办工业企业进园区经营，园区外原则上不再批办新的工业项目，对入园企业实行优惠政策。区财政于 2002 年、2003 年先后拿出 400 万元和 500 万元补贴各镇工业集中区基础设施建设。第二阶段从 2004 年下半年到 2005 年上半年。区政府对镇进行规模合并，使镇的数量从 2001 年建区时候的 14 个减少到 2005 年的 7 个。行政区划的合并调整也推动了工业园区之间的合并。一些镇工业园区内的企业开始大范围搬迁。当地人称为"板块式"迁移。② 第三阶段从 2005 年下半年开始。工业向园区集中并在全区范围内展开。尤其是 2007 年蓝藻事件发生后，除了要求分布在各镇的工业企业进入园区外，还要求位于城区的企业也要加快"退城进园"速度。"节能、环保、安全"成为企业搬迁的标准之一。③

农民向城镇集中，是通过较为频繁的、大规模的镇村合并进行的。2001 年 Y 区刚成立的时候有 14 个镇，228 个行政村和 34 个居委会，到 2005 年时，全区有 7 个镇、92 个行政村，32 个居委会。2005 年，W 市把"撤并自然村个数"与"农地适度规模经营比例"列为全市"农村基本现代化八项

---

① 从 1997 年至 2004 年，W 市 GDP 从 870 亿元增长到 2350 亿元，8 年用地 34 万亩。平均每增长 1 个亿需用地 230 亩（沈建华、陈兵：《"三集中"的成功实践》，《农民日报》2005 年 10 月 8 日）。

② 区政府办、经贸局联合调研组：《我区工业向园区集中的调查》，《工作研究》2005 年第 26 期。

③ 《关于加快推进全区工业退城进园的政策意见》，Y 区发〔2007〕114 号。

重点工作"考核目标之一,并由 W 市对所辖两市四区进行年度考核。根据 W 市的要求,Y 区提出,争取通过三年努力,使全区 15% 的自然村居民进入农民集中居住区;至 2010 年,全区 30% 的自然村居民进入农民集中居住区。[1] 2006 年新农村建设目标的提出,为当地推动农民集中居住工作提供了更为有力的支持。[2]

总结 Y 区为资本发展所做的各项努力,可以清楚地看到,当地政府仍然把"招商引资"作为工作的重点之一,并采取层层施加压力的方式来推动下级政府及部门来完成招商指标,并产生和其他地区类似的问题,比如引进的很多项目缺乏发展前景、产业关联度、地方贡献度和投入产出均达不到要求,缺乏产业链长、发展质量好的战略性项目。但是由于以土地和环境为代表的生产要素的制约,当地政府除了继续坚持招商外,也采取措施来改变投资结构,以谋求经济的稳定持续增长。两个方面的措施尤其值得重视。一是当地政府通过多种方式来提高招商门槛,以吸引资本密集型和技术密集型企业进入,来替换传统的劳动密集型企业。对于那些高污染、高耗能企业,则鼓励其外迁,以实现产业结构的调整。二是不断打破行政边界和集体边界,将镇、村对土地的使用权和控制权最小化,强化区政府集中使用土地的权力,最大限度地减少土地限制,为资本的进入和发展提供有利的土地条件。

尽管 Y 区所处的苏南地区市场经济较为成熟,但是政府依然喜欢用行政命令来干涉社会经济生活。无论是发展民营经济,还是推动土地集中利用,都可以看到明显的行政命令的影子。与行政命令相伴的是强大的经济激励和政治提拔。而经济发展水平高又使经济激励的力度尤其大。

(三) 跨越式发展与压力型体制:以 Z 市为例

Z 市的经济发展水平,在河南省一直名列前茅,[3] 但是由于河南省整体经济发展水平在全国范围内处于中游水平,所以 Z 市在经济发展上处于领

---

[1] W 市锡区政府办公室:《加强新农村建设公共政策引导的初步探讨》,《工作研究》2006 第 9 期。《关于加快推进全区农民居住集中工作的实施意见》,Y 区发〔2005〕119 号。

[2] W 市锡区政府办公室:《加强新农村建设公共政策引导的初步探讨》,《工作研究》2006 第 9 期。

[3] 2000 年,Z 市的综合经济实力在河南省排第四位,2005 年排第二位。在全国的排名,2002 年是第 148 位,2006 年是第 108 位。

先本省其他县市，但又要追赶东部县市的位置。这决定了当地政府在看待发展问题上，总是以东部地区为参照目标，而采取措施时又带有明显的本省强县的自豪心态。因此，赶超、跨越一直是当地政府追求的目标。[①]

但是在20世纪90年代后期，甚至在2006年之前，当地政府提出的"赶超"目标主要停留在经济增长领域，并没有把社会发展纳入当地政府要必须完成的任务清单中。然而，当地经济增长主要依靠的煤炭、耐火材料、造纸等是支柱产业。这些产业能源消耗大，污染严重，而且遍及几乎所有乡镇，是当地财政收入的主要来源，所以当地政府一直对其抱有矛盾的态度。一方面为其带来的环境后果，特别是企业多、规模小，容易受到中央宏观经济政策的影响而担忧；另一方面又为其能不断为当地财政做出贡献，并成为与周边县市竞争的优势而庆幸。所以当地政府在对外宣传中总是为拥有"中国第一造纸镇""第一耐火材料镇"感到自豪。特别是过去几年来，随着能源和原材料市场价格的上涨，这些产业的贡献更加明显。历届政府都强调要调整产业结构，转变经济增长方式，虽然取得了一定的成效，但是并没有发生根本性的改变。所以当地政府报告在谈到问题和困难时，总是把产业结构问题作为首要问题来谈。比如，2004年的政府报告认为，当地发展面临的一个情况是"工业经济大多仍以资源的粗放经营和浅加工为主，产业链条短，缺乏具有核心竞争力的大型企业和科技含量高的工业产品"。

随着国家宏观政策的调整，特别是土地政策、环境政策更加严格以及社会发展问题的突出，当地的经济发展模式必须进行调整。这种意识直接反映在2005年开始的政府工作报告中。在谈到问题和困难时，这个报告列举了几个问题。其中包括：资金、土地、能源、国家政策等因素对固定资产投资的限制；企业规模小、结构调整困难；环保政策对传统产业结构的冲击；政府为化解金融风险而高额借债；安全生产形势严峻等。

2006年3月，Z市委市政府出台《关于全力推进经济社会实现跨越式发展的意见》。值得注意的是，这个意见并非当地政府主动提出的，而是对作为上级政府的Z市经济社会跨越式发展战略的回应和落实。但是该意见系统分析了当地发展遇到的压力。这些压力可以被概括为三种：一是国家

---

① 荣敬本等：《从压力型体制向民主合作体制的转变》，中央编译出版社，1998。

宏观政策和本地资源条件对支柱产业结构调整、技术升级的压力；二是当地居民需要高水平公共服务的压力；三是其他地区产生的竞争压力。Z市《关于全力推进经济社会实现跨越式发展的意见》指出了周围各县市对Z市发展产生的竞争压力，强调Z市"面临着标兵渐远、追兵渐近的严峻形势，发展慢了要落后，按部就班发展仍然要落后"。在当地政府看来，要解决Z市面临的各种问题和挑战，唯一的出路就是加快发展。

当地政府为推动跨越式发展下发的各种文件以及领导讲话带有明显的政治设计和动员色彩。这体现在三个方面。首先，当地政府通过设置明确的发展目标以显示已经清楚掌握了当地经济社会发展的规律，这既对上级政府，特别是中央精神进行落实和执行，也向下级展现了自己的决心和能力，只要相关主体按照制订的计划行动就能实现预期的目标。跨越式发展战略的提出直接回应了中央政府的两个决定：科学发展观指导下的经济社会协调发展和中部崛起战略。对Z市来说，要落实科学发展观，首先就要改变产业结构和经济增长方式，而要抓住中部崛起的机会，则要继续推动经济的发展。其次，要求当地官员转变思想意识，适应新的环境。转变思想首先就要向发达地区学习。Z市长在2006年政府全会的报告中，批评了当地官员虽然经常去南方参观，但是总学不到"精髓"的现象。最后，要求相关政府部门和党委以跨越式发展为中心来调整工作重点，改变运行方式，从而使当地各种政治资源都能投入中心工作中。显然，乡镇党委政府和市级政府部门的职能都是有法律规定的，并且有大量的日常性任务要完成，因此，当出现中心工作时，就需要调整现有的人员、经费、时间等的配置。Z市为了推动这些方面的配置调整，采取了两种基本措施。一是建立起一套能将所有相关部门都能动员起来的组织体系。这个体系以市委书记和市长为核心，成立发展领导组，下设综合协调办公室。办公室设综合组、融资组和督查考核组，定期召开专题会议，听取工程进展情况汇报，协调解决实施过程中的有关问题，进行督查考核。然后将市人大、市政协吸纳进来，围绕八个重点工作建立工程指挥部，[①] 指挥长由各位市委副书记和市

[①] 八个重点工程分别是：扶优扶强工程、产业园区建设工程、科技自主创新工程、新农村建设工程、城市建设管理工程、交通物流工程、文化建设工程、生态建设工程。

人大常委会主任、市政协主席担任，相关主管领导担任第一副指挥长。各项重点工程指挥部下设办公室，主要责任单位一把手任办公室主任，并抽调一名副职领导任专职副主任。综合协调办公室各工作组及各重点工程指挥部的工作人员从下级部门抽调，与原工作岗位彻底脱钩，成为专职人员，集中办公。这样，就使当地所有的政治权威资源都能集中投入跨越式发展的工作中。二是将跨越式发展目标明确到各指挥部，然后再由指挥部分解到相关责任部门和乡镇街道、办事处。明确负责领导，加强考核评估、协调督促，并从经济和政治上给予有力的激励。

集中力量办大事一直被认为是中国政治制度的优势之一。把主要资源集中在少数项目上来寻求突破是社会主义革命和建设期间的主要做法，并且取得了巨大的成就。在市场经济条件下，政府通过直接投资或者建立企业来推动经济增长的做法越来越不适用。尤其对于地方政府来说，原来的国有企业基本实现股份制改革，政府有限的财政收入无法支撑经济的高速增长，因此必须转换思路，从政府广泛参与各种经济活动转变到通过设立项目来调动和集中各种资源上来。地方政府所设立的发展项目并不同于计划经济时期上级政府指定完成的项目。这集中体现在两个方面，一是这些项目是当地政府自主设立的，有助于当地政府在可预见的时间内完成自己设定的任务；二是这些项目是根据当地资源条件设立的，有助于当地政府动员社会资源，并争取到上级政府的关注，甚至支持。这样，在市场经济条件下，集中力量办大事的传统从发展项目上找到了延续的平台。

Z市市政府对以项目拉动发展的做法非常重视，提出"项目是拉动投资的强大引擎，是加快发展的主要载体，是推动政府工作的具体抓手。手中没有项目，一切目标都是空中楼阁，一切发展都是纸上谈兵"。要求各级政府、各个部门都要把注意力和精干力量集中到"议项目、跑项目、上项目"上，把项目贯穿在政府工作的各个环节中，"以产业项目支撑发展，以规划项目指导发展，以政策项目驱动发展，以载体项目拉动发展"。

在当地政府提出的经济社会跨越式发展战略中经济发展显然被放在首要位置，而其他方面的发展是为经济发展服务的。在经济发展中，招商引资又被排在首要位置。让我们看看Z市市政府是如何论证其立场的，"市场经济是开放经济，没有大开放，就没有大投入和大发展。Z市要加快发展，就必须加快推进工业化；要加快推进工业化，就必须抓好招商引资。这是 Z 市实现跨越式发展必须坚持和把握好的一个重要逻辑关系"。

实际上，从 20 世纪 90 年代以来，Z 市与其他地方政府一样一直非常重视招商引资，并出台了各种文件为外来投资提供包括税收、土地等在内的优惠条件。为了推动跨越式发展，当地政府对招商引资给予了更高的重视。2007 年，当地出台了《中共 Z 市委、Z 市人民政府关于扩大招商引资的意见》《Z 市人民政府关于促进外经贸发展若干政策的意见》《Z 市人民政府关于印发 Z 市扩大对外经济技术合作实施办法的通知》等 9 个文件。

在过去几年中，Z 市的招商引资工作发生了三个方面的变化。首先，扩展了招商引资的对象。当地政府提出要树立"市外即外"的开放意识，只要是来自本市以外的资金都是吸引的对象，不仅要继续吸引外商投资，还要吸引 Z 市以外的国内投资以及上级政府设立的国债项目和专项资金。我们在 X 市招商政策中也了解到了"市外即外"意识。这不仅说明了地方政府对资金的强烈渴望，也体现了地方政府之间激烈的竞争。其次，全面强化了招商引资的激励机制。全方位招商、全民招商一直是各地政府大力鼓励的招商措施。2007 年 8 月出台的《中共 Z 市市委、Z 市人民政府关于扩大招商引资的意见》的主要功能就是把已经实施的各种激励措施明确下来。《中共 Z 市市委、Z 市人民政府关于扩大招商引资的意见》提出市政府要在每年预算中安排专项资金，用于举办、参加各类招商推介活动，编制招商引资项目库，制作招商项目材料，聘请招商顾问，支付大型项目招商补贴、招商引资奖励资金。公民、法人、政府部门以及其他社会组织都可以参与招商活动，并分别有不同标准的奖励。比如对个人的奖励为 1 万~5 万元，对于完成年度招商引资计划、成绩突出的有关单位，除了给予表彰外，也有 1 万~5 万元的奖励。最后，开辟了新的招商方式。在各种新的方式中，集中组团参加各类贸易洽谈会、博览会以及加大工业园区建设是两个值得重视的方式。集中组团招商充分体现了在招商过程中，行政命令依然发挥着重要作用。而发展工业园区则说明了当地政府在土地使用方面正在从粗放的使用转变为有目标的集中使用，这是土地资源紧张条件下的必然选择。

发展园区经济显然是当地政府向东部地区学习的结果，也符合当地经济发展的要求，因为随着土地资源的约束和环境要求的提高，地方政府更加意识到必须通过产业集中的形式来应对这些挑战。另外，更为重要的是，建设工业园区，可以推动产业集聚，从而使地方政府利用本地优势，更有针对性地吸引投资，培育特色产业。为了推动跨越式发展，Z 市政府规划了 16 个工业园区，几乎达到了 18 个乡镇街道都有一个的标准。除了当地政府自己建立工业园区外，在《中共 Z 市委、Z 市人民政府关于扩大招商引资的意见》中 Z 市政府还提出鼓励大型跨国公司和行业龙头企业来建立行业性工业园区。园区由政府实施规划，并赋予一定的财税政策支持；投资者对园区实施开发、招商，并对园区实施全面管理。有意思的是，从 2000 年开始，当地政府还大力宣传自己的"中原侨乡"和客家人祖根地的区位优势，吸引港澳台同胞和东南亚的华人来 Z 市参观和投资。

与经济的跨越发展相比，社会发展是一个更为持久和复杂的过程，因为涉及社会结构的变化以及社会管理和服务体制的建立。在 Z 市为实现跨越式发展设计的八大工程中，有四个是直接与社会发展有关的工程：新农村建设工程、城市建设管理工程、文化建设工程以及生态建设工程。在这四个工程中，新农村建设工程和生态建设工程有来自中央政府的明确指示和要求，而城市建设管理工程和文化建设工程则需要当地政府来根据本地实际开展工作。在当地政府看来，城市建设管理工程和文化建设工程与经济发展有着密切的联系。城市建设管理工程可以提升城市形象，创造更有吸引力的投资环境，而文化建设工程长期都是按照"文化搭台、经济唱戏"的方式运行的，主要目的是发展本地的旅游经济。因此城市建设管理工程和文化建设工程都具有强烈的资本倾向。

"创建文明城市是改善发展环境、增强区域竞争力的内在要求。随着跨越式发展的深入推进，区域之间的竞争越来越激烈，各个地区、各个城市之间的竞争，已不仅是规模竞争、实力竞争、水平竞争，最根本的还是一种环境、文化和形象的竞争。环境就是生产力，形象就是竞争力。国内外的大量事实证明，一个城市的文明程度，是一种可转化的生产力要素，是实现经济持续、快速、健康发展的'无形资本'。外商来投资，不仅要看你的'硬件'，还要看你的'软件'，看你的政策是否宽松、法制是否健全、管理是否有序、工作是否高效、环境是否优美、社会是否文明。只有具备这些要素，这个城市才是一个有吸引力、有竞争力的城市，才能在新一轮的竞争中引得来客户、招得进外资、留得住外商。"①

在实际运作中,社会建设采取的是与经济项目建设一样的运行机制,即由政府来强力主导和推动,作为政治任务来完成。以 Z 市创建河南省文明城市工作先进城市以及国家卫生城市为例。这是当地实施跨越式发展战略以后在城市建设中的一个重要任务。2007 年 8 月,Z 市开始启动创建河南省文明城市工作。要获得这个称号的主要原因是在获得这个称号后才有可能有资格获得参选中央宣传部组织的"全国文明城市"称号。② 由于"全国文明城市"是由中央宣传部组织的,所以被地方政府认为是对评价地方政府成绩的国家最高奖,纷纷踊跃参加。

Z 市委书记就说,"拿我们的兄弟县市来说,D 市早就成为创建全国文明城市工作先进城市,现已届满,G 市、X 市也早在 2005 年就成功创建全省文明城市工作先进城市,并且又提出要创建全省文明城市,这几年他们的发展速度都是非常快的,这也得益于创建文明城市活动产生的实际效果,如果我们再不行动,与他们的差距将会越拉越大。从这个意义上讲,新一轮创建大潮,背后涌动的就是新一轮区域竞争的大潮,要想在激烈的竞争中抢得先机,培育新的经济增长点,必须进一步改善投资发展环境,通过深化文明城市创建活动,对内增强凝聚力,对外增强竞争力,进一步提升区域经济综合竞争力"③。在创建河南省文明城市工作先进城市动员会上,Z 市市长强调,全省文明城市两年组织考核命名一次,而且只有是创建全省文明城市工作先进城市,才有资格申报全省文明城市。要搭上 2009 年评选的这班车,就必须在 2007 年获得创建全省文明城市工作先进城市这张"准考证"。④

2008 年,Z 市政府又提出了创建全国卫生城市的目标。这一次的动机除了推动城市管理水平提高以外,更重要的是争取在与周围县市竞争中不落在后面。Z 市市长在全市经济工作会议上指出,"从 Z 市所属六县(市)情况

---

① Z 市委书记在创建全省文明城市工作先进城市动员大会上的讲话,2007 年 8 月 6 日。
② "全国文明城市"的评选是依据《全国文明城市测评体系》进行的,2004 年首次评选。测评内容包括政务环境、法治环境、市场环境、人文环境、生活环境、生态环境等。
③ Z 市委书记在创建全省文明城市工作先进城市动员大会上的讲话,2007 年 8 月 6 日。
④ Z 市委书记在创建全省文明城市工作先进城市动员大会上的讲话,2007 年 8 月 6 日。

来看，有4个县已经成功创建国家卫生城市，G市也通过了国家级暗访，唯独Z市成了创建工作中的一支孤军。因此，对于创建国家卫生城市，我们已经没有任何退路和选择，必须万众一心，背水一战，确保成功"①。

至于创建工作的组织，则完全移植了抓经济工作那套方式和手段，即首先把该工作确定为"一把手工程"，然后动员政府各个部门参与。比如，为了创建文明城市，就把这个工作列为党委政府的工作重点，由党政一把手负总责，分管领导抓具体。党委、政府、人大、政协等参与进行。成立指挥部，指挥部下设办公室，抽调人员组成，集中办公。而相关单位也要成立相应的机构。各个单位承担的责任则是按照《创建全省文明城市工作先进城市评选标准和测评体系》的要求分解的，通过签订目标责任书的形式，将创建工作落实到各牵头部门和各责任单位。把创建工作作为领导干部年度考核和单位评先表彰的重要依据，并给予相应的奖励和惩罚。

当然，要督促下级政府和政府各个部门来把工作重点转移到与跨越式发展有关的工作上来，关键还是要加强对它们工作的考评。因此，2007年底，Z市市委市政府决定把全市各责任单位2007年度责任目标及跨越式发展工作完成情况结合在一起进行考评。考评的对象包括各乡（镇）、街道办事处；56个市直单位；跨越式发展五大重点工程指挥部；各行政村甚至各类成规模的企业。考评的内容除了本市自己制定的任务目标外，还包括省、上级市布置的各类重大目标。这些内容是由市委市政府组织的考评组专门考核的。此外，还有一些责任目标是由市委市政府的职能部门直接考核的。在2007年，共有28项此类目标，涉及28个职能部门。尽管这些职能部门考核的是本系统的下级部门，但是由于这些下级部门都设置在乡镇和街道，所以最终的结果是对乡镇和街道的考核。这往往造成每年年底乡镇和街道要花费很多时间和精力来应对市级职能部门的考核。"上面千条线，下面一根针"的现象在这个时候变得非常突出。

尽管Z市市政府非常重视招商引资，②但是由于个别政府部门的部门利益以及对企业运行的强烈干预倾向，投资环境改善不断遇到阻碍。2004年

---

① Z市长在市委经济工作会议上的讲话，2008年1月9日。
② Z市长：《提速加力·务实拼搏，努力开创全市经济社会跨越式发展的崭新局面——在全市2006年总结表彰暨2007年跨越式发展动员大会上的讲话》，2007年3月2日。

和 2005 年的 Z 市政府报告在谈到问题的时候都提到，一些政府部门服务意识不强，"四乱"现象（乱收费、乱罚款、乱摊派、乱检查）依然存在，行业不正之风时常有所反弹。2004 年，Z 市发展计划委员会的一个报告在谈到 Z 市民营经济发展遇到的障碍时，六个障碍中有两个与政府部门有着直接关系。①

政府各职能部门以及乡镇政府对企业经营的干扰实际上也反映了它们并没有完全按照 Z 市委市政府的总体政策行动。换句话说，政府的部门利益、局部利益干扰了当地政府的整体利益的实现。对于需要动员各个部门的力量和资源共同完成的跨越式发展目标来说，各职能部门以及乡镇政府执行市委市政府的指令和政策的意愿和能力都是需要的。2005 年，Z 市政府制定了《政府工作规则》。2006 年 4 月，在跨越式发展意见出台的一个月后，Z 市长在一次讲话中再次强调了政府部门要对上级命令服从和执行，树立大局意识，提高团结协作能力。他批评了一些部门上有政策，下有对策；有利就干，无利不干，或者是消极对付；遇到好事"抢篮球"，遇到矛盾"打排球"，遇到难事"踢皮球"的做法。

与前面分析的 X 市和 Y 区相比，Z 市政府在谋求经济社会发展目标的过程中，似乎更强调政府的动员能力，并且把在经济工作中运用自如的一套工作模式应用到了社会管理工作中。这套模式就是：把某项工作确定为当地政府在一定时间内的重点工作，主要领导亲自负责，各个部门都要参与，层层分解任务，加强考核奖惩，以"一票否决"的方式来督促完成。这是压力型体制运行的典型模式。在 20 世纪 90 年代，课题组在 Z 市调查中总结出了这个模式，十多年后，这个模式依然是当地政府履行主要职能所依靠的模式。这一方面说明了这个模式在解决问题上的有效性，另一方面也表明了地方政府改革的缓慢性。

四　讨论：地方政治变化的逻辑

由于上述三个地方在各自区域中处于发展领先的地位，所以当地政府比落后地区政府面临着更大的、更复杂的发展压力。压力的复杂性体现在

---

① Z 市发展计划委员会苏建忠做的《关于我市民营经济发展情况的调查报告》。

三个方面。首先，作为本区域的经济领跑者，上级政府对它们继续领跑给予了很高的期望。这是一种自上而下的政绩要求压力。其次，三个地方还要应对来自周边城市赶超自己以及自己要赶超其他城市的压力。这是一种水平方向的发展速度压力。最后，作为已经在经济社会发展方面取得一定成就的地方，三个地方政府还要应对当地公众不断增加的要求。这是一种自下而上的需求满足压力。

这三种方向的压力不仅在内容上有所不同，而且各自的内容结构也在不断调整。在过去十年中三种方向的压力在内容上的最大变化也许表现在两个方面。一是地方政府发展经济遇到的约束条件逐步收紧。环境、土地、就业等因素成为地方政府追求经济高速增长时必须考虑的因素。二是除了经济增长压力外，地方政府必须承担起经济增长带来的问题以及经济增长不能单独解决的问题，比如环境破坏问题、社会差距拉大问题，政府的社会服务和社会管理功能必须得到加强。

尽管压力的来源和内容存在差别，但是在经济增长这个目标上三种压力实现了聚合。对于上级政府来说，保持经济持续增长是国家战略、政治任务；对于地方政府来说，只有实现经济增长，才能在与其他地方竞争中保持领先优势；对于当地公众来说，保持经济增长与他们的就业和生活水平的改善有着直接关系。因此，经济增长成为一种社会共识。尽管需要解决经济增长带来的各种问题，但是经济不能停滞，必须保持增长。当然，官方的话语用"发展"替换了经济增长，将这个逻辑表达为：要在发展中解决问题，只有通过发展才能解决问题。但是，地方政府在行动中，把发展又简化为经济增长。[①]

为了实现经济增长，地方政府选择的最有效方法就是不断加强招商引资，吸引资本到本区域，以维持经济的高速增长，增长财政收入，从而同时满足上级的政绩要求、保持与其他地区竞争的优势以及当地公众的需求。当然，政府也开始重视服务职能和社会管理职能。同时，政府开始更加重视自身社会管理职能的履行。但是，政府职能的转变最快的领域是与经济

---

① 对地方政府来说，只有保持持续的经济增长，才能在竞争中获得最大的益处。关于"经济增长"优先于"效益"的观点，美国学者大卫·科茨在2008年5月中央编译局的一次演讲中也提到过。

增长相关的领域。这尤其体现在政府审批改革和政府将企业管理中的一些方法引入政府管理方面。政府干预经济的权力受到了明显约束,管理效率得到了提高。因此,我们看到三个地方政府都声称要建设"亲商"型政府,并积极推动投资环境建设。

由于经济增长的共识,资本也成为地方政府的压力施加者,与其他三种方向的压力形成了合力,并且借助后者对经济增长的需要提升了自己的重要性。因此,我们看到三个地方政府在招商引资方面都花费了大量的时间和精力,将其列为政府的工作重点,提出本辖区之外的资本都是吸引和争取的对象,动员所有政府部门参与进来。对于地方政府来说,资本的压力并不是单一的。这表现在两个方面:一是地方政府不仅要创造环境吸引新的资本进入,也要为已有的投资提供长期发展的条件;二是地方政府不仅要吸引外来投资,还要支持本地民间资本的发展。尤其是在对待民间资本的态度上,我们可以清楚地看到,三个地方政府发生了巨大的转变,都把发展民营经济作为本地经济发展的重要支柱,为其提供更好的发展环境,特别是制度环境,甚至推动它们上市。地方政府从制度完善角度出发来改善投资环境,不仅是对中央政府相关理念的落实,也为制度创新提供了经验。因此,在市场因素最活跃的领域,政府的自我调整能力和管理能力也最强。

但是,值得注意的是,三个地方招商引资的工作机制或模式并没有大的区别,依然采取动员模式,即将其确定为工作重点;党委政府领导亲自挂帅;任务层层分解;各个部门参与;根据招商引资结果进行奖惩。招商引资不是某个政府职能部门,比如招商局的工作,而是整个政府的中心工作,其他政府部门需要围绕这个中心工作来履行职能,甚至调整人员和时间。更重要的是,这不仅是政府内部动员模式,还是全民动员模式。我们在三个地方都看到当地政府提出要实行"全民招商"。然而,政府部门全体动员并非这三个地方的特点,而是全国普遍现象。根据一个对安徽省 55 个县市领导的调查,招商引资工作是当地经济发展的"一号工程",是县长、市长们"在工作中最关注的三个方面的问题"之一。[1]

---

[1] 杨敏:《2007 县市长最关注的话题》,《决策》2007 年第 10 期。

对于地方政府来说，由于四种压力借助经济增长这个目标汇聚在一起，所以政府对社会管理问题的重视也带有明显的经济倾向，即为经济增长服务。这样，就使资本的压力突出出来，成为引导地方政府行为调整和变化的主要力量。在三个地方，我们可以清楚地看到，无论是投资环境的全方位完善，土地利用方式的改变，还是城市管理水平的提高，都带有明确的经济目的。然而，由于对资本的过度倚重，地方政府的责任机制出现了扭曲，对资本的责任压倒了对上级和民众的责任。部分地方政府冒着违反上级政策、侵害当地民众利益的危险，对资本的要求大开绿灯，甚至放纵一些明显的违法行为。而部分地方官员为了个人利益，利用掌握的权力与某些投资者进行权钱交易，达成利益勾结关系，导致一些职能部门行为的倾斜，严重削弱了其公共身份。

尽管三个地方政府因为经济增长目标的驱动对获得资本的青睐非常重视，并且为此调整着自己的行为方式以及组织结构，但是它们对于资本的要求依然保持着一定的自主性。换句话说，地方政府在不断为资本提供发展的优惠条件的同时，也在努力根据自己的计划和意志规范着资本的运行。这突出体现在2003年以来，三个地方政府根据需要在招商引资中调整了招商对象，从对所有投资来而不拒转变为根据本地的环境、土地等约束条件来有针对性地招商。在Y区这种变化表现得最为明显。土地和环境的压力迫使当地政府加快产业结构调整，除了建立产业园区集中生产外，还推动一些高污染、高耗能企业离开本地。尤其是在2007年太湖蓝藻危机发生后，这种改变投资结构的动机更为强烈。

地方政府对资本保持的相对自主性并非完全自发的，而是由于来自上级政府的压力和当地公众的压力在内容上发生了较大的调整。虽然都承认经济增长的重要性，但是上级政府和当地公众对社会问题、环境问题给予了更高的重视。科学发展观、和谐社会、服务型政府建设等理念的提出标志着中央政府对地方政府的要求在指导原则上发生了巨大的转变。这相应地导致了上级政府对下级政府考评指标结构的调整，社会发展、环境保护等相关的指标被列入了考核内容。同时，当地公众的权利意识也在增强，迫使地方政府承担起更多的公共服务职能。在三个地方，我们看到近年来的上访案件中许多都涉及土地征用、环境污染等问题。因此，地方政府在谋求经济增长的同时，也必然把注意力转移到经济增长带来的问题以及不能解决的问题上来。

有意思的是，从三个地方政府的运行过程中，我们可以看到，它们在处理这些问题时带有明显的"路径依赖"特征，并没有创造出一套新的工作机制或模式，而是把在经济领域中应用有效的政府动员模式照搬到这些新的问题领域，甚至将之强化，从而使之成为地方政府为解决重要问题、完成重要任务所采用的通用模式。① 这其中的原因，除了政府行为惯性之外，更重要的是它们在解决紧迫问题时依然有效。

但是，有必要区分动员模式在经济领域和社会管理领域中都具有有效性的原因。在经济领域，资本追求的目标是利润的最大化，需要政府给其提供更有利的经营条件和更有效率的服务。政府各个部门参与的招商引资模式自然能够满足资本的这些要求。这特别体现在投资优惠条件以及审批程序简化方面。政府通过动员各个职能部门参与招商引资的方式缩短了它们与投资者间的关系，并且用严格考核奖惩的方式约束了部门利益对投资的干扰。因此，动员模式是符合资本运行要求的。在社会管理领域，政府动员模式具有有效性的原因在于，它能够在短时间集中资源来解决重大问题，克服政府职能部门的抵制，减少问题的不确定性。在 Z 市的跨越式发展战略实现过程中，我们可以清楚地看到当地政府频繁运用政府动员模式来实现既定目标。必须注意到，政府动员模式在本质上是将重要问题和任务政治化。

毫无疑问，在一种快速变化的环境中，"政治化"突出了政府要承担的主要责任，推动了一些重要问题和难题的有效解决，保证了政府责任的基本实现。但是，通过层层施加压力来推动各级政府部门运行毕竟不能成为一个国家的政府实现责任的常态。更重要的是，用政治手段来推动经济发展从长期来看，也不符合完善的市场经济运行的要求，并产生了多方面的

---

① 最典型的是"一票否决"领域的增加。除了财政收入、计划生育、社会治安这三个基本内容外，近几年又增加了安全生产一条。在有些地区，一票否决的领域又增加了农民负担、上访告状、土地、环保、工资发放等。一票否决领域增加的规律似乎是：上面强调什么，下面就把什么列入一票否决的范围。最多的如河南一个地方，一票否决的领域多达 12 个，如行政经费超支、老百姓烧玉米秸秆、小炼钢、小煤窑等，这些东西统统都在一票否决之列。乔润令：《竭泽而渔的达标考核》，《中国改革（农村版）》2004 年第 7 期。

消极后果。

第一，地方政治的运行带有强烈的"个人化"色彩。在压力型体制下，作为第一责任者的"一把手"的权力被放大。在集中体制下，"一把手"掌握着资源调配、人事任免等诸多权力，同时又是本单位的第一责任者。由于制度的不健全，"一把手"为了保证责任的完成，往往会过度动员行政权力来督促下属。更重要的是，在用人方面，也尽可能使用自己信任的人，并用"不讲政治"的理由来打击那些提出异议的人，从而很容易形成"庇护—附庸"特征的关系网，"一把手"的权力被放大了，因此也更容易腐败。

第二，政府承担的各项任务在下解过程中被"虚夸"。表现为一级政府接到上级下达的指令后，一般都要"打提前量"，将各项计划指标按一定比例放大，然后再分解给所辖各下级政府。下级政府接到指令后，再次放大，然后再分解给下下级政府。民谚中所谓"一级压一级，层层加码，码（马）到成功"说的就是这个道理。

第三，政府行为的暴力化。职能部门具有天然的暴力倾向。而缺乏有效且有力的约束和监督，这种倾向就会转化为现实。行政行为的暴力化通常是在三种情况下产生的。第一种是上级交付的任务超出了执行者的能力，诱使后者借助强制性手段来执行。① 第二种是职能部门滥用自己的执法权力。现在许多部门都建立了自己的专门执法队伍，着装统一，以提高执法的权威性。这虽然有助于加大行政执法的力度，但也为一些人滥用权力提供了支持。第三种是完全个人化。一些人为了自己的利益，借助公共权力的权威性来达到自己的目的。典型的是一些领导所追求的"政绩工程"。在其背后，往往隐藏着双重的利益取向：政治上以政绩求得上级提拔，经济上以项目捞取一己实惠。

第四，"政治性"任务挤压了政府应该履行的其他责任，导致了政府责任机制的失衡。督促政府完成和加强责任的机制不仅有政治机制，还有法

---

① 为完成压在自己肩头的办案指标，以便获取全额工资和办案奖金，湖北荆州市警察戴某竟然与他人合谋，导演了一起令人震惊的"抢劫案"，甚至组织未成年人参与了其编织的"抢劫"闹剧。最终，由于几名参与作案的"演员"的家属在得知真相后的举报，戴某精心导演的"抢劫案"才暴露（《执法指标：执法违法的"原罪"》，《经济参考报》2004年2月13日）。

律机制、道德机制等,只有各种机制完善起来、运转起来,才能从根本上加强政府责任。然而,由于过度使用政治机制,政府主要责任"泛政治化",所以法律机制虽然不断完善,却没有完全得到运用;道德机制疲软无力。这其中有两个原因。一是在追究政府官员失责时,首先采用的是政治机制,最有效的也是政治机制,即给予党内处分和改变其政治升迁。因此,许多政府在履行责任的时候,首先考虑的是在政治上是否"正确",而不是是否遵守了法律。二是许多政府为了完成上级交付的任务,不惜动用各种手段,其行动破坏了基本的道德规范。政府失去了遵守道德的楷模形象。更重要的是,这种以党管干部原则支撑的政治机制也影响了体现人民授权原则的人民代表大会制度的发展和强大。因为,从根本上说,对代议制的责任才是真正的"政治责任"。

第五,政府责任实现机制的"泛政治化"诱使一些政府部门和官员采取各种方式来逃避责任。在"泛政治化"的责任实现机制中,要使下级部门和官员完成任务依靠的是行政命令和政治觉悟。但是,行政命令的监督成本很高,政治觉悟又是一种"软约束"。因此,在层层施压的条件下,下级部门和官员必然会采取各种方式来逃避责任。常用的方式有两种。一种是利用信息的收集和整理权,来虚报数字应付上级部门的考核;① 另一种就是利用规则和文件的制定权来改变自己与责任对象的关系,尽量把自己要承担的责任推卸给责任对象。这样一方面实现了形式上的"依法行政",另一方面也强化了自己掌握的权力。比较典型的行为就是利用部门立法来强化自己的权力。这样就形成了"有组织的不负责任"局面。②

根据对 X 市、Y 区和 Z 市的调查,我们发现对于理解三个地方过去 10 年中社会政治变化,采取"市场—国家互动"路径似乎更有说服力,即通过研究国家对市场的回应行为来了解地方政治是如何变化的。之所以如此,有两个基本理由。首先,在过去 10 年中,市场经济体制在中国获得了合法地位,地方经济由于国有企业、集体企业的快速私有化而实现了高度市场

---

① 杨雪冬:《市场发育,社会生长与公共权力构建:以县为分析单位》,河南人民出版社,2002年。
② 杨雪冬:《改革路径、风险状态与和谐社会治理》,《马克思主义与现实》2007年第1期,第17~24页。

化。各个地方政府在市场经济中成为相互竞争的主体，为了财政收入的提高以及经济社会发展其他目标的实现，它们必须依靠市场这种制度化力量，并竞争市场中的稀缺资源——资本。其次，地方政治的制度核心是国家，在中国体现为党委与政府的综合体。尽管地方国家要努力应对和迎合市场的变化，但是政治集中体制决定了地方国家相对于市场，特别是其中最活跃的主体——资本保持着体制性的自主性，同时也使不同地方的政治变化是在统一的制度框架内发生的。鉴于资本在市场经济中的突出地位，我们把这种研究路径简化为"资本—国家互动"路径。

从对三个地方的分析中，我们可以清楚地看到，由于地方政府把经济增长作为中心工作，所以争取资本投资成为政府各个部门都必须参与和完成的任务。地方政府进行的许多改革的基本出发点都是为投资创造更好的环境。因此，可以说地方政府是按照资本的需要来改变自己的。但是，地方政府的改革并不意味着放弃了计划体制时代形成的动员型工作模式，反而地方竞争压力的增强强化了这种模式，使之固定化为"压力型"模式，并由于其有效性扩展到政府管理的其他领域中。

于是我们看到的地方政治在过去10年的变化呈现两个基本特征：一是为了适应资本的需要，地方政府在减少管制、提高效率、管理专业化等方面进展明显；二是原有的工作模式机制进一步强化，压力型体制并没有转变为"民主合作制"，[1] 反而在各个领域中都得到了推广和强化。

---

[1] 荣敬本等：《再论从压力型体制向民主合作体制的转变》，中央编译出版社，2001。

第九章

以社会发展为导向的政企互动：基于晋江经验的研究[①]

政府与企业是现代市场经济中两个最为活跃的主体，二者之间的关系是复杂而多样的，远非古典自由主义所描绘的那么简单，而是根据各国的具体情况呈现不同模式，比如"盎格鲁—撒克逊模式"与"莱茵模式"、"东亚模式"；"发展型国家"、"掠夺型国家"与"捕获型国家"；"华盛顿共识"与"北京共识"的讨论。更为重要的是，由于国内各个区域的社会文化、历史传统、制度环境、资本结构等条件的不同，各地也会形成不同的政企关系。比如20世纪80年代中国出现的"苏南模式""温州模式""晋江模式""珠三角模式"等。

"晋江模式"是20世纪80年代出现的与"苏南模式""温州模式""珠三角模式"齐名的地方经济发展模式，也是唯一的以县为单位的经济发展模式，并且在经历了多次国际金融危机冲击以后，依然充满勃勃生机。晋江的民营企业在晋江经济份额中的占比超过了95%。这些企业之所以能够不断发展壮大，与当地政府的支持、引导乃至推动有着直接的关系。而企业的发展，也对政府不断提出新的更高要求，推动着政府自身的改革。一方面，由于地缘、血缘、亲源、业源等多种类型的"社会资本"的存在，

[①] 本章主要内容来自作者为《中国县域发展：晋江经验》（黄陵东主编，社会科学文献出版社，2012）一书撰写的一章。

晋江的企业有着强烈的家乡意识，愿意以本地为发展的基地，并且回报当地社会；另一方面，企业与当地民众的密切关系，尤其是这些企业带来了上百万外来劳动力，也推动着当地政府较早地全面考虑发展问题，不仅追求经济的快速稳定增长，也关注增长的包容性，避免了一些地方政府为了吸引外来资本而忽视社会利益的倾向。这样，晋江的政企互动的双层关系就丰富为政府—社会—企业的三元关系，对社会利益的考虑，成为政企互动的坚实基础。

一 政企关系与地方发展：一个分析框架

政府的职能范围远远超出了"守夜人"，它会利用各种政策手段来影响、支持乃至干预企业的运行，解决企业发展的外部经济问题；而企业也不单单是"经济人"，还承担着社会责任，需要通过服务所在地来获得更好的经营环境，并且获得政府更为有力的支持。

许多国家的发展经验表明，要实现成功的经济发展，必须构建政企互动的良性关系，发挥两个市场经济主体各自的优势。东亚经济奇迹是这个方面的典型。有学者归纳了东亚经济奇迹的三种解释框架："亲善市场论"认为民间部门的制度能弥补绝大多数市场缺陷，政府要发挥促进市场效率提升和发展的作用；"发展型国家论"认为，为了克服发展过程中存在的市场失灵，政府的干预是必需的，因此能够成为市场协调的重要替代；"市场增进论"认为应该抛弃前两种观点，把政府和市场看作相互排斥的替代物的前提，政府的职能在于促进或补充民间部门的协调功能。因此，政府的重点是培养市场机制和民间部门。①

近年来，随着国家间竞争的日益激烈，特别是中国的快速发展，"发展型国家"的解释范式受到了更广泛的关注，政府推动经济发展的一些具体做法也在被更多的发展中国家所借鉴。"发展型国家"有三个突出特征：一是政府有着强烈的发展意愿，并且把发展作为获得合法性的重要手段；二是政府与企业有着密切的关系，能够通过政策手段来支持战略性产业的发

---

① 关于这三种观点的讨论，请参考青木昌彦、金滢基等主编《政府在东亚经济发展中的作用——比较制度分析》，中国经济出版社，1998年。

展,提高企业的竞争力;三是政府有着较高的自主性,能够相对于社会和企业独立地制定和执行政策,但是又与社会、企业有着良好的合作关系。[1]

针对政府与企业的复杂关系,一些学者对地方政府做了进一步的类型学研究。马克·布莱奇(Marc Blecher)区分了发展型政府与企业家型政府,他认为企业家型政府并不一定要直接干预企业的经营行为,而是可以通过提供良好的硬件环境、资金以及与外部市场或重要机构的联系等方式,促进地方经济的发展。这就是说,尽管促进经济发展仍然是地方政府的重要目标,但从政府与市场、社会的关系来看,地方政府可以避免对企业进行直接干预,而是通过创造良好的外部环境来实现发展经济的目标。[2] 其他学者也发现,地方政府直接"经营企业"的行为正在朝着"经营城市"转变,[3] 表明地方政府在市场化改革的趋势中正在减少(虽然没有完全取消)对微观经济的干预,同时更注重通过完善外部环境来促进经济发展。

另外一些学者强调了政府对经济发展的破坏性。他们认为地方政府已经具有了自我利益,会为了部门或个别官员利益的最大化,对企业发展设置租金,甚至对企业进行过度的盘剥。针对这种情况,一些地方政府或者蜕化为"掠夺型政府",为了眼前的、部门的或者个人的利益,破坏企业经营环境,最终导致经济增长动力的枯竭;或者只扶持某些企业,既破坏了市场的公平环境,也滋生了权钱交易的腐败,甚至导致政府被个别企业或者资本"绑架"。[4]

上述研究都把政企关系视为经济发展过程中的一对重要关系,并且讨论了政企关系良性运行的具体条件,但是基本都是在政府与企业二元关系

---

[1] 关于"发展型国家"理论的梳理总结,请参考朱天飚《比较政治经济学》,北京大学出版社,2005;郁建兴、石德金《发展型国家:一种理论范式的批评性考察》,《文史哲》2008年第4期,第157~168页。

[2] Marc Blecher, "Developmental State, Entrepreneurial State, the Political Economy of Socialist Reform in Xinju Municipality and Guanghan County," in *The Chinese State in the Era of Economic Reform: The Road to Crisis*, edited by Gordon White (M. E. Sharpe, 1991), pp. 265 - 291.

[3] 周飞舟:《大兴土木:土地财政与地方政府行为》,《经济社会体制比较》2010年第3期,第77~89页。

[4] 关于这方面研究的综述,请参考丘海雄、徐建牛:《市场转型过程中地方政府角色研究述评》,《社会学研究》2004年第4期,第24~30页。

的基础上来讨论问题,没有对社会这个重要元素在政企互动中的作用进行充分考虑。在市场经济条件下,企业是最为活跃的主体,企业家、资本以及技术这些经济要素不仅是经济运行必需的稀缺资源,而且具有高度的流动性。相比之下,政府尽管掌握着公共权力,但这种权力是地域性的,有边界的。在这个意义上,政府与企业的关系是不平衡的,政府为了获得持续的财政收入,完成基本的公共职能,必须争取获得企业的投资和再投资。这种不平衡性,导致了一些地方政府会为了短期经济利益而牺牲本地社会的长远利益,甚至会出现权钱交易的腐败问题。

而社会的存在起到了平衡政府与企业关系,规范政、企行为的作用。社会既是政企互动的中介,也是互动的背景和条件,更是互动的目的。因此,良性的政企互动关系在实质上是政府—社会—企业的三元互动关系。

这三者的互动关系具体体现为:第一,政府作为公共权力的代表,要以维护和增加公共利益为出发点来推动经济发展,在为企业提供有利条件和有力支持的同时,也要充分考虑社会公众的利益,实现二者的平衡;第二,企业是在具体社会中运行的经济主体,也承担着相应的社会责任,因此,政企互动内容不仅有经济方面的,也有社会方面的,企业可以成为政府履行公共服务职能的支持者和合作者;第三,社会是政府与企业运行的环境和条件,既支撑着二者的互动,也对二者不断提出要求和规范。在市场经济条件下,社会的发展水平与市场的发育程度有着密切的联系,不能割裂开来。

那么,在怎样的条件下政企的良性互动关系才能形成呢?本文提出三个假设:要有一个健康规范的市场经济,这是政企互动的基本前提;社会与企业、政府有着密切的联系,能够把自己的要求传达给对方,并获得有效回应;政府与企业在发展问题上达成了基本共识,建立了通畅的互动渠道,并且可以积极呼应对方的要求。

二 培育良好的市场经济

良好的市场经济是逐步形成、不断改进的。为了让作为市场经济主体的企业健康成长,良好的信用制度以及经济的开放性是实现良好的市场经济的基本要素。

独特的自然环境条件使晋江形成了悠久的商业文化和开拓冒险精神。[1] 中华人民共和国成立后,虽然国家采取计划经济模式,各类私人经济活动受到了压制,但是晋江人的商业精神依然保存了下来,并且以"村以下企业"的形式体现出来。这类企业实际上是个体、私营的。[2] 改革开放后,"三资企业"如雨后春笋般建立起来,"三来一补"成为主要的生产方式,由此形成了富有特色的"晋江模式"。1986 年,费孝通等人将晋江经济"最生动、最活跃、最本质"的东西概括为"内涵于广大晋江侨属中的蕴蓄深厚的拓外传统和强烈要求改变贫困现状的致富愿望"。[3] 1992 年,晋江撤县建市后,市场经济进一步发展完善。1994 年 12 月在中国农村发展道路(晋江)研讨会上,"晋江模式"被概括为:"以市场经济为主、外向型经济为主、股份合作制为主,多种经济成分共同发展"的经济发展道路。

在构建良好市场经济方面,晋江有以下几个基本做法。

第一,把企业作为市场的主体加以培育、支持。高质量的企业是建设好的市场经济的前提条件。为了扶持当地民营企业的发展,晋江曾经在 20 世纪 80 年代采用给企业戴"红帽子"(即冠以集体企业的名称)、"洋帽子"(即冠以外资企业的名称)的方法,即所谓的"政府搭台、企业唱戏",以营造更为有利的政策环境。尽管这些灵活的举措对于企业的初期发展起到了重要的保护作用,但是随着企业规模的扩大,实力的增强,这种做法造成的产权模糊不清问题也日益明显,成为企业发展的重大障碍。为了推动现代企业的建立,晋江市委市政府在 1998 年召开了企业制度创新会议,对企业经济性质进行全面甄别,进行"摘帽子"行动,并在此基础上大力倡导企业制度创新,不仅提高了企业的内部管理水平,也为一些重要企业的上市打下了坚实的制度基础。1998 年,恒安公司率先在香港联交所上市,拉开了晋江企业上市的序幕。

晋江现有规模以上工业企业 1499 家,占全部工业企业总量的 1/5,企业集团 55 家。其中产值超亿元企业 373 家、超 10 亿元企业 16 家、超 20 亿

---

[1] Philip A. Kuhn, "Chinese among Others: Emigration in Modern Times," *Lanham*: *Rowman & Littlefield*, 2008.
[2] 贺东航:《地方社会、政府与经济发展》,中国社会科学出版社,2011。
[3] 费孝通、罗涵先:《乡镇经济比较模式》,重庆出版社,1988。

元企业 5 家，年产值超 40 亿元的企业取得零的突破，总数为 2 家，纳税超千万元企业 41 家、全国大中型工业企业 216 家（其中 8 家大型工业企业），规模以上产值占工业总产值的比例为 88.9%。晋江纺织服装业现有企业 3552 家，是国内纺织服装产品生产加工基地和主要集散地。制鞋业有企业 3016 家，年产鞋十多亿双，约占全国运动鞋、旅游鞋总产量的 40%，世界运动鞋、旅游鞋总产量的 20%。食品、陶瓷建材等产品在全国的市场占有率均名列前茅。

第二，推动产业集群发展。产业集群既可以深化生产分工，提高规模效应，也可以提高本地的投资吸引力和经济影响力。从 20 世纪 90 年代中期开始（有学者称之为"第二次创业时期"），晋江市委市政府把工作的重点放在了如何运用本地发展规划来引导和支持企业发展上。鉴于"家家点火、户户冒烟"式的粗放式发展的不可持续性，1996 年，晋江提出要把工业化与城市化紧密地联系在一起，提出了"耕地向规模经营集中，企业向工业园区集中，人口向城市和集镇集中，住宅向现代社区集中"的原则，大力推动"四个创新"（制度创新、技术创新、管理创新、市场创新），以实现"三个提高"（提高经济质量、提高全民素质、提高城市品位）。

晋江现已形成了晋南纺织服装、晋东鞋业、晋西陶瓷、中心城区食品和永和石材、东石伞业、安海玩具等一批专业生产区，这些专业生产区集聚了大批同类企业，造就了"一村一品、一镇一业、一镇数业"的集约化产业发展布局。同时，依托各大产业龙头企业扩大规模和实施产业链招商，晋江现已相继出现了一大批投资起点较高的产业集群专业园区，实现了由办企业到做产业再到发展产业集群的转变。随着各大产业总量的逐步提升，晋江产业链条不断纵向延伸，同时产业集聚产生的虹吸效应，吸引了大量商贸企业进驻晋江原辅材料市场，派生出专门为生产性企业提供产前、产中、产后服务的服务型企业，提高了生产服务社会化程度。

第三，重视信用和品牌建设。有着"假药案"惨痛教训的晋江人深深地理解这点。晋江市委市政府积极引导企业增强品牌意识，通过各种政策措施推动品牌的塑造、培育、保护、发展和输出，以提高企业的竞争力和本地的知名度。晋江先后在 1995 年、1998 年和 2002 年提出"质量立市"、"品牌立市"和打造"品牌之都"战略，先后投入 7400 多万元资金建立品牌、质量激励机制。2005年党代会提出"引导实施品牌经营战略",充分发挥企业主体作用和政府推动作用,争创名牌产品和驰名商标,推动采标认证,注册国际商标,提高品牌价值和以品牌资本整合资源的能力;加强对知识产权和商标权益的司法与行政保护,加大打假维权力度,维护市场经济秩序,提高应对国际贸易争端的能力,为企业争创名牌、开拓市场营造良好环境;落实打造"品牌之都"优惠政策,鼓励品牌企业在市区营建总部,把区域品牌打造与企业品牌经营有机结合起来,扩大"晋江制造"的整体影响,放大"品牌之都"的外溢效应。

目前晋江市先后获"国字号"品牌119项,国家免检产品88项,福建省著名商标、省名牌产品278项,有3家企业荣获中国服装行业"百强企业"称号、9个品牌入选"中国500个最具价值品牌"、5个品牌入选"亚洲品牌500强"、6个品牌入选"中国行业标志性品牌"、4个品牌成功入围首批300个"全国重点保护品牌"。①

第四,保持市场的开放性。开放性是市场经济的根本属性。晋江经济从开始就具有高度的开放性,不仅面对国内市场,而且面向国际市场。从改革开放初期发展"三来一补",到后来的推动"以民引外、民外合璧",都体现了晋江在有意识地发挥着自己处于国内经济与全球经济交接面上的独特优势。中国加入世界贸易组织后,尤其是海峡西岸经济区建设以来,晋江更加重视国内与国际两个市场的良性互动。通过提高企业的国际竞争力,开拓国际市场。鞋、纺织服装、玩具、雨伞、陶瓷等产品已远销欧美、东南亚、中东、南非等地,晋江已与50多个国家和地区建立了长期经贸合作关系。同时其充分利用国际上的资本、技术以及参与生产标准的制定来赢得竞争的新优势,占据竞争的新高地。2006年,晋江市党代会报告提出,要"着力提升外向型经济发展水平",扩大对台合作,努力在更宽领域、更高层次参与国际国内竞争合作。

"十一五"期间,晋江经济的开放程度大幅度提升。上市企业从9家增加到31家。为了进一步提高经济的开放度和市场的规范度,从2009年开始,晋江开展了"破解'熟人'经济,提升服务水平"的活动,在行政审

---

① 晋江市工商局课题组:《实施商标战略与晋江县域经济发展》,《晋江调研》2011年第1期。

批、执法执纪、绩效管理、公共管理、社会服务以及投资环境建设等方面进行检查整治,提高政府服务的公平性,加快招商引资进程。

三 培养团结的社会精神

市场经济不等于市场社会。如果市场经济导致的是市场社会,即狭隘的个人主义,只关心个人利益的极端理性行为,那么经济就失去了可持续发展的动力和基础。晋江的发展经验不仅印证了社会团结是经济起飞的有力支撑,也是推动经济发展成果在全体社会成员之间共享的重要原因。这使得晋江的企业愿意回报社会,晋江可以推动包容性发展。

晋江在经济发展过程中,主要是通过以下方式来发挥社会纽带和团结作用的。

第一,家族、家乡成为晋江企业发展的重要支撑。在企业创办时期,家族在筹集资本、减少管理成本、相互合作支持、实现规模经济等方面发挥了积极作用。贺东航的研究发现,改革开放初期的"联户办企业"主要是通过家族关系,把资金、房子、劳动力等生产要素结合起来。而由于这些企业的主要投资者、管理人员、工作人员一般都是本家族成员,这也减少了交易过程的费用。家族企业之间的"订单生产"为小型的关联企业提供了发展的机会。[①]

尽管晋江市政府从20世纪90年代末期开始大力推动家族企业向现代企业转变,但是家族企业依然是晋江企业的主体。据调查,晋江企业中99%是家族企业,许多以股份合作企业、有限责任公司和股份有限公司形式存在的企业实质也是家族企业。晋江现有制鞋、纺织服装、陶瓷石材、食品、伞具玩具五大传统产业和机械制造、精细化工、生物制药、纸制品、新型材料五大新兴产业。2009年,全市家族经营工业企业产值达1724.48亿元,占全部工业总产值的97.4%。全市家族企业上缴税金占全市财政收入的85%。[②]

强烈的家族和家乡观念,使得晋江的许多企业虽然在形式上为外资企

[①] 贺东航:《地方社会、政府与经济发展》,中国社会科学出版社,2011,第77~83页。
[②] 中央党校与晋江市委党校合作课题组:《家族式民营企业的传承模式探讨——以福建省晋江市家族式民营企业为例》。

业，但是依然愿意留在本地发展，形成了"根脉在晋江，总部在晋江，决策在晋江；市场在全国，车间在全国，研发在全国；市场在全球，车间在全球，研发在全球"的独特经营模式。

在经济危机时，家族和家乡观念升华为团结协作、共同取暖、抱团发展的意识。在2008年全球金融危机爆发后，晋江经济之所以能够将冲击降低到最低程度，一个重要原因就是这些企业之间的相互支持。[1] 近年来，晋江市大力推动"回归"工程，利用家乡情来吸引晋江企业的回归。在家乡情的吸引下，在各项有利政策措施的支持下，出现了企业总部回归、资金返程回归、税源回归、抱团回归等形式，壮大了晋江的经济。

第二，海外华侨成为晋江发展的独特资源。海外华侨是中国改革开放事业取得巨大成就的重要因素。对于晋江来说，100多万海外华侨除了在改革开放初期带来大量投资、技术以及市场信息外，更重要的是，他们身居海外，心系家乡，胸怀祖国，对祖国的兴衰、家乡的安危、人民的祸福非常关心。[2] 因此成为当地社会事业发展的活跃力量。据统计，1991~2003年，晋江籍海外华侨、港澳同胞在家乡创建学校、医院，设立教育基金，建设桥、路、自来水、电厂等公益事业捐资达127053.76万元，而且捐资没有任何附加条件。[3]

晋江市搭建了多个平台为华侨支持、参与家乡建设提供便利。比如2002年成立的慈善总会，海外理事占14%。2007年成立的"世界晋江青年联谊会"，成员来自中国香港、中国澳门、中国台湾、菲律宾、新加坡、马来西亚、印尼、泰国、加拿大、澳大利亚、缅甸、罗马尼亚、英国等国家和地区的有近300人。借助各种产品博览会，既为海外华侨回乡发展提供了信息，也加深了相互的情感。据统计1978~2008年，晋江市侨捐公益事业已超20亿元。2009年，海外华侨和港澳同胞捐资总额达8500万元，2010年侨捐公益事业超过1.2亿元。

第三，利用企业的家乡情结，推动社会公益事业的发展。参与家乡的

---

[1] 2012年4月27日，陈荣法在晋江市民营企业"二次创业"大会上的讲话。
[2] 龚维斌：《从"晋江模式"看地方文化在经济发展中的作用》，《南京师范大学》2000年第6期。
[3] 杨团、葛道顺主编《和谐社会与慈善事业》，社会科学文献出版社，2007，第84页。

各类公益事业，是中国文化背景下的一种企业社会责任。晋江市慈善总会就是民营企业参与本地公益事业的重要平台。慈善总会于 2002 年 12 月 18 日成立，到 2012 年 5 月 31 日已经募集善款 15.5 亿多元，累计投入 6.82 亿元开展"解困、助学、助行、助听、复明、慈善安居、荧屏文化、扶助被征地低保人员养老保险、扶助低保人员参与新型农村合作医疗工程、关爱母亲工程"等慈善活动和慈善公益项目建设。[①]

民营企业家是慈善总会的核心力量。在理事会成员中，85.5% 是民营企业家，400 多名永远名誉会长、荣誉会长、会长、副会长、常务理事、理事全都是民营企业家。慈善总会在 13 个镇、6 个街道办事处设立慈善联络组，组长也都是民营企业家。

慈善总会利用各种形式来提升民营企业家的社会责任意识。成功的做法之一就是，呼吁他们做社会道德的楷模。2003 年 12 月，晋江慈善总会向全体理事会成员发出移风易俗、婚丧喜庆节约简办、礼金捐作善款的倡议。如今，红白喜事献爱心，被越来越多晋江人接受。截至 2012 年 2 月，晋江慈善总会收到捐献的礼金已达 6 亿元。

第四，通过工业化、城市化来推动城乡协调发展。城乡差距的拉大往往是工业化、城市化的结果，根本原因在于农村成为被剥夺和牺牲的对象，而企业往往在这个过程中获得了劳动力和土地等重要资源要素，侵犯或者损害了农民的权益，政府往往是企业的帮手或者支持者，从而使得农民与企业的矛盾扩散为农民与政府的矛盾。晋江在工业化和城市化过程中，努力将发展收益向更多民众扩散，提高城乡发展的协调性。

晋江的工业化具有鲜明的"内发外向"特征，即本土企业是工业化的基本力量，本地民众是工业化的主要得益者。1978～2010 年，晋江农民人均收入增加了 38.5 倍，超过了万元，98% 的农村劳动力已转移到第二、第三产业，极大地缩小了城乡差距。1992 年撤县建市后，晋江市将整个县域作为城市来规划、建设，在公共设施建设、公共服务提供方面打破城乡界限，推动区域协调。1998 年晋江市在福建省率先实行城乡一体的低保。2006 年，晋江市在全省率先建立"凡征必保、即征即保"的被征地人员养

[①] 晋江市慈善总会：《发展慈善事业，构建和谐社会》，2012 年 5 月 31 日。

老保险制度,在福建省率先实行城乡一体的新型合作医疗制度,覆盖率达100%。在开展社会保障工作方面,晋江市高标准制定社会保障政策,在出台的《农村居民最低生活保障制度实施办法》中,对保障范围、保障标准的确定与调整、家庭收入的计算、低保资金的管理等都做了明确具体的规定,除低保资金全部自筹外,低保人员年均保障水平达到3000元,比福建省平均水平高出1800元。2009年,晋江市在全国率先推行城乡一体普惠型养老保险制度。

民营企业在实现城乡协调发展中起到了积极作用。一方面,这些民营企业多是从乡镇企业中发展出来的,有效地解决了当地农民的劳动力转移问题。晋江的营销大军主体是本地农民,而外来投资和劳动力的增加,也给当地农民带来了土地租让、房屋出租等新的收入来源。另一方面,这些民营企业也通过多种形式来支持当地农村发展。比如在新农村建设中,开展"百企联百村、共建新农村"活动,以企带村、以村促企,支援新农村建设。

第五,保障外来工权益,塑造"新晋江人"。对于沿海发达地区来说,大量外来工的涌入不仅带来了企业发展所需要的劳动力,而且也产生了一系列社会问题,尤其是公共服务的扩展问题。现有的财政体制决定了公共服务支出主要是由当地政府承担的,而享受公共服务的对象又是以户籍人口为主体的。因此,要给大量的外来工及其家庭提供更多的公共服务,地方政府的财政支出结构就必须改变,支出水平也要提高。对于许多地方政府来说,这会是很大的财政负担,因此并不愿意主动承担。

晋江有着悠久的移民传统,有着包容的文化基因。早在改革开放初期,晋江就开始接纳外来务工人员。[①] 随着经济的发展,晋江的外来务工人员不断增加,外来人口数量有100万人左右,占福建省的1/4。大规模的外来人口,既是当地经济建设的主力,也会带来一系列社会问题。当地政府认识到,要保持本地的经济活力和企业竞争力,就必须让这些外来人口融入本地社会,成为晋江城市文明的享有者。因此,当地政府提出,不仅要落实

---

① 阎浩:《晋江农业劳动力转移五十年历史考察:1936~1986》,《中国社会经济研究史》1992年第1期。

来晋务工人员的各种社会保险和户口、子女教育、医疗、人居等公共服务保障措施，而且要积极营造一种真正公平公正的社会氛围，引导社会各界克服地方保护主义，摒弃狭隘地方主义意识，消除排外思想和防范行为，学会吸纳各种优秀外来文化，形成具有晋江特色的融合、现代的城市文化。

近年来，晋江社会各界，尤其是政府和企业更加重视让外来务工人员融入本地社会，成为"新晋江人"。2002 年晋江在全省率先取消外来工子女借读费，2006 年又取消所有学生的学杂费，分别比全国、全省提前两年半和两年。2006 年，晋江开始全面开展"和谐劳动关系创建"活动。2007 年，新增 20 所外来工子女定点学校和 2 所外来工子弟学校，解决 12.14 万名外来工子女就学问题。2008 年，实行 13.9 万名来晋务工人员子女教育同城同等待遇，制定 20 条调解劳动争议措施保障来晋务工人员的合法权益。2009 年，晋江市委市政府对外来工提出了"三不"承诺（绝不让一名务工人员子女失去接受义务教育的机会，绝不让一名务工人员因恶意欠薪领不到工资，绝不让一名务工人员维不了权）。在整个"十一五"期间，外来务工子女的入学人数从 5.6 万人增加到 15.72 万人，增长 180.7%。

四　构建政企良性互动机制

晋江政企良性互动关系是逐步形成的。在这个过程中，政府、企业在发生着变化，它们对对方的期待和要求也进行着调整，因此互动的领域、方式以及内容也在不断地扩展和丰富。

政府的变化集中体现在政府一直根据当地社会经济的发展进行着自我改革，并且追求改革的连续性和增量性，不因为领导人的变化而发生重大的调整。晋江市委在总结改革开放以来的发展经验时提出，"最宝贵的财富"之一是形成了"一届为一届打基础、一年为一年添后劲"的优良传统。过去多年来，许多地方的发展深受领导调整影响，这不仅造成了发展连续性的挫折，发展政策的反复变动，也造成了一些为了实现个人升迁需要的"政绩工程""面子工程"，浪费了资源，挫伤了当地党委政府的公信力。晋江历届领导人能够做到相互支持、不断发展，一方面说明了他们对晋江发展过程中形成的基本经验和做法有着高度的共识，另一方面也说明了他们在决策过程中对企业、社会的要求给予了充分的考虑和尊重。

企业的变化集中体现在随着企业对于市场认识的加深,自身管理水平的提高,它们对于政府有了更高的要求。企业是可以"用脚投票"的,它们的投资选择往往会直接影响当地政府的决策。在晋江,企业的两大变化尤其值得重视。一是企业实力的提升,经营范围的扩大,对当地政府不断地提出新要求。21世纪以来,晋江的企业实力发生了质的改变,不仅涌现了许多知名的规模企业,而且有30多家上市企业,在"晋江制造"基础上"晋江创造"正在发生。二是企业对政府的"示范"效应初显,即企业思维和行为方式对政府产生了影响,并推动了后者的改变。这种变化是非常深刻的。晋江政府对于企业的发展一直发挥着思维超前、引导推动的作用。随着企业实力的增强,管理水平的提高,国际化程度的提升,企业的行为也开始影响政府。比如安踏对"名人广告"效应的成功利用,为晋江的"品牌立市"战略提供了重要案例;恒安集团的上市举措推动了晋江加强资本运作打造"晋江板块"的战略落实。这样,在政企互动关系中,企业对政府起到了"推—拉"的作用。

而随着企业的发展,晋江的政企关系也由早期的政府强力主动向影响均衡转变。对于政府来说,企业既是本地经济社会发展的支撑,也是政府改革调整的压力,更是政府学习的对象;对于企业来说,本地政府既能够提供良好的经营环境,也是其克服困难的有力支持,更是其与本土社会保持密切联系的中间纽带。因此,政企良性互动主要是在五个层次上进行的。

第一,共识互促。对于整个中国来说,发展已经成为政府与社会的基本共识,因为只有"发展仍然是解决我国所有问题的关键"。[①] 尽管如此,对于各个地方来说,所处阶段、掌握的资源以及面临的问题的差异,使得各地选择的发展重点、发展路径、发展方式也有很大的不同。在晋江,改革开放以来,经过30多年的发展,通过大力发展民营企业带动社会经济的发展已经成为政府、企业和社会的基本共识。这种认识的达成既得益于民营经济自身的不断发展壮大,也得益于当地政府对本地发展条件的客观分析、对国家宏观政策的理性判断以及在重要阶段中富有勇气的决策。政府积极为企业发展创造良好环境,在不同发展阶段顺势而为,引导企业的升

[①] 胡锦涛在庆祝中国共产党成立90周年庆祝大会上的讲话。

级转型，比如在20世纪80年代对企业产权的保护，20世纪90年代以来对企业管理水平的提升、产业聚集的支持，产品质量的重视，21世纪以来对品牌意识的打造，对企业转型的推动等。晋江的几万家企业，绝大多数都是生于斯长于斯的企业，对于家乡有着浓厚的感情，与当地政府建立了融洽的关系。即使那些已经实现了集团化乃至国际化的大型企业，也对家乡有着割舍不断的情怀，愿意回应当地政府提出的要求。

共识的基础是相互的信任。信任也是政企互动的深厚基础。政府对民营企业的信任，首先来自其对民营企业在本地发展中作用的确认，其次来自民营企业自身发展对本地社会经济发展的巨大贡献。而民营企业对政府的信任，则源于政府比较合理地界定了政府与企业之间的关系，并且能够及时地解决企业发展面临的"外部性"问题，比如信息问题、产业的配套问题、市场体系尤其是资金市场建设问题、工业园区建设问题、城镇化和城镇发展规划问题、资源配置的整合问题、中小企业投融资保障体系和社会化支持服务体系问题。

共识在政企双方有效沟通的过程中形成。除了利用人民代表大会、政治协商会议、工商联等正式制度化渠道来为企业提供表达诉求的渠道外，晋江市党委政府还采取干部挂钩企业、提供个性化服务等方式，了解企业需求，将各项政策措施传递给企业。在沟通的过程中，除了重视规模以上企业外，也重视中小企业，并通过提供融资渠道、搭建与大企业的生产联系等措施为这些企业服务。

第二，功能互补。政府和企业是市场经济的两个基本主体，推动政企分离也是中国改革的重要内容。在晋江，大部分企业是民营企业，因此政企关系改革的重点不是职能分离，而是功能互补，即政府要充分发挥创造良好发展环境、提供优质公共服务、维护社会公平正义的职能，通过建设服务政府、责任政府、法治政府和廉洁政府，为企业的发展创造条件。

在改革开放初期，晋江政府允许企业戴"红帽子""洋帽子"的做法，起到了保护产权的作用。1989年后，当时的县委县政府冒着政治生命被断送的极大风险，制定了保护刚刚起步的民营经济发展的"非常"措施：为民营经济企业戴上集体企业、外资企业、三资企业的"红帽子""洋帽子"，巧妙地为企业"化装"，继续"搭台"，帮助企业"登台唱戏"，以争得民营企业生存与发展的权利。在此期间，晋江先后有4800多家民营企业戴上了"红帽子""洋帽子"，躲过了一劫。后来，又大张旗鼓地宣传乡镇企业、经济能人，树立了发展经济、善待企业家的风气。

晋江建市后，政府的职权得到了扩充，职能的发挥更加合理主动，实现了从"无为而治"到"有为而治"的转变。当地政府是这样理解市场经济条件下政府权责发挥的：政府不直接管理和干预经济并不是"无为而治""无单可买"，而是该"到位"的必须守土有责、该"退位"的必须简政放权，该"有为"的必须全力以赴、该"无为"的必须顺其自然。[1] 晋江市委市政府提出，政府要主动发挥三个方面的职能：在正确引导产业上"到位"，在合理配置资源上"有为"；在营造产业环境上"到位"，在推动企业创新上"有为"；在转变政府职能上"到位"，在改革行政许可上"有为"。

在这三个方面的职能上，第三种职能的实现是最基础的，也是最艰巨的，一方面转变职能意味着要厘清政府与市场、企业的边界，这是市场经济良性运行的前提和保障；另一方面要转变职能，就要对政府自身进行改革，约束政府的权力。晋江市委市政府一直在积极推动行政体制改革。2002年5月，晋江被确定为全国5个深化行政体制改革和机构改革试点单位之一。2004年，福建省委省政府又批准了晋江市创建公共行政体制改革的试点方案。晋江的政府改革获得了更高权威的支持，并且具有了全国样板的效果。

第三，决策互动。通过有效的渠道将利益相关者纳入政府决策过程中，有助于提高决策的科学化和民主化。企业作为重要利益相关者，既是政府决策的参与者，也是执行者。在晋江，由于大部分企业都是从本地生长起来的，而当地党委政府的主要领导也多是来自泉州地区，所以政企之间有着天然的密切联系。这也使得企业既是党政决策的重要相关者，也是决策的执行者。

除了安排企业家进入当地人大政协参政议政外，政府与企业在决策过程中还有诸多正式和非正式的机制。比如，通过组织对企业家的培训，将政府重大决策的想法传递给对方，通过举办企业家论坛，将企业家的诉求

---

[1] 龚清概：《政企互动推动区域产业集群发展》，《发展研究》2004年第5期。

传达给政府。2004 年，晋江实施"500 名优秀企业家培养工程"和"3000名专业技术人员再学习工程"，与北京大学管理学院联合开办"总裁进修班"。通过这些培训，政府将推动企业产权明晰的重大决策设想有效地传达给企业，企业也在学习的过程中更好地理解了这个重大决策的意义。近些年来，晋江市委市政府坚持定期召开异地商会会长联谊会议。每年围绕一个主题，召开全市工商界企业千人大会，规划年度产业经济发展方向，并出台相应的政策。

晋江的企业上市战略是政企决策互动的典型案例。恒安集团在香港的上市成功以及江苏省江阴市的"江阴板块"给晋江带来很大的启发。2001年年初，借着国家推进国企股份制改革之机，晋江在福建率先成立上市办，推出"双翼计划"（品牌经营、资本运营）培训班，时任晋江市市长龚清概给企业家逐一打电话动员，随后上市办上门跟进"做工作"。晋江市政府专门出台《关于进一步推进企业改制上市工作的意见》，对晋江企业改制上市制订了一系列的扶持计划。截至 2011 年 12 月，晋江已成功培育 36 家上市公司，其中 4 家公司在国内 A 股上市、11 家公司在香港上市、6 家公司在新加坡上市、5 家公司在马来西亚上市、4 家公司在韩国上市、4 家在美国上市、1 家在中国台湾上市、1 家在德国上市，初步形成区域特色鲜明的资本市场板块。

第四，平台共建。共同的事业、项目是政企良性互动所依赖的平台。通过参与这些事业、项目，政府与企业可以利用各自优势，弥补各自的不足。在晋江，政企互动的平台有多种形式。除了经济建设方面的平台外（比如工业园区共建），最突出的一个平台是晋江市的慈善总会。

慈善总会作为政企互动平台，有三个方面的突出特点。一是在组织结构上政企共治，以企业为主。慈善总会实行理事会制度，共有 453 个单位和个人，其中市委市政府领导及有关部门占理事会总人数的 14.5%，民营企业家占理事会总人数的 85.5%。内设监事会，由市政府分管领导兼监事长、检查局长为副监事长，宣传、审计、财政、民政、退休老同志及民营企业家为监事。二是政企合作共同支持平台发展。慈善总会除了接受来自企业的大量捐赠外，还获得了市委市政府的支持。比如，市政府支持慈善总会负责的公墓区建设、殡仪馆建设。三是利用救助活动配合和支持政府工作。

慈善总会在成立以后，积极开展"解困、助学、助行、助听、复明、慈善安居、荧屏文化、扶助被征地低保人员养老保险、扶助低保人员参与新型农村合作医疗、关爱母亲工程"等活动，共投入6.82亿元。

第五，困难共克。市场经济是风险经济，如何应对风险是政府和企业共同面对的问题。尽管要遵循市场竞争规律，但是没有一个政府愿意看到本地企业的经营受挫，甚至倒闭，因为这不仅会影响财政收入，也会造成失业问题，从而可能引发连锁的社会政治后果。晋江市政府在企业发展过程中，长期发挥着保护和引导的作用，并且通过"假药案"、给企业"戴帽子""摘帽子"等一系列重大事件形成了相互信任、团结协作的精神。随着企业实力的增强，其活动范围和影响力远远超出了晋江，但是市场波动对晋江经济的影响也更大、更复杂，这给政企合作共同应对风险提出了新的挑战。

2008年全球金融危机的爆发，对已经高度国际化的晋江经济产生了巨大冲击。晋江市政府和企业的合作精神也充分展现出来。一方面，政府及时出台各种政策措施，帮助企业应对危机，走出困境。2008年，晋江市委市政府先后出台9个系列19份经济发展扶持政策，兑现奖励资金3.1亿元。推进中小企业集合发债，发挥小额贷款公司、担保公司、创业投资公司等的作用，鼓励金融机构扩大信贷规模。加快标准厂房建设，制定政策引导中小企业入驻。建设行业研发中心、科技咨询服务等科技公共服务平台，满足企业特别是中小企业技术创新需求。加快技能人才队伍建设，实施劳动力技能提升工程，组织用工服务"双挂"活动，鼓励企业重点面向"珠三角""长三角"等地区招聘人才。

另一方面，充分发挥晋江企业本土化、实体化优势，鼓励团结协作、抱团发展。在2008年金融危机中，晋江市品牌企业表现出了"草根经济"抗风险能力的韧性。从2009年开始，晋江市大力推动"回归"工程，创造有利的环境来吸引已经走向全国和国际的本地企业回归家乡，实现"产能回归、税源回归、资金回归、总部回归、人气回归"，并且依靠它们来实现"第二次"创业，推动本地"产业提升，城建提速"。

五 讨论：以社会发展为导向的政企互动

改革开放以来，中国各地先后涌现不同的发展经验或者模式，有兴有衰,但是晋江模式能够坚持下来,并且不断升级转型,充分说明了晋江的发展符合社会主义市场经济的基本规律,适合当地的具体条件,适应了不断变化的国内国际环境。坚持社会发展导向的政企互动是晋江模式实现可持续的重要因素。

固然,晋江的政企良性互动有其独特性,集中体现为企业的高度本土化和政府发展策略的连续性。晋江的民营企业从小到大,从少到多,从弱到强,从国内经营到跨国发展,大部分从事的是制造业,尤其是与日常生活密切相关的产品,深深扎根在本地,依赖本地发达的产业集群。再加上受传统文化的深刻影响,这些企业愿意参与家乡的发展建设。对它们来说,与家乡保持密切联系,既是对家乡的情感眷恋,也是为了获得家乡人的尊重,实现个人和家族的荣耀。晋江的决策者在改革开放之后,一直把服务企业、发展企业作为当地发展战略的核心内容,既没有因为国内政策的变化而改变对民营企业的态度,也没有因为民营企业的做大做强,而心生恐惧,甚至进行干扰阻挠,反而会根据经济条件的变化,主动调整自己,改革自己,以更好地服务企业。因此,有着社会责任意识的企业与充满公共精神的政府才能够形成良性互动,相互支撑,形成发展的合力。

晋江的成功充分证明了政企良性互动既是现代市场经济有效运行的必要因素,也是一个地方实现经济社会协调发展的重要条件。

对于晋江来说,要继续保持政企的良性互动,需要重点做好三个方面的工作。

首先,要维护良好的市场经济。市场经济不是天然形成的,而是通过制度构建起来的。良好的市场经济是公平、竞争、开放的,以企业为活动主体的。这也决定了在政企互动过程中,既要发挥政府的应有职能,也要充分尊重企业的权利。对于晋江来说,如何处理好本地企业与外来资本,尤其是其他类型投资之间的关系,是一个新的难题。

其次,要培育团结的社会精神。以社会为代价换来的经济高速增长,是不可持续的。要尽可能地把经济增长带来的收益扩散到更多的人群中,缩小社会差距,保护弱势群体。只有这样,才能使政企互动,并且培育出社会对政府、企业的信任。而在人口高度流动的条件下,保护外来务工人员的利益,使外来人口融入本地社会,并且提高社会的组织化水平,是一项非常艰巨而重要的任务。

最后，要提高政企互动的制度化。政企互动是需要渠道和机制的。本地企业与本地政府之间有着天然的沟通渠道。但随着企业的发展，尤其是本地政府官员构成的变化，原来以地缘、情缘为基础的天然沟通渠道的效力就会逐渐弱化，因此要建立制度化的互动渠道和机制，既要保持政企互动的畅通，又要保证不同类型企业都能与政府进行有效的沟通，维护不同企业表达诉求的平等权利。在晋江，要根据社会经济发展的要求，进一步调整政企关系，转变政府职能；要在商会、慈善总会这些政企互动平台的基础上，继续推动不同类型企业建立协会，增强企业的社会责任。

第三部分
个人与制度

第十章

县级官员与"省管县"改革：
基于能动者的研究路径[①]

"省管县"改革是调整中央与地方关系，尤其是省以下地方关系的重要措施。从 2005 年正式提出以来，经过几年的实践，"省管县"改革的内容已经从财政体制改革扩展到行政体制改革，具有了全面分权改革的特征。"省管县"改革涉及中央、省、地级市和县（县级市）等多个行政层级，而地级市和县又是受影响最直接、最全面的主体。尽管它们在这个制度改革中，主要身份是服从者和执行者，但是它们利益诉求的表达和满足在很大程度上影响着制度改革推进的速度和实施的效果。本层级的官员是这些层级利益诉求的直接表达者。本章考察的是县级官员，尤其是县级领导干部在"省管县"改革中的态度和行为，分析它们为什么是这项改革中积极的响应者？它们是如何影响最高决策者决策的？它们的影响力来自哪里？

一 "省管县"改革的动因

"省管县"，顾名思义就是省直接管理县。这种关系本来在《中华人民共和国宪法》中就已经被明确了。按照《中华人民共和国宪法》，中国的政府分为中央、省、县、乡镇四级。以此推论，省与县没有其他层级，自然

---

① 本章主要内容曾经以"县级官员与'省管县'改革"为题，分别发表于《北京行政学院学报》第 4 期、第 5 期。

会直接管理县。但是在政府的实际架构中,省与县之间存在"地"这样一个实在的行政层级。因此,"省管县"改革的核心就是对长期存在的"市管县"体制进行调整,乃至取消。

与中国的许多制度改革一样,"省管县"改革也是通过先试点,再推广的方式进行的。山西省从1987年7月起,开展了对雁北地区实行省直接对县财政包干的试点工作,是最早进行"省管县"体制改革尝试的地区。浙江省自1953年以来,一直实行的是在财政上省直管县。1992年以后,对一些经济强县进行多次放权改革。此后其他一些省市也开始在财政体制上进行试点改革。

2005年后,财政"省管县"的改革在全国范围展开。中央则不断出台政策推动改革。2005年中共十六届五中全会在《中共中央关于制定国民经济和社会发展第十一个五年规划的建议》中指出,要"理顺省以下财政管理体制,有条件的地方可实行省级直接对县的管理体制"。2009年7月9日,财政部公布的《关于推进省直接管理县财政改革的意见》提出,2012年年底前,力争全国除民族自治地区外全面推进省直接管理县财政改革。据统计,截止到2009年年底,全国有26个省份进行了财政"省管县"改革。[①]

在财政体制改革的基础上,"省管县"的内容也向行政体制方面扩展。2008年10月召开的党的十七届三中全会通过的《中共中央关于推进农村改革发展若干重大问题的决定》提出,有条件的地方可"依法"探索省直接管理县(市)的体制。这标志着"省管县"改革在内容上已经从财政体制扩展到行政体制。2009年2月,中共中央、国务院发布了《中共中央国务院关于2009年促进农业稳定发展农民持续增收的若干意见》,提出要稳步推进扩权强县改革试点,鼓励有条件的省份率先减少行政层次,依法探索省直接管理县(市)的体制。2010年,《中华人民共和国国民经济和社会发展第十二个五年规划纲要》提出,要优化政府结构、行政层级、职能责任,在有条件的地方探索"省直接管理县(市)的体制"。

尽管2008年发布的《关于深化行政管理体制改革的意见》没有直接提到"省管县"改革,但是作为"发挥中央和地方两个积极性"的改革措施

---

① 吴金群:《省管县的条件及对我国26个省区的聚类研究》,《浙江大学学报》2010年第4期。

之一,"省管县"改革的进展甚至远远领先于其他多种改革措施。那么,这项改革进展如此快速的原因何在呢?

现有的研究对"省管县"改革进行了较为深入的研究,归纳了多方面的原因。但是这些研究带有明显的结构主义和目的论的倾向,侧重分析"省管县"改革是对现有体制的改善,符合改革设计者的目标。在阐释原因的时候,有四种主要分析路径。

第一种是法律分析,多由一些法律学者使用。他们认为,"市管县"体制是违反宪法规定的,"省管县"改革是对宪法规定的回归。① 但是,对于这种分析,也有学者从宪法中找到其他条款予以回击,认为"地级政府"的宪法依据是第 30 条规定的"较大的市"和第 97 条规定的"设区的市"。也有学者提出,中国自古以来,就有着省—地—县三级行政层级的传统,并且这也是现实管理的需要。② 因此,不能简单地用宪法条文来说明"省管县"改革的原因。

第二种是整体改革分析。目前大多数研究在分析"省管县"改革原因的时候,都采取的是这种路径,即把"省管县"改革看作中国改革深入的必然要求、实现改革目标的重要手段。比如,薄贵利认为"省管县"改革可以解决三个问题:减少行政层级,提高政府管理效能;克服"市管县"体制的弊端;扩大县的自主权,推动县域经济发展和城乡协调发展。③ 另一位学者张占斌也做了类似的概括,只不过将"省管县"改革与目前的一些重大改革举措,如"社会主义新农村建设""提高政府服务绩效""公共管理创新"等联系在一起。④ 这种分析的逻辑也体现在一些相关政策文件中。⑤ 即便有如此完整的理由,也有学者指出,要实现这些改革目的,也可以依靠相反的途径。比如弱化省和县级政府,强化市、镇政府来逐步减少行政

---

① 郑磊:《"强县扩权"的宪法空间——基于宪法文本的思考》,《法治研究》2007 年第 8 期,第 3~11 页。
② 田穗生:《市管县对地方行政体制的影响》,《政治学研究》1987 年第 1 期;吴越:《省县之间建立地市级政权的主要根据》,《社会学研究》1986 年第 3 期。
③ 薄贵利:《稳步推进省直管县体制》,《经济研究参考》2006 年第 74 期。
④ 张占斌:《政府层级改革与省直管县实现路径研究》,《经济与管理研究》2007 年第 4 期。
⑤ 《省政府关于实行省直管县财政管理体制改革的通知》,苏政发 (2007) 29 号。

层级，达到政府精简高效、为老百姓减轻负担之目的。①

第三种是环境条件分析。这种分析路径强调"省管县"改革是在回应外部环境变化的要求，并且外部环境也为其推行提供了条件。比如孙学玉在对"省管县"可行性的分析中，就提到了多种外部条件：市场经济体制的确立；行政隶属关系的淡化；电子政务的发展与交通条件的改善；国外行政层级结构模式的启示和借鉴；理论研究的成果等。②唯一不属于外部条件的是"党政干部的广泛支持"，被他归为"省管县"改革的直接动力。这些外部环境条件多是一般意义上的，也适用于其他改革。如果没有能动者来利用这些环境条件，它就无法发挥作用。

第四种是能动者分析。从中央到县各个层级的官员，尤其是领导干部都属于能动者的范畴。当然，由于他们在决策和执行过程中所处位置的不同，其发挥的作用也有差别。目前的研究对这些群体没有给予足够的分析。周天勇在一个书评中提到"省管县"改革的三个动力：普通群众、县级干部以及中央决策者，但是没有给予进一步的分析。而其他的一些研究虽然就县委书记或者一些官员对待"省管县"改革中的态度和偏好进行过调查，③但是没有进一步分析他们的态度是如何影响改革决定和执行的。

本章将沿着能动者路径，来分析县级官员，尤其是领导干部的态度和行为是如何影响"省管县"改革的。县级官员影响这项改革的方式主要有三种：一是借助媒体、内部报告，有关方面组织的调查或座谈会，来表达对"市管县"体制的不满，对"省管县"体制的改革提出期望以及具体建议；二是通过加快县（市）的发展，提升县在整个体制中的影响力，从而获得中央决策者的重视，增强与地级市的博弈能力；第三种方式是间接的，借助一些矛盾和问题的暴露，甚至激化，对决策者施加压力。当然，县级官员也不愿意看到这些矛盾和问题的爆发，但是在一定条件下，个别县（市）的官员也会有意利用它们，抵制或干扰地级市做出的某些可能伤害本县利益的决定。

本章的基本假设是：在"省管县"改革过程中，县级官员影响力的增

---

① 肖金成：《地级市地位论——兼与撤地强县论商榷》，《学术界》2004年第2期。
② 孙学玉：《强县扩权与省直管县（市）的可行性分析》，《中国行政管理》2007年第6期。
③ 肖立辉：《县委书记眼中的中央与地方关系》，《经济社会体制比较》2008年第4期。

强是与县在整个体制中重要性的不断突出紧密相关的，因此，他们影响这项决策主要体现在执行层面。

二 勾勒县级官员的结构性特征

在当代中国政治中，县级官员是一个广受争议的群体。一方面，他们自我感觉压力很大，有相当比例的人健康状况不好；另一方面，他们的公共形象相对消极，人们常把中国治理过程中产生的许多问题，与他们直接或间接地联系在一起。一个流行的说法是"中央是恩人，省里是亲人，市里是好人，县里是坏人，乡里是恶人，村里是仇人"。县似乎成了中国政治形象发生变化的转折点。近年来对"县"的改革进行的热烈讨论和实践探索，也说明县已经越来越被视为中国政治行政改革的突破点。

但是，县级官员是具有多重含义的概念。从第一层含义来讲，县级官员指的是在县级党政机关工作的人员，既包括编制内的公务员，也包括县级财政供养的其他人员。这个群体的数量很难被精确地评估，但其总量呈不断增加的趋势。这个群体以数千人计算。从第二层含义来讲，县级官员指的是县委组织部管理的干部，即副科级以上的干部。目前，除了垂直管理部门以外，县委、县政府、人大、政协、纪检以及各个乡镇的副科级以上干部都由县委组织部管理。这个群体以数百人计算。从第三层含义来讲，县级官员的范围更小，指的是在县内工作、享有副县级以上待遇的干部。这个群体的组成通常包括县委、县政府、人大、政协的正副职领导，组织部、宣传部、纪检委、法院、检察院和个别重要部门的正职领导以及个别因为工作出色或者岗位重要而享受副县级待遇的干部。这个群体通常以数十人计算。从第四层含义来讲，县级官员的范围最小，指的是县委常委会成员，通常只有十几人。县委常委的组成人员通常包括县委正副书记、县长和1~2名副县长、组织部长、宣传部长、纪委书记以及个别重要部门或者乡镇的"一把手"。最后这个类别的常委具有很强的地方特色。比如，一些省规定公安局长、统战部长等进入常委班子。一些县将个别乡镇党委书记列为常委。一个重要的现象是，这些年来，后一类的常委数量呈增长趋势。这一方面显示一些重要部门的政治地位在提升，另一方面也说明了一些地方党委也在有效地利用人事自主权来有选择性地激励干部。

尽管从第一个层次到第三个层次的官员通过参与决策、负责执行等方式,影响着县的运行,并且程度各有不同,但是县委常委无疑是县里最有影响力的领导干部。他们既是上级决策的首要执行者,也是本县重大问题的决策者,在整个体制中发挥着稳定大局的作用。当然,在这个群体中,县委书记的地位更为突出。"县一级政权在党和国家的机构设置中处于承上启下的关键位置,特别是在当今所处的改革发展的关键时期,县的地位和作用日益重要。而作为一县之'首'、一地之'帅'的县委书记,其素质高低,不仅关系到一个县级领导班子和干部队伍建设,关系到一个县的党风、政风、民风,还直接影响到当地经济和社会各项事业的健康发展。"[1]

绝大多数的县级官员都是当地人,跨县流动性很小。但是,县委常委群体恰恰相反。按照干部交流制度和"任职回避"原则,这个群体的绝大多数不能在出生地任职。这个做法早在1990年就开始实行。1999年公布的《党政领导干部交流工作暂行规定》进一步明确了这个做法,将县(市、区)以上党委、政府领导班子成员和部分职能部门的主要负责人作为规范的主要对象。"该新提拔担任县(市)委书记、县(市)长职务的以及县(市)纪检监察、审判、检察机关和组织、人事、公安、财政、审计等部门的主要负责人,一般不得在其原籍、出生地、生长地所在的县(市)任职。已在其原籍、出生地、生长地所在的县(市)任职满一届的,必须交流。"随着这个规定的普遍实施,从党的十五大到党的十六大,全国县处级干部交流共17.9万人,其中96%的县(市、区)委书记、97%的县(市、区)长进行了交流或易地任职。[2]

除了非本地化这个特点外,以县委书记为代表的县委常委群体还具有其他三个明显特点。

一是流动性较快。县委书记流动快现象尤其明显。虽然我们无法获得全国性的数据,但是地方性的数据也能说明这个问题。广东省省委组织部在2011年公布的《关于全省县委书记集中考核情况的报告调查报告》显

---

[1] 2009年5月18日,李源潮关于贯彻落实《关于加强县委书记队伍建设的若干规定》的讲话。

[2] 中组部研究室:《党的十五大以来我国党政领导干部制度改革取得重大进展》,《领导科学》2002年第22期。

示,全省现任县委书记的任职时间平均为 3 年 2 个月。其中,任职 10 年以上的 3 人,占 2.5%;任职 5~10 年的 18 人,占 15.3%;任职 3~5 年的 46 人,占 39%;任职 3 年以下的 51 人,占 43.2%。① 调查显示,1993 年之前,全市 57 位县委书记平均任职时间为 29 个月(2 年 5 个月);1993 年之后,全市 46 位县委书记平均任职时间为 40 个月(3 年 4 个月)。②

二是提拔主要是在所在地级市范围内,因此提拔的概率不高。官员体系的金字塔结构以及官员提拔的年龄标准是造成这个结果的最直接原因。商丘市调查显示,1993 年之前,在全市 57 位县委书记中,离任时提拔重用的有 5 名,占 8.8%;1993 年之后,在全市 46 位县委书记中,离任时提拔重用的有 17 名,占 37%。就商丘市来说,从 1979 年到 2009 年,在全市 103 位县委书记中仅提拔 22 人,提拔使用率为 21.4%。虽然这个比例不低,但是相对于 2000 多个县的县委书记或县长来说,能够真正提拔到副地级的机会并不大。因此,这个群体的干部在升迁方面压力最大。《人民论坛》杂志 2009 年的一次调查显示,64% 的受访者认为县处级干部在提拔上遇到的"天花板"现象最突出。③

三是这个群体的工作压力较大。县已经成为各类社会矛盾集中、各类突发事件频发的行政层级,县级党委政府成为各种社会力量和社会舆论关注的焦点。除了长期存在县域之间争夺投资项目,提高经济增长速度的压力外,社会维稳压力日益增强。权利意识不断增强的社会公众、考核检查不断强化的上级部门以及更加公开大胆的新闻媒体、新兴媒体以及便捷的通信手段,成了县级官员压力的主要来源。有研究显示,在行政诉讼应诉案件中县级政府所占的比例最高。在 2006 年发生的 52792 件行政诉讼应诉案件中,被告是县级政府部门的数量为 21517 件,占比为 40.76%。④ 而在每年反腐败案件中,受处理的县处级官员所占的比例也最高。县级官员这个群体的生存状态近年来也成为官场文学、影视作品等的重要主题。面对

---

① 《广东新任地级市长书记须有 1 人曾任县党政正职》,《南方日报》2011 年 5 月 25 日。
② 谢玉安:《加强县委书记队伍建设的调查与思考》,《领导科学》2009 年 7 月(上),第 10~13 页。
③ 《干部成长"天花板"现象调查》,http://news.sohu.com/20091217/n269014177.shtml。
④ 李林主编《中国法治发展报告 NO.5(2007)》,社会科学文献出版社,2007。

上级与当地民众不同要求所产生的矛盾和紧张关系，他们的典型行为既有无奈，也充满着投机。有多种研究显示，这个群体的健康状况也令人担忧。①

虽然对于所治理的县域而言，以县委书记为代表的县委常委以及各个层次的县级官员拥有着很大的自由裁量权，但是在整个政治体制中，他们表达意见的正式渠道与他们所处地位的重要性并不匹配。一位任期较长的县委书记说，"县的权力既大又小。大指的是'非规施政'空间比较大；小指的是'合法权力'相对小"。② 意见表达渠道作为其"合法权力"的内容，在两个方面表现出相对短缺。首先，县级官员缺乏完整的媒体平台来自主表达意见诉求。绝大部分县都没有报纸，本地的广播台、电视台的播放范围限定在本行政区域内部，而且以娱乐内容为主。媒体的不完整也限制了县内形成良好的公共话语和公共讨论。其次，县级官员虽然在各级人大、党代会中占有一定的比例，但是显然他们在这两个意见表达制度中的影响力并不大。更重要的是，在这两个制度中，议程的设定和决策的制定是由更高层级的权威决定的。当然，近年来，县级官员公信力的下降，公众形象的滑坡，也影响了他们利益诉求的正常表达。

由于缺乏充分有效的意见表达渠道，所以县级官员作为一个群体，其影响更高层次决策者的方式主要依靠的是县在整个体制中的政治经济地位的变化。变化主要表现在两个方面：一是县域经济的发展，提升了县在整个经济体系中的地位；二是各类社会问题在县域的集中发生，更体现了县在整个国家治理体系中的重要性。社会各个方面对县的关注，又在话语体系中彰显了县更为重要的政治经济地位。这又推动了围绕县进行的各项改革进程。从"市管县"体制向"省管县"体制的转变，清晰地说明了县的实际地位的提升与社会话语关注之间的有效互动。

三 "市管县"体制中的县级官员

"市管县"体制不是宪法文本意义上的，而是实际政治运行中的，因为到目前为止，经过多次修正的宪法在条文中并没有"地区"或"地级市"

---

① 《1088名县级干部健康体检结果分析与行为干预》，《齐齐哈尔医学院学报》2009年第23期。
② 李克军：《一位县委书记的大实话》，《决策》2011年第1期。

这个行政层级。虽然有学者论证，在中国长期传统行政体制中，实际的地方政府结构也是三级的，即在郡和县之间另设一级。① 而当代中国"市管县"体制的形成则是由国家，尤其是党治理地方的需要决定的。

"市管县"体制的制度前提是地区作为介于省与县之间的行政层级而出现的。最初，地区不过是为了方便对多个县市的指导、协调和督察而划出的，包括了这些县市的地理区域。负责指导、协调和督察的机构称为行政公署，是省级政府的派出机构。当然，也有地区党委负责党内事务的协调管理。毛泽东在《论十大关系》中谈到地方上下级关系时指出"中央要注意发挥省市的积极性，省市也要注意发挥地、县、区、乡的积极性，都不能够框得太死"。他还指出"正当的权利，省、市、地、县、区、乡都应当有，都应当争"②。这些论述表明，他实际上把"地"当作省、县之间一级行政和政权组织。

"文化大革命"结束以后，省、地、县、乡四级制，已经是一个不争的事实。在华伟看来，1982年《宪法》在制定过程中，延续了"拨乱反正"的逻辑，不顾已经形成的四级行政层级的事实，在政府结构上全面回归到1954年《宪法》的规定上，从而造成了法律规定与政治现实的不符。③ 这个判断得到了1983年6月14日的《中共中央办公厅、国务院办公厅关于地市州机构改革中应注意的几个问题的通知》的确认。"按照党章和地方政府组织法的规定，地区党政机关虽然不是一级，但是，鉴于多年习惯和现实情况，在全国大部分地区要改变目前地委和行政公署实际上行使一级领导机关职权的状况，使它们真正成为省、自治区党委和政府的派出机构，还需要一个过渡时期，这个时期也不会很短……今后怎么办，待经过一段实践再说。"

1954年《宪法》颁布，市管县体制进入了大发展时期。1959年9月，为了加强城市与农村之间的联系，解决城市的副食品供应等问题，全国人大常委会发布了《关于直辖市和较大的市可以领导县、自治县的决定》，但是，这个决定涉及的"市"还不是后来的"地级市"。尽管如此，在"市管

---

① 田穗生：《市管县对地方行政体制的影响》，《政治学研究》1987年第1期。
② 《毛泽东文集》第7卷，人民出版社，1999，第33~34页。
③ 华伟：《地级行政建制的演变与改革构想》，《战略与管理》1998年第3期。

县"大发展的高潮中,全国管县市达 50 个之多,辖县量占全国总县数的 1/8。1982 年新宪法颁布后不久,出现了"市管县"体制的另一次大发展。

1983 年,中共中央要求"积极试行地、市合并",并把它作为 1983 年地方政府机构改革的一项重要内容。从此,"市管县"体制开始在全国范围内推行。"市管县"改革有两个基本目的,一个是发挥城市对农村的带动作用,消除城乡分治;另一个是通过合并地区和市的机构,减少机构和人员。这是机构改革的首要目的。下放干部管理权限的改革是在地市合并后进行的,既体现了当时国家改革的"下放权力"的总体思路,也是对地级坐实一级政权后的跟进。从 1983 年开始,党的干部制度进行了重大调整,实行各级党组织按照下管一级的干部管理制度。下管一级的干部管理制度一方面减少了省直接管理县的成本,另一方面也赋予了地级政权更大的权力。"市管县"体制在全国快速推进,至 1984 年上半年,全国被纳入市管县体制的市 129 个,县 546 个,其中地级市 126 个,占管县市 95% 以上,管县 522 个。[①]

在"市管县"体制的形成过程中,除了决策者为了有效发挥"市带县"作用的改革意图发挥了主导作用以外,地区强烈的建市冲动也起到了重要作用,因为从一个派出机构转变成一级行政层级意味着将拥有更为完整的政治行政权力。早在 20 世纪 80 年代,一位从事地区编制工作 20 年的同志在谈及地区的地位时就说,"所谓地区'由实到虚',只不过是人们口头上的说法,实际情形是它实了之后,从来没有虚过。它实际上担负一级政府的繁重任务,就是不准开党代会和人代会"[②]。1993 年,党的十四届二中全会通过的《关于党政机构改革的方案》规定,地区党政机构控制在 30 个左右,编制 900 人左右,地级市机构控制在 50 个左右,编制平均 2100 人。截至 1998 年年底,全国共有 219 个市领导 1228 个县(包括县级市、自治县、旗等),平均每个市领导 5.6 个县,"市管县"成为中国地方行政体制中的普遍现象。

在这种情况下,1999 年中共中央、国务院出台的《关于地方政府机构改革的意见》指出:"要调整地区建制,减少行政层次,避免重复设置。与

[①] 吴越:《省县之间建立地市级政权的主要根据》,《社会学研究》1986 年第 3 期。
[②] 吴越:《省县之间建立地市级政权的主要根据》,《社会学研究》1986 年第 3 期。

地级市并存一地的地区，实行地市合并；与县级市并存一地的地区、所在市（县）达到设立地级市标准的，撤销地区建制，设立地级市，实行市领导县体制；其余地区建制也要逐步撤销，原地区所辖县改由附近地级市领导或由省直辖，县级市由省委托地级市代管。"这样，以政策文件的形式正式确定了中国的"省、地、县、乡"四级地方行政建制。截至2004年，共有地级行政区333个，其中地区17个、盟3个、自治州30个、"地级市"283个，"地级市"占比为85%。

在撤地建市、实行"市管县"体制的过程中，部分县（市）的政治行政地位得到了提升，因为它们转化成了地级市所在地或者直接升格为地级市。有三种转化方式：第一种是原来的县级市升格为地级市，周围的县归其管辖；第二种是将新设立的县级市升格为地级市，再辖一定数量的县；第三种是将县直接升格为地级市。但是，在两千多个县中，只有少数的县（市）有这样的升格机会，大部分县都成为新的"地级市"的管辖对象。实践证明，由于大部分地级市的经济实力有限，无法实现决策者设想的地级市带动所辖县市发展的目标，"市管县"体制在本质上依然是行政控制意义上的，而非区域经济发展意义上的。"市管县体制所构成的区域，在本质上还是一种城市行政区，只不过与过去的市县分治和地区行署管理体制相比，城市的行政'地盘'扩大了，城市取得了对周围地区实施行政与经济管理的合法地位，整个地区的政治、经济和社会管理组织形式由'虚'变为'实'。"①

早在1993年，周一星的调查就发现，在被调查的辖县中，只有19%的县认为市管县对辖县的经济发展是"利大于弊"的，而25%的县认为"弊大于利"，另外56%的县则认为"利弊参半"，可见市管县体制并未受到辖县的普遍欢迎。1994年分税制改革以后，地县矛盾更为突出，地级政权通过各种形式从县集中财力，最初设想的"市带县"反而蜕化为"市压县"、"市卡县"、"市挤县"、"市吃县"或"市刮县"局面。周克瑜列举了如下现象："市县之间相互争项目、抢外商、夺外贸出口权等，导致双方'貌合神离'，在执行计划分配中，市出于自身利益的考虑，对上级下拨的资金、

---

① 周克瑜：《反思我国"市管县"体制》，《现代城市研究》2000年第5期。

物资、农转非指标等，往往从中截留，造成分配不合理，透明度低。有的市还以行政命令低价从县调进农副产品，侵占县的利益。"①

曾任民政部地名司司长的戴均良在 2004 年的一篇文章中总结了"市管县"体制带来的三个矛盾。一是经济利益的矛盾，这是市县矛盾的核心。市往往依靠更高的政治行政地位与所辖各县争夺利益，比如财税分成。甚至一些新设的地级市每年还要求县上缴一定数量的市政建设经费。二是行政管理的矛盾。在市领导县的体制下，市对县的领导是全方位的具体的领导，县的自主权比地区体制时期缩小了。三是城乡关系的矛盾。在市领导县的体制下，市政府的工作重心一般放在城区和发展第二产业、第三产业上，农业和农村被忽视了。②

对于县级党政机构来说，市的管理也增加了其工作的内容和成本，市的工作指示、安排以及检查让他们疲于应付。根据戴均良的调查，有些县每年接待市四大班子及所属局委办的检查工作少的上千人次，多的几千人次。河北省某县 2003 年收到上级各方面的文件 470 多个，其中 70% 来自地级市。而且，省里很多会议会开到县一级，但为贯彻会议精神，地级市一般都要再召集各县、区开会，这样县里就同一事项既要参加省里的会，又要参加市里的会，造成人力物力的浪费。③尽管县对此颇有怨言，并且采取各种方式进行抵制，但是由于市级政权对上获得省的支持，对下拥有人事、审批等诸多权力，所以在市县关系中，市始终处于强势地位。④

在"市管县"体制的形成过程中，县级官员，尤其以县委书记为代表的县委常委群体究竟发挥了怎样的作用，我们缺乏必要的资料加以说明。但是，在"撤地设市"过程中，一些省增设了多个地级市，使每个地级市辖县的数量相应减少，从而缩小了县级领导干部数量与地级党政领导岗位之间的比例，在一定程度上也减轻了县级领导干部向地级市流动或提拔的压力。比如，浙江省在撤地建市过程中新设了嘉兴、湖州、绍兴、金华、衢州等地级市，使地级市达到了 11 个。到 2009 年，浙江省地级市管辖 90

---

① 周克瑜：《反思我国"市管县"体制》，《现代城市研究》2000 年第 5 期。
② 戴均良：《省直接领导县：地方行政体制的重大改革创新》，《中国改革》2004 年第 6 期。
③ 戴均良：《省直接领导县：地方行政体制的重大改革创新》，《中国改革》2004 年第 6 期。
④ 周振鹤：《地方行政制度改革的现状及问题》，《战略与管理》1996 年第 5 期。

个县区,平均一个地级市管辖 8.18 个,低于全国平均一个地级市管辖 8.58 个的水平。有学者对河北省的研究表明,尽管河北省与浙江省一样,有 11 个地级市,但管辖了 172 个县,平均每个地级市管辖了 15.63 个县,位居全国之首。保定市,辖 18 个县,4 个县级市,3 个市区,石家庄市辖 23 个县区,都超过了宁夏回族自治区所辖县区的总数(22 个)。地级领导岗位少、县级官员多,对官员队伍的负面影响较大。① 张占斌也发现,在市管县体制下,县里干部的上升空间小,迫使他们在一定时间内就要找出路、调出去,这也是县级官员流动过快的原因之一。②

除了影响干部激励机制以外,"市管县"体制还对县级官员产生了另外三种影响。首先,对于大部分县来说,包括县委书记、县长在内的领导干部是从市直机关派出或提拔的。他们中的大多数人把家安在市里,成为所谓的"走读干部"。这在一定程度上削弱了他们对当地情况的了解和工作的深入。更重要的是,在数量上这种"从上往下派"的官员远多于"从下往上提升"的官员。对陕西省部分县委书记的调查显示,他们都希望在一把手选拔上要"重视基层,减少下派",或者要"重视基层,增加上调"。一些县乡级干部对上级"空降"县委书记、县长的做法也有意见,理由是,下派干部往往能力、阅历不够,任用"一步到位"的书记或县长风险性较大。③

其次,由于地级市拥有更为优质的公共资源,越来越多的县级官员开始离开工作或生活的县,将家庭向地级市迁移。这种现象在过去 10 年中日益突出。这些官员的家庭迁移有多种原因,比如为了让子女得到更好的教育,为了购买不动产或者是同事间的"从众"想法。2007 年对四川省 710 名乡镇党委书记和街道党工委书记的调查显示,有 62.25% 的干部家在县城,13.95% 的干部定居在市区,另有 10.28% 的干部家在原工作的乡镇,只有 13.52% 的干部定居在目前工作所在乡镇。④

最后,一些地级市为了加强对辖区内实力县(经济强县或人口大县)

---

① 李永君:《问题与出路:社会发展随想录》,河北人民出版社,2010。
② 张占斌:《政府层级改革:"省直管县"》,《学习时报》2007 年第 374 期。
③ 王化欣:《县委书记队伍建设风向标》,中国共产党新闻网,2009 年 6 月 26 日。
④ 《四川调查称 76.2% 乡镇干部住在城市》,http://www.sina.com.cn。

的政治控制,往往会给予这些县的县委书记"高半级"的政治待遇,比如让其担任市委常委,或者由某个市委常委兼任县委书记。但是随着对实职部门职数控制的严格,一些地级市无法在党的体系内提升这些重要县"一把手"的政治待遇,只能通过人大、政协这样的"虚职"部门来解决待遇问题。因此,在一些地级市,出现了县委书记兼任市人大副主任,或者市政协副主席的现象。对这种政治待遇的处理,虽然有利于缓和实力县与地级市之间的矛盾,但仅是被作为惯例,甚至是特例处理的,并没有制度化。更重要的是,也影响到了党委、人大、政协之间关系的理顺。

当然,在"市管县"体制内,实力县与地级市之间也是存在不同程度的矛盾或冲突的。媒体报道的有三起典型事件。第一起是 2005 年 8 月 6 日,湖北省大冶市 2 万多市民不满大冶市撤市改区,阻断武黄高速公路两个小时。第二起是山东省滕州市一直寻求脱离地级市枣庄市的管理,获得省辖市的地位。第三起是浙江省台州地区 1994 年撤地建市时,将黄岩市撤市为区,引起黄岩市干部的不满,并且最终在 2003 年黄岩区召开"两会"期间,272 名人大、政协代表联名提案,要求浙江省兑现 1995 年浙江省省委书记办公会议纪要的指示,即黄岩区享有"原县一级财政利益格局基本维持不变,原则上保留县一级事权"。①

然而,从全国范围来看,能公开表达对"市管县"体制不满的县毕竟屈指可数。大部分的县都在从地区向地级市的转变过程中调整自己,适应新的体制环境。

四 "省管县"改革中的县级官员

在"省管县"改革中,省和县都处于"扩权"的地位。省将原来委托"地"行使的权力收回来,自己行使,或者削弱"地"自发生成的部分权力;县则获得与"地"相同的部分行政权力,并且在政治待遇上也有所提高。因此,双方都在积极推动改革的进行。

由于各省情况不同,所以实行"省管县"改革的路径也有所差异。在改革内容上,浙江、海南等省在已有财政省管县和人事省直管的基础上,

---

① 章敬平:《黄岩解结——一个化解利益冲突的现代模本》,《南风窗》2004 年第 9 期。

下放事权，扩大县（市）政府的经济社会管理权；湖南、安徽等省首先进行财政省管县改革，再扩大县（市）政府的经济社会管理权，或是进一步改革人事权；黑龙江、湖北等省首先进行事权改革，扩大县（市）政府的经济社会管理权，再进行财政体制改革；河南、吉林等省则同时推行财权、经济社会管理权，甚至人事权改革。[1] 在改革推进方式上，几乎所有的省采取的都是先试点后推广，但是试点选择的标准不同。大部分省选择的是经济强县，采取的是"强县扩权"，但也有的省选择的既有经济强县，也有经济弱县，比如河北省，力图通过"扩权"达到"强县"的目的。[2] 还有的省选择的是不同层次的经济强县，比如河南省选择了两类县：可能成为"未来地区性中心城市的县"和"经济基础好、发展潜力大、特色和优势明显的县"。还有的省采取的更加多样的分类改革，比如湖南省对于区域中心县市，实行"省市共管，省进市不退"，对于实力弱的县市，实行"扩权强县"，对于中等水平的县市，实行省直接管理。[3]

县级官员，尤其是县委书记普遍欢迎并支持"省管县"改革。中央党校的学者在2006年对在那里参加"新农村建设"培训的800名县委书记的调查显示，93.9%的人主张撤掉"地市"这个行政层级，91.6%的人同意"从中央到乡镇行政管理层级太多，应该减少"。在主张撤销"地市"的同时，他们还认为县乡政府权力不完整，直接影响到了这两级政权的有效运行。78.5%的人认为"县乡政府是一个功能不完全的残缺政府"。91.9%的人认为"目前地方政府，特别是县乡政府承担的事权与财权不对等"。91.7%的人认为"县乡政府承担了无限责任，但只拥有有限权力"，92.7%的被调查者认为"有钱有权的部门都上收了，花钱的难办的事都下放了"。[4] 孙学玉在江苏省的调查显示，63.8%的被调查者认为应该在全省范围内实行"省管县"。而在被调查的县处级以上干部中，66.4%的人也持这种观点。[5]

---

[1] 吴金群：《省管县的条件及对我国26个省区的聚类研究》，《浙江大学学报》2010年第4期。

[2] 纪良纲、陈晓永、陈永国：《关于扩权强县（市）改革的体制性思考——以河北省为例》，《河北经贸大学学报》2008年第2期。

[3] 何万能：《中西部地区省直管县财政体制改革模式的探索与创新》，《经济师》2009年第7期。

[4] 曾业松：《关键时期、关键问题：来自中央党校县委书记培训班的专题研究报告》，新华出版社，2007，第222页。

[5] 孙学玉：《强县扩权与省直管县（市）的可行性分析》，《中国行政管理》2007年第6期。

由于"省管县"改革是通过试点—大范围展开的方式推进的，所以，不同类型的县对于这项改革的态度也有所差异。经济实力强县，是改革首先考虑的对象，它们不需要担心下放给自己的各项权力会被地级市"截留"。当然，这些经济实力强县的县委书记通常也享受着更高的政治待遇，比如担任所属地级市的常委或市委委员，直接或间接地参与着改革措施的制定。根据浙江省委组织部对 20 个经济强县（市、区）的情况分析，1992~2002 年担任书记的共有 56 人（不含现职），其中有 44 人被提拔重用，占比为 79%。①

经济薄弱地市管辖的县对"省管县"有着更强烈的要求。徐元明等人在江苏的调查发现，这种情况的出现有三个原因②：一是经济薄弱地区的地级市经济实力弱，根本无法顾及下辖县的发展，经济薄弱县迫切希望能够得到省级各方面的直接支持；二是经济薄弱地区的地级市在加快发展市区经济的过程中，较多地集中了下辖县的人力、物力和财力，超出了下辖县的承受能力，影响了县域经济的发展，③ 因此下辖县强烈要求实行省直管县体制，以便尽快摆脱地级市的掠夺；三是一些省对县的专项资金经过地级市中转后被截留的现象较为普遍。经济薄弱地区的地级市凭借政治权力和行政手段掠夺县级资源已经成为县域发展的主要障碍之一。

即便是"扩权"的试点县官员，也要适应"省管县"改革中财政权与行政人事权非同步进行所产生的问题。对于这些试点来说，县级财政首先实现了"省直管"，但是主要干部的任免权依然归地级市管。这就造成了县既要向省政府和省财政跑财力、资金、项目、政策，又要向市政府汇报工作、争取理解和支持，县的工作难度增大。④ 扩权县的官员感觉到从

---

① 沈锡权：《强县经济撑起经济强省》，《今日浙江》2002 年第 24 期。
② 徐元明、刘远、周春芳：《省直管县体制改革相关问题研究——以江苏省为例》，《江海学刊》2007 年第 6 期。
③ 山西省太谷县县长郝向明接受采访的时候，太谷县人口近 30 万，年财政收入 4.7 亿元，但扣掉上缴国家和省、市财政的钱之外，其可用财政收入不过 1.7 亿元左右。"为什么说'省管县'对县里面好？因为减少了管理层级，就可以把该留给市里面的这一块返回县里了。"（《县市长谈省管县：市级领导去留引热议》，http:∥news. sina. com. cn/c/sd/2009-08-24/151418500320. shtml。）
④ 骆祖春：《江苏省直管县财政体制改革：成效、问题及对策》，《地方财政研究》2010 年第 4 期。

原来的一个"婆婆"（地）变成了现在的"两个婆婆"，原来的"一头应酬"变为"两头应酬"，应酬成本增大了。① 一些部门官员的能力不足问题也凸显出来。② 一些试点县在设立或争取一些经济项目上，也面临着与地级市的竞争。③

对于"试点县"来说，如何处理与省的关系，也是它们面临的新挑战。对四川省部分试点县的调查显示，实行"省管县"后，这些官员到省里汇报工作、开会学习的次数增多了，大大增加了交通差旅支出。而距离省会较远、交通不便的县市遇到的问题更为突出。一些县市为了方便与省级部门联系沟通，在成都设立了联络站或办事机构，一些"试点县"还主动派干部到省级部门"上挂"锻炼。④

对于省与县的双重"扩权"，地级市也在适应原有权力被削减或受限制的新情况。当然，个别地级市也会利用掌握的政治行政优势，制约一些县的"扩权"过程。最典型的做法，就是将距离地级市近的县市改为区，使这些本来有可能成为"省直管县"的县市变为地级市城区的一部分，既避免了土地、财政收入这些资源的流失，也扩大了城市进一步发展的空间。比如，湖北"省管县"改革后，部分地级市开始想方设法把自己所辖的经济强县"吃掉"，变为一个区。黄石"吃掉"了下陆、咸宁"吃掉"了咸安。⑤ 石家庄市计划将正定、鹿泉、藁城、栾城四个县纳入其管辖范围，按照城区的功能来建设管理。河南省的三门峡市则计划将所辖的灵宝市变成自己的一个区。在当地官员看来，如果现在不把这些有实力和潜力的县"拿进来"，很快就会被"省里"拿走了，资源也随之流走了。⑥

---

① 吴海峰：《河南强县扩权三年反思：县与市之间的权利博弈》，《决策》2007年第3期。
② 范毅、许锋：《吉林省"扩权强县"情况的调查与思考》，《中国发展观察》2009年8月。
③ 陕西省永寿县财政局局长在接受采访的时候说："据我了解，由于省直管县财政，许多县有了钱就想搞些自己的项目。但是这些项目一旦与市里的项目有碰撞，问题就比较突出了。不搞吧，县里的老百姓盯着，搞吧，自己的乌纱还在市里攥着，怎么可以对着干？"（转引自沙莎、李桢、胡甜甜：《陕西推行省直管县财政试点调查》，《陕西日报》2009年8月7日。）
④ 田慧丽、肖雪岷、黄霄：《四川省扩权强县改革试点成效、问题及对策——对阆中、苍溪的调查与思考》，《中国财经信息资料》2010年第2期。
⑤ 《区划改革：湖北强县扩权"肠梗阻"》，《新京报》2008年7月20日。
⑥ 李秀江：《河北扩权强县博弈之路：地级市和省里争资源》，《小康杂志》2010年9月。

在陈喜生归纳的"省管县"改革带来的五个问题中,有两个都与地级市有关。① 一是地级市对扩权县市的支持力度减弱。一些地方在地级市权力下放后将市级财政的财力更多地投向市区,帮扶县(市)发展的积极性有所降低,项目要求的配套资金迟迟不能到位或划拨给了其他地方,一些地级市不愿意再承担配套责任。二是一些地级市为了保住既得利益不愿放弃权力,甚至出现市与扩权县争权的现象。有些省的部分扩权县市反映,强县扩权难关重重,下放的权力"虚"多"实"少,也没有形成完善顺畅的运行机制,致使扩权县(市)心存顾虑,扩权后既高兴有些权限直接对省,又怕得罪所在设区市,进退两难。

这些问题的核心是人事权问题,因为地级市依然能够通过人事权来影响,甚至约束县来行使新获得的权力。对湖北省的调查发现,扩权前后,人事管理部门的运作情况几乎是没有什么大的变化的。例如,按照文件规定,对国家规定由省审批的大中型基建项目建议书、可行性研究报告、初步设计、开工报告、利用国外贷款项目、境外投资项目等,扩权县(市)可以自行审核,直接报省审批,报市(州)备案,但是,扩权县(市)如果真的按照文件的规定直接向省的有关部门报审项目,往往难以获得批准,所以依然要按照以往的程序,先向市(州)报审,由市(州)上报至省的相关部门,才可能争取得到立项。因此,体制不做调整,扩权无异于一纸空文。对江苏、河北等省的调查也发现了类似的问题。② 扩权县对于地级市的制约也颇有怨言,③并提出了提高行政级别的要求。④

地、县两级关系有着很长的历史,并且已经高度制度化、机制化了,不可能在短期内实行彻底的调整。虽然省上收对县的直接管辖权,但是依然有多种管理职能需要委托地级市代为执行。尤其是在目前的政治行政体制下,"市管县"实质上代行着政治控制的功能,地级市通过各种方式控制所辖各县。"省管县"改革还没有触及这些领域。此外,事实也证明,在

---

① 陈喜生:《对目前省直管县体制的五点思考》,人民网,2009年2月12日。
② 骆祖春:《江苏省直管县财政体制改革:成效、问题及对策》,《地方财政研究》2010年第4期;纪良纲、陈晓永、陈永国:《关于扩权强县(市)改革的体制性思考——以河北省为例》,《河北经贸大学学报》2008年第2期。
③ 张志峰:《中国推行"省管县"地区超20个,遭遇新困扰》,《人民日报》2009年7月16日。
④ 肖立辉:《县委书记眼中的中央与地方关系》,《经济社会体制比较》2008年第4期。

"省管县"改革中,一些省由于地理空间大,省内交通条件有限,省直部门由原来的直管十几个设区市变成几十个甚至上百个设区市和扩权县(市),工作量明显加大,人手不足矛盾加剧,出现了管理的新难题。①

鉴于目前地级市对"省管县"改革的干预主要依靠的是其掌握的干部人事权和高于县的政治地位,所以各省在加快省在财政上直接管理县的改革的同时,也在探索弱化地级市对县的政治控制权。这种探索有两种方式。第一种方式是提高县委书记的政治级别。2005 年,广东率先提拔一批县委书记为副厅级干部。四川、江苏等省则采用地级市副市长兼任某些县县委书记的形式。浙江、广西、吉林等省则采用县委书记兼任市委常委的形式。江苏省还在省党代会上将昆山等 9 个县市的书记选为省委委员或候补委员。② 河南省在 2011 年正式试行"省直管县",将巩义、兰考、汝州、滑县、长垣、邓州、永城、固始、鹿邑和新蔡等县市的书记、县(市)长高配为副厅级。为了拓宽县委书记向省级部门流动的渠道,湖南省在 2006 年至 2008 年,两次提拔了 19 名优秀县委书记到省直机关任职,其中 1 名任厅(局)长,18 名任副厅长。第二种方式是改变县委书记的管理方式。1984 年试行干部分级管理、下管一级的体制后,许多省将县委书记的选拔任用权下放到市级党委。这些年,为了配合"省管县"的改革,已经有一半的省区改为省委常委会研究决定县委书记的选拔任用。2009 年,《关于加强县委书记队伍建设的若干规定》提出,县委书记的选拔任用,要报省委常委会审议。中组部部长李源潮在"贯彻落实《关于加强县委书记队伍建设的若干规定》座谈会"上的讲话提出,各省要进一步完善有关程序和方法,并且强调,虽然县委书记的选拔任用由省委管理,但是日常管理依然由地级市委负责。③

《关于加强县委书记队伍建设的若干规定》可以被视为政治上对"省管县"体制的回应,为正在理顺的省县财政关系提供了更为通畅的政治关系的支持。李源潮在讲话中指出,将有的县委书记提拔为上一级领导班子成员并继续兼任县委书记,"是一项重要的激励措施,有利于稳定县委书记队

---

① 李长祥:《"省直管县"财政体制利弊分析》,《中国财政》2008 年第 13 期。
② 《八省份出现厅级县委书记》,www.stnn.cc。
③ 2009 年 5 月 18 日,李源潮关于贯彻落实《关于加强县委书记队伍建设的若干规定》的讲话。

伍"。他还提出了一些更加具体的措施，比如对优秀县委书记，特别是那些长期在条件艰苦、困难多、矛盾多的地方勤奋工作、做出成绩的，要大胆提拔使用，有的可选调到中央和国家机关、省直机关任职。要按照实施正职后备干部"百千万工程"的要求，组织实施优秀年轻县委书记战略培养工程，结合后备干部考察，中组部和省区市党委组织部要直接掌握一批优秀县委书记名单，加强培养，有的可安排到环境艰苦、应对重大事件的第一线经受考验、增长才干。[1]

对于"省管县"，提升其书记、县长政治级别的做法也会扩大到人大、政协的正职领导头上，以实现县级官员，尤其是主要领导政治待遇的平等。在有的省，这种做法甚至扩大到更多的部门领导范围。比如浙江义乌，作为省"扩权强县"的试点，其市工会主席还兼任着金华市（地级市）的人大副主任。

但是，提升县委书记、县长政治级别的做法也带来了两个新问题。第一个问题是县级干部内部出现了新的分层。现在的县处级领导干部出现了至少四个群体：享受副厅级待遇或者省委委员待遇的县委书记；享受副厅级待遇的县长、县人大主任、县政协主席；享受副处级待遇的县委常委班子；享受副处级待遇的其他官员。对于后两个群体来说，他们如何从"省管县"向一般县流动就成了问题。对湖北省仙桃、天门、潜江等"省管（县）市"的调查显示，当地这个群体的干部提升和交流的机会较少，"人的积极性没有充分调动，已成为影响地方科学发展的瓶颈之一。"[2] 第二个问题是对县委书记的监督问题。县委书记缺乏监督一直是中国基层政治中突出的问题。这个岗位掌握的权力很大，但是制度监督和社会监督都不足，是腐败犯罪的重灾区。提高政治级别，会使其在整个县级官员，尤其是常委会中的地位更为突出，进一步破坏了现有的权力制衡和监督格局。为了解决这个问题，从 2009 年开始，中纪委和中组部选择了四川省成都市武侯区、江苏省睢宁县和河北省成安县三地进行"县委权力公开"试点，探索一些具体做法，力图在全国范围推广。《关于加强县委书记队伍建设的若干

---

[1] 2009 年 5 月 18 日，李源潮关于贯彻落实《关于加强县委书记队伍建设的若干规定》的讲话。
[2] 张志峰：《中国推行"省管县"地区超 20 个遭遇新困扰》，《人民日报》2009 年 7 月 16 日。

规定》提出,要加强县委书记的任期制;建立年度考核制度;将省委党委的巡视工作延伸到县,在每届任期内至少巡视一次。

五 讨论:县级官员的能动性发挥

县级官员尽管有不同的定义,但是在中国政治体系中是基础性的庞大群体,在基层政治运行,尤其是在中央各项政策决定执行过程中发挥着重要作用。从"市管县"向"省管县"体制的转变,在很大程度上说明了县这个行政层级以及这个层级的官员,尤其是以县委书记为代表的领导群体已经得到了决策者的高度重视。

由于这个群体的庞大,特别是有关数据的不完整,我们只能利用各种片段性的研究和事件的报道来描绘这个群体的基本特征,分析他们在"市管县"向"省管县"体制转变过程中所发挥的作用。根据现有的资料,很难确定县级官员是通过怎样的渠道来影响这项决策的做出和执行的。但是,现有的资料也显示,县级官员影响力的发挥主要依靠的是县作为经济发展单位和政权统治单位作用的日益突出。其在整个政治体系中作用的突出,使得他们的利益诉求能够更多地通过媒体、各类调查反映出来,并且受到更高层次决策者更加主动的关注。从而,县级官员的主体性和能动性得以更为有效地发挥。

县级官员内部是分层的,特别是不同层级官员所处的政治地位和掌握的信息是存在差别的。即便是在县处级官员这个规模更小的群体内部,也存在本地官员与外来官员、常委与非常委、实职官员与虚职待遇等差别,很难说他们是作为一个群体在行动的。由于掌握着一个县的决策权,所以县委书记和常委会成员的能动性是最强的。

那么,驱动他们能动性发挥的动因,究竟是他们对本县利益的关心还是对自身政治地位的关注?事实上,很难将这两个因素完全区分开来,因为县委书记和常委会影响更高层级决策者的方式虽然带有明显的个人色彩,但是从总体上看,主要依靠的还是所在县的政治经济地位。而维护和增加本县利益,也是他们表达自身诉求的合理依据。各省和中央针对县委书记进行的干部人事制度改革,就是力图用提高个人的政治地位来实现对县的利益的满足。

海贝勒与舒耕德提出,将县级官员视为一个"战略群体",[①] 作为认识中国政策制定和执行过程的核心概念。通过对县级官员群体特征的描绘,对他们在"市管县"向"省管县"体制转变中作用的分析,我们发现,县级官员内部是分层的,以县委书记为代表的常委会成员作为一个次级群体,有着更多的共同特征,并且能够依靠常委会会议这样的制度性决策行动机制,来达成集体行动。但是,县委书记拥有的更高政治地位,决定了这样的群体内部也是不平等的、有等级的。

　　即使我们从全国范围内,将县委书记视为一个"战略群体",但由于缺乏足够的资料,很难找到他们之间形成群体认同、达成集体行动的机制。尤其是县委书记都是由各省管理,不存在跨省交流。也许在最低意义上,我们可以说每个省的县委书记都具有"战略群体"的特征。进一步说,在中国这样一个政治行政体制集中,尤其是通过党内集中实现政治行政集中的体制下,县级官员受到"战略性"对待的更主要原因是县这个政权层级对于整个体制的运行具有了更大的"战略"意义。

[①] Thomas Heberer & Gunter Schubert, "County and Township Cadres in China as a Strategic Group: A New Approach to Analyzing the Behaviour of Local Actors Paper presented at the Workshop," *Politics and Autonomy in China's Local State-County and Township Cadres as a Strategic Group*, 2011.

第十一章

从竞争性选拔到竞争性选举？
——对乡镇选举的初步分析[①]

随着1998年11月《村民组织法》修订稿的通过，制度化的村级选举和村民自治在法律意义上最终确立下来。许多关心社会主义民主建设的人开始把关注的目光从村转向了乡镇。他们期望在乡镇层次上能实行直接选举，并在此基础上逐步向上推进。然而，尽管农村的经济发展和村级选举确实为乡镇选举提供了必要条件，但是我们依然无法准确地预见法律支持下的全国性乡镇选举的进程。

尽管如此，一些地区改革现有乡镇领导选拔方式的创新性尝试依然值得我们重视。比较而言，四川省遂宁市市中区无论在创新的程度和创新措施的数量上都走在了其他许多地区的前面。1999年1月，市中区的步云乡在全国率先进行了中华人民共和国成立以来的首次乡长直接选举，产生了巨大影响。此外，市中区还采取了另外一项创新性措施来扩大公民对乡镇主要领导（党委书记和乡镇长）选举的参与，提高选拔的竞争性。当地组

[①] 本章主要部分曾发表在《经济社会体制比较》2004年第2期，另一位作者是哈佛大学肯尼迪学院托尼·塞奇教授。文章关于四川省遂宁市市中区的内容是在2001年9月和2002年10月的两次调查的基础上完成的。笔者特别感谢为调查提供诸多便利的前市中区区委书记张锦明，市中区区委副书记杨华弟，组织部部长马胜康，副部长刘辉、罗克光、唐进平，干部科长雷春蓉，干部科工作人员王继钊等人，以及参加过公选活动的向道全、唐坤伦、唐俊等。

织部门称之为"公推公选"（简称公选）。与直接选举相比，公选并没有与现有的法律规定冲突，并且由于其渐进性显得更为切实可用。更重要的是，乡镇的党委书记也被纳入了公选，而在过去这一职务一直是由上级党委任命的，缺乏透明性和竞争性。

在本章中笔者将首先简要回顾一下现有的乡镇选举改革情况，介绍三种改革尝试，然后重点分析市中区进行的乡镇党委书记和乡镇长"公选"改革。笔者将根据自己的实地调查描述这项措施从出台到实施的整个过程，并分析在这个过程中出现的问题、反映的情况以及对中国制度变革可能产生的影响。

一 现有的乡镇选举改革类型

无论在法律地位，制度结构、经济结构还是物质规模上乡镇都异于村庄。乡镇在法律上是国家结构中的最低层级，而村庄是自治单位。乡镇干部是国家雇用的，开支也由国家负担，其工作是全职的。村庄干部（除党组织的干部外）是直接选举的，工作是不脱产的，村庄给他们一定的补贴。对于不同乡镇来说，不仅有农业，还有不同水平和规模的工业和服务业。如果把地理和人口规模考虑进去，乡镇是一个社会而村庄则是一个共同体。① 乡镇居民不仅在家族、收入、社会网络乃至民族等方面彼此有所差别，而且分散在更大的地区内。因此，乡镇在结构和制度上比村庄更复杂多样。动员乡镇选举是一项巨大的工程。其成功与否有赖于更精心的制度设计、政治领导人更强的决断力和信心，更开放的制度环境以及更稳定的财力支持等诸多因素。

20 世纪 90 年代以来，随着干群关系的恶化，乡镇政府已经成为社会关注的焦点。作为最低一级的政府，乡镇担负着上级部门指派的越来越多的任务。而且特定的任务还附带着一套严格的评价指标。有些是强制性的。如果乡镇无法按时完成，就会受到惩罚，甚至其他方面的工作成绩也受到影响（这被称为"一票否决"）。有关乡镇的首长（书记、乡镇长）将被通

---

① 根据统计，1999 年大陆有 44741 个乡镇，每个乡或镇管辖着 16.5 个村庄。每个乡镇平均有 5321.85 个家庭。

报批评、罚款、调动以及降级使用。由于 1994 年的分税制改革并没有涉及县市与乡镇的财政关系，所以上级政府通常在给乡镇布置任务的时候不拨付相应的财政资源，这迫使乡镇必须寻找多方渠道来缓解任务增加与资源有限的矛盾。而农民自然而然成为乡镇转移压力的目标。这种机制被一些学者称为"压力型体制"。[①] 这是 20 世纪 90 年代中期以来"三乱"问题日益严重的主要原因。

此外，三个困扰乡镇的问题也日益突出。第一个问题是乡镇债务问题。许多乡镇企业破产倒闭，乡镇开支缺乏控制，使得乡镇收入无法支持公共品的提供。第二个问题与前一个密切相关。乡镇财政虽然被称为"吃饭财政"，但实际上在许多地方连乡镇干部的工资都无法保证，或者拖欠或者发放部分。[②] 由于缺乏有效的激励机制，许多干部不愿意到乡镇工作。即使是乡镇干部，一些人也要尽力调动工作或者把大部分时间花在城里的家中。尽管如此，乡镇干部依然超编，因为毕竟在政府部门工作还有获得额外好处的机会。一些乡镇干部对农村情况知之甚少或者根本不关心。这必然影响乡镇政府的工作运行，造成干群关系的紧张。第三个问题是农村的社会不稳定状况。一方面，现有的乡镇管理结构存在明显缺陷，缺乏效率和效果。另一方面，随着大众媒体的普及，人口的流动以及法律普及，农民的政治意识也在不断提高。他们对乡镇管理提出了更高的要求。但现有的机制无法为他们的意见和利益的表达提供合适的渠道。其中的一些人最终选择了使用暴力来包围乡镇府或攻击乡镇干部。

显然，不可能用一两项措施来解决所有的问题，因为这些问题是累积性的，并且是体制转型过程中的必然产物。然而，一些制度创新依然能够缓解这些问题并为进一步改革提供新的可能性选择。改革现有的乡镇主要领导的选拔机制就是其中之一。毕竟，竞争和透明度是新的激励因素，有助于鼓励更多有能力的人参与选拔，增强他们对普通农民的责任感。

这里讨论的乡镇领导指的是书记和乡镇长。这两类职务都有不同的选拔方式。按照《中国共产党党章》，上一级党委（通常是县委或市委）向乡

---

① 荣敬本等：《论从压力型体制向民主合作制的转变》，中央编译出版社，1998。
② 例如，河南省 90% 的乡镇拖欠工资，湖南省 88.2% 的乡镇欠债，平均债务负担为 363 万元。参见嵇春梅《乡镇财政危机重重》，《乡镇论坛》2000 年第 11 期。

镇党代会推荐党委书记的候选人，然后由后者投票选举。党代会通常不会提出新的候选人。《中华人民共和国宪法》和《地方政府组织法》明确规定了乡镇长的选举程序。乡镇长是由乡镇人民代表大会选举产生的，但候选人是由上级党委推荐的，并且通常是单一的。因此，这两种职务的选拔方式具有一个共同特点：上级党委掌握着整个选拔过程。而在实际运行中，某些个人（党委书记）有可能控制候选人名单，使选拔成为"暗箱"操作。乡镇领导的激励机制也因而被扭曲了。候选人要花费大量的时间、精力以及物资资源来讨好上级领导以争取他们的注意和关心，"买官卖官"成为一种普遍的现象。

对乡镇改革而言，村级选举至少证明了选举是一种激励被选举者与当地居民建立良好关系，并约束其行为的有效手段。因此，如何把选举的某些因素更有效地纳入现有的乡镇领导选拔过程中去成为一些地方改革的方向。根据调查，我们可以归纳出四种改革类型。①

第一，直接选举乡镇长。现有的法律并没有规定乡镇长是由乡镇全体选民直接选举产生的。尽管如此，一些地方还是在直接选举方面做出了有

---

① 在本章完成之后，2002年9月，湖北省京山县杨集镇举行了"两推一选"党政领导班子的实验。所谓的"两推"是分两个层次来确定候选人；"一选"就是最后的选举。其中的"一推"类似于预选或传统的群众推荐，但是范围扩大了，是全镇范围的。由全镇选民通过"海推"的办法来推荐书记、镇长以及党委委员和副镇长候选人的人选，其办法是分选区召开选民大会，由选民分职位等额推选书记、镇长候选人初步人选，现场统计推荐票，然后按照基本任职资格和条件，在资格审查的基础上，根据得票多少，按1:3的比例确定镇委书记和镇长初步候选人群众推荐建议名单。"一推"，是通过选举方式进行的推荐。"二推"是在群众推荐的名单基础上进行的组织内部的候选人选举。书记、镇长因为职务的不同有所区别。书记候选人是由各村的党员大会选举。党员对"一推"产生的推荐人名单进行秘密无记名投票的方式，当场唱票计票，公布推荐结果。镇党委书记按1:2的比例，其他成员至少有1名差额的要求，拟定党委班子成员候选人预备人选。在组织考察的基础上，由县委研究决定正式候选人，根据群众推荐情况，确定党委委员候选人。镇长候选人由村民代表会议（镇直机关集中召开单位代表会议）选举，程序与选举书记候选人类似。选举后报县委研究，确定2名镇长正式候选人；根据群众推荐情况，确定副镇长候选人。最后的选举分别是按照先行的法律规定进行的。包括书记在内的党委成员由全镇党员大会选举；包括镇长在内的政府成员由镇人民代表大会选举。杨集改革有两个突出特点：一是通过选举的方式来确定书记镇长候选人，从而避免了步云第一次选举时出现的与现有法律相违背的问题；二是把包括党委书记在内的党委成员纳入了公开推荐和选举过程中，加强了党委书记选拔的透明度。关于杨集实验的详细情况，有兴趣的请浏览：http://www.ccrs.org.cn/big%5Cyangjisyzj.htm。

益的尝试。最著名的是四川省遂宁市的步云乡。① 此外，四川省青神县的南城乡也在与步云大致的时间举行了正副乡长的直接选举。② 比较而言，关于步云选举的官方文件和实地调查更为详尽完整，因此步云选举常常被视为直接选举尝试的典型。

从准备到投票，整个选举过程历时大约两个月。1998年11月，遂宁市市中区党委决定在偏远的小乡——步云举行直接选举。③ 在区委的指导下，乡人大制定了"直接选举试行办法"，规定了选举的规则。根据该办法，除了组织提名候选人（包括政党、社会团体和群众组织）外，30人可以联合提名候选人。有15名候选人获得提名。然后由选区联席会议从中决定最后的竞选者。联席会议包括：10个村的支部书记、村委会主任和秘书；所有村民小组的组长以及每个村的3名村民代表。总共有161名成员。在候选人发表演讲和回答代表质疑之后，联席会议投票最终确定了两位候选人进入最后的选举。他们将与区委提名的候选人竞选步云乡的乡长。接着，三位候选人有大约一个星期的时间到各村或利用场集进行竞选活动。④ 1998年12月31日被定为选举日。市中区提名的前步云乡乡党委副书记谭晓秋获得了50.19%（6236张）的选票，当选步云乡乡长。1999年1月4日，步云乡人民代表大会批准了选举结果，谭晓秋宣誓就职。

步云选举引发了一场激烈的争论。反对者认为直接选举乡长违反了法律，应该被停止。而支持者认为尽管步云选举违反了某些具体法律条款，但遵循了宪法精神，并且在选举过程中还有所创新，应该加以鼓励并在更多乡镇展开。⑤ 尽管如此，这种形式的直接选举依然由于法律程序上的障碍

---

① 关于步云选举的详细情况请参考《南方周末》1999年1月15日的报道。
② 有兴趣的读者可以访问：www.dajun.com.cn/xiangzhenxuanju.htm。
③ 步云乡是市中区经济比较落后的乡，面积30平方公里，人口16000人，其中4000人在外务工。人均收入1636元，有10个村委会。
④ 据估计，有20000多人次听到了竞选人的演说，650人次提出了问题。这些问题包括11类，160多个，涉及农业生产、农民负担、税收、市场建设、环境保护、计划生育、社会安全、村级道路建设以及教育等许多方面。张锦明：《步云乡长直选的背景、过程与效果》，www.chinaelection.org。
⑤ 在创新方面，步云在候选人名单排列上并没有按照拼音或笔画排列，在选票上三个候选人有同等的机会被排在首位。这在一定程度上避免了一些选民只按照排列顺序投票造成的选票不平衡。另外，在投票站张贴候选人的照片，以利于某些不识字的选民投票。

被停止了。①

第二,"三票制"选举镇长。深圳市大鹏镇在1999年的镇长选举中采用了这个方法。对大鹏镇来说,这个方法借鉴自"两票制"选举村党支部书记。所谓的"两票制"指的是两轮投票。首先由党员和村民或村民代表投票选出支部书记候选人。这种方式被称为"民意测验"或"民主推荐"。接着在第二轮由全体党员从候选人中选出支部书记。当"两票制"被借用到乡镇层次的时候,演变成了"三票制"。其中的根本原因是根据现有的选举法,乡镇长必须由乡镇人大选举产生,这样就在前两轮投票后增加了第三轮。

从1999年1月18日龙岗区区委做出选举决定开始,大鹏镇的选举过程持续了大约4个月的时间。1月22日,来自17个推荐区的5048位选民提名了76位候选人进入第二轮。② 大鹏镇党委对6位获得100位以上选民提名的候选人进行了资格审查,从中确定了5位作为下一轮选举的候选人(另一位由于年龄超过了50岁不符合推荐规定)。接着,1月27日举行了竞选演讲和问题质疑。1086位代表投票选出了最后推荐给镇人代会的候选人。③ 结果,现任镇长,李伟文赢得了76%的推荐票,成为下任镇长的唯一候选人。镇人代会选举是在1999年4月29日举行的。要拖3个月的时间有两个原因。一是新一届镇人代会是4月9日选举产生的,而是大鹏镇就镇长选举向全国人大和广东省人大提交了报告,批准也需要时间。最后,镇人大选举以全票(45票)选举李伟文为大鹏镇新一届镇长。

尽管大鹏镇选举被许多人赞誉为既有制度框架下的合法选举改革,但

---

① 2002年步云进行了直选后的第一次换届选举,虽然没有采取上一次的方法,但依然以其他形式保留了直选的精神。主要有两个做法:一是直接选举乡长候选人,然后推荐给乡人大代表会议上,从而与现有的人大代表选举乡镇长直接结合起来;二是不进行政党提名候选人,而是把预选中的得票最高者作为党的提名人选。选举结果,谭晓秋再次当选。

② 值得注意的是,原来使用的称呼——选区被推荐区取代。选举组织者说这样做是为了不违反选举法。因此,原来的18个选区被合并为17个推荐区。

③ 1086位代表是由全镇全体党员、镇和村的干部以及家庭代表组成的。显然,这样的一种组成并不合理。首先,其中的一些人在身份上是重合的,其次,全镇有1500户家庭,但并不是所有家庭都有自己的代表。总的来说,通过这样的一个推荐团体来选出最后的镇长候选人在程序上并不严格。参见黄卫平主编《中国基层民主发展的最新突破——深圳市大鹏镇镇长选举制度的政治解读》,社会科学文献出版社,2000,第25页。

是在其操作过程中存在明显的缺陷。首先，无论是在理论上还是在程序上，由代表团选择最后的候选人都缺乏充分的根据。一方面代表团的组成并不合理，无法代表全体选民；另一方面代表团的决定也缺乏合法性。其次，向镇人代会推荐的候选人是单一的，而不是多个，这必然削弱镇人代会投票选举的竞争性，使第三轮投票变成一种形式。就操作而言，更危险的是，如果镇人代会没有通过该人选，如何补救不仅增加了选举的成本而且使上级党委无法有效地开展下一步的工作。最后，深圳有关部门为了避免官方的批评，努力按照现有的法律行动，这实际上扭曲了一些选举程序，并造成了某些举措的投机性，不仅限制了自身创新的范围和深度，而且使该创新措施失去了可持续性。

第三，"两票制"选举乡镇主要领导。1999年，山西省临猗县卓里镇采用了这种方法。卓里也因为首创了"两票制"选举村党支部书记而名闻全国。与大鹏镇相比，卓里的"两票制"选举乡镇主要领导也借鉴自村党支部选举。但是二者的一个关键区别是，在卓里镇，主要领导（除镇长外，还有党委书记、镇人大主席）都被包括进来了。卓里镇采取这样大范围的选举，主要原因是当年新一届镇选举即将进行，而且上级（县委）希望了解公众对镇主要领导的意见和看法。

而恰恰是这种目的限制了整个过程的实际效果，使"两票制"变成了民意调查过程。1999年4月10日，临猗县委制订了对卓里镇主要领导进行民意调查的计划。从4月10日到16日，从县到镇的有关部门进行了详细的准备工作。4月16日举行了镇主要领导的竞选演说。镇党委书记、镇长以及镇人大主席在500名代表面前介绍了自己的工作情况[1]，竞选实际上成了一场工作报告会，只有报告人讲话，听众没有机会也不愿意提出问题。投票是两天后举行的，大约9000名选民到17个投票点参加了投票。选票上有三个选择：同意、基本同意和不同意。三位镇领导得到的同意和基本同意票如果不超过半数就不能被上级提名为下届镇选举的候选人。最后，三位镇领导都得到了参加下届选举的足够票数。

---

[1] 代表由下列人员组成：镇干部、村干部以及部分村民。临猗县为了扩大县委还邀请了许多旁听，包括上级有关领导、一些学者以及记者。

尽管卓里镇采取的方法被称为"两票制",但是我们无法直接看到第二轮投票。① 镇选举并没有紧接着第一轮投票进行。第一轮投票的结果仅仅作为上级部门任命新的镇领导的参考。除了这个缺点外,另外一个做法也值得商榷。尽管并不是所有选民都听到了镇领导的述职报告,但依然被要求投票参加考核。这一方面无法参加投票的选民对被推荐者有更直观的认识,另一方面也使所谓的述职报告会成为一种形式,没有起到推荐者与选民之间的互动作用。

在上面提到的三种创新措施中,除步云的直接选举外,其余两种都是合乎现有法律规定的。尽管如此,三者之间依然有一个共同之处:都扩大了公众的参与范围并且使更多的普通村民有机会了解乡镇主要领导的选拔过程。当然,比较而言,步云的直接选举最具有竞争性,而且党在整个过程中扮演的是指导者而不是决定者的角色。其他两种创新由于把过多的精力放在遵循现有法律规定上,所以在制度设计上缩手缩脚,不仅存在明显缺陷,并且在整个操作过程中不时出现矛盾。在理论上,二者也缺乏足够的理由和合理的逻辑说明少数人(乡镇人代会或代表会议)与全部选民的关系。换句话说,在这两种方式下是少数人决定了全部选民的选择。而在实践意义上,虽然全体选民被动员参与,但是选择的范围有限,而且其意见被当作推荐性的而非最后决定性的。如果长此以往,选民的热情和积极性必然受到打击。

对比以上三种创新,第四种创新似乎在理论和实践意义上更为合理和富有操作性,并且符合现有的制度框架。这种创新就是"公推公选"(以下简称"公选")。

二 公推公选

目前的研究无法确认"公选"是哪个地方首先发起的。② 根据我们的调

---

① 史卫民:《公选和直选:乡镇人代会选举制度研究》,中国社会科学出版社,2000。
② 这在一定程度上反映了地方官员与研究者之间存在的矛盾。对于地方官员来说,资源的限制使其缺乏必要的渠道来宣传自己的创新举措。同时,大部分地方官员为了防止来自上级的压力和干扰不愿意让自己的创新扩散。因此研究者很难了解到地方更详细的情况。不完整的信息也导致了研究的不完整。

查，四川省遂宁市市中区是率先系统采取这种方法来选拔乡镇领导的。这个判断基于两个理由。在时间上，市中区在1998年上半年就举行了第一次"公选"。在组织安排上，它对整个过程进行了详细部署。更重要的是，除乡镇长外，乡镇党委书记也被纳入了"公选"范围。①

那么什么是"公选"呢？它是一种新的选举方法吗？显然，"公选"并不是选举，而是一种带有某些选举特征的选拔官员的方法。在选拔过程中，比乡镇人代会规模更大的代表会议实际上发挥决定性作用。同时，作为一种选拔方法，"公选"由于更具有透明度和竞争性也不同于传统的党选干部的方法。② 比较而言，在程度上"公选"的透明度比竞争性更为突出。因此，"公选"似乎是处于传统选拔方式与直接选举之间的一种过渡性的制度设计。它比传统方法更透明和具有竞争性，但在公众参与上没有直接选举那样广泛，竞争性也弱。

1997年年底，市中区区委开始计划加快干部制度改革的步伐。区委领导认识到现有的干部管理制度落后于社会发展，应该加以改革以提拔更多高素质的干部并鼓励群众的广泛参与。"公选"被写入了1998年1月召开的第四次区委会议的工作报告。应该注意的是，市中区区委最初只是计划把这种选拔干部的方法用在一些区直部门（有关科局），乡镇主要领导并没有被包括进来。然而，1997年5月发生的一个偶然事件改变了区委的最初想法。保石镇的书记和镇长由于经济问题被撤职，包括镇人大主席在内的20多位干部也被涉及。而在案件发生之前，保石镇的领导班子被认为在经济发展上富有能力和创造性，深受区委的欣赏与重视。面对这一事件，区委有关领导不仅对自己的判断感到失望，而且进一步意识到现有干部选拔机制存在缺陷。同时，由于涉及人员多，遗留问题严重，区委一时无法找到合适的人选来接手保石的工作。在这种特殊情况下，区委决定把保石镇的镇长一职也纳入首批"公选"

---

① 民政部的一位官员在一篇文章里提到了四川省南部县举行的"公选"，但它比遂宁晚了4个月。而且用来公选的乡镇职位只限于乡镇长副职（当然数量很大，达到了178个）从影响上，显然弱于遂宁的"公选"。刘喜堂：《关于乡镇民主发展的调查与思考》，《经济社会体制比较》2000年第2期。

② 在这个意义上，当地把"公选"理解为公开选拔似乎更为合理。

的范围。①

把镇长一职纳入"公选"的范围是一件敏感的事情,某些区委领导认为公选镇长在四川是前所未有的,有可能带来无法控制的问题并失败。而作为整个过程的操作者,区委组织部缺乏必要的经验和技术,不仅需要向其他地方学习而且还要在短时间内创造出一些新的措施来应对不断出现的新问题。对于公众来说,他们对整个过程的公平性和竞争性存有疑虑,因为他们认为这次可能还和以前一样,镇长的候选人是由区委提前秘密确定的。当然,保石镇的一些干部也不满意区委的这个决定,因为他们一直在等待提拔的机会,而"公选"消除了这种可能。保石镇镇长"公选"就是在这样一种背景下于1998年5月底举行的。

1998年5月12日,市中区区委正式做出决定在保石镇举行镇长"公选"。根据决定成立了一个工作领导小组。尽管区委组织部是整个过程的操作者,但其他区委部门也参与进来。领导小组的组成结构就体现了这一点。领导小组分别来自区纪检委、区宣传部、区人大常委会、区政协以及区政府。尽管成立这样的领导小组是地方解决某些重大问题的普遍方式,但是由于把不同部门吸纳进来,所以实际上把不同意见纳入了制度范围内,在体制内利于达成行动的共识,减少不必要的反对。

1998年5月25日公开报名开始。除了国家正式干部外,村党支部书记和村委会主任如果符合标准也可以报名参加。标准包括:1960年6月1日以后出生、高中以上学历以及身体健康。结果在69位报名者中有67位符合标准并参加了6月份举行的笔试。笔试的前6名进入6月22日的考试。由149名代表组成的代表会议根据6个人陈述工作计划,回答问题的情况从中选择了2个人作为镇长候选人推荐给镇人代会。② 镇人代会选举是在同一天举行的。最后,年仅29岁的向道全获得了49名人镇人大代表中的47票当选保石镇镇长。③

---

① 从市中区区委5月做出的决定中我们可以发现区委思路的转变。在首批"公选"职位中,只有保石镇的镇长一职是正科级,其余8个都是副科。笔者在2001年9月对市中区区委有关领导的采访也证明了这点。
② 代表会议由下列人员组成:49名镇人代会代表、68名村、镇干部、32名区干部。
③ 我们应该注意到向道全在笔试中只排在第四位。而笔试第一名在口试中排在第六位,即最后一位。

保石镇镇长"公选"的成功加强了区委领导的信心并为他们的下一步实践提供了重要的经验。① 市中区区委决定把这种选拔干部的方式推广到更多的乡镇。在 1998 年 9 月，东禅镇和莲花乡被选为下一步的试点。不过这次公选的不是乡镇长而是党委书记一职。尽管党委书记和乡镇长是不同的职位，最后决定权分别由区委常委会议和乡镇人大会议行使，但是"公选"的基本程序非常类似。所以，笔者在这里通过详细介绍乡镇党委书记的"公选"过程来描述一下整个"公选"过程。整个过程包括以下几个阶段。

第一阶段：报名和资格审查。

报名参加"公选"的人员要符合一系列标准。在这些标准中，有一些关键性标准特别值得注意。它们包括：大专以上的受教育程度；副科以上的行政级别、低于 40 岁或在 1958 年 9 月 30 日之后出生的年龄限制。比较而言，对乡镇党委书记的要求比对乡镇长的要求更高也更刻板一些。而在乡镇长"公选"中，允许村干部参加，在党委书记"公选"中，不允许非国家干部参加。

第二阶段：笔试。

这是整个干部选拔过程中最客观的阶段。区委组织部成立了一个专门小组负责考卷的设计。这个小组在对其他县市的有关考试进行了解之后，根据"公选"职位的情况提出了自己的出题范围和侧重方向，并且把出题人员秘密送到其他县封闭工作，以防止考题泄露。考试类型是闭卷。考试内容包括邓小平理论、市场经济理论、行政管理学、领导科学、法律、科技、历史、公文写作、农业生产知识等。笔试总分为 150 分。

试题包括几种类型。除了填空、判断和多项选择题外，案例分析题特别值得注意。出题者设计了两个案例非常具有针对性和现实性。一个是防洪工作调查，另一个是村民状告乡镇政府。众所周知，1998 年长江出现历史性的巨大洪水，四川处于长江上游也深受其害，社会安全和经济发展都

---

① 上级部门并没有对保石"公选"提出反对和批评。四川省委组织部肯定了这种做法，并且在一次全省组织工作会议上邀请了市中区有关领导参加并介绍经验。《四川日报》和四川省电视台分别详细报道了保石"公选"。刘辉、雷春蓉、王继钊：《遂宁市市中区干部人事制度改革纪实》，《遂宁文史资料选辑》（内部发行），第 15 辑，1999 年 9 月。

受到了严重影响。防洪成为地方政府的主要工作。另外，四川省农村在过去几年出现过多起村民围攻乡镇政府的事件，在一些地方村民与政府的矛盾非常突出。把这个问题作为一个分析案例不仅说明了考试不是流于形式，而且也在一定程度上揭示了市中区区委改革的决心。

笔试评分后，前六名有资格参加下一阶段的口试。区委组织部安排他们到"公试"乡镇进行两天的实地调查，以进一步了解这些乡镇的情况，为口试做准备。①

第三阶段：口试。

在某种程度上，口试就是竞选演讲。在听取候选人陈述自己工作计划的演讲并进行提问之后，代表团通过投票从六位候选人中选出两位推荐给市委常委会议，作为乡镇党委书记的候选人。在现有的制度背景下很难确定这个代表团的性质。当地的组织部门也找不到一个合适的称呼。他们只把这种会议形式称为答辩会。②把投票过程称为"民主推荐"。由于参与者的增加，这种方式实际上已经与传统的方法有了较大的差别。代表团成员包括：区政府、区人大、区政协领导，区政府一些部门的领导、乡镇干部（党员）、村干部（党员）、各村的党员等。在莲花乡，代表团总数为278人。

口试问题有四个。一个是公开的，可以提前准备，另外三个是保密的，必须现场选题回答。口试结束后，代表团开始投票。每位代表可以从六人名单中选择两位。获得选票的前两名将被推荐到区委常委扩大会议。

第四阶段：任命和宣布结果。

区委常委扩大会议是投票结束后现场进行的。扩大会议通常会尊重投票结果。因此获得选票最多的候选人自然而然地被任命为乡镇党委书记并当场宣布。这里我们应该注意到任命党委书记和乡镇长的程序差别。党委

---

① 显然，两天的时间对于这些候选人了解他们即将工作的乡镇太短了。而该乡镇的居民也没有足够的机会与这些候选人接触沟通。因此，市中区区委在这三个乡镇"公选"之后通过的《遂宁市市中区公选乡镇长试行规定》规定候选人的调查时间不少于7天。

② 在保石、东禅和莲花三个乡镇的"公选"中，没有明确的规则规定代表团的组成以及内部结构。后来制定的"试行规定"针对这个问题明确规定，代表的总人数占乡镇人口的1%左右（大中型乡镇不超过1%，小乡镇不超过2%），区直属机关的干部人数在代表中不超过总数的10%。

书记需要区委常委会议任命,而乡镇长需要相应乡镇人代会的选举通过。

最后,夏先侗和唐坤伦分别以 122 张选票和 231 张选票被推荐为莲花乡和东禅镇的党委书记候选人,并在区委常委扩大会议上通过。

三 扩大参与和有限制的参与

与传统的干部选拔方式相比,"公选"扩大了参与选拔的人数和公众参与的深度。产生这种效果有赖于两方面的制度调整。一个制度调整是降低了报名的标准。在乡镇长公选中,村干部和副科以下的普通干部可以参加。农民身份并没有成为村干部参与竞争国家干部这一公职(由国家财政提供薪水,管理更大范围)的障碍。由于对行政级别的要求比以往低,所以许多年轻干部有机会报名参加。[①] 例如,在保石"公选"的 67 名申请者中,股级干部(低于副科)有 20 名,占报名者的 29.9%,普通干部和村干部有 28 人,占 41.7%。在年龄方面,33 岁以下的报名者有 41 位,超过了 61%。更多年轻人和普通干部的参加有利于"公选"的竞争性。

另一个制度调整是代表团的投票在决定"公选"最后人选上是决定性的。通常来说,党委一直掌握和控制着乡镇主要领导选拔的全过程。当某些职位空缺的时候,组织部首先为常委会提供一份备选人名单。由 7~9 人组成的常委会开会讨论组织部推荐的人选。而作为惯例,在常委会召开之前有一个非正式的书记碰头会,正副书记交换意见,协调人选,并为常委会定调子。[②] 而在常委会议上,其他成员很少会对书记"碰头会"定的调子提出不同意见,因此"碰头会"决定的人选也就成为常委会的决定。但最终决定在形式上是由常委会全体会议做出的。在确定人选后,选拔程序转到乡镇层次。乡镇的党代会选举常委会推荐的人为乡镇党委书记,而乡镇人大选举推荐的人为乡镇长。

20 世纪 90 年代初以来,民主推荐逐步被用来扩大群众对干部选拔的参

[①] 在县级政治中,从副科提拔到正科通常需要 5 年甚至更长的时间。因此,几乎不可能从副科直接升到正科。

[②] 《中国共产党党章》并没有规定这种"碰头会"的行使,因此这种会议并不合乎规定。然而,它已经成为一种惯例并被制度化了,并且为党委书记垄断决定权提供了可能性。杨雪冬:《市场发育、社会生长和公共权力构建——以县为微观分析单位》,河南人民出版社,2002,第 199 页。

与。但由于群众的推荐意见很少能够影响上级部门的决定,所以这种方法在许多时候流于形式。就乡镇主要领导来说,他们的工作直接影响着该乡镇每个人的生活,但是乡镇居民无法通过正式的渠道决定人选。即使采用民主推荐的方法,当地居民也没有机会对有关人选进行评价,因为推荐是在乡镇干部内部进行的,普通居民被排除在外。

比较而言,尽管代表团依然使用的是旧名称——民主推荐团,但实际上发挥了关键性作用,这样说有两个原因。一是代表团而不是区委常委会议最终决定了乡镇党委书记的候选人。二是代表团包括了更多普通干部。例如,在保石镇代表团中,普通干部有68人,占全体149名代表的45.6%。如果把镇人代会中的普通干部计算进去,这个比例超过了50%。在乡镇党委书记"公选"中,情况也类似。由于村级干部在代表团中占有人数优势,所以在最后的选择中起到了决定性作用。在莲花乡,278名代表中有198位村干部,比例大约是71%;在东禅镇,388名代表中有237位村干部,比例大约为61%。因此,任何一位口试候选人要想获得更多的推荐票,必须努力赢得村干部的支持。如果没有这种支持,即使是笔试第一名或者上级部门的青睐者也无法获得胜利。

对于党委来说,由于代表团的结构和规模,其很难像以往那样影响代表的投票取向。这个判断可以通过对代表投票行为的分析得到验证。

据莲花乡、东禅镇投票结果(见表11-1,表11-2),我们发现一个非常有意思的现象。在候选人选择上区干部和村干部存在着明显的差异。这里需要注意的是区常委会议的全体成员都被算作区干部。在莲花乡,在32位区干部中,有近一半投票给袁杰(15票),但袁杰只从村干部那里获得8张选票。相比之下,夏先侗尽管只赢得了7位区干部的选票,但获得了87位村代表的支持,最后赢得了民主推荐。在东禅镇,对比更加明显。最后的获胜者唐坤伦从237位村级干部那里获得了164张选票,超过了60%。在44名区干部中只有23名支持他。而第三名张甲武虽然赢得了32张区选票,但只得到46张村选票。① 由于区干部与区委有着更加密切的联系,更

---

① 在代表的选票上,有两个选择。这意味着每一位代表可以从六个候选人中选择两位。因此在表11-1和表11-2中,我们可以看到六位候选人获得的选票总数并不等于代表总数。

了解区委一些主要领导人的偏好取向，所以在这个意义上，区党委并没有操纵最后的推荐结果。

表 11-1　莲花乡投票结果

候选人	代表总数	村级代表选票	乡级代表选票	区级代表选票	候选人赢得的总票数	最后排名
	278	198	48	32		
夏先侗		87	28	7	122	1
刘用军		41	24	5	70	3
郭德金		29	17	14	60	5
袁杰		8	0	15	11	6
段继教		62	14	3	79	3
胡永光		40	12	3	67	4

资料来源：遂宁市市中区区委组织部莲花乡公选资料。

表 11-2　东禅镇投票结果

候选人	代表总数	村级代表选票	镇级代表选票	区级代表选票	候选人赢得的总票数	最后排名
	388	237	107	44		
易鹏飞		145	57	21	223	2
刘安中		0	4	0	4	6
孙红军		39	14	2	55	4
唐坤伦		164	44	23	231	1
张甲武		46	20	32	98	3
刘洋		17	22	2	41	5

资料来源：遂宁市市中区区委组织部东禅镇选举资料。

如果我们比较村干部和乡镇干部的投票行为的话，可以惊讶地发现两类群体的投票取向非常类似。在莲花乡，当选者夏先侗获得的村干部和乡干部的选票最多（28 张乡干部选票）。在东禅镇，唐坤伦镇干部选票上仅次于易鹏飞。当然，这两个案例还不足以让我们对不同层次干部的取舍标准做出最后结论。但是我们对这样一种取向趋同的现象做一个初步的分析。

造成这种结果的主要原因是乡镇干部与村干部有着密切的工作关系，并保持了较为频繁的联系。他们在某些方面更有可能达成共识。在农村，由于传统文化、居住集中、联系紧密等诸多因素的影响，普通居民对于乡镇干部的评价更强调其实际工作能力，形象上的亲和力，而不是在竞选场合表现出来的演说能力和灵敏反应等能力。他们想选择一位了解农村生活并有农村工作经验的人。相比而言，区干部更重视候选人的演说能力、表达能力、对上级政策精神的理解能力以及与上级和区级各部门的沟通能力。当然，文化因素是不可忽视的。一些村民和乡镇干部私下里说，他们愿意选择一位起码看上去诚实可信，谦虚老实、和蔼可亲的人，即使他在演说中表达不流畅。他们认为这种人更容易沟通，值得信任。

由于代表团的规模远远小于全体选民，所以代表团的运行并不是自由参与。进一步说，这种扩大了的参与依然是精英化的，而不是大众化的，只局限在体制内部，大部分普通选民被排斥在外。在这个意义上，我们依然可以把这种扩大的参与称为"精英型参与"。

尽管党没有直接决定候选人以及最后的获胜者，但是依然控制了整个选拔过程。它至少在三个方面发挥着影响。首先，它是"公选"规则的制定者。区党委设定了报名标准、审查报名者的资格，设计了考试题目，并规定了投票方法。党利用年龄、教育程度以及工作年限等标准限定了报名范围，以寻找合乎自己需要的候选人。因此，年轻、受过良好教育的干部获得了更多的提升机会。我们注意到一个有趣的现象：随着有关规则进一步制度化，参与范围也缩小了。以报名标准为例。在保石镇"公选"中，区委允许所有副科以下，年龄在38岁以下，高中以上学历的干部参加。但1998年11月3日通过的《"公选"试行标准》进一步限制了报名标准。除了增加了工作年限标准外，还提高了教育程度和行政级别两个标准。申请者必须具有股级行政级别，大专以上学历，5年工作经验，如果是农业户口，必须担任村党支部书记或村主任三年以上。其次，区党委依然能够像以前那样根据自己的需要来调动"公选"干部。保石镇镇长向道全在保石镇工作了一年以后就被调到横山乡担任乡党委书记。显然，区委并没有尊重代表团，尤其是保石镇代表的意见和选择。它似乎把"公选"用作选拔合格干部的手段，而不是扩大参与和加强干部选拔民主化的一项制度。① 最后，在所有层次的干部队伍中党员占绝对比例。因此，大部分报名者是党员身份。例如，在保石镇"公选"的 67 名报名者中有 52 位（77.6%）是党员。民主党派的报名者只有 2 人（3%）。如果"公选"继续举行，这种情况依然会存在。

四 落后的经济与创新的政治

为什么乡长直选和"公选"会在遂宁这个中国西部的小城市率先产生呢？就经济发展水平而言，它落后于东部许多城市。按照经济发展与政治发展关系的常识，很难理解在一个相对落后的地区会出现这样的政治创新。因此，"遂宁"现象值得我们深入分析。

首先，我们应该记住，发生在遂宁的是一种政治创新。而创新仅仅是政治发展过程中的某些事件或环节，因此，从经济发展与政治发展的角度来理解遂宁必然会得出简单结论，并误导进一步的分析。当然，我们在谈到遂宁经济发展程度时是相对东部而言的，并不意味着遂宁经济没有发展或者其发展没有为政治创新提供有利因素。我们在这里通过这个案例想强调的是，1978 年以来中国的许多具有重大影响的创新都是在不发达地区出现的。有两个例子特别突出。一个是 1977 年在安徽省凤阳县小岗村出现的土地承包责任制。另一个是 1980 年底、1981 年初在广西壮族自治区两个县出现的村民委员会选举。② 这两项对中国农村社会政治发展产生巨大影响的创新都是首先在落后地区出现，然后扩展到全国的。因此，我们似乎可以得出这样一个初步性结论：在某些地区，在现有的制度框架下，不发达的经济能够推动政治创新。

得出这样的结论的理由如下。第一，危机通常最有可能在不发达地区出现。上面提到的两个例子以及遂宁的案例都与危机有直接联系。对于这

---

① 即使是市中区组织部的一些干部也担心这样快的调动会产生负面影响。他们认为当地居民有可能对"公选"的真实性产生疑问，而且乡镇领导由于知道自己可能随时被调走所以不会尽心尽力工作。保石镇的一些村民告诉笔者，他们希望镇长能工作的时间长一些，毕竟这是他们的慎重选择，而且经过一年的工作，向道全也熟悉了周围的环境。而向道全本人也持类似的想法（2001 年 10 月的调查）。

② 关于村民选举的历史发展情况，可以参考王仲田《中国农村的基层民主发展与农民的民主权利保护》，中国大陆村级组织建设研讨会论文，香港，1998 年 10 月。

些地区的政府来说，他们由于经济不发达所以缺乏足够的财政能力来安抚公众以缓解或消除危机。制度性的变革常常成为不得已为之的选择。按照党的意识形态和工作方法，扩大公众的参与，走群众路线往往是最终解决问题的根本出路。第二，在经济不发达地区，社会的分化程度较低。社会群体的数量有限，这使社会群体之间的利益冲突相对较为简单，更容易就如何解决问题达成共识。而政府也不需要花费很多时间来平衡不同利益群体的要求。政府启动的创新更容易被社会各界接受并得到顺利实施。第三，经济发展水平不发达地区的公众似乎更关注基本的物质需要。因此，创新产生的效果更容易满足他们的要求。第四，在不发达地区政府与社会之间的信息不对称是明显的。由于各种条件的限制，政府控制并占有着主要信息渠道和大量信息资源。在认知参照系不足的情况下，公众更容易认同在现有制度框架下的某些创新。这种认同也相应减弱了政府对创新产生意料之外结果的害怕，使其能够走出大胆的一步。

上面提出的几点理由是普遍意义上的。就遂宁而言，除了这些普遍性因素外，还存在具体的条件。显然，保石镇出现的经济案件加强了区委领导采用"公选"方法选拔乡镇领导的决心。保石"公选"的成功进一步推动了"公选"应用范围的扩大。最后乡镇党委书记的职务也被纳入进来。与"公选"乡镇长相比，"公选"党委书记的影响更大，因为它把党内运行方式向公众公开了，扩大了党内生活的透明度。

此外，其他具体因素也值得注意。第一个是政治地理因素。远离政治中心往往成为改革的有利条件。我们可以从广东和浙江经济发展中看到这点。它们远离政治中心，不用花过多的时间和精力考虑意识形态的约束（当然来自政治中心的宽容或有意识放任态度也起到重要作用）。但是遂宁的案例稍微有些不同，因为市中区和遂宁市同处于一个城市。换句话说，遂宁市市委和政府直接控制着市中区委和政府。来自市的干预有时会制约市中区的改革。[①] 而"公选"在某种程度上能够有效地限制和减少这种干部使用上的干预。一方面，"公选"的笔试内容是保密的；另一方面，民主推

[①] 遂宁市中区的有关人员指出，一些市领导甚至对村选举的人选进行干预。2001年10月调查笔记。

荐的代表团人数多，范围广，很难控制。

第二个因素是有力的领导。遂宁市中区前书记张锦明就在"公选"改革中起到了这种作用。她曾在共青团四川省委工作过，并在国家外贸部锻炼过，思想开放，见解深刻，对于干部制度改革充满热情。她一直提倡改革，即使在"公选"遇到了区委其他一些领导人反对的情况下依然坚持。她对"公选"的支持保证了试点试验的成功，并进而用成功赢得了其他领导对该项改革的支持。①

第三个是地区性因素。一些学者认为，地方政府为了发展本地经济进行的相互竞争是推动中国经济强劲增长的主要力量。尽管在现有的体制下，政治创新比经济创新更有风险，但是政治领域依然存在类似的竞争。同一地区的不同地方政府都愿意成为某项改革的试点，因为这样可以享受到上级赋予的特定优惠（政策上或财政上的）。对于当地领导来说，他们也有更多的机会接触上级并被上级认同。在"遂宁"个案中，市中区推动的"公选"引起了四川省省委以及北京市的一些学者的注意。张锦明参加了1998年9月由省委组织部举行的研讨会并做了发言。在与学者的接触中她了解到深圳市大鹏镇也在策划举行直选。因此她决定加快步云的直选进程。步云领先大鹏镇一个月成为第一个举行乡镇直选的地方。

对于任何一项创新来说，如何保持其可持续性都是极为重要的。在中国，一项应对危机的措施常常是临时性的，即便已经被定为了政策。随着危机的结束，该措施会被有关方面搁置在一边，逐渐废弃。就"公选"而言，其可持续性已经得到了四川省委组织部的确认。在2001年9月省委组织部下发的一个文件中，要求全省除少数民族地区外，至少1/3的乡镇在当年年底的乡镇换届选举中采取"公选"的方式。② 显然，这意味着该做法已经被高层接受并制度化了。尽管如此，我们依然应该注意两个问题。一个是"公选"什么时候能成为一项全国性政策；另一个是代表团是否会被制

---

① 其他人的调查也证明了这个判断。例如，何包钢和郎友兴在分析步云直选的一篇文章中提到，"在决策过程中，市中区委书记张锦明起到了关键作用。她不仅意识超前，思想开放，并且善于理论分析。她的决心终于推动了市中区的直选"（《"步云困境"：对乡镇长直选的调查》，《21世纪》2000年第64期）。

② 中共四川省委组织部：《中共四川省委组织部关于做好乡（镇）村换届选举工作的通知》，2001年9月6日。

度化并在决定候选人过程中起关键作用。到目前为止,这两个问题依然没有答案。

五 制度内民主化的限度和前景

"公选"仅仅是在过去几年中试行干部制度改革、推进党内民主化的一个部分。干部腐败一直是全党和全社会关心的问题,直接威胁着执政党的地位。随着中国加入世界贸易组织、各行业的全面开放,越来越多的年轻有为的人才将被更多能够提供高薪和良好发展环境的国外机构所吸引,这无疑会影响整个干部队伍的建设。"公选"为年轻人提供了进一步发展的机会和渠道。在旧的体制下,40岁以下的年轻干部成为乡镇的主要领导几乎是不可能的。在遂宁市市中区,我们发现许多乡镇领导非常年轻,其中的一些不到30岁。最年轻的乡长只有26岁。对他们来说,如果没有"公选",他们也许必须等到40岁,甚至45岁以上才能担任这个职务。因此他们特别支持这项改革并希望能够进一步深入完善。

此外,"公选"也为年轻人提供了展示自己的能力和才华、进行公平竞争的舞台。在过去,他们并没有太多这样的机会,他们的破格提拔往往依靠与某些领导的特殊关系或者需要某种偶然性的机会。市中区主管组织工作的副书记告诉笔者,如果没有"公选",他可能从来不可能知道区里有这么多优秀的年轻干部。他认为现有的干部制度需要深入改革。更重要的是,组织部门现在了解到了更多的符合标准的干部,加强了干部的储备。一些参加过"公选"但落选的报名者在事后也得到了提拔。一位年轻干部曾经六次参加"公选"并通过笔试考试,但在口试后落选,但依然得到了组织部的重视,被任命为一个街道办事处的副主任。

"公选"也对个别领导人滥用人事权力产生了一定的约束,有利于干部任命过程的客观化。因为笔试是闭卷考试并有客观的评判标准。代表团的人数让某些个人难以控制。

当然,作为一种制度设计,"公选"依然存在一些缺点。这表现为以下几点。①报名标准带有某种程度的歧视性。年龄、教育程度和行政级别把许多干部挡在"公选"之外。这些标准实际上限制了选择的范围。②投票方法不严密。例如,代表投票没有秘密划票间,也没有公开唱票和计票。

③当选者在自己的任期内依然可以被任意调动。这实际上有悖于当地居民的意愿并弱化这项改革对当选者的约束力。在这些缺点中，有的是现有制度框架下必然存在的，有的则是可以在短时间内加以纠正的。

中国的干部制度是非常独特的，既不同于公务员制度也不同于选举制度。在某种意义上，它是后两者一些特征的结合。而"公选"更体现了这种制度综合的特点，把择优录取的精英式考试录用方法与半选举的方法结合在一起。笔试就是典型的择优录取，而通过投票进行民主推荐则类似于竞争性选举。从现有的情况来看，"公选"无疑提高了制度运行的质量。

对于执政党来说，"公选"至少从两个方面起到了加强党的领导的积极作用。首先，许多年轻并受过良好教育的年轻人在短时间内被选拔录用。他们给整个干部队伍带来了新鲜血液和活力。开放更多的公共职位，允许更多的人参与竞争也有利于国家与社会之间的良性互动。其次，"公选"也提高了党内的民主程度。更多的基层党员可以参与上级党委书记的选拔，而且他们的数量在整个代表团中占绝对优势。在某种程度上，这扩大了党的合法性基础，也是党对村民选举的某种回应。

作为一种扩大参与和增加竞争的措施，"公选"如果要继续推行和完善需要考虑并调整好以下四种关系。第一种是党委与人大之间的关系。组织部主导干部制度改革，但是按照法律行政首长是由人代会选举产生的。因此，在"公选"过程中如何发挥人大在法律上的作用对于使选拔过程合法化非常重要。第二种是年轻干部与年龄较大干部之间的关系。选拔年轻干部已经成为党增加组织活力的主要手段，但就目前情况下，这种新老更替似乎在节奏和时机上存在某些问题。一方面，一些年轻干部对于新的岗位缺乏必要的经验和准备。另一方面，一些年龄大一些的干部不愿意离开现有的职务，有的甚至为工作交替设置障碍。在县级，许多年龄刚超过45岁的干部就似乎没了继续被提拔任用的机会，甚至要提前退休。这也是人力资源的浪费。第三种是存在于选举产生的领导干部与上级任命的干部之间的关系。乡镇长是选举产生的，对村民负责，但是他们没有权力任命乡镇副职，后者依然是由上级直接任命的。这种状况不仅有可能削弱乡镇领导班子的团结，也会模糊他们工作上的责任。第四种是最重要的，是更开放的参与和有限的制度渠道之间的矛盾关系。换句话说，"公选"是否能够成为迈向乡镇直接选举的制度台阶。从现状来看，我们无法确定这种制度替代的发生时间。乡镇直接选举不仅取决于政治领导人对农村政治的判断，而且也依靠他们在政治改革上的决心和自信心。毕竟，在地域规模、人口规模、选举技术以及必要的物质资源等诸多方面，乡镇选举与村级选举有着巨大的差别。其影响范围更广、程度更深。当然，扩大选举的范围，提升选举的层次正在成为社会各界的共识，因此乡镇直接选举的实行只是一个时间问题。

第十二章

分权、民主与地方政府公共责任[①]

分权和民主作为两种不同指向、存在于不同领域的权力授予方式，相互间有着内在的紧张关系。而在中国，渐进的转型节奏和增量改革的特点使这种关系更加紧张，地方在对上级负责和对民众负责之间难以找到一种合理的平衡，这直接影响到地方政府公共责任机制的构建。本章从授权方式出发，通过对中国地方政府责任机制变化的描述，分析地方政府在建立公共责任机制过程中存在的问题，然后提出建议性结论。

一 授权与责任

在政治体系中，责任是授权的结果。获得权力的一方（代理方）必然对授予权力的一方（授权方）负责，以保证责任的充分合理实现、权力不被滥用。责任的充分实现意味着代理方能忠实地履行授权方交付的任务，既不能推卸责任，也不能使责任"缩水"。责任的合理实现是权力行使意义上的，权力是完成责任的保证，但是在行使上不能逾越权限。

在传统政治中，权力来源和授权方式是一元的，因为权力是由君、上天或者某种神秘力量绝对垄断的。它们把权力授予尘世的皇帝或国王，而后者又把它交给帮其办理各种事务的官员们。而在现代政治体系中，尽管权力的来源是一元的，来自民众，但是授予方式变成二元的，即民主授权

[①] 本章主要内容曾发表在《华中师范大学学报》2004年第6期。

与行政授权。

西梅（Simey）认为责任问题是民主政府系统中的核心要素，在一个民主的社会中，只有人民同意授权，政府才有治理社会的权力，而人民只有在认为代表他们行使权力的政府对其所提供的服务和履行的义务负有完全责任的情况下才会同意授予政府特定的权力。[1] 民主授权体现的是民众与政府的关系，选举是其核心形式，但不是唯一形式，通过扩大参与、提高透明度也可以强化民主授权，[2] 确保所授予的权力能够在行使的过程中得到监督，政府能及时有效地回应民众的需求和利益。在民主授权机制下，政府要对民众负责。

行政授权存在于政府内部，实际上是不同层级政府或部门之间管辖权的划分。但是为了维护权威的统一，下级必须服从上级，并按照上级的指令来行使管理权，以对上级负责。分权是行政授权的一种典型体现，是中央政府为提高管理的有效性与效率，而把某些管理权限下放给地方政府。在本质上，民主与分权是统一的，都是为了维护公共利益。实际上，对于某个政府部门来说，除了要对民众和上级负责外，还要对其他同级的部门负责。这也是行政授权下的责任，目的是保持政府的协调行动。有学者称之为"水平责任"，也称之为"整体政府"。随着社会经济事务的复杂化和相互依存度的增加，提高水平责任、减少部门之间的隔阂以及责任的推诿变得日益重要。由于篇幅的原因，这里的讨论主要集中在政府对民众和上级的责任上。

从理论上讲，在现代政治体系中，两种授权方式并不会导致责任间的矛盾与冲突。因为对民众的责任、对上级的责任以及对其他部门的责任在本质上都是公共责任。对此有两个层次的理解：①从纯粹理念意义上说，由官僚行政系统直接代表的国家意志与通过选举等形式表达的民众意志是相重合的，国家能够代表公共利益，因此国家与民众有机地融合在一起，官员对民众负责与对上级负责在本质上达成一致；②从责任最终目标来看，民主授权是根本性的授权方式，权力来源于民，因此政府和官员最终要对

---

[1] Simey M., *Democracy Rediscovered: A Study in Police Accountability*, London: Pluto Press, 1984.
[2] 〔美〕罗伯特·基欧汉：《部分全球化世界的治理》，载《制度建设与国家成长：复旦政治学评论第二辑》，上海辞书出版社，2003年。

民众负责。退一步说，即使官员漠视了自己对民众的责任，也会受到民主授权的制约，因为渎职而受到惩罚。正如韦伯所说："不管行政管理权限多么微不足道，总必须把某些命令的权力移交给某个干部，因此，他的地位自然总是处于从纯粹服务性的事务工作到明显的主人地位的过渡中间。'民主的'限制对他的任用正是防范这样一种主人地位的发展。"[①]

在现实政治中，两种授权方式并不总是和谐统一的，对民众的责任与对上级的责任会产生矛盾，甚至发生激烈的冲突，导致政府应该承担的公共责任无法实现。授权方式之间的不和谐是由权力本身的特点决定的。权力是政治体系中的稀缺资源，很容易产生异化，被代理人占用，甚至垄断，从而偏离甚至违背授权方的意志。所谓"权力导致腐败，绝对的权力绝对导致腐败"。同时，对于两种授权方式来说，哪种授权缺乏有效的制约，且赋予的资源更多，就可能使得代理人倾向于授权方，造成两种授权的不平衡，甚至冲突。

两种授权形式的矛盾和冲突也是由结构性因素决定的。这些因素主要有五种。①授权领域的区别。民主授权存在于政治领域，涉及政治责任，行政授权存在于政府系统内部，涉及行政责任。②授权的指向不同。民主授权是水平授权，行政授权是垂直授权。而在责任指向方面，在民主授权下，政府要对民众负责，政府的权威性和民众的分散性很容易使这种责任指向从水平变成自上而下的"垂直"。在行政授权下，下级要对上级负责，是自下而上的。这样，两种授权形式下的责任指向是相异的。③责任取向不同。民主授权所赋予的责任是保护性取向的，政府作为代理人要保护民众的利益。行政授权所赋予的责任是管制性取向的，并需要从社会中攫取资源。因为政府是社会秩序的维护者和暴力的合法垄断者。攫取资源是为了执行政府承担的责任。④责任履行所依靠的手段不同。在民主授权下，代理人履行责任主要依靠劝说性手段。而在行政授权下，代理人可以采用强制性手段。军队、警察、法律、监狱是强制性手段的集中体现。⑤检验责任完成情况的机制不同。在民主授权下，选举是责任的主要检验机制。选举有固定的周期，以落选作为惩罚手段。但是整个检验评估过程，通常

---

① 〔德〕马克斯·韦伯：《经济与社会》（下卷），林荣远译，商务印书馆，1997，第271页。

缺乏严密的检验评估手段，是相对软性的。而在行政授权下，经过长期发展已经形成了一套全面而严格的检验评估机制，最典型的是绩效评估。与选举相比，行政评估检验机制周期更短、更严格，并有诸多定量指标和相应的惩罚措施。尤其对官员个人来说，职务升迁和福利增加与否是非常有效的奖惩措施。因此，与选举相比，这种检验评估更具有刚性。

在民主和行政两种授权形式下，对民众的责任与对上级的责任的关系表现为四种形式。

（1）两种责任均衡互补。这是二者关系的理想形态。两种责任要有明确的划分。在此基础上，代理人（政府部门、官员个人）在执行上级的命令的同时，实际上也履行着对民众的责任，而对民众负责所获得的合法性支持着对上级命令的完成。

（2）对民众的责任压倒对上级的责任。当民众的意志与上级的意志发生冲突时，代理人会抵制上级的命令，而保护民众的利益。中国传统政治中的"清官"在很多时候都是以保护百姓利益、违抗皇帝命令的形象出现的。从根本上说，民主授权要高于行政授权，对民众的责任从来都应该高于对上级的责任。

（3）对上级的责任压倒对民众的责任。由于上级直接控制着代理人完成任务所需的资源以及个人的升迁，所以代理人明知道违背民众利益也会强行执行上级的意志和命令。上级控制的资源越多，对代理人行为的选择影响越大。在民主授权缺乏有效的奖惩机制的情况下，对上级的责任就更容易压倒对民众的责任。此外，常任制的官员虽然行使着巨大的权力，但不用接受选举的考验。其自由裁量权的行使很容易违背法治政府的理念，诱发腐败，侵犯公民权等问题。①

（4）对民众和上级都不负责。这有两种情况：一是代理人自身能力不强，完成责任所需资源有限，难以实现民众和上级的要求；二是代理人有强大的自我利益，并且与民众和上级的意志相悖，导致代理人直接或间接地抵制二者的要求，或者滥用权力为自己谋利。

---

① Alan A. Altshuler, "Bureaucratic Innovation, Democratic Accountability, and Political Incentives," In Alan A. Altshuler, Robert D. Behn, eds., *Innovation in American Government*, Washington, D. C.: Brookings Institution Press, 1997.

归纳上述四种关系，我们可以看到，在政治体系中，民主授权和行政授权以及其赋予的两种责任要保持正常的关系，并推动整个体系的有效运行，应该做到两点：一是民主授权要高于行政授权，并要具有制度的操作性；二是民主授权和行政授权应该实现均衡的互补。通过相互补充，保障责任的有效贯彻。

而民主授权与行政授权所赋予的责任产生冲突通常发生在三种情况下：①民主授权机制弱，行政授权机制强，导致代理人的行为更多地受行政隶属关系影响；②民主授权机制和行政授权都较弱，无法制约代理人自我利益的发展，导致代理人独立性的扩张；③两种授权机制不能提供完成责任必需的资源，而代理人的能力有限，导致两类责任履行的落空。

二 正式规则下的地方政府责任

在任何政治体系中，授权和责任都是有明确的法律规定的。在中国，规定地方政府的授权形式以及地方政府所承担的责任的法律性文件除了《宪法》和《地方各级人民代表大会和地方各级人民政府组织法》外，还包括《党章》。因为中国共产党是社会主义建设的领导核心。而在各级政府中，主要官员基本都是党员。他们在服从国家法律的同时，也要遵守《党章》。当然，党必须在宪法和法律的范围内活动。党必须保证国家的立法、司法、行政机关，经济、文化组织和人民团体积极主动地、独立负责地、协调一致地工作。

民主集中制是中国政治体系的基本原则，不论是国家机构还是党的组织都遵循这个原则。《宪法》第三条规定，"中华人民共和国的国家机构实行民主集中制原则"。《党章》总纲规定，党的建设必须坚持民主集中制。由于性质的不同，民主集中制原则在国家机构和党的组织中有不同的解读。《宪法》第三条在提出国家机构实行民主集中制原则后，紧接着用三段话进行了解释：全国人民代表大会和地方各级人民代表大会是由民主选举产生的，对人民负责，受人民监督；国家行政机关、审判机关、检察机关是由人民代表大会产生的，对它负责，受它监督；中央和地方的国家机构职权的划分遵循中央统一领导，充分发挥地方的主动性、积极性的原则。从这三句话中，我们可以看到，国家各种机关是通过民主授权产生的，但不是人民的直接授权，而是通过人民代表大会进行的间接授权。因此政府是通过人民代表大会来实现对人民负责的。在民主授权中，是先民主然后集中。中央与地方的关系属于行政授权。保证中央的统一领导是第一位的。在这个前提下来发挥地方的主动性和积极性。因此，在行政授权中，集中是首要的。《宪法》规定国务院和各级政府实行首长负责制就体现了这一点。

在党的体制中，民主集中制在坚持党员的民主权利的同时，更强调自下而上的服从。带有强烈的行政授权色彩。《党章》的第十条对民主集中制做了解释。该条第一项强调的就是集中："党员个人服从党的组织，少数服从多数，下级组织服从上级组织，全党各个组织和全体党员服从党的全国代表大会和中央委员会。"[①] 后面几项谈到的是民主。比如第二项规定党的各级领导机关要由选举产生。第四项要求上级组织要经常听取下级组织和党员群众意见，及时解决他们提出的问题。第五项提出党的各级委员会实行集体领导和个人分工负责相结合的制度。凡属重大问题都要由党的委员会集体讨论，做出决定。第六项提出要保证党的领导人的活动处于党和人民的监督之下。由于历史原因，党内民主没有得到有效实现，民主集中制的"集中"压倒了"民主"，下对上的服从压倒了上对下的责任。

对于地方各级政府以及官员来说，行政授权在影响力上要强于民主授权，因此他们更倾向于政府体系内的垂直责任，即对上级负责，而不是对民众责任。地方政府通过民主授权获得统治的合法性，通过行政授权获得对具体事务的自由裁量权。地方各级政府既要对授予其统治权的人民负责，也要对赋予其自由裁量权的上级政府负责。我们在《宪法》第110条读到这样的内容：地方各级政府要对本级人民代表大会、本级人民代表大会常务委员会（人代会闭会期间）、上一级国家行政机关"负责并报告工作"。但是中国是一个单一制国家，中央具有实际的权力源头地位。从立法权上看，地方人大的有限立法权来自全国人大的让渡。从行政权上看，地方各级人民政府都是国务院统一领导下的国家行政机关。从司法权上看，地方各级法院都是国家设在地方的法院，代表国家执行司法权。也

[①] 《十一届三中全会以来重要文献选读》（上卷），人民出版社，1987，第536页。

许更重要的是，在各级政府中，党委掌握着决策权，所以政府还要对党委负责。毛泽东把这一体制概括为："大权独揽，小权分散；党委决定，各方去办；办也有决，不离原则；工作检查，党委有责。"① 因此，地方各级政府要对三个对象负责：当地民众以及作为代表机构的地方人民代表大会、上级政府以及党委。而后两者所具有的权威性和影响力使得行政授权强于民主授权。

对于官员来说，理论上可以分为选举型和任命型两类，因此民主授权和行政授权应该非常清晰。但在中国，这两类官员被统称为干部，并且采取党管干部的原则。无论是哪种类型的官员，其产生和提拔都必须经过党组织的推荐。对于选举型官员来说，尽管法律规定任期三年（乡镇）或五年（县以及县以上），但是一般都不会任满，就会被提拔或调离到其他地方。因此，作为授权主要方式的选举无法充分实现其对官员的选拔和监督效果。而任命型官员的提拔由于在政府体系内部进行，主要由上级决定，缺乏公开性、透明度以及民众的参与。这样，对官员来说，授权机制和责任取向单一化了，带有强烈的行政授权色彩。一些选举型官员也忽视了自己是民众选举产生的，首先要对民众负责，而不是只对上级负责。河北省的一项调查显示，1.6%的干部不知道地方人大与地方政府的关系，17.5%的干部认为地方各级政府是地方各级党委的执行机关，25%的干部认为地方各级政府就是地方权力机关。回答准确的只有55.9%。②

就授权形式的操作性来说，民主授权要弱于行政授权。民主授权是通过人民选举代表，然后代表选举政府机关实现的。在这个授权过程中，能否使政府对授权者负责关键在于作为投票者的公民以及作为代议者的代表。但是长期以来，法律规定人大代表和政府主要官员的选举是等额的，这限制了公民和代表的选择权。行政授权是在政府体系内部进行的，上级政府具有天然的权威性。而长期的计划经济体制使得资源分配权是由上一级政府控制的，官员的提拔任免都必须经过上级的批准，这使得行政授权具有了实质性意义，上级政府的行为更容易影响下级政府以及官员。

---

① 薄一波：《若干重大决策与事件的回顾》（下卷），中共中央党校出版社，1993，第651页。
② 转引自中共中央组织部课题组《中国调查报告（2000－2001）：新形势下人民内部矛盾研究》，中央编译出版社，2001，第110页。

三　分权化和市场化下的地方政府责任机制

在 1978 年之前，中国实行的是政治经济高度集中的体制。中央对地方实行非常有效的控制。这体现在两个方面：一方面通过计划分配地方需要的资源并控制各种经济活动的审批权，另一方面通过任命干部掌握地方的人事权。1953 年 11 月，中共中央做出了《关于加强干部管理工作的决定》，确定了下管两级主要领导干部的原则。[①] 通过对经济和政治的控制，地方要严格执行中央的指令。必须注意到，虽然执行中央的指令也是一种行政授权，但主要内容是执行权，而不是决策权。而经济的高度计划和政治的过度集中造成了社会的同质化和单一化，使得地方之间的差异性无法充分体现出来。因此，尽管地方没有太多的决策权，但依然能处理当地简化了的具体事务。同时，中央对地方的严密控制虽然也体现了行政授权强于民主授权，但并没有造成地方政府滥用权力和对民众责任的弱化。因为控制着各种资源的中央与整体化的社会之间在利益取向上更容易取得一致，而且地方政府只是执行者，而非决策者。

对于面积和人口规模如此大的国家来说，中央过度集权，对地方管得过死削弱了地方政府的积极性和创造性，必然不利于当地具体事务的有效解决。早在 20 世纪 50 年代，毛泽东就提出要发挥中央和地方两个积极性。1958 年和 1970 年先后两次进行了较大规模资源配置权下放，在一定程度上起到了恢复当时国民经济活力的效果。但是这种资源配置权下放实际上是与计划经济的框架相矛盾的，它导致的是众多拥有资源配置权的地方政府对资源的争夺，而中央计划者又由于权力的下放无法对它们的关系进行调控。因此出现了"一放就乱，一统就死"的放权—集权的恶性循环。为了维持全国的秩序，最终的结果依然是中央收回权力，权力过分集中的现象没有大的改变。邓小平在 1980 年的讲话中，尖锐地提出党和国家领导制度的主要弊端就是权力过分集中。1987 年党的十三大报告更是明确提出，中国政治体制的重大缺陷主要是权力过分集中，官僚主义严重。

---

① 中央管理的范围是从中央委员会秘书长以下至正副司局长级以上的干部。属于中央管理以外的干部，由相应的各级干部管理机构管理。中央管理县以上主要干部，省市委管理区以上主要干部，地委管理区一般干部，县委管理乡主要干部。

从 1978 年以后出台的各种政策文件来看，中央解决权力过分集中的思路实际上包括两个方面的内容。一是加强民主授权的有效性，让人民能充分参与到社会政治生活中。正如邓小平所说，要从制度上保证党和国家政治生活的民主化、经济管理的民主化、整个社会生活的民主化①。二是下放权力以提高行政授权的实质性，使地方掌握更大的经济管理权和决策权。同时，也把党委政府管不好和管不了的职责交给企业和社会。比较而言，行政授权的改革在力度、范围以及即时性效果等方面明显强于民主授权，而在行政授权中，对地方政府的授权又强于向企业和社会的还权。这一方面激活了地方政府的积极性和创造性，使它们成为改革开放取得成效的关键性力量，另一方面也强化了地方政府的自我利益基础。

行政授权的改革主要是在人、财、事三个方面进行的，具体体现为干部管理权的下放，财政收入的重新划分以及社会经济事务管理权的下放。这三个方面的权力下放扩大了地方政府的自主性，也使它们拥有了更大的决策权并承担起更多的责任，而不是像在计划体制下只是简单地执行上级的命令。随着经济的市场化，地方政府自身的利益日益明确化，它们不能坐等上级尤其是中央来下拨资源，而必须去争取资源。更重要的是，地方政府获得资源的途径增加了，不再仅依靠中央政府，还可以从市场上获得。争取资源、推动当地经济发展、提高当地的财政能力成为每个政府必须完成的首要任务。地方政府之间为发展经济展开了激烈的竞争。这种局面的出现不仅是中央战略决策的要求，更是地方政府维持自身正常运行和应付增多的责任所必需的。地方政府自主权和选择权的扩大冲击了计划体制下形成的中央—地方关系。中央无法依靠对资源的垄断来约束地方政府的行为。这样，如何在分权的同时，建立对地方政府有效的约束机制，以确保它们在行使自主权时能完成对上级以及当地民众的责任，并实现两种指向的责任的有机统一成为确保分权取得合理效果的关键。

1984 年，干部分级管理的权限范围由下管两级改为下管一级，地方政府对于自己的直接下级干部有了更大的管理权。这不仅密切了直接上下级之间的关系，而且加强了上级对直接下级的控制。上级可以直接通过对下

---

① 《邓小平文选》第 2 卷，人民出版社，1994，第 336 页。

级领导干部的调动、提拔来贯彻自己的意志,而下级对上级的服从也强化了。直接管理的加强虽然有利于政令的垂直推行,但也为责任向下级的转移提供了权威保障。从中央到省、市、县、乡镇,责任逐级转移,并不断被放大,以至于到了乡镇这个最低行政层次,出现了"上面千条线,下面一根针"的局面,形成了"压力型体制"。[①] 责任之所以不断被放大,一个关键原因是每一级政府都希望超水平地完成上级交付的任务,来获得上级的认可。这为"政绩工程"的出现提供了制度诱因。

财政收入的重新划分一直是中央、地方权力划分围绕的核心。在1994年分税制实行之前,无论是分灶吃饭、总额分成还是财政大包干都采用的是讨价还价的谈判方式,以决定中央与省的财政分配。但是包括经济实力、政治影响力等诸多因素的存在,各个省以及地方的谈判能力是有差别的,直接导致了财政收入划分上的"鞭打快牛"现象。我们必须看到,地方政府的谈判能力是随着行政层级的下降而递减的,从而形成了正式财政资源不断向上集中的趋势。这迫使地方政府必须开辟新的收入来源,而中央也囿于财力而对地方政府的行动采取放任的态度。预算外资金的膨胀就充分体现了这点。

预算外资金的膨胀是在国家财力紧张以及预算过程缺乏严格约束的情况下出现的,反映了经济建设速度过快以及预算管理滞后的客观现实。其影响是双重的。在积极方面,它为地方政府改善本地区环境提供了激励,从而避免了在其他转轨国家中出现的财力下降导致的公共基础设施退化和社会服务的下降。[②] 消极影响也同样是严重的。这体现在三个方面。①地方政府的"重商主义化"。为了防止本地资源的流失,采取各种保护措施,形成了"诸侯经济",干扰了全国大市场的形成。②地方政府之间恶性竞争,"企业家"角色压倒了"公共品提供者"的身份。为了扩大本地经济实力,各地竞相建设一些经济收益较高的生产项目,普遍存在争投资、指标,重复建设现象。"其追求盈利性加工项目的投资兴趣,远远超过建设公共服务

---

① 杨雪冬:《市场发育,社会生长与公共权力构建:以县为分析单位》,河南人民出版社,2002。
② 黄佩华:《费改税:中国预算外资金和政府间财政关系的改革》,《经济社会体制比较》2000年第6期。

性基础设施的热情。"① ③收费项目的泛滥冲击了正规的预算体系，软化了各级政府的预算约束，诱导各个部门更倾向于"费"而非"税"，强化了部门利益，为个人滥用权力提供了机会。

随着社会经济事务管理权的下放，地方政府承担起更多的职能，其财力更加显得紧张。地方政府职能的增加主要有五个原因。①中央下放了部分管理权，比如计划管理权、不定期的固定资产投资权和城乡建设权。②中央提出的要求。中央的要求大致包括两类：一类是具体的现代化目标，比如义务教育、农业现代化、医疗等；另一类是临时性任务，根据不同年份出现的不同问题，对地方提出要求。比如防灾、预防传染病等。③上级职能部门把自己承担的责任和任务细化，下放给下级部门，并利用评选"先进"等形式来强化这些任务的完成。② ④上级下放企业的管理权，尤其是把一些亏损企业下放给下级政府管理，不仅增加了后者的经济管理职能，而且也使其负担起解决下岗职工等社会职能。⑤除了上级对下级的要求增多外，地方社会经济的快速发展也对当地政府提出了更多要求。比如解决城市化和工业化带来的问题。当地民众对政府的要求也在改变。他们不仅需要政府提供和其他地区一样的福利，比如快速的经济发展、良好的基础设施、稳定的社会安全、充分的就业，而且随着法律意识和民主意识的增强，会对政府行为提出质疑，甚至把政府告上法庭。

在财政紧张与职能扩张这对矛盾面前，自主性增强的地方政府对于自身的处境和行为的取舍有了更加明确的认识。这直接导致了它们把通过各种方式加快当地经济的增长作为第一需要，因为只有经济增长了，政府才能有更多的财政收入来完成自己的职责和任务。遗憾的是，许多政府把这个第一需要变成了唯一的需要，造成了其责任内容和取向的单一化和过度

---

① 楼继伟：《中国改革：波浪式前进》，中国发展出版社，2001，第163页。
② 据农业部会同国家计委的调查统计，自20世纪90年代以来，由中央国家机关"红头文件"规定的要农民出钱出物的"达标"和名不叫"达标"实质是"达标"的活动就有43项，加上地方党委政府下达的"达标"项目就多达七八十项。其中，包括教育、卫生、文化、体育、计划生育、广播电视、程控电话、国防教育、民兵训练、民政劳动保险、农村社会化服务体系、基层组织建设、交通基础设施、文明村镇建设、绿化工程、社会治安综合治理等。几乎涵盖了所有农村工作的领域，大到小康县验收，教育"双基"达标，卫生"初保"达标，计生服务达标，创文明卫生县、镇、村等，小到订报、灭鼠、改水、改厕达标等。

经济化。有学者认为地方政府的行为模式从"政治忠诚,提供公共物品"转化为"政治忠诚,经济发展"。① 政府把更多的时间和精力放在发展经济,而不是提供公共服务上,造成了当地经济与社会发展的不平衡。

比较而言,地方政府对上级承担的责任无论在内容上还是在强度上都远远大于对当地民众的责任。这是压力型体制下实行的赶超型现代化的必然结果。尽管如此,自主性的增强和自我利益的明确化依然为地方政府规避这些要求提供了激励,从而弱化了对上级的责任。通常的做法有四种。①利用现有制度,加强本地利益的凝聚力,以削弱上级要求的实现。例如利用对本地企业领导人的任命权,干扰企业的运行。为了维护本地的经济利益,干扰当地法院的独立审判,阻挠一些不利于本地企业或个人的判决的执行。利用福利提供和人事权,影响当地银行的信贷,干扰其盈利的市场行为。②利用政策的原则性,采取变通方式,"上有政策,下有对策",减弱上级政策效力,甚至扭曲政策要求。③把工作的重点放在上级某些领导感兴趣的项目上,建设"政绩工程",以转移上级的注意力,形成"一好遮百丑"的效果。过去十多年出现过的企业上马"一阵风",农村种养"一刀切"和城镇建设"一挥手"以及创"中国××之乡",搞"沿河工程""路边工程"充分体现了这点。不仅对当地经济造成了灾难性的破坏,而且推动了全国性的投资过热,影响了宏观经济的稳定。④针对来自上级的某些过分要求,求助于当地民众进行抵制。这种情况很少出现,因为地方官员的任免权掌握在上级。

地方政府对责任的规避影响了中央政令的贯彻。以至于一位高层官员在谈到中央经济调控不力时指出,经济控制职能的分解使得中央无法进行间接调控,而要进行直接调控又因为地方利益的强化而受阻。② 地方政府对上级责任的规避虽然在某些情况下保护了当地民众的利益,但大多数情况下阻碍了上级政策,尤其是中央政策的落实,一方面使得这些用心良苦的政策无法实现设计的效力,另一方面也加重了民众对当地政府的不信任。地方政府对上级责任的规避也是对公共责任的推卸。

---

① 刘云龙:《民主机制与民主财政:政府间财政分工与分工方式》,中国城市出版社,2001。
② "直接控制的效力不足,只好更多地靠政治权力向各地打招呼,统一认识、压指标、'切一刀'"(楼继伟:《中国改革:波浪式前进》,中国发展出版社,2001)。

四 部门利益、个人利益与公共责任

"部门职权利益化"、"部门权力个人化"以及"部门利益法定化"的倾向成为政府责任实现的严重障碍。1999 年《中共中央、国务院关于地方政府机构改革的意见》就尖锐指出,"政府部门管理体制不适应社会主义市场经济的要求,部门职权利益化的倾向,造成一些部门、地区、行业之间的分割,加剧了部门、行业和地区的保护主义。"部门利益和个人利益的膨胀可归因于以下几个因素。①市场经济的发展推动了各种利益关系的明确化和物质化。由于管理对象以及范围的差别,部门、个人的福利待遇开始拉开差距。而地方财政的紧张使得这些差距更加明显并难以依靠上级通过行政手段来加以克服。对福利的攀比和追求为部门和个人利用公共权力来谋取局部利益提供了激励。②全能型政府传统为部门和个人利益的膨胀提供了社会心理基础。在这种传统下,社会和政府的关系是不平衡的。政府控制着所有资源,社会则无法对政府进行有效的制衡,只能是对政府权威的认同。这样,只要政府对权力的滥用不超出社会的容忍限度就是可以接受的。而政府和官员也把滥用权力视为体现权威的必然副产品,甚至是必要的手段,因为他们面对的是不听话的"刁民"。③条块分割体制造成了监督的虚置,为部门和个人利益的膨胀提供了制度空间。[①] 地方职能部门实行的条块管理体制,即行政首长是由当地人大选举任命或当地党委任命的,而职能的实施是由垂直的"条条"指导的。这些"条条"并不受作为"块块"的当地党委、人大的制约,因为相对于后者来说,它们又是上级部门。更重要的是,"条条"在执行职能时都有相应的法律依据。因此,虽然当地党委和人大可以更换这些职能部门的行政首长,但无法影响其执行上级命令的行为。加之当地民众对党委和人大的影响力不足,造成了职能部门行为的直接受众缺乏有效的渠道表达他们的意见,无法对职能部门形成约束。

部门和个人利益的膨胀使得局部和个人利益凌驾在公共利益之上,既破坏了政府的整体性,也削弱了公共责任的实现。这具体体现在以下几点。

[①] 宋世明:《试论从"部门行政"向"公共行政"的转型》,《上海社会科学院学术季刊》2002 年第 4 期。

（1）部门本位主义的扩散。只要掌握权力，就要利用它"寻租"，这似乎是职能部门本位主义扩散的趋势。而改革以来，部门腐败的扩散轨迹也印证了这个判断。从改革初期掌握经济审批权的经济管理部门到掌握国家暴力的司法部门，再到公共品提供部门（比如城建、教育、医疗等），都先后成为腐败的重灾区，以至于行业纠风工作的范围也在不断扩大。据调查，在近5年全国反贪侦查部门查办的17万多件职务犯罪案件中，案件发生的领域已经从过去集中在党政机关、司法机关、权力机关和金融、海关等部门，逐步扩展到社会各个行业、领域和环节。"在以前被人们认为是清水衙门的一些党政部门、教育系统甚至殡仪行业中，贪污贿赂等腐败犯罪现象也开始抬头。"

（2）部门利益的硬化。借助制定法律法规，一些部门把自己的利益用合法的形式规定了下来。据估计，近年来，80%左右的地方性法规是由同级政府提出并由相关业务部门具体起草的。根据上海市人大的统计，在1998~2002年立法规划申报项目时，共有65个单位提出申报，其中政府部门占87.7%，人大部门占7.7%，社会团体占4.6%。在编制计划时，政府申报的占90%以上。部门立法尽管有其优势，但也为部门维护自己的利益提供了条件。最常见的情况有两种，一是力图多搞行业管理法规，对能扩大本部门管辖权限，尤其是可由本部门确定的审批权、发证权、收费权、处罚权、年检年审权和培训权的立法项目和事项，兴趣就浓厚，参与的积极性就高；二是对综合性的、涉及面广和全局性、前瞻性的项目，即使有利于本地经济与社会发展，又为人民群众保护自身的合法权益所急需，但如果与本部门利益相抵触，需要加大对本部门管辖权制约的，兴趣就不大，参与的积极性就不高，甚至还想方设法阻止立项。①

（3）部门利益的冲突与不合作。过度追求部门和个人利益，必然会阻碍部门之间的合作，相互推卸责任，形成责任的"空挡"，甚至破坏政府的整体行动。以SARS期间医药品的抢购为例，在非典疫情和预防的措施被公开后，出现了部门化的抢购风潮，包括口罩、消毒液、预防性药品被所谓

---

① 陈洪波、王亚平、张明新：《论地方立法中部门利益倾向的一般表现形式及其防治对策》，《法学评论》1999年第2期。

的强势单位率先订购,直接造成了一些医院的医药品的短缺。在北京,被隔离的人民医院就无法得到充足的口罩和防护服供应,削弱了医疗人员的防护能力。部门化的抢购也破坏了整个北京市医疗用品采购的计划性。由于市场上口罩、防护服等用品的临时性短缺,北京市商委签订了大量的订单,甚至要求某些企业转产。结果造成了在SARS危机中后期出现了这些用品的饱和,造成了大量的浪费。

(4)以部门权力为基础,以个人为媒介,形成了群体性腐败。群体性腐败是跨部门的,它以某个部门中掌握实权的个人为中心,沿着某个关系链或产业链扩展开来。最典型的有两种。一种是以"一把手"为中心展开的组织腐败。"一把手"利用掌握的人事权,任命与自己有关系或对自己有利益回报的人,从而形成庞大的、具有"庇护—附庸"特征的关系网。

据湖北省纪委、监察厅的调查,"一把手"作案现象已经成为腐败的新特点。2001年以来,湖北省纪委自办案件44件,其中涉及"一把手"的案件就有23件,占52.3%。① 沈阳"慕马案"中安徽的王怀忠案更为典型,在前者涉案的23名主要领导干部中,有17人是党政"一把手",占涉案人员的74%。另一种是围绕城市建设形成的产业腐败。从土地的审批到拆迁、规划,再到建设、销售,几乎每个环节都能滋生腐败,因此在一些城市出现了"圈地"、"暴力拆迁"、不顾整个城市规划的独特建筑。

(5)行政行为的暴力化。职能部门具有天然的暴力倾向。而缺乏有效且有力的约束和监督,这种倾向就会转化为现实。行政行为的暴力化通常是在三种情况下产生的。第一种是上级交付的任务超出了执行者的能力,诱使后者借助强制性手段来执行。第二种是职能部门滥用自己的执法权力。现在许多部门都建立了自己的专门执法队伍,着装统一,以提高执法的权威性。这虽然有助于行政执法的力度,但也为一些人滥用权力提供了支持。第三种是完全个人化。一些人为了自己的利益,借助公共权力的权威性来达到自己的目的。典型的是一些领导所追求的"政绩工程"。在其背后,往往隐藏着双重的利益取向:政治上以政绩求得上级提拔,经济上以项目捞取一己实惠。一些地方政府在税费收缴、土地征用、城市拆迁中,动辄采

---

① 《腐败新动向"一把手"现象突出》,www.jxcn.cn/1/2003-10-6/30026@46735.htm。

取行政强制措施,暴力相向,甚至动用警力,罗织种种罪名抓捕人员。不论是何种原因,暴力行政行为的泛滥,已严重影响了社会稳定,给社会秩序和政府威信造成了不可估量的损失。有些甚至造成恶性事件。[①] 据调查,各地因房屋拆迁引发的矛盾和纠纷越来越多,群众性集体上访事件有增加趋势。据信访部门统计,房屋拆迁投诉2002年比2001年增长了64.8%,到2003年8月底又同比增长了47.19%。有的城市甚至引发了恶性事件。[②]

部门和个人利益的扩张体现了社会利益的明确化,说明它们更积极地看待和利用自己掌握的权力,在某种程度上为整个体制的运行注入了活力,使政府部门带有了明显的"企业家"色彩,推动了政府的积极行政行为。但是它们利益的扩张超过了合理的限度。它们对本位利益的过度强调削弱了其公共职能的履行,忽视甚至侵蚀了公共利益;部门之间的不合作,影响了整体性政府的建设,破坏了公共利益的完整性。因此,我们看到的是借助权力的私人利益和以部门利益为幌子的"小公共利益"对整个社会的公共利益的蚕食和破坏。

五 深化民主与地方政府责任机制建设

在地方政府责任机制建设过程中,深化民主作为一种理念一直具有高度的合法性。早在20世纪80年代初期,邓小平就提出了要在制度上保证政治生活、经济管理以及社会生活的民主化。中国共产党改革开放时期的历次代表大会报告在提到政治体制改革时候,都强调人民民主是社会主义的本质要求和内在属性,并在20世纪90年代提出没有民主和法制就没有社会主义,就没有社会主义的现代化。

在这个理念的指导下,深化民主主要是在以下几个领域展开的。

(1) 竞争性直接选举推动的基层民主。基层民主在形式上分为农村的村民自治、城市的居民自治以及企事业单位中的职工代表大会等三种形式,而村民自治和城市居民自治无疑与地方政府责任机制建设联系最为紧密直

---

① 李均德、杨静:《"合法"的打砸抢谁敢惹?——聚焦暴力行政》,http://news.xinhuanet.com/focus/2003-11/20/content_1188178.htm。

② 《民革中央提交提案:"行政权力应退出房屋拆迁领域"》,http://news.xinhuanet.com/news-center/2004-03/12/content_1361882.htm。

接,因为村民委员会和居民委员会都是通过直接选举产生的,这从程序上改变了它们长期作为政府管理体系实际最低层级的局面,它们与上级政府的关系不再是被领导与领导的关系,而是被指导和指导的关系。易言之,它们之间不是行政隶属关系,而是政府与群众性自治组织的关系。

尽管目前对于村民自治和城市居民自治的制度绩效有诸多怀疑的观点,有的甚至认为因为村民和居民的自治能力不足,最终依然受国家的控制和操纵,但是必须看到,基层民主的推行是富有程序意义和政治战略意义的。具体来说,一是通过直接选举,国家把自治的权力归还给了村民和城市居民,从而在法理上划清了国家与社会的边界,国家不能简单地通过任命村委会和居委会的组成人员来直接行使自己的意志,国家权力的扩大被设置了界限。二是通过定期直接选举,人民的政治权利意识明确和增强了,民主授权关系明确化了。许多乡镇干部在谈到村民委员会选举时都强调,尽管选举依然存在许多问题,并对他们的传统工作方式提出了挑战,但是选举是历史趋势,更重要的是,农民意识到了自己的政治权利和选择自由,并对基层干部提出了更高的要求。三是在村民委员会选举的启发和推动下,竞争性选举方式向更大范围和更高层次扩展。例如,为了解决选举后出现的村党支部与村委会的关系而实行的村党支部书记选举的"两票制",对乡镇党委书记、乡镇长以及副乡镇长实行的"公推公选"等。一些地方还在探讨把直接选举推到乡镇层次,并进行了尝试。所有的这些具有制度意义的政治创新都是在村民委员会选举之后出现的,大大丰富了基层政治以及地方政治的变革图景,并对地方官员,尤其是乡镇官员如何履行责任提出了更高的要求。

(2)人民代表大会制度的实效化运行。人民代表大会制度的实效性运行除了体现在民众和官员对人大权威性认同的加强外,更体现在一些具有创新意义的制度和程序为人大权力的实现提供了载体。这里只列举一些被地方人大较为广泛采用的创新。①公民旁听人大常委会会议。在一些城市,公民可以通过报名参加人大常委会会议,有的地方甚至允许公民在会议上发言。公民旁听人大常委会会议提高了人大常委会工作的透明度,有助于人大常委会委员们更清楚地认识到自己的职责。②立法听证。在1999年《立法法》通过之后,全国许多有立法权的地方人大都制定了立法听证规则,并举行了一次甚至多次听证。立法听证的实行提高了立法过程的科学化和民主化,有利于提高立法质量和扩大公民参与。③督办制度。人大把代表提出的议案转给相应的职能部门,并监督督促议案的办理。④执法检查制度。人大代表定期或不定期地对群众反映强烈的问题进行检查。检查对象既包括提供服务和商品的市场主体,也包括政府职能部门。⑤官员任职前的法律考试。一些地方的政府官员在任职之前必须参加当地人大举行的法律考试,一方面督促他们加强法律学习和法治意识培养,另一方面通过这种形式让他们明确人大的职能以及对人大的关系。

　　这些创新大致可以分为两大类:一类的目的是扩大公民有序的政治参与和人大工作的透明度,我们可以称之为人大制度的民主化;另一类是明确人大与政府的法定关系,落实人大的法定权力和提高人大的权威性,我们可以称之为人大制度的权威化。前一种创新是外向的,重点是公民与人大的关系,后一种创新是内向的,重点是理顺体制内人大与政府以及党委的关系。两种创新是相互促进的,民主化提高了公众对人大的认同,有利于人大在体制内权威的增强,从而更好地实现其合法职能;权威化则为人大赢得了更有力的社会支持,使一些民主化措施得到落实。

　　(3) 党内民主的推进。在过去十多年中,党内民主的发展取得了以下主要成就。①改革和完善党内选举制度。1987年,党的十三大提出把差额选举的范围扩大到各级党代会代表、基层党组织委员、书记,地方各级党委委员、常委以及中央委员会委员。2002年党的十六大后,有的地方在县级党代表中实行了直选,从而使党内选举更具有竞争性。②扩大干部选拔和考核的民意基础,提高选拔的透明度。根据一些地方的探索和实践,2001年中共中央做出了《中共中央关于加强和改进党的作风建设的决定》,提出扩大民主推荐、民意测验和民主评议的范围,改进方法,提高质量。干部任职之前实行公示,提高干部选拔的透明度。③常委会和全委会重大事项表决,尤其是党委、政府领导班子正职的拟任人选和推荐人选,实行无记名投票表决,以保证不同意见的顺利表达。④落实党代会和全委会的职能,分散和制约常委会,尤其是"一把手"的权力。允许党代表和普通党员旁听常委会会议,扩大常委会决策的透明度。

　　这些制度是围绕着三个目的提出和实行的。首先,扩大党内参与,加强党员对党的认同感,提高党的凝聚力;其次,合理配置党内权力,在保证决策效率和质量的前提下,限制"一把手"过大的权力;最后,发扬党内民主,扩大党的领导的透明度,通过党与人民的更良性互动实现对人民民主的示范和带动作用。

(4) 行政过程的开放与透明化。需要强调的是,在行政过程的开放与透明化进程中,国际推动力比民众的压力似乎作用更直接。为了吸引外国投资,从中央到地方都在通过简化审批过程,减少审批手续来改善投资的"软环境"。因此,经济管理领域的开放和透明始终处于整个行政过程改革的前沿。

行政过程的开放和透明化主要体现在三个方面。①政策法律日益完善。行政过程的开放和透明化是得到了一系列政策和法律的推动与支持的。1988年中央书记处提出实行"两公开一监督"的原则(即办事制度与办事程序公开;办事结果公开;接受群众监督)。1995年确定"依法治国"的方略后,开放和透明成为依法行政的必然要求。1997年党的十五大报告进一步提出"坚持公平、公正、公开"的原则,实行"政务公开",并在全国推行。2000年12月15日,中共中央国务院两办发出了《关于在乡镇政府机关全面推行行政公开制度的通知》。在法律方面,《行政诉讼法》、《行政复议法》以及《行政许可法》的制定使政府具有法律义务来提高行政过程的开放与透明,并为公众维护自己的权利,免受行政权力的侵害提供了法律依据。《档案法》《保守国家秘密法》对保密范围与时限的适度放宽推动了行政公开内容和范围的扩大。②制度可操作性不断提高。这得益于行政程序改革和技术手段利用。"一个窗口对外"、行政管理公示、服务承诺制、"政务大厅"、"政务超市"、向公众开放政府档案和红头文件、离任审计等最初只是一些地方创新,但现在已经在全国推广,简化了程序,提高了管理的透明度。以计算机和网络为技术支持的电子政务不仅提高了管理的效率,而且加快了行政信息的流动,大大提高了信息的流量,降低了行政过程开放的成本。③行政过程的开放范围逐步扩大。从最初主要集中在经济管理领域扩展到社会管理领域,从主要围绕资本投资转变为关注普通公民的日常生活。普通公民对行政过程的开放和透明有了更高的要求,不仅敢于对政府提出自己的意见和疑问,而且也学会运用法律赋予的权利,把官员和政府送上法庭。

有学者指出，中国的制度问题之一是分权而缺乏民主。[①] 从上面的叙述来看，这种判断合理但不全面。中国不是简单地缺乏民主，而是如何利用现有的制度空间，把已经出现在局部的民主制度和措施整合在一起，形成民主合力；以及如何发掘现有的制度潜力，实现民主制度和措施的应有绩效。这两方面归结在一起就是要深化民主。在过去十多年中，市场经济的发展，社会的开放与多元化为民主深化提供了条件、基础并提出了更高的要求。而过去的经验与教训也表明，民主深化尽管需要在某个方面取得突破，但更需要多方面的同步发展，相互促进。就目前的情况来看，要从两个方面入手，一是落实基层民主，扩大党内民主，加强二者之间的有效互动；二是推动政府管理体制改革，提高政府治理能力。只有这样，才能在保证秩序的同时，深化民主，并通过民主授权有效性的提高来平衡过强的行政授权。但必须看到，现有的民主深化是由政府主导的，带有两个明显局限。一是中央推动的民主深化必须依靠地方政府来实现，这对后者的地位和权力产生了挑战，容易引发它们的抵制；二是民众对民主的要求需要得到政府的认可，才能转化为制度。目前这种转化渠道还不通畅，限制了一些具有制度意义的创新的出现。因此，深化民主依然需要克服诸多体制性障碍。

六 结论：实现民主授权与行政授权的互增强

在过去十多年中，中国地方政府的责任机制建设取得了很大的进展。这表现为：一方面行政授权更为合理，中央通过下放权力激活了地方政府，使后者与当地社会的关系更加密切；另一方面民主授权的操作性有所提高，通过竞争性选举，地方政府与民众的授权关系更加明晰。但是民主授权和行政授权并没有实现良性的互增强关系，因为行政授权过强，民主授权过弱。官员的选拔和任免依然主要是由上级政府决定的，民众的意见没有发挥应有的决定性作用。这导致地方政府在责任取向上是向上的，而不是向下的，许多政策和措施只是为了迎合上级的偏好或完成上级的任务，不考

[①] 郑永年、王旭：《论中央地方关系中的集权与民主》，《战略与管理》2001 年第 3 期。

虑当地的现实条件以及民众的利益，伤害了当地的公共利益；而政府各部门之间责任不明确，相互推诿，削弱了政府的整体性。"政绩工程"的出现以及政府公共服务意识缺乏是民主授权过弱、行政授权过强的突出体现。

要改善两种授权形式的失衡，建立完善而有效的地方政府责任机制，应该从以下方面入手。首先，强化民主授权的有效性，要让地方官员在行动取向上真正地关心民众的要求和利益。竞争性选举毫无疑问是硬化民主授权的最有效方式。除了要逐步推进竞争性选举外，还要为民意的表达和公民的政治参与提供更为通畅的渠道，并使他们的意志产生实际的效力。在这个方面，依然有很大的制度空间可以利用。其次，改革财政体制，合理划分中央与地方，特别是各级地方政府之间的财权与事权，做到两权的对称，减少"上级请客，下级买单"现象的出现，从而也尽可能避免政府把行政压力转移给地方民众。再次，要依据市场经济的要求和规律来改革政府，使政府从"企业家"转变成"公共品提供者"。固然，发展依然是"硬道理"，但关键是采用什么样的发展方式，如果政府继续扮演"企业家"的角色，必然造成市场的扭曲，从根本上抑制民间社会的健康发展。最后，要大力推进法治建设，政府要依法行政。依法行政既是对行政权力的规范，也为保护公共利益设置了底线。公众的利益只有依靠法律才能获得长期性保障。

第十三章

地方人大监督权的有效实现：治理的视角[①]

在人民代表大会及其常务委员会依法行使的诸种权力中，监督权是一项非常重要的权力。因此，一些研究人民代表大会体制的学者认为，人大的权力可以归纳为决策和监督两大类。立法、决定以及任免都属于决策范畴，而这些决策实施的效果除了取决于作为执行者的行政、司法机关的能力与意愿外，还取决于人大在决定做出之后采取的监督的效力，因为人大行使监督权是行使立法权、决定权和任免权的前提和保障。[②] 所谓"徒法不足以自行"，"只有让人民起来监督政府，政府才不敢松懈"。尤其是在强调依法治国和建立责任政府的今天，人大监督的有效实现更凸显其重要性。一方面，人大作为立法机关，其监督具有合法性；另一方面，人大作为民意代表机关，其监督具有至上性。正如胡锦涛在纪念人大制度建立50周年的讲话中所说，人民代表大会及其常务委员会作为国家权力机关的监督，是代表国家和人民进行的具有法律效力的监督。人民代表大会及其常务委员会监督的目的在于确保宪法和法律得到正确实施，确保行政权和司法权得到正确行使，确保公民、法人和其他组织的合法权益得到尊重和维护。[③]

[①] 本章主要内容曾以"地方人大监督权的三种研究范式"为题发表在《经济社会体制比较》2005年第2期。
[②] 程湘清：《论人大监督》，《求是》2002年第2期。
[③] 胡锦涛：《在纪念全国人大成立50周年大会上的讲话》，《人民日报》2004年9月15日。

然而，对人民代表大会及其常务委员会来说，尽管监督是一项相当重要的职能，其针对的目标却非常有限，可依靠的手段也不充分。这样一来，监督权不仅无法充分行使，而且也常常被研究所忽略。[①] 当然，人大监督权难以充分行使还有其自身的原因，这需要我们进一步深入研究。因此，本文试图摆脱现有的研究范式，从治理的角度来研究人大监督权，特别是地方人大对同级行政权和司法权的监督，本章指出，在现有的体制框架下，应该通过完善监督程序和过程、丰富监督手段和技术来增加监督过程的民主性和透明度，提高监督的专业化水平，从而扎扎实实地强化监督的有效性。本章分为四个部分：首先，分析现有的两个典型研究范式存在的缺陷；其次，依据治理范式探讨影响人大监督权有效行使的因素；再次，分析20世纪80年代以来出现的一些新的监督手段产生的效果；最后，是文章的结论。

一 人大监督权的两个研究范式

范式是人们对世界认知的模型化，有助于认识的清晰和判断的简明。[②] 范式并不是固定不变的。每一种范式都有其解释的时空限度，超过这些限度，该范式就需要修正或者被新的范式替代。如果固守某个范式，不仅无法认识到世界的新变化，而且会误导实践，甚至阻碍创新性行动。目前，人大监督权有两个流行的研究范式。一个是经典理论范式，另一个是法律文本范式。前者以经典作家关于无产阶级夺取政权后如何建立国家政权的论述为依据，在人民主权不可分的前提下，设想了一套由人民直接监督政府的制度；后者则以《宪法》和《地方各级人民代表大会和地方各级人民政府组织法》（以下简称为《地方组织法》）为依据，列举出人大监督权的内容和行使的方式。尽管二者的侧重点不同，但共同之处在于，都把重点放在人大行使监督权的依据上（前者是人民主权理论，后者是宪法与法律），对人大监督的过程、影响人大监督权效力发挥的因素没有进行深入分析。

---

① John D. Lees, "Legislatures and Oversight: A Review Article on a Neglected Area of Research," *Legislative Studies Quarterly*, 1966, pp. 193–208.

② Thomas S. Kuhn, *The Structure of Scientific Revolutions*, Chicago: The University of Chicago Press, 1970.

显然，在社会经济快速发展以及制度变革不断推进的背景下，这种强调应然理由的静态分析无法准确而全面地把握住人大制度本身的变革，尤其难以揭示出人大制度变革以及具体职权有效行使背后的因素，不利于各个地方人大就如何提高制度绩效进行建设性交流。

在经典理论范式中，马克思关于巴黎公社的论述常常被看作未来政权建设的依据。在《法兰西内战》一书中，马克思高度赞扬了起义者在战争期间建立起来的政权结构——公社，认为公社"彻底清除了国家等级制，以随时可以罢免的勤务员来代替骑在人民头上作威作福的老爷们，以真正的责任制来代替虚伪的责任制，因为这些勤务员总是在公众监督之下进行工作的"。[①] 而公社委员会则把决策和执行成功地结合在一起，实行"议行合一"，既避免了资产阶级议会制的"清谈馆"，提高了行动的效率，又实现了"人民主权不可分"原则。毫无疑问，在战争时期，巴黎公社这种政权组织形式是有效的，因为面对敌人的进攻，决策后能及时行动就意味着生存。同时，战争期间的社会管理也简单，这符合马克思设想的消灭国家机器的前提条件——社会可以自我管理，国家就消亡了。而由于管理的简单化，其不再像以往那样需要专门的管理人员，任何人都可以担任这些职务，而一旦发现官僚化倾向，就可以随时撤换。管理的非专门化保证了公社是一个"廉价政府"。

马克思对巴黎公社经验的总结直接影响到社会主义国家的政权建设，为包括中国、苏联在内的一些国家在革命胜利后建设政权提供了指导原则。这些原则包括三条。①人民主权不可分原则。人民主权是启蒙时代出现的重要政治价值，强调人民才是权力的来源，直接对抗的是"君权神授"思想。但是在制度实践中，出现了强调分权与侧重分工两种制度设计。前者的典型是美国的"三权分立"，立法、行政和司法权分开，各自有自己的产生方式，相互监督制衡；后者的代表则是人民代表大会制度，人民代表大会代表人民掌握主权，行政、司法机构都是由其产生的，受其监督。它们只是人民主权原则下承担不同功能的机构。因此，按照主权不可分原则，人民代表大会的监督是"最高层次的监督，具有国家性、人民

---

① 《马克思恩格斯选集》第 3 卷，人民出版社，1995，第 96~97 页。

性和极大权威性"。① ②议行合一原则。该原则在战争时候得到了充分的贯彻，但是在和平时期的政权建设中，该原则被加以调整，并不强调决策和执行机构的统一，而是强调在决策机构和执行机构分工的情况下，执行机构要严格服从决策，因为执行机构的权力来自人民代表大会。当然，在实际运行中，"议行合一"原则被颠倒了。执行机构直接掌握着各种资源，熟悉政府运作过程，而且在人大代表中占据很大份额，因此相对于议事机关处于强势，人大反而成了支持执行机关决定合法化的辅助机关。③人民监督原则。经典作家极为推崇直接民主，认为只有让人民直接监督官员，并且可以随时罢免他们才能消除官僚主义。正如列宁所说："使所有的人都来执行监督和监察的职能，使所有的人暂时都变成'官僚'，因而使任何人都不能成为'官僚'。"②而直接民主的实现也可以避免出现代议制下的议会"清谈馆"。在监督中，罢免权是最有效的监督。显然，人民监督原则提出的前提是人民有积极的政治参与热情和管理国家事务的能力以及国家管理简单化。但这些前提离现实有很大的距离。如果把这个原则教条化实践，就会成为忽视制度建设的理由，有破坏国家制度建设的危险。"大民主"的出现就是例证。

  当然，经典理论范式并不是一成不变的，尤其是在中国的实践过程中，党和国家领导人的重要言论作为对经典理论的发展逐渐被吸纳到该范式中，提高了后者的解释力。比如邓小平对权力监督的论述在一定程度上纠正了对分权理论简单摒弃的错误做法，承认了从权力需要制约角度进行监督的合理性。对大力培养各种管理人才的强调实际上是对权力分工思想的深化。在现阶段，只有加强国家政权中的分工，才能提高国家管理的质量。

  对于人大监督权来说，经典理论范式的解释力量在于它从人民主权原则出发，富有说服力地论证了人大监督的法理性依据，确立了人大监督在整个监督体系中的位置，并且为人大监督权的彻底实现提供了前景，即通过扩大和深化民主，让人民直接监督政府及其官员，从根本上使政府负起责来。但是在当时的历史条件下，缺乏充分多样的实践经验来检验该范式

---

① 全国人大常委会办公厅：《人民代表大会及其常务委员会法制工作40年》，《中国法律年鉴》，1990，第4~5页。
② 《列宁选集》第3卷，人民出版社，1995，第210页。

的理论推导，造成该范式与现实政治运行始终保持了一定的距离，无法直接说明人大与各个监督对象之间的关系，尤其是后者的自我利益倾向对监督关系的影响，也难以有效地解释党在整个监督体系中的地位以及它对人大监督权行使的影响，从而弱化了该范式对制度构建和运行的启发价值。更为重要的是，经典理论范式很容易被意识形态化，成为阻碍改革和借鉴国外经验的借口。

与经典理论范式相比，由于有法律条文的支持，法律文本范式对于人大监督权的解释更为具体，在现实性上更前进了一步，但这种现实性是宏观和正式制度意义上的。法律文本范式关于人大监督权的解释主要依据来自《宪法》和《地方组织法》中的有关条款。1954年《宪法》规定：中华人民共和国全国人民代表大会是最高权力机关，是行使国家立法权的唯一机关，有监督宪法实施等职权。而全国人民代表大会常务委员会有监督国务院、最高人民法院和最高人民检察院的工作，撤销国务院同宪法、法律和法令相抵触的决议与命令等职权。同时指出，全国人民代表大会认为必要的时候，"可以组织对于特定问题的调查委员会"。人大及其常委会的监督职能第一次在法律上得到了明确论述。但由于各种原因，监督权是虚置的，并没有实行过。直到改革开放之后，人大监督权才从法律文本走到实践中。1979年五届人大二次会议确定在县级设立人大常委会，从而使人民代表大会制度建立在更广泛的行政区域层次上，更为彻底地成为全国性制度，并在微观政治层面（包括在乡镇设置人大主席团）上有助于打破党的"一元化"领导格局，构建起新的政府关系。在1982年宪法中，除恢复了1954年宪法的已有规定外，又提出"国家行政机关、审判机关、检察机关都由人民代表大会产生，对它负责，受它监督"；全国人民代表大会及其常委会在开会期间，"有权依照法律规定的程序提出对国务院或国务院各部、各委员会的质询案，受质询的机关必须负责答复"；一切国家机关和武装力量、各政党和社会团体、各企业事业组织都必须遵守宪法和法律，"一切违反宪法和法律的行为，必须予以追究"。1982年宪法以及《地方组织法》也对地方人民代表大会及其常委会的职权以及职权行使的方式进行了更为具体的规定。《地方组织法》的第八条、第四十四条分别对人民代表大会和常委会的职权进行了列举式规定。前者有

15 条，后者有 14 条之多（关于监督权方面的内容，见表 13-1）。同时一些地方也获得了立法权，从而进一步提高了地方人大的实体化。所有这些规定都为地方人大利用法定权力探索性地构建和理顺与党委、政府、司法机关等的关系提供了制度保障。

表 13-1 《地方组织法》关于地方人民代表大会及其常务委员会监督权的规定

项目	人民代表大会	常务委员会
基本监督范围	在本行政区域内，保证宪法、法律、行政法规和上级人民代表大会及其常务委员会决议的遵守和执行，保证国家计划和国家预算的执行	在本行政区域内，保证宪法、法律、行政法规和上级人民代表大会及其常务委员会决议的遵守和执行
与政府的关系	①审查和批准本行政区域内的国民经济和社会发展计划、预算以及它们执行情况的报告；②听取和审查本级人民政府和人民法院、人民检察院的工作报告；③撤销本级人民政府的不适当的决定和命令	①监督本级人民政府，联系本级人民代表大会代表，受理人民群众对上述机关和国家工作人员的申诉和意见；②撤销本级人民政府的不适当的决定和命令；③对副职的免职权
与司法机关的关系	听取和审查本级人民法院、人民检察院的工作报告	①监督本级人民法院和人民检察院的工作，联系本级人民代表大会代表，受理人民群众对上述机关和国家工作人员的申诉和意见；②对副职及相关人员的免职权
与下级的关系	改变或者撤销本级人民代表大会常务委员会的不适当的决议	撤销下一级人民代表大会及其常务委员会的不适当的决议

当然，法律文本的完善是与社会经济变革的背景同步进行的。它们共同给地方人大监督权的落实提供了推动力。就后者而言，一方面，经济的可持续发展需要稳定的制度提供激励和保障，另一方面，社会利益的明确化和多元化需要更为通畅的表达渠道和整合机制。承担着立法和民意表达功能，作为最高权力机关的人民代表大会自然被赋予了更高的期望和更多的要求，必须走到制度的"前台"，通过完善功能、提高能力直接回应社会的诉求以及政治体制调整的需要。因此，20 世纪 80 年代成为地方人大非常活跃的时期，一些富有创新性的监督方式相继得到实践和推广。

根据这些法律文本，我们可以清晰而全面地勾勒出人大监督权的制度框架。这个框架包括以下主要内容。

（1）在国家监督体系中，人大监督是根本性监督，因为行政、审判、检察机关是由人民代表产生的，对其负责。而对于经典理论范式所忽略的政党而言，尽管在法律文本上没有把它与人大的关系简单化为监督与被监督关系，但是规定党必须严格按照宪法和法律办事。这无疑也树立了人大监督在法律上的最高地位。

（2）人大监督包括工作监督和法律监督两类。尽管有学者对这种划分提出质疑，认为人大的监督都是法律监督，因为是依据法律的监督。但显然这种说法混淆了依据法律监督与监督法律执行，无法对事实进行清楚的说明。从根本上说，人大监督必然是依据法律的监督，但随着行政部门管理范围的扩大以及司法部门影响的提高，人大监督也应该增强对它们的工作监督，从而更加及时有效地防止权力的滥用。正如有学者对现代立法机关的总结那样，"现代立法机关一个更重要的潜在角色是对行政机构保持一种严厉的批评。甚至即使它们不创制任何法律，立法机关也可以通过监督政府，审查其是否保护国家利益，是否廉洁，是否有效率等，对政府的工作产生强有力的影响……使政府保持一种紧张状态是国会能做的最好的事情之一"。[1]

（3）人大监督有明确的内容和方式。尽管对于监督内容有不同的分类，但是根据监督对象可以划分为同级的行政机关、司法机关以及检察机关以及下级人大及其常委会。在具体事项上可以分为立法监督、人事监督、法律实施的监督、财政监督以及政府行为的监督等。监督权行使的方式则包括听取和审议工作报告；审查和批准计划、预算；审查法规等规范性文件；对法律的实行进行调查、视察或检查；受理申诉、控告和检举；询问和质询；特定问题的调查；罢免和撤职等。

（4）人大监督权是集体行使的。人民代表大会及其常委会的运行遵循民主集中制原则。监督权由集体行使。这意味着人民代表或者委员会成员虽然有权对某些事项提出监督意见，但必须经过代表大会或者常务委员会全体会议讨论决定，才能转化为监督议案，而关于事项的处理决定也是由集体决定的。

---

[1] 〔美〕迈克尔·罗斯金等：《政治科学》，宁骚等译，华夏出版社，2001，第290～291页。

法律文本范式对于人大监督权的解读更富有现实性和操作性，不仅对监督主体与客观之间的关系在法律上进行了规范，而且对监督程序做了详细的规定，使人大监督权的行使具有了法律的支持。因此，该范式具有明显的法制主义色彩。但是由于过于拘泥于法律条文，该范式又很容易陷入法律教条主义之中，存在用固定的法条来限制监督实践的可能。在社会变革和制度转型时期，这种教条主义不仅不利于鼓励地方人大在现有的制度框架下积极探索监督权的有效实现，通过微观层次的改革实质性地提高人大在整个政治体制中的地位，而且也会因为过于强调程序的合法而牺牲实质性公正，从根本上损害法治精神。必须清楚地认识到，尽管经过了近20年的不断改革，中国的法律体系依然带有计划经济时代的色彩，尤其是在一些实质性问题上无法跟上时代的发展，法律文本先天就具有的滞后性体现得更为明显。同时，立法的集中体制规定了上位法优于下位法。上位法的保守很容易就扼杀了地方立法机关的创造性，这也阻碍了后者探索的积极性。

在实践过程中，法律文本范式产生的三种误导性倾向尤其值得警惕。第一种倾向是用法律规定来简单地裁判一些地方的探索性实践是非法的，从而使一些有价值的创新无法被法律吸纳，成为具有普遍性的做法。更有甚者，即便没有相应的法律规定，一些人还会不加区别地引用国外的经验，生硬地用没有先例的理由来判断这些创新的合法性。这种对法律条文的僵硬尊重实际上是对法治精神的彻底破坏。第二种倾向是对集体行使权力的教条理解。认为只有人民代表大会以及常委会才能行使监督权，代表个人以及各个专门委员会应该尽量不要与被监督者发生接触。如果这样的话，人大及其常委会休会期间就失去了权力行使的主体。这种认识不过是所谓的人大"行政化"的翻版，只能导致人大内部更加严重的科层化，成为某些领导垄断决策权的借口，是对民主集中制原则的践踏。应该看到，集体行使权力是最后决策意义上的，而此前的各种工作必须依靠代表和各个专门委员会来完成，而且前者的作用发挥得越充分，决策的科学性就越高，监督的效果也会越好。第三种倾向是只重视监督权的制度依据，忽视了社会支持。按照法律文本范式，监督权的有效与否来自法律规定是否严密，法律执行是否严格。但是在现有的体制下，由于人大的相对弱势，即使有法律规定也难以严格落实，停留在纸面上的制度规定无法为人大行使权力提供富有活力的支持。而事实也证明，许多监督的成功来自社会的强烈要求，使人大的监督实质性地带有了民意的色彩，迫使被监督者服从。[①] 从这个意义上，民主是法治的最有力支持。人大监督必须与社会监督有机地结合在一起，才能发挥更大的效力。

总之，尽管经典理论范式和法律文本范式从不同角度充分论证了人大行使监督权的理由和根据，对于如何有效地行使却没有给出充分的说明。二者的共同缺陷有两点。一是都没有把人大监督权的有效行使放在社会—国家变动的背景下进行考察。人大监督权的有效性实际上是衡量社会—国家关系的重要指标，因为人民代表大会及其常委会作为民意机关，其对政府监督的根本动力和支持来自社会。二是都忽视了监督的过程。任何监督都是具体的。同样的监督手段会因为监督对象、监督时间和条件等的不同而产生不同的效果。因此要重视对监督过程中各种要素的分析。要从微观机制和动态过程中寻找成功的监督案例背后的共同原因。只有这样才能发现使制度有效运转起来的因素，并做出扎实的改进。否则只能使人大监督流于形式，并把监督的失败简单地归因于法律规定的不严密或被监督对象缺乏法治观念等外部因素上，无法对人大制度本身的完善提供有建设性的、可操作性意见。

二　治理范式与人大监督权的实施

治理范式（governance）是20世纪90年代以来针对如何提高制度运行绩效而发展起来的一套研究和解释框架。[②]"治理"作为一个概念引起世界范围的重视，得到理论界和实践界双方的认同首先要归功于世界银行。1989年发表的报告《南撒哈拉非洲：从危机走向可持续增长》被认为是治理观

[①] 国外学者提出，在加强政府责任的过程中，不仅要加强水平责任（政府部门之间的责任）和垂直责任（政府对选民的责任）两种机制的建设，还要培育社会责任机制，通过公民社会来监督政府，弥补水平责任反应慢以及垂直责任滞后的缺陷。（Catalina Smulovitz, Enrique Peruzzotti, "Societal Accountability: The Other Side of Control," *Journal of Democracy*, Vol. 11, 2000）。

[②] 俞可平：《治理和善治引论》，载俞可平主编《治理与善治》，社会科学文献出版社，2001；杨雪冬：《技术创新与地方治理改革》，《公共管理评论》第1辑，清华大学出版社，2004。

念出现的标志。这个报告初步提出了与治理有关的一些观点，并且把它作为分析和解释这一地区经济成功国家的核心概念和原因。1992年的《治理与发展》报告则更加系统地阐述了关于治理的看法。治理就是各种各样的政府性和非政府性组织、私人企业以及社会运动"为了发展而在一个国家的经济与社会资源的管理中运用权力的方式"。①"治理"包括两个层次的含义：一个是"技术领域"的，强调治理就是建立"发展的法律框架"和"培养能力"，其中包括实现法治、改进政府管理、提高政府效率等；二是支持和培养公民社会的发展，自愿性组织、非政府组织、各种社团等都是要发展的对象。而对公民社会的推动涉及提高责任心、合法性、透明度以及参与水平，实际上就是归权于社会。

在世界银行之后，许多国际组织，尤其是从事发展援助的组织都把治理作为提高援助效果的指导性理论。它们认为，发展中国家之所以在社会经济发展道路上成就不同，并不在于它们模仿西方国家建立的法律和制度的完备程度有差别，而在于这些国家的政府是否有能力和意愿执行这些法律，正常地运行这些制度以及整个社会是否接受和服从法律和制度规定。正如经济合作与发展组织强调的那样，治理就是"运用政治权威，管理和控制国家资源，以求经济和社会的发展"。②

在学术界，对于如何界定"治理"有多种看法。英国人罗茨（Rhodes）归纳了六种不同的用法：作为最小国家；作为公司治理；作为新公共管理；作为"善治"；作为社会—控制系统；作为自组织网络。荷兰学者基斯·冯·克斯伯根（Kees Van Kersbergen）和佛朗斯·冯·瓦尔登（Frans Van Waarden）则归纳了九种用法。③ 罗茨认为治理应该更多地用于社会政治领域，有几个基本特征。①组织之间的相互依存。治理比政府管理范围更广，包括了非国家的行为者。改变国家的边界意味着公共的、私人的以及自愿部门之间的界限变得灵活了、模糊了。②相互交换资源以及协商共同目的的

---

① World Bank, "Governance and Development," Washington DC: World Bank, 1992, p. 3.
② OECD, "Development Assistance Committee Orientations on Participatory Development and Good Governance," Paris, 1993, p. 14.
③ Kersbergen, Van Waarden, "'Governance' as a Bridge Between Disciplines: Cross-disciplinary Inspiration Regarding Shifts in Governance and Problems of Governability, Accountability and Legitimacy," *European Journal of Political Research* Vol. 43. No. 2, 2004, pp. 143 – 172.

需要导致了网络成员之间的持续互动。③博弈式的互动以信任为基础,由网络参与者协商和同意的游戏规则来调节。④保持相当程度的相对于国家的自主性。网络不对国家负责,它们是自组织的。尽管国家没有专门的、主权地位,但是它能够间接地并且一定程度上调控网络。[1] 另一位学者斯莫茨归纳的四个特征是:"治理不是一套规章条例,也不是一种活动,而是一个过程;治理的建立不以支配为基础,而以调和为基础;治理同时涉及公、私部门;治理并不意味着一种正式制度,但确实有赖于持续的相互作用。"[2]

对于治理的不同解释并不会造成概念上的混乱和认识上的冲突,因为这些不同的定义遵循的基本原则是一致的。这些原则包括:①治理是一个多主体参与并合作的过程,各个主体都有可能对治理绩效的提高做出贡献,并且有合作的可能;②提高治理绩效除了要增强政府各个部门的能力和责任心外,从根本上要依靠社会的支持和参与,尤其是要培养社会的自组织和自我管理能力;③在既有的制度框架下,不仅要进一步完善制度,更要注重制度运行过程的改善,通过改革管理方式、管理技术,增强管理者的能力来提高管理效果。

从这些原则看,治理范式具有三个突出特点:①在研究的目的上侧重于提高制度运行的绩效而不是完善制度文本;②在分析的视野上强调要从国家—社会关系的变化来认识制度的构建与运行,不能拘泥于就制度谈制度,制度运行效果和完善程度既是对这个关系的反映,也会对该关系的变革产生影响;③在分析的方法上侧重于对制度运行过程的分析和微观要素分析。因此,从某种意义上说,治理范式是一个有弹性的分析框架,有助于把现实中的鲜活经验纳入分析的范围中。正如玛丽-克劳德·斯莫茨对"治理"这个概念评价的那样,"治理是一个有用的概念;因为它能设计出管理共同事务的新技术;它使我们有可能对付那些抵制国际无政府状态、但又不似政权那样固定而被人们寄予期望的机构;它引入了灵活而非标准化的机制;它赋予多种理性与不同的合法性以一席之地;它不是一种模式,

---

[1] R. A. W. Rhodes, "New Governance: Govern Without Government", *Political Studies*, No. 154 (1996).

[2] 〔法〕玛丽-克劳德·斯莫茨:《治理在国际关系中的正确运用》,《国际社会科学》,1999,第84页。

不会成为固定不变的东西"。①

对于中国的治理结构来说，人民代表大会制度毫无疑问是重要的组织部分，因为它是根本政治制度，而监督权的有效运用则有利于提高人大制度的绩效。人民代表大会及其常委会在整个治理结构和过程中的位置可以做如下界定。①作为代议机构，人大处于社会与国家的交界线上，是民意成为政治产品的转化器。一方面人大代表是由公众选举产生的，直接代表着某个阶层、团体或地区的利益，承担着把社会要求与意见输入政治体系的责任；另一方面他们通过制定法律、决定重大事项、选举和罢免政府官员等活动把社会的要求转化成政治产品，从而影响整个政治过程。因此，人大在整个治理结构中地位的提高以及监督权的有效行使从根本上要依靠社会的支持。②人大是整个政府运行过程的组成部分，其作用的发挥也要放在政府治理过程中考察。中国的政治制度强调政治分工而不是分权，尽管政府和司法部门是由人民代表大会产生的，但是双方在职能行使上是分工关系。更为重要的是，在整个政府运行过程中，党居于领导地位，这样就使本来的分工关系更具有了实质意义。从这个角度讲，人大监督权的有效行使不仅要处理好人大与被监督部门的关系，还要取决于人大与党委的关系。③人民代表大会及其常委会自身的治理结构也影响着监督权的行使效果。监督权是以人大为主体的治理过程的重要组成部分。就具体监督案例来说，监督的启动以及最终达到的效果不仅受到整个治理结构的影响，还可能直接由人大组成人员的素质、责任心、工作方法等诸多微观因素决定。

在治理范式中，人大监督权的行使作为一个治理过程，其绩效的高低受到四个层次上的因素的影响。这四个层次分别是结构、关系、过程和能动者。四个层次上的因素涉及监督权行使的社会环境、制度约束、监督过程、监督的主体与客体诸多方面。这些因素共同决定了监督最后取得的效果。下面分别介绍一下在这四个层次上的因素。

（1）结构，指的是约束监督权行使的制度，主要是由《宪法》、《地方组织法》以及《党章》所规定的。这些制度界定了人大制度在整个政治体

---

① 〔法〕玛丽－克劳德·斯莫茨：《治理在国际关系中的正确运用》，《国际社会科学》，1999，第86页。

系中的位置，规范了人大与党、行政权、司法权以及不同层次人大之间的关系，限定了人大监督权行使的范围和方式。结构所包括的因素都是原则性的或法律性的，是固定不变的。尽管监督权必须在这些制度规定的宏观结构中行使，但是如何行使、行使的效果并不完全由结构所决定。具体来说，制度结构包括四项内容。①党在整个国家制度中居于领导地位，而人民代表大会制度是国家的基本政治制度。党的活动必须服从宪法和法律，党的一些重大决策必须经过人大才能转化为法律或决定。党对人大的领导是政治领导，而不是对其职能的代替。党委与人大的关系在制度上是一种辩证的关系。②同级政府、审判机关、检察机关由人大产生，对其负责。③各个层次的人大之间不是上下级关系，而是工作上的指导与被指导关系，但上级人大有审查下级立法、决定是否合法并撤销不合法法律和决定的权力。④人大常委会是人民代表大会闭会期间的办公机构，其运行遵循民主集中制原则，权力由集体行使。

（2）关系，指的是人大与监督对象以及其他相关主体的联系。它们是实际运行中的结构，是对制度规定的鲜活体现。有三组关系最值得重视。①人大与党委的关系。党章、宪法对二者关系的界定是抽象的和辩证的。党对人大政治领导的具体实现实际上不是由法律所规定的，而是通过党的政策决定的。在地方，党通过两种方式实现对人大的领导。第一种方式是在人大常委会内部设党组，在人民代表大会举行期间各代表团成立临时党支部。常委会和代表团的决定首先经过党的审查和同意。第二种方式是党的书记或副书记直接兼任人大常委会主任。前者主要适用于省级，后者则是许多城市的习惯做法。而县级人大常委会主任则由党委或政府的前一、二把手担任。第二种方式直接影响到人大与党委的实际关系，并且在各地产生了不同的效果。大致来说，支持党委领导兼任人大常委会主任的依据是，这样有利于党与人大的沟通，反对者的理由则是这会干预人大的工作。实际上，这种方式又如制度上对党委—人大关系规定的那样，陷入了辩证的循环，必须依靠兼任者个人解决这个难题。②人大与社会的关系。作为民意代表机关，人大与社会保持良好的关系具有先天的制度优势。但长期以来，由于人大在整个制度中的影响力不足，无法引起社会的重视，得到社会的有力支持，在制度内部和社会上处于非常尴尬的地位。一方面，由其产生的行政和司法机关漠视其存在，公然违反人大做出的决定，甚至认为自己的权力来自党委；另一方面，社会上也把人大看作一个"养老部门""举手机关"。但是近年来，随着公众法治意识的增强、人大权力运用的公开化和实效化，社会对人大的地位和作用有了更为清晰的认识，认同感也增强了。这反过来也成为一些地方人大工作积极性提高的动力。而社会监督的加强也推动和配合了人大监督权的落实。这已经被许多事例所证明。③人大与作为监督对象——行政、审判和检察机关的关系。尽管后者由人大产生，对其负责，但它们有自己的相对独立性。就审判和检察机关来说，要维护司法和检察的独立性。就行政部门来说，其工作的具体化和日益专门化也使其运行具有相对的独立性。因此，人大与其产生机关之间的监督—被监督关系并不是直接的、线性的，而会因为后者的相对独立性而复杂化。事实上，某些行政和司法部门的工作人员也以人大不熟悉本部门业务为理由来阻碍甚至反对人大对这些部门的工作监督。客观地说，这个理由有一定的根据，但忽视了人大组成人员的特点以及人大自身的变革，如果蔓延下去，只可能助长这些被监督对象自我利益的扩张，扭曲本来就脆弱的监督关系。就人大代表以及常委会组成人员来说，相当比例来自各个层次的党政机关，并且是领导人。如果说他们不了解被监督部门的运作，是非常可笑的。尤其是常委会组成人员以及常委会下面各专门委员会主任，大部分是党政机关的前领导。在监督权使用上，问题的关键不是他们不熟悉被监督对象工作中存在的问题，而是他们还不懂得如何依照法律有效地运用监督权。另外，随着各专门委员会专职委员的增加、常委会办事机构中受过法律等专门训练的工作人员的增加，人大对本监督对象的了解应该更加深入详细。

（3）过程，指的是监督权实行的各个阶段，包括了监督的启动、执行中处理各种关系以及结果的出台。衡量监督过程的质量有两个标准。一是能否在法定时间内得出结果（比如对询问或质询事项能及时答复）；二是能否对监督主体提出的问题给予满意的回答，对错误的决定给以纠正。后者更是实质性的，也是最终标准。就一个具体监督案例来说，影响其过程的可能有以下几种因素。①时机。通常引起社会广泛关注的监督案例更容易取得满意的结果，因为监督主体会得到社会的大力支持，而被监督对象也不敢过多推诿拖延。在我国还有一种情况值得重视，即在中央集中精力解决某些问题的时候,相应的监督工作更容易完成。②问题的复杂程度。毫无疑问,问题越复杂,涉及的部门和个人越多,解决起来就越困难。许多监督案之所以一拖数年,甚至不了了之,一个重要原因就是涉及的对象很多,遇到的阻碍很大。③监督关系双方就一些问题解决达成共识的程度。①监督关系的双方并不是分权关系,而是分工关系,尤其是在党委领导下,双方有更多的渠道和机会交换意见,这就提高了共识达成的可能性。在共识前提下,被监督者自然容易接受监督结果。但是,这种分工关系如果脱离了法律规定的限度,也容易蜕变为相互退让关系,甚至极端为"官官相护",使不法的决定或行为具有"合法性"。④过程的透明程度。除一些特别问题的调查外,监督过程应该是透明的、公开的。这有利于执法的公正。因此,人大不仅要"阳光"立法,更要"阳光"监督,把违法和不公正暴露在阳光下,让公众监督是比人大监督更有力的监督。

(4) 能动者,即监督的主体。但这里不仅指狭义上行使监督权的人民代表大会或常务委员会,而是广义的参与监督工作的人员,尤其是人大代表、常委会成员、各专门委员会以及常委会办事机构的工作人员。有学者认为,专门委员会是"人大及其常委会行使监督权中的中间环节,它们不仅为代表大会及常委会行使监督权提供准备,而且直接行使了部分人大及常委会的监督权",人大代表则是"我国立法监督意向的倡导、确定以及具体实践者"。②而工作人员则承担着监督过程中各个环节的工作,没有他们的具体工作,监督权的实行就只能是抽象的,文字上的。能动者既可以成为在既定制度约束下小心谨慎的守法者和循规蹈矩者,也可以成为按照法治精神充分发挥功能的创造性执法者。在某种程度上,制度实现绩效的关键取决于这些实践者,而不是设计者。影响能动者行使监督权的因素包括以下几点。①权威性。人大的权威性高自然能对被监督对象产生威慑力,使监督权即使"悬而不用",也一样能督促后者的工作。人大权威性很大程度

---

① 前美国国会议员詹姆斯·山农曾对委员会的监督职能做出这样的评价:委员会在审查和评价内阁政府表现的过程中发挥了宝贵的作用……委员会与政府部门之间的关系不一定是对立的。事实上它们之间更是一种互相交流政策和行政信息的机制……是一种相辅相成的关系。

② 孔令望等:《国家监督论》,浙江人民出版社,1991,第181页。

上就是常委会的权威性,而这又与常委会主任的政治地位和影响力有直接关系。目前,提高人大的权威性不能只停留在提高常委会主任的政治待遇上,更应该在制度设计上给予常委会更有力的支持。同时,权威性的提高也有赖于人大执法的效力以及获得社会公众支持的程度。②能力。包括对法律的理解能力和在现有的制度环境下运用法律解决问题的能力。二者相辅相成,互相支持。在某种意义上,第二种能力更重要,因为它也是一种政治能力,需要工作技巧和方法。③责任感。责任感的培养来自对人民授权神圣性的充分认识以及社会良知的保存。只有对工作富有责任,才能把监督程序完成,并实现预想的结果。近年来,一些人大代表和常委会成员在监督工作中表现出的尽职尽责充分说明了责任感在解决一些艰巨复杂问题中的关键作用。④"挑刺者"的存在。他们的个人行动有可能启动监督过程并推动监督结果的实现。集体行使权力原则、人大代表的兼职化以及人大代表选举缺乏竞争性等因素限制了整个人大代表的积极性,不利于不同意见的表达,并影响最终决策。这常常成为一些地方人大长期不动用监督权的原因。"挑刺者"的存在有助于打破人大工作的沉闷局面,并引起社会的关注与支持。⑤工作重心和连续性。目前,人大工作是党委工作大格局中的组成部分,这虽然有利于其工作得到党委的支持,但也会影响人大工作的独立性和稳定性,造成一些已经展开的工作"虎头蛇尾",破坏人大的信誉度。⑥工作人员的支持。有效的监督需要足够的工作人员的支持,他们可以提供信息收集、文件整理、会议组织等诸多方面的服务。问题越复杂对人员的要求越高。但受到编制的限制,目前地方人大的工作人员在数量上只能满足应付日常事务,遇到大型案例常常捉襟见肘。同时,人大的许多工作都集中在常委会主任信任的少数部门完成,工作分配的不合理进一步加剧了人员的紧张。此外,常委会工作人员的素质和能力也有待进一步提高。

从上述分析来看,作为一个治理过程,监督权的有效行使是需要多种因素支持的。而在既定的制度结构的约束下,关系、过程和能动者三个层次的因素更为重要。这样说有两个理由。一是地方人大行使的是具体的监督权,而不是对制度框架的修改。它们是监督过程中的能动者,要处理各种关系以确保监督过程取得实效。二是这三个层次上的因素具有可控性。地方人大完全可以发挥自己的主动性和创造性来改善某些因素,提高监督的质量。

对于我们理解人大监督权来说,治理范式相对于经典理论范式和法律文本范式有三个优势。①侧重于对监督过程的分析,通过调整监督过程中所涉及各种因素来提高监督的效果。②强调监督只是整个治理过程中的一个组成部分,提高监督有效性的目的是为了提高整体治理的绩效,而不是监督主体代替监督客体的职能。监督权是一种保障性权力,[①] 只有提高监督关系双方依法办事的自觉性和能力才能从根本上提高治理的绩效。③强调要以国家—社会关系变革为背景理解人大监督权的行使,监督权的有效行使从根本上反映了国家对社会的回应程度和负责程度,因此要提高监督过程的透明度,扩大公众的参与,推动社会监督与人大监督的良性互动(见表13-2)。

表13-2　三种研究范式对人大监督权的解读

类型	经典理论范式	法律文本范式	治理范式
理论前提	人民主权和主权不可分	有法可依,依法(法律文本还是法律精神?)办事	良好的治理是国家与社会以及政府内部诸要素良性互动的结果
监督主体	人民	人民代表大会及其常委会,集体行使监督权	在集体行使监督权的基础上,发挥委员会和人民代表的积极性;集体与个人的有机结合;人大监督与社会监督的结合
监督的目的	防止官僚主义,避免"清谈馆",实现廉价而有效的政府	维护法律赋予人大的权力	在确保被监督对象依法工作的前提下,提高监督的实效性,实现良好治理
监督的方式	人民及其代表直接监督	事后监督或"悬而不用的"威慑性监督	根据具体情况行使,过程与结果的有机结合
监督的形式或手段	罢免	法定的监督方式:听取和审议"一府两院"的工作报告;审查国家计划和预算;质询;调查委员会;罢免;撤销不适当的决议、决定和命令;受理人民群众的申诉控告等	多样,可以有创造性

① 蔡定剑:《中国人民代表大会制度》(第4版),法制出版社,2003,第364页。

续表

类型	经典理论范式	法律文本范式	治理范式
有效监督的保证	扩大民主	加强法治	扩大民主；加强法治；提高人大能力

三 人大监督的新措施：变通还是创新？

《宪法》和《地方组织法》所规定的人大监督权行使方式就侧重点而言可以划分为三大类①。①知情权，或获取信息权。包括质询、组织调查委员会、受理申诉控告等。这种权力要求提供信息的主体不仅包括政府、司法、检察机关，还包括政府中的具体部门以及社会公众。获得及时、真实、全面的信息是人大行使监督权的基础，也是各国议会颇为重视的基础性工作。虽然人大的监督在本质上是事后监督，但是知情权的行使不应该是事后性，那样必然造成信息获得的被动。因此，监督过程中的知情权行使应该和人大运行中信息收集和处理的整个过程联系在一起，既是后者的重要组成部分，又要依靠后者提高信息的总量和质量。②审查权。包括听取和审议"一府两院"的工作报告、审查政府计划和预算。与知情权不同的是，这两种形式的审查权是例行性的，由人民代表大会行使的，并且审查后必须给予批准或否决这样明确的结论。③处罚权。包括罢免，撤销不适当的决议、决定和命令等。这些方式在某种程度上可以看作监督过程中的结束性权力，也是最具有刚性的监督权，不仅是针对政府行为，还针对代表政府的官员个人。

这些法定的监督方式涵盖了人大监督权行使的对象和监督过程的重要环节，但为什么行使的效果没有让监督关系双方以及相关主体满意？对于行使监督权的地方人大来说，它们不满意的是监督权没有得到具体有效的实施。安徽省人大常委会研究室的一项调查显示，在被调查的人大代表和

---

① 蔡定剑把监督权分为了解权、处理权和制裁权三类。了解权包括：听取工作报告和汇报；质询和询问；视察；执法检查。处理权包括：做出决议；组织调查委员会；提出批评和受理申诉。制裁权包括：罢免、撤职、免职、接受辞职；撤销（蔡定剑：《中国人民代表大会制度》，法制出版社，2003）。

工作人员中,有76%的人对撤职、75%的人对罢免、64%的人对质询、44%的人对撤销不适当的规范性文件、38%的人对组织特定问题调查委员会等几种较为严厉的监督方式表示运用时难度较大。① 对于监督对象来说,它们认为人大监督是"添乱",干扰他们的正常工作。尤其是一些政府和司法部门更是以人大不了解政府工作的复杂和辛苦或干扰司法独立等借口来表达对人大监督的不满。而一些地方的党委也会加入不满的行列,认为人大监督影响了党委的领导地位。至于社会公众,不满的则是失望于人大没有有效地行使监督权,维护公众的利益。应该说,对于人大监督权的行使出现如此截然不同的两种态度:不满意(失望)与不满(反感)是不正常的,这说明了体制内外的各有关主体并没有对人大监督权的行使达成基本共识。如果这种两极化的态度持续存在的话,必然会造成监督关系双方矛盾的激化,并弱化社会公众对整个制度的认同和信任。

当然,有多种因素影响着这种两极化的态度,其中三种因素最值得重视。①社会公众对人大的高期望。在对人大制度运行不熟悉并且人大监督权运用缺乏透明度的情况下,这种期望常常带有盲目性,并可能导致更大的失望。②政府部门及其工作人员对人大权威的不认同,一旦人大权力具体化就产生本能的抵触和反对。河北省的一项调查显示,1.6%的干部不知道地方人大与地方政府的关系,17.5%的干部认为地方各级政府是地方各级党委的执行机关,25%的干部认为地方各级政府就是地方权力机关。回答准确的只有55.9%。② 在这种授权关系都不明确,甚至认识完全错误的情况下,监督对象显然无法接受人大的监督。③监督绩效不足。这是造成对人大监督态度两极化的根本原因。尽管绩效不足不单单是人大自身的问题,但是人大自身要承担主要的责任。安徽省人大常委会研究室对人大工作人员的调查显示,只有24%的认为"党委支持不够"是造成监督绩效不理想的原因,在各种原因中排在第四位,排在前三位的分别是,"没有使用较为严厉的监督手段"(68%)、"不敢碰硬,怕惹麻烦"(43%)以及"重形

---

① 安徽省人大常委会研究室:《地方人大监督究竟如何——关于监督工作现状、存在问题及原因的调查》,《人民日报》2000年8月30日。
② 转引自中共中央组织部课题组:《中国调查报告(2000 - 2001):新形势下人民内部矛盾研究》,中央编译出版社,2001,第110页。

式，轻实效"（41%）。而就通常所说的人大对监督客体了解不够的问题，被调查者中，78%的人大工作者认为主要原因是缺乏足够的工作人员，46%的"一府两院"工作者同意这个看法，也占各种原因的首位。当然，在"被监督者不愿积极配合"与"被监督者的工作比较专业"这两个原因的选择上，人大和"一府两院"工作者有较大差别。人大选择前者的（34%）多于后者（20%）。而"一府两院"却恰好相反，选择前者的（26%）少于后者（37%）。尽管有这些差别，但都说明提高自身的能力是有效实现监督的重要保障。[①]

正是在法律明文规定的这些监督手段运用效果不佳的情况下，20世纪80年代以来，各地开始探索一些新的监督方式以提高监督的绩效。这些方式主要有以下几点。

（1）执法检查，即人大常委会组织部分常委会组成人员和人大代表，或者专门委员会组织本委员会部分组成人员检查《宪法》的某些条款或具体法律的实施情况。1983年，沈阳市人大常委会检查《宪法》第一章第1条至第5条的实施情况被认为是有据可查的最早的"执法检查"。而1987年全国人大常委会开始进行法律实施状况的调查研究，被认为是全国性执法检查的开始。这表明地方所探索的新措施开始在全国范围推行。时任全国人大常委会委员长的万里明确指出，要把执法检查放到与立法同等重要的位置。1993年，为了规范执法检查，提高实效，全国人大常委会制定了《关于加强对法律实施情况检查监督的若干规定》，为执法检查提供了法律支持。1996年，八届全国人大四次会议听取了全国人大常委会关于农业执法检查的报告，由全国人代会听取和审议执法检查报告，是历史首次。目前，有20多个省级人大把执法检查纳入了监督（工作）条例，对其基本内容和主要环节进行了规范。在规范执法检查程序的同时，一些地方也在通过改进工作环节来提高检查的质量，避免检查流于形式，或者成为执法部门强化权力的借口。比如通过媒体公开征集检查项目；为减少执法部门干预，提高执法检查的独立性和保密性；持证检查以提高检查的权威性；认

[①] 安徽省人大常委会研究室：《地方人大监督究竟如何——关于监督工作现状、存在问题及原因的调查》，《人民日报》，2000年8月30日。

真撰写检查报告,及时通报有关部门,或者把它与人民代表大会的年度会议或述职评议等活动结合在一起。

经过 20 多年的发展,执法检查已经成为一种比较成熟的监督方式,尽管对于执法检查的程序和效果依然有争议,比如各地的程序不统一、检查流于形式等,但是随着行政体制改革的深入(尤其是《行政审诉讼法》和《行政许可法》的实施)以及关系人民群众生活各个方面的多种法律的出台,执法检查作为一种监督行政部门具体执法行为的方式应该坚持下去,并逐步成为人大日常监督工作的组成部分。应该在三个环节上提高执法检查的效果。①增加检查的针对性。在制订检查计划时,不仅要考虑上级人大的要求,更要积极回应社会公众的要求,要解决他们最为关注的问题。②提高检查的独立性。一定要杜绝配合执法部门工作的执法检查,那不是检查行政部门的执法行为,而是在助长这些部门滥用法律,扩大职权。③提高检查结果的落实质量。检查报告经常委会或代表大会审议批准后,应该把提出的意见通过正规、通畅的渠道通知执法部门,并督促它们按照要求及时纠正错误行为,通过提高执法质量来落实法律的实施。

(2)评议,包括代表评议和述职评议两种。前者是人大代表对"一府两院"的工作进行评价,针对的是部门;后者是人大常委会要求其任命的部门主要负责人对其述职并进行评价,针对的是选举官员个人。代表评议早于述职评议,最早开始于 1982 年黑龙江省肇源县人大组织代表评议"一府两院"的干部。后来各地开始陆续推行,但主要是作为人大代表活动的一种形式。时任全国人大常委会副委员长的彭冲在人大制度研究和宣传工作座谈会上指出,"实践证明(它)是人民群众创造的社会主义民主政治建设的一种好形式,是代表执行职务进行监督的一个重要途径,也是密切联系群众和加强廉政建设的措施"。述职评议是从代表评议演变而来的,评议主体从代表转变为常委会,对象从部门转变为部门领导,更加具体。20 世纪 80 年代初,一些地方人大常委会组织的代表评议把评议对象从执法部门延伸到执法人员,这是述职评议的萌芽。① 1988 年浙江省杭州市下城区举行

---

① 董珍祥:《人大监督方式新探索的评述与思考》,载蔡定剑、王晨光主编《人民代表大会二十年发展与改革》,中国检察出版社,2001,第 282 页。

了被认为是全国最早的述职评议。目前，地方各级人大都采用了这种形式，述职者不仅有部门主要领导，还有政府主要领导。评议的方式也不断完善。比如通过投票决定评议结果，而不是只停留在口头评论上；对评议对象进行量化打分，使评议更加具体化；向公众开放述职评议，允许公众旁听等。总的来说，评议是一种实现了监督主体实体化和具体化的方式。代表评议丰富了代表的会外活动，增加了与"一府两院"交流的机会，有助于他们更为深入地了解这些机构的运作，同时也能把社会的意见传达给对方。而述职评议则强化了常委会对选举官员的约束，避免了他们只有在当选的时候才与人大打一次交道的制度性"尴尬"。通过对人大述职有利于明确人大与"一府两院"的授权和责任关系。

就这两种形式的评议来说，代表评议是否作为一种监督方式还存在争论。尽管没有明确的法律规定，但这是一种监督方式不应该存在疑问，因为知情权是人大监督权的重要组成部分，而人大代表应该是人大制度中最活跃的能动者。人大监督权的落实必须依靠他们的积极性和主动性。正如威尔逊所说，"严密监督政府的每项工作，并对所见到的一切进行议论，乃是代议机构的天职"。[①] 对于目前人们经常担心的"人大的行政化"倾向，发挥代表作用无疑是克服这种情况的手段之一。

要进一步提高代表评议和述职评议的质量，应该解决三个主要问题。①提高评议的规范化。一方面要把评议作为人代会和常委会的日常工作的组成部分，另一方面要实现评议的正规化，不能用座谈会、办公会或逐一走访等形式进行评议，必须举行正式的会议，并且对公众开放。②要把评议与其他环节的工作有机地结合起来。代表评议应该与提高代表的参政议政能力、代表与选区的联系程度等联系起来，要让代表带着问题和要求来参加评议，这样才能对评议对象产生更有力的触动。而述职评议则可以在必要的情况下与质询等机制结合在一起，增加述职内容的具体化；③规范评议结果。除了对满意的结果给予鼓励外，还要将评议中发现的问题及时通报给有关部门，并提出整改要求，督促完成，把完成的情况作为评议过程的组成部分。整改完成，整个评议活动才算结束。

---

① 〔美〕威尔逊：《国会政体》，熊希龄、吕德本译，商务印书馆，1982，第167页。

（3）个案监督，就是对司法机关审理的重大典型违法案件的监督。个案监督是从人大处理群众来信来访发展而来的。对于一些群众反映强烈的案件，人大要求办案人员给予解释、说明，并提出人大的意见。个案监督的实行纠正了许多错案误判，起到了维护群众利益和司法公正的作用。但近年来，随着司法独立原则的落实，个案监督越来越引起争议。出现了两种截然相反的观点：赞同的观点主要来自人大系统以及社会公众，认为监督审判、检察机关是宪法和法律赋予人大及其常委会的权力，个案监督有利于减少司法腐败对社会公正造成的破坏；反对者主要来自被监督部门以及法学界。他们列举了大量理由来证明个案监督不符合宪政建设的要求。这些理由可以归纳如下。①理论上，司法独立是现代法治国家的一项基本原则，尊重并遵守司法机关的独立，是各国政府机构及其他机构的职责。我国的审判机关处于行政机关与立法机关的夹缝中，人大对法院的个案监督使司法陷入了手足无措的境地，将不可避免地干扰司法人员的自由判断和独立意志，并使人大演变为事实上的司法机关的上级主管机关。[①] ②实际工作中，如果把个案监督权扩大到民事、行政和刑事案件的司法过程，必然会引起一系列问题，甚至产生严重的消极后果，长此以往难免形成人大代替司法机关的局面。[②] 另外，个案监督还容易演变成人大领导个人或某些人大代表假借人大权力对司法工作的干预。③技术手段上，外行监督内行，因为司法工作更加专业化，而人大没有能力做到对司法过程的深入了解。[③]

应该说，这些反对理由都是有根据的，也反映了近年来我国法治建设进程正在与世界宪政发展接轨，维护司法独立的呼声日益强烈。这些反对理由不仅有利于在理论上进一步澄清对个案监督的认识，而且为实践划定了更为清晰的界限。但是，这些理由本身的片面性也会误导对这个问题的全面认识。首先，人大对自己产生的机关进行监督在法理上是完全成立的，不是人大不能监督司法机关，而是如何监督。其次，在当前整个司法界存在各种问题的情况下，加强对其的监督是非常必要的。而且问题越多，监督权行使得就会越具体。这不是以监督者意志为转移的，更要依靠被监督

---

① 黎国智、冯小琴：《人大对法院个案监督的反向思考》，《法学》2000 年第 5 期。
② 谢鹏程：《人大的个案监督权如何定位》，《法学》1999 年第 9 期。
③ 李晓斌：《对"人大"质询法院的质疑》，《法学》1996 年第 9 期。

对象改善自己的行为。如果放纵司法机关内部一些问题的蔓延,不仅无法维护社会的基本公正,而且会从根本上破坏司法机关的形象,失去社会的信任。在这种情况下,司法独立原则只是奢谈。再次,目前制约司法权独立的根本原因不是人大监督,而是行政权和党权的过于强大。实际上,人大及其常委会相对于后者以及司法权来说,依然处于弱势地位,远远没有体现其作为国家权力机关应有的权威。① 因此,监督司法权也是人大权力的回归途径之一。最后,认为个案监督会蜕变成个人对司法权的干预也有失公允。现在的问题不是人大常委会成员和人大代表对司法干预过多,而是被动消极。即便是有违法的干预,也应该通过人大内部建立相应的制度来避免。如果人大代表以及常委会成员都能充分发挥个人的能动性,那么必然会在实践中找到合法进行个案监督的有效做法。

总之,在目前的条件下,个案监督的存在有其合理性,并有可能在短时间进一步强化。但是个案监督也需要进一步规范,以提高合法性和有效性。规范应该遵循维护司法独立和提高司法机关工作能力两个原则。人大在纠正具体的错案冤案的同时,更要把支持司法机关独立办案、公正审判作为根本性的目标。

(4) 听证。2000 年,《立法法》颁布后,各地在立法听证方面开展了较为广泛的探索,不仅在举行听证、规范听证上取得了许多宝贵的经验,而且通过听证提高了立法的质量。作为一种公开、全面的收集信息的方式,听证不仅适用于立法过程,也适用于监督过程。在国外议会,监督性听证举行得非常广泛。对于一些具体事项的调查就常常举行听证。而在我国,到目前为止,听证主要局限在立法领域。但是,在过去两年中,随着听证被地方人大逐渐熟悉,一些地方人大开始探索举行监督性听证。根据我们掌握的资料,2003 年 12 月,广州市人大常委会就《广州市城市市容和环境卫生管理规定》执行情况举行的听证可能是第一起监督性听证。听证会上,各方代表对三个问题陈述了自己的意见:政府职能部门对《广州市城市市容和环境卫生管理规定》的执行情况;其在城市市容、环卫设施和环境卫生等方面的管理是否到位,对违规行为的处罚是否得力;以及该项规定在

---

① 朱进:《论人大对"两院"的个案监督》,《行政与法》2003 年第 7 期。

执行过程中存在哪些主要问题，应当采取哪些有针对性的办法和措施。整个听证会的辩论性非常强，提供了大量有价值的信息，有利于听证人了解法律的执行情况以及法律本身存在的问题。从内容上讲，这次听证类似于执法检查，但形式的改变，大大提高了监督的效果。这体现在两点：一是听证会为执法者与社会公众代表提供了平等表达各自意见的平台，有利于监督者获得对称的信息，减少认识的偏颇；二是听证是公开举行的，增加了监督过程的透明度，并且让更多公众直接或间接地参与进来，强化了对执法者的影响。

除了这种对执法的监督性听证外，信访听证也应该算作一种监督性听证。贵阳市人大常委会在2003年举行了信访听证，并制定了听证规则。听证是针对一起长达7年的拆迁纠纷信访案举行的。贵阳市人大常委会为查明实际情况，先后召开了4次调查分析会，并调阅了相关历史档案和法院卷宗，在摸清基本事实的基础上，召开了由法院、行政主管部门和拆迁双方参加的信访听证会。由于事实清楚、证据确凿，讲透了法律法规和道理，大部分上访群众表示不再坚持原来的要求，放弃上访，从而化解了矛盾。从这次听证中，我们看不出太多监督的内容，但是在后来举行的一些听证中，由于纠正了行政或司法机关的错误做法，听证发挥了监督的作用。从某种意义上说，信访听证在功能上类似特定问题的调查。实际上，在国外的特定问题调查中，听证也是经常举行的收集信息的方式。而在我国，信访听证不仅局限在收集信息上，还在于平息争论，尤其是纠正行政或司法机关的错误行为和决定上，因此，这种中国特色的听证也具有监督的性质。

作为一种公开、正式的收集信息的方式，听证应该走出目前只适用于立法领域的限制，走入人大工作更广泛的领域。可以考虑在执法检查、述职评议、预算监督等工作中举行听证，从而使这些本来就已经具体的监督方式有更加细致的程序环节，提高整个监督过程的质量。某些方面的听证虽然不是直接监督性的，但是把行政部门和社会公众放在了平等的地位，有利于厘清事实。同时，听证的公开也提高了人大乃至整个政府运行过程的透明度，有利于社会的监督。

上面列举的这四种新的监督方式只是地方人大提高监督绩效探索中的一部分。对于这些探索，一直存在批评。有人认为，这些新的监督方式，从法律上看,实质是地方人大创设的新的监督权力,超过了现行宪法和法律的规定。这些监督方式尽管灵活性更大,但容易造成监督权使用的随意和不统一,从长期看会影响监督效果。这些方式或多或少带有行政工作方式的痕迹和随意性,会破坏人大工作的正常进行。① 还有人把这种运用宪法和法律以外的监督方式开展监督工作戏称为"大路"不走,走"小路"。②

客观地说,这些批评点出了新的监督方式的缺陷和不足,但必须看到的是,造成这些缺陷和不足的根本原因不是监督方式本身,而是整个人大监督体系和机制的不健全。而这些新的方式正是为了完善和激活监督权才创造出来的。换一个角度说,人民代表大会制度在中国建立只有半个世纪的历史,而过去20多年又是中国社会经济变革最为迅速的时期,新的监督方式出现是历史的必然。只有不断创造出新的、可行的方式才有利于人大监督权从法律文本上走到监督实践中。如果只拘泥于法律规定中行动,那么只能谈论抽象的监督权,而无法找到活的监督权。

这些新的监督方式的出现是符合治理范式的,这体现在四个方面。①实现了人大监督权行使的具体化,通过对具体程序和环节的完善提高了监督的绩效。长期以来,一些人大工作者总是抱怨宪法和法律授予的权力过于原则,没有可操作性。在法治建设的初期,法律规定的原则性强是必然的,只有这样才能提供创新的空间,通过制定具体的、地方性的法规丰富整个法制的框架。②充分利用了现有制度的空间和法律的宽度,通过非制度性的改革,实现了改革制度的目的。典型的是述职评议,它起码让选举官员明确了自己的权力来源。③丰富监督方式和提高人大代表、常委会成员以及人大工作人员的能动性,有助于监督权行使的日常化。尽管监督权从根本上说是保障性的、事后的,但是在这个社会转型、制度变革时期,人大只有积极地实现自己的权力才能发挥出对制度构建和社会发展的推动作用,并在具体的行为中逐步积累自己的权威性。④加强了与社会的联系,获得了社会更深入的了解与认同。新的监督方式的出现本身就是人大及其常委

---

① 董珍祥:《人大监督方式新探索的评述与思考》,载蔡定剑、王晨光主编《人民代表大会二十年发展与改革》,中国检察出版社,2001,第286页。
② 郭林茂:《关于地方人大监督工作的思考》,《地方人大工作理论与实务》,中国民主法制出版社,2000,第400页。

会对社会要求的积极回应。而这些监督方式在行使过程中的公开化为公众参与提供了渠道。人民代表大会制度从人民那里获得支持才能取得根本上的发展。

四 结论

作为根本性的监督，人大监督权是深化民主和完善法治的一项重要制度性支持。它能否有效行使不仅可以衡量人民主权理论的实践程度，而且有助于强化政治体系中的整个监督系统，规范行政权和司法权。本文对经典理论范式、法律文本范式以及治理范式三种解释人大监督权的范式的比较表明，在理论确立、法律明确的情况下，要使监督权有效地运转起来，不能依然抱怨理论的抽象或法律规定的不具体，那只能使监督权永远停留在字面上，必须重视对制度空间的利用以及对监督权行使过程中涉及的诸要素进行分析。通过比较具体的监督案例，从中找到推动监督权有效运行的共性因素，设计出建设性的解决措施，并推动法律的完善。

应该把人大监督权的行使放在国家—社会关系调整以及整个治理结构变革的背景下理解。只有这样才能确立可行的战略以及具有突破性的策略。作为治理过程的组成部分，监督权的有效行使应该重视处理好四种关系。

首先是人大监督与社会监督的关系。前者是制度内部的最高监督，后者是整个治理结构中的最根本监督。依靠社会监督的深入，可以提高人大监督的合法性基础，减少监督的成本。而社会监督只有转化为人大监督，才能具有强有力的法律支持。其次，监督中个人权威与制度权威的关系。尽管我们反对人大监督蜕变成常委会中个别成员的监督，但是必须承认个人权威在监督有效实现中的作用。而任何一种制度的完善实际上常常是由个人在个别案例中的作用所引发和推动的。现在的关键不是简单地反对个人权威的使用，而是考虑如何把这种个别案件中的个人权威转化为制度权威树立的条件和支撑。再次，监督中人大代表权利与人大权力的关系。批评权是人大代表的合法权利。只有行使了这种权利才能使被监督者实实在在地感觉到监督的存在。许多地方的经验表明，如果每一届人大中都有一些负责、认真地行使自己权利的人大代表，那么就能提高整个人大系统的活力和创造力。现在的关键不是迂腐地用集体行权原则来约束代表的行为，而应该鼓励代表充分地行使自己的权利。最后，监督过程中的技术手段和人员关系。必须承认，整个人大系统在管理上技术手段远远落后于党政部门，人员的数量和质量上也相对低于后者。这是长期形成的。就监督而言，应该加强信息收集工作所依赖的技术、资料等方面的建设。这是监督的基础。同时，在编制有限的前提下，要开展多种形式的培训、机关内部以及对外的岗位交流，提高工作人员的能力。一定要重视人大工作人员的能力建设，他们是提高人大日常运行质量的关键。

后 记

研究政治的人常说，所有的政治都是地方政治。对于中国这样一个快速变化的大国来说，地方政治充满魅力，议题丰富，常做常新。收入本书的各篇文章就是笔者跟踪地方政治变化，试图理解其变化逻辑所做的尝试。

我的博士学位论文就是研究自己家乡的政治运作过程，那已经是21世纪初的事情。在此后的近20年里，我在四川、福建、浙江、江西、山西、河南、江苏、贵州、甘肃等多个省份从事过较为深入的田野调查，并通过中国地方政府创新奖励与研究计划，结识了许多地方官员，与其中的一些成为终生的朋友。收入本书的多篇文章，都得益于他们的思想火花。在此特别感谢郑梦熊、王栓正、张锦明、柯国林、叶旭勇、伍彬、吴利萍、王树萌、谢浦定等，正是在他们的支持和帮助下，我才能很快地进入研究的现场，扎根下去。

在研究的过程中，我也要特别感谢我的老师、同事和学界朋友，他们有中央编译局陈家刚、陈雪莲、丁开杰、阎健、李月军，北京大学宁骚、谢庆奎、俞可平、何增科，清华大学张小劲、景跃进，中国社会科学院史为民，国家行政学院马保成、褚松燕，河南大学马翠军，江苏师范大学刘圣中，厦门大学贺东航，浙江大学余迅达、郁建兴，复旦大学陈明明，中山大学何俊志，同济大学朱德米，哈尔滨工业大学米家宁，福建省委党校郭为桂、王利平，德国杜伊斯堡大学托马斯·海贝勒，图宾根大学舒耕德，美国哈佛大学托尼·塞奇等。施恩者众多，这里不一一列举。谢谢他们在学术道路上对我的支持、呵护。

  本书中的绝大部分章节都曾经以文章的形式发表过，并且产生了较好的影响。我尤其感谢《中国人民大学学报》《经济社会体制比较》《当代世界与社会主义》《社会科学》《天津社会科学》《公共管理学报》《华中师范大学学报》等杂志以及责任编辑，谢谢你们给我的文章提供了展示的平台。

  人生有限，学海无涯。希望在今后的研究中，根扎得更深，思运得更勤，笔走得更畅。

杨雪冬
2017年初春记于望竹堂

图书在版编目(CIP)数据

地方治理的逻辑／杨雪冬著 . -- 北京：社会科学文献出版社，2018.1（2019.1 重印）
ISBN 978 - 7 - 5201 - 2021 - 0

Ⅰ.①地… Ⅱ.①杨… Ⅲ.①地方政府 - 行政管理 - 研究 - 中国 Ⅳ.①D625

中国版本图书馆 CIP 数据核字（2017）第 314616 号

地方治理的逻辑

著　　者／杨雪冬

出 版 人／谢寿光
项目统筹／曹义恒
责任编辑／吕霞云　刘　荣

出　　版／社会科学文献出版社·社会政法分社（010）59367156
　　　　　地址：北京市北三环中路甲 29 号院华龙大厦　邮编：100029
　　　　　网址：www.ssap.com.cn
发　　行／市场营销中心（010）59367081　59367083
印　　装／三河市龙林印务有限公司

规　　格／开本：787mm × 1092mm　1/16
　　　　　印 张：21　字 数：330 千字
版　　次／2018 年 1 月第 1 版　2019 年 1 月第 2 次印刷
书　　号／ISBN 978 - 7 - 5201 - 2021 - 0
定　　价／89.00 元

本书如有印装质量问题，请与读者服务中心（010 - 59367028）联系

▲ 版权所有 翻印必究